REGULAÇÃO E CONCORRÊNCIA NO MERCADO DOMÉSTICO DE AVIAÇÃO NO BRASIL:

A análise econômica do direito e a comparação com o processo de desregulação nos Estados Unidos

Leandro Novais e Silva

REGULAÇÃO E CONCORRÊNCIA NO MERCADO DOMÉSTICO DE AVIAÇÃO NO BRASIL:

A análise econômica do direito e a comparação com o processo de desregulação nos Estados Unidos

EDITORA SINGULAR

São Paulo
2013

R586r Silva, Leandro Novais e

Regulação e concorrência no mercado doméstico de aviação no Brasil: a análise econômica do direito e a comparação com o processo de desregulação nos Estados Unidos. / Leandro Novais e Silva. São Paulo: Singular, 2013.

336 p.

ISBN: 978-85-86626-65-4

1. Transporte aéreo, regulação. 2. Aviação civil, regulação. 3. Navegação aérea, regulação, controle, Brasil, Estados Unidos. I. Título.

CDU: 656.7

Nilcéia Lage de Medeiros
Bibliotecária
CRB6: 1545

Revisão: Paola Morsello
Diagramação: Microart
Capa: Aeroestudio

Editora Singular

Tel/Fax: (11) 3862-1242
www.editorasingular.com.br
singular@editorasingular.com.br

Ao meu pai, à minha mãe e à minha irmã, sempre.
À minha querida Sarinha.

Agradecimentos

No Brasil, o trabalho de Doutorado é muito solitário. As poucas pessoas que compartilham com o doutorando o desenvolvimento da tese são especiais.

Agradeço ao Professor e amigo João Bosco Leopoldino da Fonseca pela orientação segura, mas especialmente por ter-me acompanhado durante estes seis anos de Pós-Graduação, entre Mestrado e Doutorado.

Agradeço a dois grandes amigos, debatedores e interlocutores de toda hora: ao amigo Vincenzo Florenzano, meu fiel escudeiro no Banco Central e verdadeiro guia no mundo da Economia e de suas potencialidades, e também ao amigo Paulo André, o PA, jornalista e mestre em regulação, leitor mais do que atento, sempre disposto a me ajudar.

Sou grato também aos colegas da Pós-Graduação da UFMG, em especial a Paulo Márcio, pelo trabalho incansável de divulgar as notícias do Direito Econômico, a Karen Ruback, pelas indicações bibliográficas, e a Rafael de Oliveira Costa, também pelas indicações bibliográficas e por sugerir caminhos para o trabalho.

Por fim, agradeço a Tucha e a Aline, pela competente revisão do trabalho, ressaltando que todos os erros são exclusivos do autor.

"A escolha é sempre entre
mercados imperfeitos e *imperfeita regulação.*"
(Michael Levine).

"Desde sempre nos esforçamos para
criar asas para não ver o espetáculo
detestável que o país nos oferece."
(Sérgio Buarque de Holanda)

"Os americanos gostam de explicar praticamente todos os atos
de suas vidas pelo princípio do interesse próprio. [...]
Eles preferem dar mais crédito à sua filosofia
do que a si próprios."
(Aléxis de Tocqueville)

"O mundo, decerto, tem sua cota de Hamlets,
Macbeths, Lears e Otelos.
Os tipos friamente racionais podem povoar
nossos livros didáticos,
mas o mundo é mais rico."
(Amartya Sen)

Apresentação

A desregulação econômica no mercado doméstico de aviação nos Estados Unidos em 1978 tornou-se emblemática do distanciamento do Estado no controle das estruturas de um setor econômico. Foi o primeiro caso, dando origem a um processo de desregulação que atingiu outros setores da economia e moldou a interação entre Estado e iniciativa privada nos últimos 30 anos. O intenso estudo sobre o processo de desregulação e sobre as consequências nesse sensível setor da economia, em especial no debate concorrencial, proporcionou sucessivas publicações, tornando o setor aéreo um verdadeiro laboratório de pesquisa. Estabelecendo como comparação o processo americano, que metodologicamente era o mais adequado a esse tipo de investigação, neste trabalho procurou-se responder se a desregulação no mercado doméstico de aviação no Brasil, iniciada no final na década de 1980, seguiu o modelo americano. Além disso, procurou-se analisar as consequências do processo de desregulação, de forma a compreender quais eram as semelhanças e diferenças entre os dois casos. O norte teórico da investigação realizada foi a Análise Econômica do Direito, na sua vertente *welfarista*, de maximização de bem-estar dos participantes desse setor econômico. O estudo da desregulação econômica atinge melhores resultados quando se compreende como o Direito influi e molda o mercado, e como este, por sua vez, influencia o arcabouço legal. Nesse caso, o melhor instrumental teórico era a Análise Econômica do Direito, mesmo ciente de suas limitações. Levando em consideração essas limitações, o enquadramento teórico permitiu avaliar se, na comparação entre os processos de desregulação, houve benefícios ou não para os participantes da indústria, com enfoque especial nos consumidores. Verificou-se que a desregulação do mercado doméstico de aviação no Brasil não seguiu a linha teórica da desregulação americana, tendo ocorrido por meio de rodadas de liberalização, e não de um processo abrupto de desregulação. No entanto, os resultados do processo, na dinâmica do mercado desregulado, foram muito semelhantes nos dois casos, inclusive com as inovações surgidas na indústria liberalizada. Nos dois casos, houve significativos benefícios para os consumidores, em um critério de maximização de bem-estar, ainda que problemas importantes tenham surgido. Tais problemas na indústria aérea, de recente debate no Brasil, podem ser explicados, em grande parte, pelo processo de desregulação econômica e seu descompasso com a rígida regulação da infraestrutura aeroportuária. Nesse sentido, o trabalho apresenta propostas de uma reconfiguração regulatória centrada no livre acesso, na livre mobilidade, na liberdade de estratégia, no controle antitruste e na eficiência econômica.

Lista de abreviaturas

ADA – *Airline Deregulation Act*
AED – Análise Econômica do Direito
ANAC – Agência Nacional de Aviação Civil
ATA – Air Transport Association
ATPCO – Airline Tariff Publishing Company
CAB – Civil Aeronautics Board
CADE – Conselho Administrativo de Defesa Econômica
CBA – Código Brasileiro de Aeronáutica
CF – Constituição Federal
CIP – Conselho Interministerial de Preços
CONAC – Conferência Nacional de Aviação Comercial
CONAC – Conselho de Aviação Civil
CRS – Central Reservation System
DAC – Departamento de Aviação Civil
DOJ – Departament of Justice (Departamento de Justiça dos EUA)
DOT – Departament of Transportation (Departamento de Transportes dos EUA)
FAA – Federal Aviation Administration
FFP – Frequent Flyer Program
FTC – Federal Trade Commission
GAO – United States General Accounting Office
HHI – Herfindahl-Hirschman Index (índice Herfindahl-Hirschman)
HOTRAN – Horários de Transporte

IATA	–	International Air Transportation Association
ICC	–	Interstate Commerce Commission
INFRAERO	–	Empresa Brasileira de Infraestrutura Aeroportuária
NECTAR	–	Núcleo de Estudos em Competição e Regulação do Transporte Aéreo
OACI	–	Organização da Aviação Civil Internacional
OCDE	–	Organização para a Cooperação e o Desenvolvimento Econômico
PNAC	–	Política Nacional de Aviação Civil
RIN	–	Rede de Integração Nacional
SAC/MD	–	Secretaria de Aviação Civil do Ministério da Defesa
SAC/PR	–	Secretaria de Aviação Civil da Presidência da República
SDE	–	Secretaria de Direito Econômico
SEAE	–	Secretaria de Acompanhamento Econômico
SITAR	–	Sistema Integrado de Transporte Aéreo Regional
SNEA	–	Sindicato Nacional das Empresas Aeroviárias
TACO	–	Travel Agent Commission Override Programs
TAM	–	Transportes Aéreos Marília
VARIG	–	Viação Aérea Rio Grande do Sul
VASP	–	Viação Aérea São Paulo
VDC	–	Voos Diretos ao Centro

Prefácio

O livro que agora é posto à disposição do público interessado nas questões provocadas pelo Direito Econômico, com os envolvimentos decorrentes da adoção do regime de uma economia de mercado, não pode deixar de rastrear no passado a gênese do trabalho realizado pelo autor. Pode-se com segurança dizer que as origens remotas da mente do escritor remontam a 1908, quando João Bahiano da Silva nasceu no Ceará, em uma família de oito irmãos. Dele se pode afirmar, com Euclides da Cunha, que "o sertanejo é, antes de tudo, um forte... Não há contê-lo no ímpeto. Que se lhe antolhem quebradas, acervos de pedras, coivaras, moitas de espinhos ou barrancas de ribeirões, nada lhe impede encalçar o garrote desgarrado, porque por onde passa o boi passa o vaqueiro com o seu cavalo". E João Bahiano da Silva veio para o Rio de Janeiro, engajou-se na Polícia Militar do antigo Distrito Federal, lutou na Revolução Constitucionalista de 1932, ficou tuberculoso e, por volta de 1940, veio para Minas Gerais em busca dos ares de montanha para a cura do mal. Aqui se radicou, criou família, de onde surgiu um Erony, o Desembargador Erony da Silva. E, depois disso, dando continuidade ao ímpeto iniciado em 1908, veio o autor deste livro. Tudo muito simples, muito natural, ao jeito cearense e mineiro. O problema é que o neto resolveu complicar e enveredar pelos meandros do Direito Econômico, acreditando que poderia transferir para o plano das ideias e das indagações científicas a afirmativa de *Os Sertões*, de que *por onde passa o boi passa o vaqueiro com o seu cavalo.*

Acontece que a transposição de planos manifesta, na primeira frase da introdução do livro, a dificuldade com que irá se defrontar o pesquisador e escritor. Não se trata mais de garrotes e de cavalos, mas ali se afirma que "os aviões e a indústria da aviação civil exercem uma atração especial sobre as pessoas. Mesmo quem – especialmente por necessidade, trabalho ou negócios – utiliza o transporte aéreo com frequência e, portanto, conhece a rotina de voar não deixa de se impressionar quando entra em um avião. Não é de espantar a sensação que causa em quem nunca voou e está fazendo seu primeiro voo".

Partindo dessa emoção, o autor se propõe a estudar o mercado de aviação doméstica no Brasil, sem descurar o componente do transporte internacional de passageiros, tendo em vista a estratégia de concorrência que as empresas nacionais têm que enfrentar.

É óbvio que os aspectos da regulação e concorrência, embora não constituam o cerne da pesquisa, terão real importância na análise da estrutura de mercado de aviação civil.

Elege a perspectiva metodológica da Análise Econômica do Direito, sem vinculação a um arauto específico dessa escola, no que tange à regulação econômica, focalizando as regras atinentes à regulação/desregulação, acentuando o seu caráter de renovação cíclica. A regulação, entendida como o conjunto das técnicas que permitem instaurar e manter um equilíbrio econômico ótimo que seja exigido por um mercado que não é capaz, por si mesmo, de produzir esse equilíbrio, vai buscá-lo justamente no estado de concorrência. Na busca desse equilíbrio, dá o autor uma ênfase especial à chamada linha *welfarista* da AED, de maximização de riqueza, entendida esta como bem-estar, para salientar a condução da interação entre regulação e concorrência no mercado de aviação civil. Óbvio é que esse bem-estar terá como alvo todos os participantes desse mercado.

A adoção do método da Análise Econômica do Direito não pode desprender-se de um núcleo de pensamento humanista, inserido nos fundamentos do Estado Democrático de Direito pelo Constituinte de 1988. Daí a exigência de uma avaliação *política* dos envolvidos no processo de regulação/desregulação do setor aéreo, e também o respeito a uma *ética* que deve ser a causa final de todos os processos de regulação do mercado concorrencial da aviação civil.

O autor pesquisou pessoalmente fontes de informação para um estudo comparativo com a experiência norte-americana iniciada em 1978 com o processo de desregulação, de saída consistente e gradual da ação do Estado sobre o setor. O cotejo feito por ele serve como fonte de ideias e de soluções, salientando que não se justificam cópias de modelos de desregulação estatal. A comparação serve como fonte de enriquecimento, pelo confronto de experiências, mas não se pode pensar em implantar modelos alhures bem-sucedidos.

A partir de 1990, e especialmente desde 1997, com a criação das primeiras agências reguladoras, o Brasil, tendo adotado o regime de economia de mercado, começou a entrar pelo campo da desregulação. E o autor se indaga se copiamos ou se caminhamos para a adoção de um modelo de desregulação *original*. O estudo vai mostrar como se desenvolveu o processo no Brasil, qual é o estágio atual e o que se deve perseguir como política pública para o desenvolvimento do setor.

O trabalho do Leandro inicia-se com um estudo da conceituação e do enquadramento da regulação, entendida como política econômica necessária, desde que adotado o regime de economia de mercado. O conceito evolveu do prisma de uma forte intervenção estatal, necessária ao nascimento e adequação do setor de transporte aéreo, para a substituição da regulação neoclássica, e agora para a desregulação pela regulação concorrencial.

Colocada a exigência da regulação concorrencial, assinala o autor que regulação e concorrência nos apresentam uma encruzilhada. Esse encontro é certamente enriquecedor. Lembrando Schumpeter, salienta que é indispensável que a abordagem econômica reflita também a eficácia dinâmica de determinado setor, que é resultado direto da inovação e da produtividade.

Tratando de relações econômicas como centro das preocupações de regulação e concorrência, o autor repisa o tema da *ética* na vertente da busca do bem-estar. A perspectiva da alocação de recursos não pode desconhecer o aspecto distributivista. O autor põe em cena as discussões de Ronald Dworkin e Amartya Sen, confronta-as com a posição *welfarista* da AED e conclui, por uma linha humanista de pensamento, que a ideia de riqueza não deve ser e não é critério isolado, e menos ainda absoluto, de valor, e que o componente riqueza deve ser temperado. E é o que adota.

A apresentação de um trabalho deve incitar o leitor a perfilhar suas páginas, por isso não pode revelar cada detalhe da obra. Ora, na segunda e terceira partes do seu trabalho o autor narra como se deram os fenômenos de desregulação/regulação do setor aéreo nos Estados Unidos e no Brasil, procurando cotejar e extrair as lições. Nessa narração, surge o "Breve relato sobre o caso Panair", que ilustra como a regulação pode ser adulterada por uma mescla de interesses políticos e privados e revela como aquela empresa, até então competitiva com as demais empresas, teve suas rotas arbitrariamente cassadas pelo governo militar em 1965, o que a levou à falência.

Em contraponto com o aspecto histórico, o autor salta para a prospectividade, que é uma característica fundamental do Direito Econômico, pois já em 2007, época da defesa de sua tese doutoral, defendia a possibilidade da desregulação da infraestrutura aeroportuária, a possibilitar a concorrência entre aeroportos. Salienta que a concorrência entre grandes infraestruturas é complexa, mas admite sua viabilidade, dando como exemplo a concessão da administração do aeroporto de Porto Seguro, na Bahia, a uma empresa privada.

Enfatizando ainda mais essa visão prospectiva, o autor propõe um "plano de voo", sugerindo reformas regulatórias para o transporte aéreo, sempre apostando num cenário de liberdade, com maiores ganhos em quantidade e qualidade, alicerçado numa regulação técnica/segurança sempre rígida e severa. Sugere que os órgãos incumbidos da regulação do setor (CONAC, ANAC, Infraero, e o Comando da Aeronáutica) estabeleçam as políticas e diretrizes essenciais. Defende a reconfiguração (des)regulatória do setor com a manutenção do *livre acesso,* a garantia da *livre mobilidade*, a manutenção da *liberdade estratégica,* a definição de atribuições para o *controle antitruste*, e a garantia da *eficiência econômica* do acesso às infraestruturas aeroportuárias. Com tais medidas estaria sendo atingida a proposta de *universalidade*, quer no número de passageiros quer na quantidade das cidades a serem atendidas pelo transporte aéreo.

As conclusões são uma reafirmação das vantagens da desregulação econômica. E o autor não foge ao compromisso de apresentar suas propostas, fundadas no estudo aprofundado do setor e na perspectiva comparatista.

O lançamento do livro agora para o grande público, certo de que provocará polêmicas, é fruto muito saudável de toda a pesquisa que a Faculdade de Direito da Universidade Federal de Minas Gerais, por seu Programa de Pós-graduação, propicia àqueles que querem adentrar o mundo da pesquisa. Ter sido orientador da tese muito me honra, pois que o orientando excedeu em muito as sugestões recebidas. E o trabalho científico resulta hoje na integração do autor no Corpo Docente da Faculdade que o formou. E nós, que deixamos o Magistério Superior em virtude do impulso inexorável da idade, sentimo-nos felizes por ver que a Faculdade só tem a ganhar com os novos e competentes valores.

João Bosco Leopoldino da Fonseca

Sumário

SEGUNDA PARTE

TERCEIRA PARTE

Lista de gráficos

Lista de figuras e tabelas

Lista de figuras

Lista de tabelas

Introdução

Os aviões e a indústria da aviação civil exercem uma atração especial sobre as pessoas. Mesmo quem – especialmente por necessidade, trabalho ou negócios – utiliza o transporte aéreo com frequência e, portanto, conhece a rotina de voar não deixa de se impressionar quando entra em um avião. Não é de espantar a sensação que causa em quem nunca voou e está fazendo seu primeiro voo. Quase sempre uma experiência inesquecível, ainda que alguns sejam tomados pelo medo. Parece que em cada um de nós, antigos ou novos – e há cada vez mais novos – passageiros do transporte aéreo, alguma faísca do sonhador e realizador Santos Dumont persiste, tornando o negócio "voar" uma indústria presente em nossa vida.[1]

1. A seguinte passagem ilustra o sonho de Santos Dumont e os percalços da indústria aérea: "Santos-Dumont não acreditava em patentes e divulgou amplamente os projetos de seus dirigíveis. Ele via as aeronaves como carruagens da paz, contatando culturas diferentes para que os povos se conhecessem e reduzindo, dessa forma, as possíveis hostilidades. Em retrospecto, parece uma visão ingênua, com a Primeira Guerra Mundial a uma década mais adiante, porém seu otimismo não era incomum nos meios científicos na virada do século, quando novidades como a luz elétrica, o automóvel e o telefone transformaram de modo radical a sociedade [...]. A primeira metade de sua meta realizou-se durante sua vida. Hoje, o avião é o principal meio de transporte de longa distância. Somente nos Estados Unidos decolam 90.700 vôos por dia. E no Brasil 157 aviões partem para a Europa todas as semanas. O tempo de vôo de São Paulo a Paris é de 11 horas, um percurso que Santos-Dumont faria em mais de uma semana de navio e trem. No entanto, seu objetivo de contribuir para a paz mundial não foi plenamente realizado. Os aviões comerciais, o telefone, o rádio, a televisão e agora a Internet transformaram o mundo em uma comunidade global. Porém, a aviação militar fez milhares de vítimas não apenas em Hiroshima e Nagasaki, mas também no curso normal da guerra. E em uma manhã do dia 11 de setembro de 2001, algo inconcebível aconteceu: dois aviões comerciais converteram-se diabolicamente em mísseis de ataque a arranha-céus. A primeira grande invenção do século XX tornou-se o pe-

E, no caso brasileiro do negócio transporte aéreo no Brasil, a emoção de voar constitui experiência cada vez mais frequente e de componente logístico indispensável. Em um País continental, com inegáveis problemas de transporte, nos mais diferentes modais e de escolhas equivocadas no passado,[2] o transporte aéreo ganha responsabilidade e destaque inegável.[3] A ligação entre os pontos mais longínquos do território brasileiro e, em especial, entre as principais cidades e capitais, é fundamental, fazendo trafegar parcela significativa do PIB nacional.

Nesse sentido, associando a atração emotiva do transporte aéreo e a singular importância do negócio, propõe-se, neste trabalho, discutir o mercado de aviação doméstica no Brasil, com enfoque na regulação e na concorrência do setor, tendo como referência teórica a Análise Econômica do Direito (e a linha *welfarista*) e como parâmetro prático a experiência de desregulação norte-americana.

O capítulo introdutório de qualquer trabalho científico deve explicar qual é a temática e o objetivo do estudo, seu problema, a hipótese formulada, a delimitação da terminologia utilizada, de maneira que o leitor possa conhecer qual é a ideia pretendida pelo autor e se este foi capaz de alcançá-la ao final.

sadelo do século XXI" (HOFFMAN, Paul. *Asas da loucura:* a extraordinária vida de Santos-Dumont. Rio de Janeiro: Objetiva, 2004, p. 11-13).

2. Uma simples comparação entre Estados Unidos e Brasil em outros modais de transporte evidencia nossa dependência do modal aéreo. Os Estados Unidos possuem a maior extensão de malha ferroviária do mundo, com 195 mil km. Em função de uma área territorial de 9.159.000 km^2, a relação entre a extensão da malha e a área é de 21,3. No Brasil, para uma área territorial de 8.456.000 km2, há somente 28 mil km de malha ferroviária. A relação é de 3,4. Na Europa, a relação entre a malha ferroviária e a área territorial é ainda maior do que nos Estados Unidos. Na França é de 59,9. Na Inglaterra é de 69,9. Na Alemanha chega a 130,3. Na década de 1950, o setor ferroviário no Brasil chegou a transportar 100 milhões de pessoas. Em 2005, transportou pouco mais de 1,5 milhão. O setor rodoviário coletivo interestadual de passageiros, em distâncias superiores a 75 km, transportou 67 milhões de pessoas em 2005. Os dados são da Agência Nacional de Transportes Terrestres. Disponível em: <www.antt.gov.br>. Acesso em: 5 ago. 2007 (os dados permanecem atuais).

3. Para uma análise das dificuldades atuais de desenvolvimento e de regulação de outros modais de transporte, como as rodovias pedagiadas, em razão de recursos escassos, cf. SILVA, Leandro Novais e; FLORENZANO, Vincenzo Demetrio. Regulação econômica das rodovias públicas na perspectiva dos direitos fundamentais e da análise econômica do direito. *Revista de Direito Público da Economia*, Belo Horizonte, n. 17, p. 111-142, jan.-mar. 2007.

Os elementos estruturantes do trabalho serão apresentados nos itens que se seguem no primeiro capítulo. No entanto, uma primeira aproximação com os termos utilizados no título, é o caminho natural para delimitação da proposta e objetivos do autor.

Trata-se de estudar tão somente o mercado de aviação doméstica no Brasil, e não todo o mercado de aviação, que se divide em aviação civil e a aviação militar. A aviação civil ainda se subdivide nos submercados de transporte de passageiros e de transporte de carga aérea, aqui também incorporando o transporte de mala postal.

Assim, os demais mercados e submercados só serão citados no texto se forem pertinentes com transporte de passageiros, realçando que a citação genérica no texto ao mercado de aviação ou transporte aéreo quer dizer, no contexto do trabalho, transporte aéreo doméstico de passageiros.

Também se vê pela distinção feita acima que não se cuidará especificamente do transporte aéreo internacional de passageiros. Todavia, no âmbito do trabalho, o componente do transporte internacional de passageiros tem delicada importância, uma vez que os elementos de estratégia de concorrência das empresas nacionais, de atuação doméstica, estão hoje intimamente conectados com a atuação internacional, de forma que haverá registros, quando importantes, sobre a regulação e a concorrência na esfera internacional. De qualquer forma, o espaço do trabalho é a dinâmica regulatória nos territórios brasileiro e americano.

Além disso, será dada total ênfase ao funcionamento das empresas regulares do mercado, as chamadas concessionárias (*incumbents firms*), assim designadas pelo Poder Público concedente. As empresas de voo *charter* e também as de táxi-aéreo têm efeito residual no que diz respeito aos caracteres de regulação e de concorrência.

De regra, não se fará um estudo específico de regulação e de concorrência. Os aspectos de regulação e concorrência, como norteadores de ação do Direito Econômico,[4] só terão sentido quando relacionados à estrutura do mercado de

4. Uma introdução da regulação e da concorrência como caracteres de estudo do Direito Econômico está presente em FONSECA, João Bosco Leopoldino da. *Direito econômico*. Rio de Janeiro: Forense, 2005. Pode-se, de qualquer forma, sublinhar que as linhas mestras condutoras hoje dos estudos de Direito Econômico estão centradas em regulação e concorrência. Como subgrupos de investigação da disciplina destacam-se o direito ambiental, a propriedade intelectual e o direito do consumidor. A interação e a convivência entre essas linhas de investigação resulta no norte principal da disciplina, vocacionada para o desenvolvimento econômico.

aviação civil. Como se verá adiante, noções pontuais da ação do Estado via regulação, seus mecanismos e ideias, bem como os principais fundamentos do cenário de competição, devem ser explicados. Tal contingente teórico, no entanto, relaciona-se com o setor escolhido para estudo.

A perspectiva medotológica impele-nos a estruturar o trabalho de acordo com um modelo teórico de um pensador/autor ou escola. Nesse sentido, pareceu-nos adequada a escolha não de um autor específico, mas de uma escola, como a da Análise Econômica do Direito, em especial da análise econômica aplicada à regulação econômica, no que toca diretamente às regras de regulação/desregulação.[5] Há também um enfoque especial na linha *welfarista* da Análise Econômica do Direito (AED), de maximização de bem-estar, como condutora da interação entre regulação e concorrência no mercado de aviação civil, permitindo, ademais, a aferição de bem-estar dos participantes envolvidos no setor.

Nesse ponto, duas ressalvas importantes devem ser feitas. A primeira relaciona-se, a despeito de outras críticas referenciadas no texto do trabalho, à utilização de uma ponderação/suavização ao emprego da Análise Econômica do Direito introduzida por Neil K. Komesar e pela teoria política positiva da regulação,[6] para estabelecer uma análise comparativa das instituições e também avaliar *politicamente* os envolvidos no processo de regulação/desregula-

5. Embora se pudesse pensar na utilização da palavra *desregulamentação*, de forma a traduzir a ideia básica que se quer no trabalho, incorporada nos principais dicionários da língua portuguesa, optou-se intencionalmente pela palavra *desregulação*, uma vez que o termo está consagrado na literatura econômica. Aqui, portanto, o termo *desregulação* não quer dizer desajustado, desorganizado, mas sim o efeito de reduzir o número de regras sobre determinado setor da economia, tal como se vê da seguinte passagem: "Desregulação. Tendência que surgiu durante o final dos anos 1970 nos países industrializados, recomendando a redução da participação do Estado – direta ou indireta – na economia e nos mercados, baseada na tese de que as empresas, os preços e as alocações de recursos são controlados e administrados mais eficazmente pelas forças do mercado do que por regulamentos governamentais. As políticas econômicas originadas dessa tendência abarcaram desde as privatizações até a redução da carga tributária" (SANDRONI, Paulo. *Dicionário de economia do século XXI*. Rio de Janeiro: Record, 2005, p. 246).

6. Cf.: KOMESAR, Neil K. *Imperfect alternatives*: choosing institutions in law, economics, and public policy. Chicago: University of Chicago Press, 1997; e RODRIGUES, Rodrigo Augusto. *O mercado da aviação doméstica no Brasil*: o processo de desregulação comparado com a experiência norte-americana, sob o enfoque da teoria política positiva da regulação. 2003. Dissertação de Mestrado em Economia da Regulação. Brasília; Instituto de Ciências Humanas, Universidade de Brasília, 2003.

ção do setor aéreo, em busca da definição da melhor política pública para o setor. A segunda ressalva diz respeito ao uso de uma ética *consequencialista* derivada da linha *welfarista*, de forma a estabelecer uma contraposição a uma ética *deontológica*, de linha kantiana, também moldura de conduta para resolver os potenciais conflitos e impasses no processo de regulação/desregulação e no estabelecimento de políticas públicas para o setor aéreo. As ressalvas apontadas nesta introdução serão amplamente discutidas no contexto do trabalho.

Chega-se à comparação com a experiência norte-americana. Qual a razão da escolha norte-americana? O referencial norte-americano não só é antigo como processo de desregulação, de retirada consistente da ação do Estado sobre o setor, iniciado como marco temporal em 1978, como também é fonte inesgotável de ideias e soluções para os problemas do dinâmico mercado de aviação civil. Por tais aspectos, o referencial já seria adequado, sem com isso justificar cópias de modelos de desregulação estatal, mas sim fonte inesgotável de diálogo.

Além disso, completa-se com outro argumento muito sensível: a importância do transporte aéreo nos Estados Unidos é destacada pelo tamanho do território americano. Como modal independente ou associado a outros modais, o transporte aéreo de passageiros e cargas nos Estados Unidos é indispensável como meio de conexão e de circulação de riquezas. Levando em consideração os contextos econômicos do Brasil e dos Estados Unidos, a importância do modal aéreo de passageiros é muito semelhante nesses países continentais.

Delimitados os principais elementos do trabalho, abre-se a oportunidade de apresentar o problema a responder: no início da década de 1990 e seguintes, foi o modelo norte-americano de desregulação aplicado no Brasil, ainda que de forma não intencional? Quais os paralelos de desregulação podem ser destacados do processo ocorrido aqui em razão da desregulação *original*?

A hipótese do trabalho para tal conjunto de problemas é: partindo-se da experiência americana, afirma-se que o Brasil aproveitou inegavelmente seu referencial, tal a linha de contato em alguns pontos, de forma que o processo de desregulação resultou em uma dinâmica de mercado com pontos muito semelhantes entre os dois países, mesmo respeitando o nosso contexto econômico (o que proporcionou também pontos de distanciamento que serão tratados no trabalho).

Portanto, tendo como norte teórico a Análise Econômica do Direito, com as ressalvas já assinaladas, bem como estabelecendo o diálogo com a desregulação americana no setor aéreo, o objetivo é compreender como o processo se deu aqui no Brasil, verificar se a dinâmica é realmente próxima, qual é o estágio atual e o que se deve perseguir como política pública para o setor, tendo em vista o pressuposto da maximização de bem-estar, de acordo com a linha *welfarista*.

Vê-se, então, fechando esta introdução, que o trabalho resultará, além do debate teórico, em um segundo capítulo, sobre a Análise Econômica do Direito, seus limites e aplicação na nossa hipótese de trabalho (primeira parte), em dois capítulos de índole descritiva, ou da vertente *positiva* da AED,[7] demarcando a segunda parte do trabalho, para explicar o processo de desregulação nos Estados Unidos, evidenciando o *antes*, o *durante* e o *depois* do processo, com as características de regulação e concorrência decorrentes.

E o mesmo processo de descrição será realizado sobre o cenário brasileiro, sempre que possível estabelecendo as *simetrias* e *assimetrias* com o processo norte-americano, sob o ponto de vista *teórico* e *prático*.

Na terceira parte do trabalho, o objetivo é destacar aspectos que se revelam mais importantes no âmbito da dinâmica do mercado, comparando os dois modelos de desregulação. Por fim, temos um capítulo de cunho propositivo, de índole da vertente *normativa* da AED, com sugestões de mudança ou elaboração de regras de regulação buscando a maximização de bem-estar para os participantes do setor. No final, espera-se que a hipótese imaginada para o trabalho tenha sido testada e verificada, de forma a permitir, sob tal arcabouço teórico e fático, estabelecer com precisão as conclusões do trabalho.

7. Richard Posner distingue as duas vertentes da AED, a *positiva* e a *normativa*. A primeira tem a função de descrever como se dá a interação entre o direito e a economia em um objeto selecionado (ou em um setor da economia), sem ainda sugerir alterações legais ou políticas públicas. De qualquer forma, existe já um juízo de valor na primeira vertente, uma vez que há escolha de um problema a ser enfrentado, o que resulta em um componente moral, mas não há ainda propostas de alteração legal. Ao contrário, a segunda vertente propõe, em razão da análise da interação do direito e da economia em determinado setor (ou problema), efetivas modificações legais, seja com a criação de novas regras, com alterações do texto legal, ou mesmo com supressão de regras, almejando eficiência, em um critério de maximização de riqueza (cf. POSNER, Richard A. *El análisis económico del derecho.* México: Fondo de Cultura Económica, 1998, p. 28-30).

PRIMEIRA PARTE

CAPÍTULO 1

ELEMENTOS ESTRUTURANTES DO LIVRO

1.1 A perspectiva da regulação

O cerne de todo o debate sobre o setor aéreo nos Estados Unidos em especial, e agora no Brasil, está calcado na ação e nos limites da regulação. A ideia é saber qual é a importância do Estado para o funcionamento do setor e qual arranjo institucional, entre presença do Estado e de companhias privadas, melhor pode desenvolver a atividade em uma perspectiva de maximização de bem-estar (consumidores, trabalhadores e empresas participantes do mercado).

Como se verá pontualmente ao longo dos capítulos descritivos do trabalho (segunda parte), a regulação, aqui entendida, em um primeiro momento, como forte intervenção estatal, foi fundamental para o nascimento e o desenvolvimento do setor aéreo de passageiros. E isso é um primeiro ponto de contato tanto teórico como fático entre o setor nos Estados Unidos e no Brasil. Ambos os países iniciaram as atividades de transporte aéreo de passageiros em derivação do transporte de mala postal: os Estados Unidos na década de 1920, e o Brasil na década de 1930, com forte presença do Estado.

A presença do Estado representava muito. Representava intervenção direta com a participação nas incipientes empresas aéreas, como era o caso das empresas de transporte aéreo postal nos Estados Unidos e da Vasp no Brasil,[1]

1. "A Viação Aérea São Paulo - Vasp foi constituída em novembro de 1933 e foi autorizada a operar em março de 1934 entre São Paulo/Riberão Preto/Uberaba e São Paulo/São Carlos/Rio Preto. As operações se revelaram deficitárias, e com um ano de operação, seus sócios solicitaram auxílio aos governos Estadual e

bem como de formação da infraestrutura básica do setor, como construção de aeroportos, coordenação de controle de voos e outros aspectos do desenvolvimento físico.

Além disso, representava intervenção indireta, nos moldes mais atuais e conhecidos de regulação, sob os caracteres *político*, *econômico* e de *segurança*.

Político porque o setor era visto, e ainda é em alguns casos (na aviação internacional em especial), como um setor estratégico e de defesa interna. Embora hoje a própria coordenação de tráfego aéreo já não seja mais função exercida por militares, à exceção de poucos países, entre os quais o Brasil, o setor ainda é tido como vital para a proteção interna, com forte componente político, o que impede uma liberalização mais consistente na perspectiva internacional[2] da aviação de cabotagem.[3]

Municipal, em novembro de 1934, baseando-se na subvenção que era concedida aos demais serviços públicos, entre eles o transporte ferroviário, assim como no exemplo de outros países, que praticavam subsídios, subvenções ou isenções tributárias como estímulo ao fortalecimento da aviação comercial. Os governos do Estado de São Paulo (então sob a administração do interventor - Getúlio Vargas) e do Município de São Paulo concordaram com os motivos, porém optaram não por subsidiar, mas assumir o controle acionário da companhia, com plenos direitos de administração" (RODRIGUES, Rodrigo Augusto. Op. cit., p. 98).

2. Aviação de cabotagem no âmbito internacional consiste na possibilidade de que uma empresa estrangeira faça voos internos no Brasil (citando um exemplo), deslocando passageiros de uma cidade para outra dentro do território nacional, em competição com as empresas internas. Trata-se da "8.ª liberdade", grau máximo de abertura de um mercado à concorrência externa, cuja previsão é dada pela Convenção de Chicago de 1944, do final da Segunda Guerra Mundial, acordo vigente que regula a aviação em âmbito internacional. Hoje, na maior parte dos casos, a cabotagem ampla não é permitida. Permite-se, na seara do processo de liberalização da aviação internacional, conhecido como *open skies*, o acordo de escala em país estrangeiro para voo que termina em um terceiro país (5.ª liberdade). Assim, como exemplo, a Lufthansa voa de Frankfurt para Buenos Aires, mas usa uma escala no Brasil, no aeroporto de Guarulhos. Só nesse caso pode a empresa receber passageiros para realizar o voo São Paulo–Buenos Aires.
3. O principal acordo multilateral para a liberalização da aviação internacional, com efetivos reflexos domésticos, é o da União Europeia, abertura ocorrida gradualmente, cujo marco importante é 1997. Segundo esse acordo as companhias aéreas sediadas em quaisquer dos países-membros podem voar livremente no interior do bloco. Também foi eliminada qualquer restrição à nacionalidade dos capitais controladores das empresas aéreas que operem apenas linhas internas ao bloco. Nas linhas externas ao bloco, em função dos acordos bilaterais, as companhias deverão manter 51% de capital europeu. A abertura permitiu a expansão de com-

No plano econômico, a regulação era feita em todos os componentes importantes da indústria, ainda que de forma cíclica (períodos de maior intervenção seguiam períodos de menor regulação): controlava-se a entrada e a saída de empresas aéreas do mercado, os preços tarifários, eventuais descontos, as linhas aéreas a trafegar, os horários e espaços de pouso e decolagem nos aeroportos, as cidades atendidas, o número de concorrentes em determinada rota, de forma a impedir a competição ruinosa, além de criar subsídios públicos para a manutenção de determinadas companhias e rotas deficitárias. Por fim, ainda havia a participação direta do Estado em alguns processos de falência de empresas aéreas.

Ou seja, para o nosso referencial de regulação/desregulação econômica, os componentes vitais de qualquer indústria eram controlados pelo Estado: *entrada e saída da indústria* e *preço do serviço.*

Quanto ao aspecto da segurança, que se conecta intimamente com o econômico, o Estado, desde o início, preocupou-se naturalmente em diminuir e controlar os riscos inegáveis do serviço aéreo de passageiros. A regulação, nesse aspecto, pauta-se na credibilidade de utilização de um serviço em que um acidente, em geral, é fatal. Assim, há um controle regulatório intenso sobre as aeronaves e sua manutenção, com fiscalização permanente, mão de obra altamente especializada e também intensa supervisão sobre a infraestrutura de apoio ao voo, como a qualidade das pistas nos aeroportos e o controle de tráfego aéreo.

É interessante notar que o elemento segurança nunca sofreu rupturas cíclicas de regulação. E nem poderia ser diferente: quando se iniciou o processo de desregulação nos Estados Unidos no final da década de 1970, uma das preocupações dos especialistas era com a segurança dos voos, uma vez que um cenário de competição mais agressivo poderia incentivar as empresas a adotar condutas negligentes quanto à revisão das aeronaves, à reposição de peças e ao uso intensivo da tripulação de bordo. Isso geralmente não aconteceu. A

panhias de baixo custo, que fazem uso de aeroportos secundários, empregam apenas um tipo de aeronave, não reembolsam passagens e oferecem descontos para os passageiros que reservam com antecedência, o que resultou em aumento da oferta de assentos e maior competitividade. A cabotagem também é admitida entre as empresas da Austrália e da Nova Zelândia. Na América do Sul, o Chile admite a cabotagem, substituindo o critério de nacionalidade pelo conceito "principal local de negócios" para o capital de controle das empresas aéreas, de forma que pouco importa qual seja a nacionalidade do capital, mas sim que sua atividade principal se dê no Chile (cf. DOGANIS, Rigas. *Airlines business.* New York: Routledge, 2005, p. 27-72).

regulação permaneceu rígida, e o número de acidentes mantém índices muito pequenos e em declínio.

A razão é que, mesmo diante da desregulação econômica, a credibilidade da indústria é a alma do negócio, tal como ocorre no setor bancário, para citar um exemplo significativo. Como ocorre com a falência bancária e o prejuízo do correntista que escolheu determinado banco para a sua poupança, com a quebra total de confiança, a aviação doméstica de passageiros tem o acidente aéreo como o mais terrível golpe na credibilidade da indústria. Eventual negligência na segurança, em razão da competição acelerada, foi amplamente superada pelo estímulo em manter o setor livre de acidentes.[4]

No entanto, há ainda um ponto de inegável importância, que relaciona a segurança e a economia da indústria: os aspectos de segurança, notadamente os de infraestrutura, podem criar gargalos econômicos, ponto que será desenvolvido no decorrer do trabalho. É sintomático e mais um elemento de contato, já aqui resultado dos processos de desregulação, que tanto o setor nos Estados Unidos como no Brasil sofram de deficiência no controle do tráfego aéreo. A segurança aqui, quando não dimensionada em quantidade e em avanço tecnológico, funciona como um freio para o crescimento econômico do setor. Esse certamente é um dos pontos mais atuais do debate: regulação/investimento de infraestrutura, com ênfase nas recentes rodadas de concessão de aeroportos,[5] associada à regulação econômica da indústria aérea.

Em retorno ao tema básico deste item estrutural, pergunta-se: qual a razão da longa intervenção estatal de regulação econômica no setor e no processo de desregulação? Há uma trilha teórica comum entre Estados Unidos e Brasil? É um processo cíclico, de eventual retorno à regulação mais interventiva sob o ponto de vista econômico?

4. Não se pode esquecer aqui dois aspectos muito importante: a inovação e o desenvolvimento tecnológico. A desregulação também proporcionou isto, incentivando o desenvolvimento de aeronaves mais rápidas, mais eficientes no consumo de combustível e no aproveitamento do espaço interno, que são aspectos econômicos, mas também mais seguras.

5. Em 2012, a primeira rodada de concessão à iniciativa privada ocorreu com o leilão dos aeroportos de Guarulhos (SP), Campinas (SP) e Brasília (DF). Os respectivos consórcios vencedores foram Invepar/Acsa (Guarulhos); UTC Engenharia, TPI (Campinas); e Infravix, Corporación América (Brasília). Ainda assim, a primeira rodada foi muito criticada, em razão do baixo nível de exigência do leilão. A segunda rodada está prevista para 2013, contemplando Galeão (RJ) e Confins (MG), com critérios mais rigorosos. (AMORA, Dimmi; CRUZ, Valdo. Derrotados criticam modelo do 1º leilão. *Folha de S. Paulo.* 1.º abr. 2012, Dinheiro, p. B4).

Há razões de macroeconomia e de microeconomia para a primeira pergunta.

Quanto ao aspecto macroeconômico, o argumento desenvolvido por Richard H. K. Vietor é instigante.[6] O autor analisa os ciclos de regulação/desregulação associando-os com a estrutura político-econômica vigente em determinado período.[7] Assim, nas incipientes décadas de 1920 e 1930 nos Estados Unidos, houve inegável frustração dos especialistas, dos políticos e da opinião pública, em um processo que resultou em crescimento acelerado na década de 1920, mas em retumbante crise na de 1930, em especial entre 1929 e 1933,[8] cujo ponto máximo é representado pelo *crash* da Bolsa de Nova York, em que se fortificou a ideia de falência da competição e necessidade de intervenção estatal.

Ressalte-se, ainda, que o *consenso* se forjou também no que diz respeito aos aspectos éticos da economia: o individualismo que já era, para alguns, negativo sob o ponto de vista moral, tornou-se, naquele momento, negativo sob o ponto de vista econômico.[9]

---

6. A destacar os Capítulos 1 (The experiment with economic regulation), em que o argumento central dos ciclos de regulação/desregulação é construído, e o 2 (American Airlines), em que o caso da AA é exemplo do argumento aplicado ao setor aéreo (Cf. VIETOR, Richard H. K. *Contrived competition*: regulation and deregulation in America. Cambridge: The Belknap Press of Harvard University Press, 1994).
7. "The economic historian Richard Vietor has put forth the intriguing hypothesis that these regulatory and deregulatory booms are due to a fundamental change in people's perception of how an economy and its government interact. He attributes the regulatory wave of the 1930's to the downfall in a laissez-faire economy emanating from the Great Depression. The deregulation period of the 1970's occurred during a period of serious stagflation – high inflation and high unemployment – witch Vietor argues shook our faith in the ability of the government to provide a constructive influence on the economy. Though this hypothesis is speculative and has not been tested (nor is it clear how one could test it), it is both interesting and plausible" (VISCUSI, W. K., VERNON, J. M., HARRINGTON JR., J. E. *Economics of regulation and antitrust*. Cambridge, Mass.: The MIT Press, 2001, p. 303).
8. Os Estados Unidos saíram de um crescimento do produto interno bruto (PIB) de 6% entre 1921-1929 para um decréscimo de -8,6% entre 1929-1933. A rede de infraestrutura que tinha um espantoso crescimento de 13,5% no mesmo período de 1921-1929 caiu vertiginosamente para -33% no período 1929-1933. E a inflação, que era próxima de zero, atingiu -6,1% em média do intervalo de 1929-1933, demonstrando a brutal recessão do período (VIETOR, Richard H. K. Op. cit., p. 4).
9. Sentenciou o presidente americano Franklin D. Roosevelt em 1935: "We have always known that heedless self-interest was bad morals; we know now that it is bad economics".

O que se seguiu foi a imprescindível participação estatal, direta e indireta, destacando-se que a década de 1930 nos Estados Unidos viu surgir ou registrou a consolidação da quase totalidade de diplomas legais de regulação nas mais diferentes aéreas, do *Banking Act* de 1933 (*Banking and Financial Services*), passando pelo *Communications Act* de 1934 (*Telecommunications*) e pelo *Motor Carrier Act* de 1935 (*Transportation*), até o *Natural Gas Act* de 1938 (*Oil, gas, and eletric power*).

Naturalmente, no bojo de uma reestruturação regulatória estava a regulação do setor aéreo doméstico de passageiros, idealizada pelo *Civil Aeronautics Act* de 1938, instituidor da agência específica de regulação da aviação civil, que era o Civil Aeronautics Board (CAB). A iniciativa regulatória constitui inegável segmento do plano econômico de reformas do *New Deal*, dando origem à chamada era da regulação econômica (*The Era of Economic Regulation*), que durou pelo menos quatro décadas.

Portanto, houve uma plausível conexão entre o ambiente econômico e a perspectiva regulatória que se seguiu nos Estados Unidos, abarcando o setor aéreo.

O mesmo aconteceu aqui no Brasil, no início de industrialização no Governo de Vargas, ainda que isso não tenha representando um plano estruturado de reforma regulatória. Houve verdadeiramente, sob a ótica macroeconômica, uma opção consistente pela industrialização, com as indústrias de base, e pela consolidação das leis trabalhistas. De qualquer forma, a indústria aérea de passageiros, ainda em seu início, viveu o sopro da ação regulatória, no controle do número de empresas participantes e dos preços praticados.[10]

10. Convém ressaltar que a ação regulatória mais intensa ocorreu quando a indústria aérea doméstica começou, de fato, a funcionar com mais consistência, ou seja, mais destacadamente nos anos 1940. Entre os anos 1920 e 1930, houve um incipiente ambiente de liberalidade e de aventura, de forma a atrair capital, em especial estrangeiro, para a indústria em nascimento. Exemplos desse período são as concessões para as empresas estrangeiras Davidson, Pullen & Company e Handley-Page Ltd, todas de voos muito curtos. Além disso, uma das primeiras empresas aéreas brasileiras foi a Condor Syndikat, de capital germânico, que obteve autorização especial do governo brasileiro para iniciar as operações em 1927. A empresa, após a eclosão da Segunda Guerra Mundial, em 1939, viu-se em crescente dificuldade, tendo sido encampada pelo governo brasileiro em 1943 por meio do Decreto 5.187, e mudado inclusive de nome, dando origem a uma das mais famosas empresas aéreas brasileiras: Serviços Aéreos Cruzeiro do Sul Ltda. Para um relato desse período inicial, cf. ESPÍRITO SANTO JR., Respicio Antônio do; CORREIA, Fábio Cardoso. O capital estrangeiro nas empresas aéreas brasilei-

Na vertente microeconômica, ou seja, no funcionamento interno do incipiente mercado de aviação civil, acreditava-se que o melhor desenvolvimento do setor ocorreria com a participação ativa da ação do Estado na regulação das empresas atuantes, desde o controle dos preços à determinação das rotas e cidades que deveriam ser atendidas. Seria, como foi, um mercado cativo, de acesso e permanência controlados, com limitação de competição e rentabilidade garantida.

Como se verá ao longo do trabalho, o mercado doméstico prosperou inegavelmente sob tais condições microeconômicas tanto nos Estados Unidos como no Brasil.

No entanto, essa ênfase da regulação microeconômica foi mais efetiva nos Estados Unidos do que no Brasil, que viveu uma expansão generalizada do setor na década de 1950 e uma crise severa na de 1960, levando à falência da Panair do Brasil, caso referenciado e estudado neste trabalho. Ou seja, a regulação microeconômica não foi capaz de manter a estabilidade do setor ou foi em determinados períodos intencionalmente negligente. A aviação doméstica no Brasil, assim, sofreu mais abruptamente ciclos de abundância e de declínio nesse primeiro longo momento da regulação estatal.

Além disso, e aqui em nítido contraste com o processo americano, quando os Estados Unidos iniciaram o período de reforma regulatória no final da década de 1970, conhecido como a falência da regulação (*The Failure of Regulation*), o Brasil estabeleceu o arcabouço regulatório mais severo de todo esse período de 40 anos, com a criação do Sistema Integrado de Transporte Aéreo Regional (SITAR), estipulando a divisão do País em cinco regiões atendidas por cinco empresas regionais, abastecendo o tronco central em que funcionavam quatro empresas nacionais, sem que as empresas regionais pudessem competir no tronco nacional.

Nesse sentido, em que a desregulação brasileira foi tardia e há total deslocamento teórico-fático do que ocorreu nos Estados Unidos, é que a hipótese do trabalho ganha viabilidade de verificação, com a possibilidade de testar a aplicação do modelo de desregulação americano ao setor aéreo brasileiro.

Cabe ainda, neste item da perspectiva regulatória, uma abordagem inicial sobre o início do processo de desregulação, de forma a compreender por que este se originou nos Estados Unidos.[11]

---

ras. *Revista de Informação Legislativa*, Brasília, ano 43, n. 171, p. 233-257, jul.-set. 2006.

11. A afirmação do Presidente Jimmy Carter em 1977 nos dá a sensação oposta à do Presidente Roosevelt: "One of my Administration's major goals is to free the American people from the burden of over-regulation".

A compreensão do processo, que é complexo, só será alcançada mediante a combinação de fatores e explicações. Os fatores de ordem econômica se destacam, mas sem uma transformação significativa de mentalidade, dos participantes do mercado aéreo, do governo e dos consumidores, bem como da estrutura política que impulsionasse a mudança legal, o período desregulatório não teria saído das análises acadêmicas. Assim, o ponto de partida é partir do pressuposto de que há inúmeras razões que se interpenetram.

A hipótese de Vietor continua a ser instigante também no processo inverso: o de desregulação. Houve um esgotamento da regulação estatal, uma asfixia do setor aéreo pela intervenção do Estado, um mercado que se tornou cativo e artificial, e que nem assim trazia rentabilidade às empresas, com o setor sempre sujeito aos ciclos macroeconômicos de crescimento e declínio, além de resultar em inegável prejuízo para os consumidores, com preços desligados de qualquer padrão competitivo e com cobertura aérea deficitária.

Durante a década de 1970, com o crescimento de estudos econômicos sobre quão mal regulado estava o setor, permitiu-se forjar um novo consenso pela opção desregulatória.

Para exemplificar a base econômica, o estudo de Michael Levine[12] comparando o mercado parcialmente desregulado da Califórnia com o mercado regulado da costa leste dos Estados Unidos, outras iniciativas paralelas no Estado do Texas e também a entrada da Southwest,[13] empresa inovadora da concepção baixo custo, baixa tarifa (*low cost, low fare*), deram o impulso necessário para a divulgação das pesquisas econômicas relacionando os efeitos nocivos da regulação sobre o mercado aéreo doméstico nos Estados Unidos, o que tornou evidente quão mais eficiente era o mercado parcialmente desregulado.

A base econômica permitiu consolidar um conhecimento específico sobre uma forma de compreender a regulação, escola que embasou uma teoria neoclássica da regulação, da qual parcialmente compartilha o autor. O núcleo da teoria neoclássica, de ênfase negativa, bate-se pela quase constante imperfeição da regulação em corrigir os defeitos do mercado livre, ou seja, em criar condições de laboratório que corrijam as falhas do mercado, em especial no que diz respeito ao *controle de preços* e à *quantidade de produtos e serviços*.

12. LEVINE, Michael E. Is regulation necessary? California air transportation and national regulatory policy? *The Yale Law Journal*, v. 74, n. 8, p. 1.416-1.447, jul. 1965.

13. A Southwest iniciou suas atividades nos Estados Unidos em 1971, com voos intrarregionais nos Estados da Califórnia e do Texas.

Essa verdadeira relação de custo/benefício da regulação, com a origem da teoria da captura,[14] ficou registrada no seminal artigo de George J. Stigler, dado a conhecer justamente em 1971:

> O Estado – a máquina e o poder do Estado – é um fonte potencial de recursos ou de ameaças a toda a atividade econômica na sociedade. Com o seu poder de proibir ou compelir, de tomar ou dar dinheiro, o Estado pode (e efetivamente o faz) ajudar ou prejudicar, seletivamente, um vasto número de indústrias. Assim, ao passo que a indústria petrolífera, um verdadeiro peso-pesado da política, é um imenso consumidor de benesses políticas, agentes de seguro marítimo recebem parcelas mais modestas de benefícios. As tarefas centrais da teoria da regulação econômica consistem em justificar quem receberá os benefícios ou quem arcará com os ônus da regulação, qual forma a regulação tomará e quais os efeitos desta sobre a alocação de recursos.[15]

A parte final da citação é emblemática. A regulação em alguns setores é tão nefasta e prejudicial que os objetivos centrais da teoria consistem em estudar quem verdadeiramente recebe os benefícios da regulação e quais são os efeitos desta sobre a alocação de recursos. As ideias caíram como uma luva no setor aéreo, no qual os dados justificaram amplamente a concepção teórica. Daí parte da resposta que explica o *début* americano no processo de desregulação, que se alastrou por todos os demais setores na década de 1980.

---

14. Sugestiva definição de Michael Levine: "'Regulatory capture' is a phrase commonly used to describe a situation in which an industry which is regulated controls a regulatory agency's policies. In popular political discourse, its use is generally normative, and is designed to call attention to a regulatory process gone awry. The use would be, 'the Widget Commission is supposed to be regulating the widget industry in the public interest, but the widget industry has captured it'. In academic discourse, particularly in the non-economic legal literature, the use is also most often normative, as above, but the law and economics literature often uses it as a positive (as opposed to normative) term to describe a form of interaction between government agencies and the industries affected by their policies. Capture can occur in any setting where a regulator can create economic rents: among the most common are in setting rates or rate classifications, determining allowable rates of return, allowing or restricting entry, regulating product content or safety and controlling environmental impacts. In all discourse, the phrase is almost never used with precision, and this creates much confusion" (LEVINE, Michael E. Regulation capture. *New Palgrave Dictionary of Economics and the Law*, 1998, v. 3, p. 267-271).
15. STIGLER, George J. The theory of economic regulation. *The Bell Journal of Economics and Management Science*, v. 2, n. 1, Spring 1971, p. 3. A tradução do artigo foi baseada em MATTOS, Paulo et al. (org). *Regulação econômica e democracia*: o debate norte-americano. São Paulo: Editora 34, 2004, p. 23.

Essa concepção negativa/restritiva da regulação é radicalizada por alguns adeptos da escola neoclássica, como o próprio Stigler, Alfred Kahn, Posner, Peltzman e, em especial, membros da Escola de Chicago.[16] A melhor regulação econômica é a inexistência de regulação, afirmariam seus adeptos.[17] Embora a base constitutiva de crítica da regulação seja correta com relação a vários setores da economia e seja elementar na concepção teórica do trabalho, o radicalismo não é compartilhado pelo autor.

Assim, a trilha restritiva, mas não radical, seguida por Stephen Breyer,[18] para quem a regulação pode ter lugar em casos específicos, ainda mais quando incorpora as críticas neoclássicas e pode ser eficientemente fiscalizada, parece-nos uma suavização a ser considerada. Exemplos, para Stephen Breyer, de setores com regulação econômica que podem ser eficientes são os monopólios privados e os mercados com forte presença de assimetria de informações entre os participantes. Pode-se também complementar ressaltando a regulação econômica de bens públicos, como a educação e a saúde.

Essa concepção mais geral da regulação econômica completa-se, inegavelmente, como já destacado, pela compreensão do processo político e das motivações dos atores envolvidos em determinado setor. Nesse sentido, tal compreensão não resulta, necessariamente, em visão antagônica à visão neoclássica da regulação mas complementar.

Não só de incentivos exclusivamente econômicos vive determinado participante do setor aéreo, por exemplo. Existem motivações de poder, influência,

16. Para uma exata compreensão da Escola Neoclássica, é indispensável a leitura dos textos fundamentais sobre regulação econômica de Stigler, Posner e Peltzman contidos em: MATTOS, Paulo et al. (org.). Op. cit.

17. Observe-se que estamos tratando da regulação econômica. Embora não se possa separá-la de elementos do processo produtivo que exigem ação estatal regulatória, como a regulação ambiental e a regulação de segurança (há custo-benefício econômico em qualquer espécie de regulação), é possível, ao menos no plano teórico, estabelecer algum tipo de divisão. Assim, pode-se dizer que tal setor da economia permanece altamente regulado sob a perspectiva da segurança, mas parcialmente regulado no que diz respeito a regras exclusivamente econômicas, quer dizer, preço, participação no mercado etc., como é exatamente o caso do setor aéreo.

18. Para uma ideia geral, cf. BREYER, Stephen. *Regulation and its reform*. Cambridge: Harvard University Press, 1982. Para um debate mais específico sobre as inconsistências da regulação, de forma a evidenciar justamente onde ela não é necessária, cf. BREYER, Stephen. *Breaking the vicious circle*: toward effective risk regulation. Cambridge: Harvard University Press, 1993.

notadamente políticas,[19] que interferem no processo de regulação/desregulação. Conhecer tal estrutura de motivos ajuda na descrição dos problemas econômicos da regulação, nos caminhos da desregulação e na eventual eficiência de propostas de rerregulação ou regulação parcial.

Na compreensão de todo esse dinâmico e complexo processo é que se descortinam as razões da antecipação americana da desregulação, com destaque para o setor aéreo. Mais uma resposta à pergunta feita é: todo esse complexo processo político-econômico teve origem no mesmo lugar. A pesquisa econômica encontrou eco no arcabouço político que retroalimentou o debate econômico. Eis a chave do segredo.

Para finalizar este item, introduzindo o enfoque concorrencial, nos deparamos com as ideias de Calixto Salomão, um dos primeiros a tentar sistematizar, em âmbito jurídico, uma ideia de regulação econômica no Brasil.[20]

Calixto Salomão, depois de analisar a escola de regulação baseada no interesse público, de inspiração francesa e de cultura administrativista, e a neoclássica, de influência americana, rejeita ambas as escolas. A de interesse público, calcada justamente na ideia de definição do que seja interesse público, de forma a justificar a participação estatal, é frágil porque dificilmente há consenso no que seja o interesse geral, em geral sempre mutável, a fim de exigir a regulação do Estado. Essa crítica do autor é correta.

A escola neoclássica da regulação é rejeitada porque se funda exclusivamente no componente econômico da regulação, a disciplinar a regulação pela eficiência, quer seja a paretiana, quer a de Kaldor-Hicks.

Nessa trilha, o autor pretende substituir a regulação neoclássica ou a desregulação pela regulação concorrencial. Aqui a concepção do autor parece-nos equivocada, ainda que a proposta final seja adequada.[21]

A escola neoclássica não exclui, necessariamente, uma perspectiva concorrencial após a desregulação. Ocorre exatamente o contrário, com exceção de estudos mais radicais, como o de Robert Bork sobre as imperfeições econômicas das decisões antitruste.[22] A crítica mais consistente à escola neoclássica

19. Ainda que tais motivações possam ser mensuradas economicamente.

20. Cf. SALOMÃO FILHO, Calixto. *Regulação da atividade econômica*. São Paulo: Malheiros, 2001.

21. Para a crítica à Escola Neoclássica da regulação e tentativa de construção de uma ideia de regulação concorrencial, cf. SALOMÃO FILHO, Calixto. *Regulação da atividade econômica*, cit., p. 10-15.

22. BORK, Robert. *The antitrust paradox*: a policy at war with itself. New York: Free Press, 1993. Bork, inteligentemente, identifica um paradoxo: ao mesmo tempo em que o antitruste preserva a concorrência, combate-a, criando uma "política

é justamente a necessidade de ampliar a compreensão da regulação, na forma defendida acima, com o componente político, além de eventuais e importantes críticas aos modelos adotados pela análise econômica, do homem racional, que influenciam os estudos regulatórios.

Todavia, não parece haver conexão consistente entre a regulação sob o ponto de vista neoclássico e um combate sistemático à concorrência. Para um exemplo prático, a ideia de desregulação no setor aéreo, que segue ideias da desregulação neoclássica, incentiva justamente o enfoque concorrencial.

Mercado liberalizado, entraves quase inexistentes à entrada e à saída de empresas, competição mais frequente, contestação do setor mais efetiva, inovações, tudo isso geraria uma indústria mais eficiente, com preços menores e (uma possível tentativa de) universalização do serviço.[23]

O item seguinte procura apresentar as primeiras ideias sobre a perspectiva concorrencial associada à desregulação.

1.2 O enfoque da concorrência

A regulação e agora o enfoque da concorrência nos apresentam uma encruzilhada. Se a *competição* totalmente livre geralmente redunda em abuso do poder de mercado, com as formações clássicas de *estruturas* oligopolizadas ou monopolizadas ou de *condutas* que se coordenam, com a formação de cartéis ou táticas não razoáveis para controle de preço, a *regulação*, quando substitui a concorrência e tenta criar um ambiente de competição em laboratório, geral-

em guerra contra si mesma". De fato, o paradoxo é preocupante, e tem utilidade contra os excessos do antitruste. No entanto, com uma análise ponderada, é óbvio que o efeito concorrencial imposto pelas autoridades, além do critério ético, traz benefícios de índole econômica, que passa até mesmo nos testes de maximização de bem-estar agregado.

23. Aqui há um possível choque de objetivos e efeitos entre o ambiente regulado e o setor aéreo desregulado economicamente. É que, em um ambiente regulado, é possível estabelecer, de forma prioritária, a universalização do serviço como objetivo. E persegui-lo, ainda que importe em um *trade-off* entre a universalidade e a eficiência econômica do setor. Para universalizar o setor demanda regulação, ainda que indireta, via subsídio. Em um setor desregulado, cuja ênfase é a alocação eficiente de recursos, efeitos de universalização podem resultar prejudicados. A sintonia fina, como se verá, é a permanência tão somente de um mínimo regulatório indispensável, mas sem o desvirtuamento dos mecanismos de mercado (preço e entrada, por exemplo), com incentivos adequados para, mesmo em um ambiente de relativa liberdade, conseguir universalizar (e regionalizar) o setor, tendo em conta o número de cidades atendidas.

mente fracassa, pela inadequação ou pela captura, como nos mostra a análise neoclássica. Que modelo seguir?

Há, de fato, que se fazer uma aposta em uma espécie de regulação concorrencial, como quer Calixto Salomão, embora discordemos parcialmente desse autor em suas críticas à Escola de Chicago e aos fundamentos neoclássicos.[24]

No caso da crítica neoclássica à regulação, o que se pretendia à época nos Estados Unidos, bem como no Brasil, na década de 1990, era substituir as regras de regulação econômica do setor, tidas como entraves, por ampla competição, ainda que gradativa, de forma que o mercado aéreo ficasse sujeito integralmente às sanções antitruste. Assim, uma quase imunidade que existia para o setor, em razão da ampla e extensa regulação econômica, seria substituída pela competição *regulada* pelas regras antitruste.[25]

Aqui duas ressalvas devem ser feitas, ambas interligadas. O setor aéreo é peculiar: existem custos fixos altos para participação no mercado; não há estocagem de produtos e serviços, pois, obviamente, não há como estocar um voo; e as aeronaves decolam com qualquer número de passageiros, de forma a cumprir seu horário, incorrendo as companhias aéreas no pagamento de custos fixos, como combustível, encargos trabalhistas à tripulação, taxas aeroviárias de infraestrutura, despesas que incidem a cada viagem. Além disso, é um

24. Para aprofundar a discussão sobre a regulação concorrencial, no tocante ao controle de condutas e às críticas à Escola de Chicago, cf. SALOMÃO FILHO, Calixto. *Direito concorrencial*: as condutas. São Paulo: Malheiros, 2003, especialmente o Capítulo I.

25. A ideia de substituição da regulação econômica clássica pela regulação concorrencial permite dois raciocínios. O primeiro é que a regulação econômica profunda e ampla demais de certa forma imunizava o setor aéreo das regras antitruste. Se o Estado determinava tudo, preço e condições de funcionamento, impossível discutir concorrência nesse mercado controlado. São aplicáveis aqui as teorias americanas, debatendo as fronteiras entre regulação e antitruste, da ação política (*State Action Doctrine*) e do poder amplo (*Pervasive Power*), de forma a justificar ou não a imunidade antitruste. O segundo raciocínio gira em torno dos mercados de acesso e permanência controlados. O setor aéreo, mesmo posteriormente à desregulação, ainda é um setor de regulação intensa, senão na parte econômica, mas efetivamente na regulação de segurança, o que o aproxima nesse aspecto do setor bancário, razão pela qual a interação entre regulação e concorrência pode se tornar complexa e um verdadeiro problema. Para uma análise da interação entre regulação e concorrência no mercado bancário, cf. SILVA, Leandro Novais e. *Direito bancário*: regulação e concorrência. Belo Horizonte: Mandamentos, 2005. Para uma análise das teorias americanas, cf. SALOMÃO FILHO, Calixto. *Regulação da atividade econômica*, cit., p. 134-152.

mercado frequentemente sujeito às sazonalidades macroeconômicas, afetado que é pelas altas cambiais (no caso brasileiro), o que compromete o pagamento dos arrendamentos das aeronaves e a reposição de peças, pelo preço do querosene de aviação, ou seja, pelos aumentos abruptos do preço do petróleo, e pela inconstância da demanda por serviço aéreo. O setor ainda pode controlar razoavelmente os custos de oferta, até mesmo com a realização de seguros (*hedge*) para as oscilações de preços externos, mas tem pouco controle sobre a demanda, sendo esta sensivelmente afetada pelo crescimento econômico interno de cada país. Quando o país cresce, frequentemente há um reflexo na demanda aérea, aumentando-a; no período de crise econômica, a demanda aérea sofre igual retração.[26]

Alguns especialistas, como Rigas Doganis, travam uma insistente batalha acadêmica para descobrir o verdadeiro funcionamento econômico do setor aéreo, juntando os cacos do quebra-cabeça. Por que o setor, em âmbito internacional, teve brutal crescimento nos últimos 50 anos e, ainda assim, a rentabilidade das empresas é sofrível, com casos corriqueiros de falência? A complexa resposta parece estar no arcabouço regulação/desregulação e também nessa simbiose entre a microeconomia do setor e macroeconomia geral.[27]

26. Pesquisa do Núcleo de Estudos em Competição e Regulação do Transporte Aéreo (NECTAR) é sugestiva em salientar essa interdependência: "Ao longo do período de análise, foram observados alguns picos e vales do mpc, sendo os anos de 1973, 1979, 1987 e 1997, os derradeiros das fases de alta lucratividade; não por coincidência, tais anos foram caracterizados por choques macroeconômicos de alta relevância, e exógenos ao setor. Os anos de 1983, 1991, 1999, 2001 e 2002, anos de choques cambiais, são marcados por lucratividade altamente negativa. Percebe-se, também, que o período entre 1988 e 1992 é marcado por prejuízos seguidos e expressivos, contendo, inclusive, os dois menores valores da série (1989 e 1991); este período é até hoje marcado por disputas na justiça com relação às perdas acarretadas pela política macroeconômica na lucratividade deste setor. Por fim, tem-se que as observações com maior lucratividade estão associadas a períodos áureos, como do 'Milagre Econômico' e do pós-Plano Real, muito embora o primeiro tenha se prolongado por quase toda a década de 1970" (OLIVEIRA, Alessandro Vinícius Marques de; SALGADO E SILVA, Lucia Helena. *Reforma regulatória e bem-estar no transporte aéreo brasileiro*: e se a flexibilização dos anos 1990 não tivesse ocorrido? Documento de Trabalho n. 13, Núcleo de Estudos de Competição e Regulação do Transporte Aéreo (NECTAR), São José dos Campos, 2006, p. 6. Disponível em: <www.nectar.ita.br>. Acesso em: 5 ago. 2007).

27. "The airline industry presents a paradox. For the last fifty years it has been characterized by continued and rapid growth in demand for its services. Yet it has remained only by marginally profitable. [...] The airline industry appears to be cyclical and this inevitably impacts on growth rates from year to year.

A primeira ressalva, então, é esta: trata-se de um setor delicado e instável. À sensibilidade do setor se interliga a segunda ressalva, de caráter teórico. Impossível uma concorrência perfeita no mercado, uma vez que esta é reduto da abstração acadêmica. Mas mesmo uma concorrência quase perfeita não é possível, porque não há atomicidade de atores, não há simetria de informação entre participantes e consumidores, há barreiras econômicas e naturais elevadas (mesmo que os custos iniciais sejam altamente transacionáveis),[28] além de haver inconstância do setor. Pratica-se, no setor, uma concorrência possível (*workable competition*) que, ainda que com as limitações descritas acima, pode ser e é extremamente benéfica ao consumidor.

De qualquer forma, havia nos Estados Unidos verdadeira crença, ainda que fundamentada em estudos acadêmicos,[29] na alta contestabilidade do setor aéreo. Era mais um incentivo à desregulação e à concorrência.

Acreditava-se que o setor pós-período de regulação econômica sofreria um choque de competição não só com a entrada efetiva de novos competidores, mas com a resposta das tradicionais companhias (*incumbents firms*) à ameaça de novos concorrentes (*free-riders*), que poderiam entrar e sair de mercados específicos, lucrativos, com razoável agilidade.

Nevertheless the underlying trend has been one of declining but consistently growth in demand. Most industries or businesses faced with continued and high growth of demand for their products or services would be basking in substantial profits. Not so the airlines. This is the paradox. The financial performance of the world's airlines taken as a whole has been very marginal, even in the years when the industry was highly regulated and largely protected from internal competition" (DOGANIS, Rigas. *Flying off course:* the economics of international airlines. New York: Routledge, 2002, p. 4).

28. A ideia dos *sunk costs* (custos irrecuperáveis) no setor aéreo não é aplicável totalmente. A maior parte do investimento é passível de recuperação, em especial o investimento feito na compra de aeronaves, peças, hangares de estacionamento. É ativo cobiçado no mercado e de transação fácil, com custos pequenos. O ativo de infraestrutura, balcões de atendimento nos aeroportos e *slots* de pouso e decolagem, se elementos de um mercado à parte, também é de rápida e fácil negociação. A ideia de custos perdidos pode ocorrer com os gastos de marketing e publicidade, que se perdem no tempo, sem recuperação. Ainda assim, se a marca desenvolvida está valorizada, é possível que tal ativo seja também atrativo. Com base nessas ideias, vale pensar no *caso Varig*.

29. O principal estudo sobre a contestabilidade do setor aéreo é de BAILEY, Elizabeth E.; GRAHAM, David R.; KAPLAN, Daniel R. *Deregulating the airlines*. Cambridge: The MIT Press, 1985.

De fato, houve aumento substancial do número de empresas logo após a desregulação nos Estados Unidos. Além disso, houve efetiva contestação em alguns mercados específicos, até mesmo com questionamentos concorrenciais. No entanto, o período de efervescência foi breve. As inconstâncias do setor referidas e as inovações introduzidas pelas companhias antigas, em um dinamismo não esperado, fizeram cair por terra, literalmente, a ideia de alta contestabilidade do setor.

Os dois dados essenciais aqui foram: (i) as instabilidades macroeconômicas da primeira metade da década de 1980 nos Estados Unidos, que comprometeram efetivamente voos maiores de pequenas empresas sem estrutura de capital para sustentar os baques, ou seja, a ideia da barreira econômica natural e do não controle da demanda; e (ii) o uso inovador da infraestrutura, com o sistema *hub-and-spoke*,[30] que podemos chamar, em português, de sistema centro–raio, e seus gargalos e barreiras institucionais, uma vez que a ampliação da concorrência submeteu os elementos de infraestrutura, aeroportos, balcões de serviço, pistas, horários de pouso e decolagem a uma sobrecarga de difícil dimensionamento. Ou seja, o uso intenso dos principais aeroportos, algumas táticas restritivas das antigas empresas aéreas e o gargalo de infraestrutura impediram a permanência efetiva da ideia da contestabilidade.

O argumento desenvolvido, e que será rediscutido adiante, serve para nos permitir modular os efeitos possíveis da regulação concorrencial e compreender os efetivos obstáculos que impedem maior competição. O setor não é sujeito a uma contestação sistemática e consistente. Há, certamente, nichos de contestação, como demonstram as empresas de baixo custo, baixa tarifa, mas a atuação das grandes empresas, associada ao uso da infraestrutura, impede

30. O sistema centro–raio redefine a forma de uso dos aeroportos e da constituição da malha aérea, formatado para aglutinar voos em aeroportos maiores e centrais, recebendo voos regionais (de menor distância) e redistribuindo a malha aérea para outros aeroportos regionais e centrais. O sistema de transporte aéreo mais utilizado até o início dos anos 1980, pós-desregulação, era o sistema ponto a ponto (*point-to-point*), de ligação direta, sem centralização de voos. A revolução do sistema centro–raio transformou verdadeiramente a malha aérea doméstica nos Estados Unidos, permitindo um aumento vertiginoso no número de voos e de cidades atendidas e declínio nos preços. No entanto, o sistema possibilitou que as grandes companhias americanas verdadeiramente dominassem os aeroportos centrais, cada qual com o seu *hub*, dificultando, assim, o acesso à infraestrutura às pequenas entrantes do mercado. A revolução do sistema será debatida profundamente no trabalho (item 3.3) (cf. BORENSTEIN, Severin. Hubs and High Fares: Dominance and market power in the U.S. airline industry. *The Rand Journal of Economics*, v. 20, n. 3, p. 344-365, 1989).

entradas e saídas rápidas do mercado. Um objeto de estudo aqui é exatamente a regulação de infraestrutura, como forma de incentivo à competição.

A entrada de uma empresa no setor exige, portanto, estudo mais acurado, boa estrutura de capital e o aproveitamento de oportunidades abertas no mercado, como o caso da Gol aqui no Brasil.[31] Oportunidades de competição também são criadas com o desenvolvimento de projetos inovadores, como o uso de aeroportos periféricos e subtilizados, de custos mais baixos, alternativa consistente quando se pesquisa o mercado europeu.[32]

---

31. O caso mais recente no Brasil é da companhia Azul. Com uma estrutura de capital bem organizada, um projeto de uso de infraestrutura periférica e com apenas um tipo de aeronave, além de malha de voos de ligações diretas e estrutura de preços competitiva, tornou a ação da companhia uma contestação responsável do setor. O processo recente de fusão com a empresa Trip é mais um capítulo na ampliação da atuação da empresa, além do fortalecimento de sua malha regional. Para os reflexos e as reações das rivais à entrada da Azul Linhas Aéreas, cf. BETTINI, Humberto F.; OLIVEIRA, Alessandro Vinícius Marques de. Caso: Azul Linhas Aéreas. *GV Executivo*, v. 8, p. 36-40, 2009.
32. Confira-se a instigante notícia da revista *Veja* retratando a revolução de baixo custo no mercado europeu: "A companhia aérea irlandesa Ryanair encontrou uma estratégia radical para revolucionar o competitivo mercado de baixo custo. Suas passagens não são só baratas como as de seus concorrentes. Algumas são praticamente gratuitas. Um trecho entre Londres e Roma custava na semana passada, por exemplo, 0,79 euro (pouco mais de 2 reais); entre Porto e Barcelona, 0,01 euro (0,03 real). Com esses preços, a empresa transformou-se numa das mais populares e lucrativas da aviação mundial. Lucrativas? Sim. A Ryanair deu um novo sentido ao princípio econômico segundo o qual 'não existe almoço grátis'. Se o passageiro não paga para voar, paga por quase todo o resto. Quer um copo de água? Sem problemas, basta desembolsar 2,50 euros (7,06 reais). Há taxas para despachar bagagens, instrumentos musicais e até para levar crianças a bordo" (SILVA, Christiane. Mascate do ar. *Veja, Negócios,* p. 94-96, 13 dez. 2006). A revista *The Economist* também apresenta relato das inovações das empresas de baixo custo, que agora apostam no mercado de longas distâncias, sugerindo contestabilidade às principais empresas aéreas, mas ressaltando as dificuldades: "Now a group of new low-cost airlines, many of them based in Asia, is targeting the market for long-haul flights-those lasting more than six hours. [...] Part of the formula is familiar: flying one type of aircraft to reduce maintenance costs, landing at second-division airports, vigorous outsourcing and so on. But translating the low-cost model to long-haul markets is hard. Airliners are already in the air much of the time, reducing the scope to work them harder. Rules on night flights and rest periods for cabin crew stretch turnaround times. And passengers enduring a 12-hour flight are less willing to skimp on food and legroom [...] For bigger carriers, the new entrants are not yet much of a threat. The most profitable

Há concorrência, mas há um limite para ela. Daí que se torna essencial estabelecer não só a ideia de concorrência possível, mas a moldura pela qual tal competição possa se efetivar. Será que a Escola de Chicago, ultrapassando o debate da regulação econômica, apresenta também aqui, na concorrência, a melhor moldura para resolver eventuais conflitos de competição e a melhor análise de previsão de comportamentos para o setor aéreo?

Um aspecto é inegável: a teoria econômica neoclássica tem sido aplicada com consistência na análise de vários problemas concorrenciais e foi e é de considerável utilidade para predizer comportamentos e estágios de desenvolvimento de qualquer indústria, até mesmo o setor aéreo. O arsenal econômico é imprescindível, ultrapassando o viés exclusivamente estrutural, de caráter restritivo.[33] No entanto, a Escola de Chicago também tem limitações. É que geralmente a teoria econômica é empregada para uma análise *estática* do funcionamento do mercado, centrada basicamente na ideia de eficiência alocativa e no bem-estar do consumidor, para repisar a fórmula de Robert Bork.[34]

business-class travellers will be loth to give up either frequent-flyer miles or the convenience of a full timetable. But the cheaper long-haul alternatives inject more urgency into the big carriers' efforts to cut costs" (THE ECONOMIST. Fare game: budget airlines take on long-haul routes. Business, v. 382, n. 8.516, Febr. 2007).

33. A visão estruturalista da concorrência está centrada na Escola de Harvard, em que o paradigma estrutura-conduta-desempenho (ECD) domina as análises antitruste. Assim, a estrutura de determinado mercado, em especial o número de agentes, condiciona a conduta das empresas e consequentemente o desempenho delas no mercado. O modelo teórico serve de base para as frequentes análises de concorrência do CADE, por exemplo. E, embora útil, tem limitações. Não se sabe exatamente se a estrutura é que define o comportamento dos agentes ou se, em casos específicos, que podem ocorrer inclusive no mercado aéreo, é a eficiência dos agentes e as atitudes tomadas no mercado que possibilitam a estratégia competitiva de compra de outras empresas, modificando a estrutura do setor. Trata-se um problema endógeno de organização industrial, o que prejudica a ideia exclusivamente centrada no paradigma ECD. Além disso, a visão estruturalista algumas vezes se esquece da concorrência potencial e tem dificuldades em delimitar determinados mercados relevantes, o que torna a análise antitruste ainda mais controvertida.

34. O uso da teoria econômica em larga escala é o que diferencia a Escola de Chicago da Escola de Harvard. Há um ganho com os componentes econômicos para a análise antitruste. Mas, de qualquer forma, a análise clássica dos teóricos de Chicago ainda parte do estudo estrutural de determinado mercado, sem a inclusão de elementos comportamentais, como a teoria dos jogos, o que impede investigações mais aprofundadas de eficácia dinâmica.

Na análise estática, há uma espécie de congelamento do mercado, uma fotografia tirada, de forma a permitir uma análise econômica de estrutura, em casos de fusão ou de condutas, em que se investiga uma colusão, realçando o emprego de índices de concentração do mercado, como acontece com o Herfindahl-Hirschman Index (HHI) e o C4,[35] e elementos indicativos antes e pós-ação investigada. Há, assim, uma moldura na qual encaixar os casos concorrenciais para efeito da aplicação da Lei de Concorrência, aqui e nos Estados Unidos, considerando até mesmo uma *guideline* como parâmetro.[36]

Tal análise é indispensável. Só uma avaliação estática permite alguma consistência na predição econômica. Há inúmeras críticas à análise econômica - algumas das quais serão discutidas no próximo capítulo - sobre as falhas generalizantes dos modelos racionais da Escola Neoclássica, de maneira que seria praticamente impossível a expansão de tal modelo de forma a ultrapassar a fotografia feita de um setor, em determinado momento. Modelos que já são complexos, ao agregar novas variáveis, se tornariam incompreensíveis.

No entanto, o que se vê no específico mercado aéreo é que o elemento mais considerável para uma análise antitruste é o seu dinamismo, ou seja, a análise que compreenda uma eficácia dinâmica. Na linha de Joseph Schumpeter, não exatamente como uma oposição à teoria neoclássica, é indispensável que a abordagem econômica reflita também a eficácia dinâmica de determinado setor, que é resultado direto da inovação e da produtividade.[37] A ideia é que a

35. O índice de concentração de mercado mais utilizado é o índice Herfindahl-Hirschman, que é o somatório das parcelas de participação dos agentes em um mercado, elevado ao quadrado, ou HHI = ΣS_i^2. Para o índice, o poder de mercado varia exponencialmente com a concentração. Assim, um mercado em concorrência perfeita tem índice igual a zero, em que nenhum dos agentes tem participação significativa. Um índice igual a 10.000 apresenta características de monopólio. Para as *guidelines*, um mercado com HHI abaixo de 1.000 é pouco concentrado, entre 1.000 e 1.800 é moderadamente concentrado, e acima de 1.800 é excessivamente concentrado.

36. O exemplo mais significativo é o *Horizontal Merger Guidelines*, editado pela Federal Trade Commission e pelo Department of Justice (FTC/DoJ).

37. Para citar passagem célebre de Schumpeter: "É, contudo, o produtor que, via de regra, inicia a mudança econômica, e os consumidores, se necessário, são por eles 'educados'; eles são, por assim dizer, ensinados a desejar novas coisas, ou coisas que diferem de alguma forma daquelas que têm o hábito de consumir") (SCHUMPETER, Joseph A. *Teoria do desenvolvimento econômico*. São Paulo: Abril Cultural, 1982, p. 65). Para a perfeita compreensão da importância da

eficácia dinâmica verdadeiramente complete a eficácia estática, nas suas três modalidades econômicas: eficácia alocativa, produtiva e distributiva.

O exemplo do setor aéreo talvez seja o mais significativo a justificar uma moldura ampliada, ainda que de difícil configuração para a predição econômica. O aspecto mais surpreendente pós-período de desregulação nos Estados Unidos não foi a entrada de novas empresas no mercado ou a efetiva competição nos preços, em especial em linhas aéreas de longa distância (*long-haul routes*), características normalmente previstas pelos especialistas, mas justamente a inovação *inesperada* no uso da infraestrutura aeroportuária, com o desenvolvimento do sistema centro–raio, de consistentes efeitos concorrenciais.

O setor é conhecido por seu dinamismo, de efeitos positivos ou negativos: endógeno, quando as empresas participantes inovam ou produzem tecnologia, com novas aeronaves, utilização diferenciada da infraestrutura, gerenciamento de baixo custo, extensa modulação e dispersão tarifária; exógeno, quando sofre com as instabilidades macroeconômicas e de regulação microeconômica, tentando adaptar-se com incrível agilidade.

A modulação concorrencial, assim, deve levar tal característica em consideração. Além disso, deve incorporar outros elementos que surgiram como críticas à teoria neoclássica, em especial a teoria dos jogos e uma ideia já ressaltada - a de uma nova economia institucional.

Se a ideia de mercados contestáveis, que também apresenta um viés crítico e complementar à teoria neoclássica, sofreu um baque em face do funcionamento e dinamismo do setor aéreo, a teoria dos jogos tem campo fértil de aplicação na análise de competição das empresas aéreas. Isso porque traz consigo, na análise comportamental, o aspecto dinâmico, de repetição de condutas na organização do mercado tendo em vista o comportamento dos demais agentes. E tal elemento é frequente no setor aéreo. A ação não competitiva, como ocorreu na ação concertada da ponte aérea Rio–São Paulo em 1999 (auge da guerra de preços), tem efetivamente relação com o comportamento dos demais agentes no mercado. E a tática de preços tão diversificados, tanto em horários quanto em perfil de passageiros, como ocorre nas principais companhias americanas e entre a TAM e Gol no Brasil, faz parte de um jogo ágil que se joga repetidas vezes durante o dia.

Além disso, há uma razão empírica: a inexistência de grandes testes da teoria em mercado específico. Se, por um lado, o setor sugere a ação consciente e coordenada das empresas, como se afirmou, por outro há poucos estudos

eficácia dinâmica e sua consequente interferência nos ciclos econômicos, cf. o Capítulo II da obra acima citada.

demonstrando a viabilidade de aplicação da teoria ao mercado aéreo, em que a dispersão de tarifas parece ser o melhor exemplo.[38]

Quanto à nova economia institucional, talvez a mais crítica em relação à teoria neoclássica, a vertente[39] sugere um efetivo complemento à análise econômica, ou mesmo uma quase substituição da teoria marginalista de preços pela investigação do funcionamento das instituições. A nova economia institucional ressalta que os interesses - não só econômicos, mas também políticos - envolvidos em um processo de concorrência são importantes no enfoque concorrencial e também no predizer o desenvolvimento do setor.[40]

Essa análise ampliativa na moldura concorrencial, sabidamente de difícil concreção mas importante, leva-nos à exata compreensão de qual o caminho perseguido pela concorrência e *quem/o que* ela protege. Ou seja, ante as características econômicas peculiares do setor aéreo e a complexidade da moldura concorrencial, não se almeja que a substituição da regulação ampla e profunda do Estado por uma regulação concorrencial seja a panaceia do setor, a solução de todos os males. Pelo contrário. A concorrência não visa proteger *exclusivamente* o consumidor, em uma linha radical da Escola de Chicago. A desregulação não deve ser pensada só em benefício do consumidor. A maximização de bem-estar, em uma linha *welfarista* e *consequencialista*, bem articulada por

38. Como exemplo, para o setor aéreo brasileiro, cf. SILVEIRA, Joel Maria; OLIVEIRA, Alessandro Vinícius Marques de. An empirical game-theoretical to model a price war in the Brazilian airline industry. *Revista de Literatura de Transportes*, v. 2, p. 4-20, 2008.

39. Além de Komesar, já citado na introdução do trabalho, Calixto Salomão Filho sugere a participação de economistas dos mais variados matizes e até de diversas tendências ideológicas, englobados na expressão "nova economia institucional". Segundo Calixto, "entre os autores que, em seus trabalhos, traduzem preocupações que podem ser relacionadas ao objeto principal de atenção da nova economia institucional, pode-se mencionar A. Alchian e H. Demsetz, K. Arrow, L. E. Davis e D. C. North, B. N. Ward, O. Williamson e F. Hayek, entre outros" (SALOMÃO FILHO, Calixto. *Direito concorrencial*: as condutas, cit., p. 28).

40. Uma interessante abordagem da ação antitruste é feita pelos críticos da regulação econômica, no sentido de desvendar qual é o interesse omitido na aplicação das regras de competição, ou seja, quem se beneficia com o jogo da concorrência. Embora existam variados estudos, segundo Lucia Helena Salgado, "a pesquisa recente sobre os efeitos e motivações da legislação antitruste nos Estados Unidos, assim como os resultados dos trabalhos empíricos resenhados são, no mínimo, não conclusivos" (SALGADO, Lucia Helena. *A economia política da ação antitruste*. São Paulo: Singular, 1997. p. 105). Para uma leitura mais profunda, com especial destaque para as ideias de que somente a concorrência encerra de fato a proteção do interesse público, cf. o Capítulo 2 do livro citado na nota, p. 81-127.

Daniel Goldberg[41] e que será enfatizada adiante, tem em vista um benefício agregado – o bem-estar global dos integrantes do mercado.

Isso quer dizer que eventuais operações podem ser tidas como competitivas, em um cenário pós-desregulação, admitindo até mesmo a fusão de empresas ou, no contexto brasileiro, com referência específica para o *caso Varig*, quando há efetiva garantia de produtividade, de permanência saudável no mercado, ainda que tal ato concorrencial não resulte imediatamente em preços menores para os consumidores. A visão deve ser dinâmica e de longo prazo, calcada na produtividade, e não pensada simplesmente, como sói ocorrer com os especialistas em matéria antitruste, em impedir a transferência de renda dos consumidores para os produtores. A avaliação antitruste deve ser global.

Isso importa em dizer também que o enfoque concorrencial não protege um ou outro integrante do mercado, não escolhe protegido, mas é *garante* da própria concorrência, com um inegável componente ético,[42] mas de linha pragmática e orientada pelos efeitos. As consequências da predição concorrencial devem ser incorporadas em qualquer decisão ou análise antitruste, fundada na maximização de bem-estar agregado, de maneira a orientar o caminho a trilhar, a criar um critério de *decidibilidade* ou uma ideia de *justo concorrencial*.

Além disso, seguindo a concepção retrabalhada por Paula Forgioni, a ideia de garante da concorrência não é um *fim* em si mesmo, mas uma *concorrência-*

41. Cf. GOLDBERG, Daniel. *Poder de compra e política antitruste*. São Paulo: Singular, 2006, especialmente a parte 1, p. 21-136.

42. Análise instigante da história das ideias sobre a importância da ética na riqueza das nações é feita por Eduardo Giannetti da Fonseca em *Vícios privados, benefícios públicos?* A ética na riqueza das nações. São Paulo: Companhias das Letras, 1993. O núcleo de Giannetti, na pesquisa da história das ideias, é a tese do egoísmo ético, formulado essencialmente pela filosofia moderna, com base na obra de Bernard Mandeville, *La fábula de las abejas*: o los vicios privados hacen la prosperidad pública (México: Fondo de Cultura Económica, 2001), em que o médico holandês radicado na Inglaterra sustenta que, tal como na colmeia da *Fábula*, o progresso de qualquer comunidade/nação só se dá por meio dos vícios dos seus integrantes (abelhas). O ditado máximo da colmeia/comunidade era "da maneira honesta se você conseguir, mas de qualquer maneira faça dinheiro". Ainda segundo a *Fábula*, quando a colmeia se tornou totalmente virtuosa, erradicando os vícios da corrupção e do egoísmo, o resultado final foi catastrófico, uma queda sem precedentes na economia e uma pasmaceira existencial. Daí a ideia-força do egoísmo ético, fundamental na obra de Adam Smith (embora Smith não siga à risca a ideia do egoísmo, ressaltando também a importância de seu oposto, a simpatia), e pressuposto também do individualismo metodológico e do homem racional, maximizador de interesses (questão que será debatida no próximo capítulo).

-*instrumento*.[43] Não objetiva, assim, perseguir a concorrência a qualquer custo – custo este, invariavelmente, econômico. Não busca sem ajustes a ideia do mercado pulverizado, atomizado, como se fosse uma bandeira antitruste.[44] Objetiva, sim, utilizar as regras de concorrência como instrumento na perseguição da linha *welfarista*, o que permite ponderações até mesmo de ordem de política industrial/internacional[45] ou, no específico caso do setor aéreo, de atenção especial do Estado, sem qualquer ranço rerregulatório, para os momentos de crise.[46]

Deslindado em linhas breves qual o enfoque concorrencial adotado no trabalho, convém esmiuçar um pouco mais a adoção desses modelos teóricos pelo mercado de aviação doméstica no Brasil.

1.3 O mercado doméstico de aviação no Brasil

A abordagem de um setor específico, no âmbito econômico e em nosso caso também pela perspectiva jurídica, é a melhor forma de compreender os

43. "A técnica, no que diz respeito ao antitruste, segue sendo indispensável à consecução de seus fins. Mas essa mesma técnica, especialmente no quadro da Constituição brasileira, não pode ser reduzida a um fim em si mesma, conduzido o sistema antitruste (ou a defesa da concorrência) à concretização de um único valor, em contexto estranho à implementação de políticas públicas" (FORGIONI, Paula A. *Os fundamentos do antitruste*. São Paulo: Ed. Revista dos Tribunais, 2005).

44. Segundo Paula Forgioni, a Escola de Harvard sustenta modelo de concorrência que implica "a manutenção ou o incremento do número de agentes econômicos no mercado, sendo a concorrência buscada como um fim em si mesma. Dessa forma, mantém-se a estrutura pulverizada, evitando-se as disfunções do mercado. A frase *small is beautiful* pode identificar-se com a tese que defendem" (FORGIONI, Paula A. *Os fundamentos do antitruste*, cit., p. 170). Isso não quer dizer, em destaque para o setor aéreo, que o autor, criticando a Escola de Harvard, combata a ideia do aumento do número de participantes no mercado. Pelo contrário, a aviação doméstica brasileira, bem dimensionada no aspecto de infraestrutura aeroportuária, suportaria hoje três a quatro grandes companhias aéreas (e o mercado, talvez, caminhe para isto: TAM, Gol e Azul e Avianca). Tão somente defende uma análise mais completa, baseada na maximização de bem-estar global, tendo em vista as peculiaridades do setor.

45. Sobre o importante tema da interface entre política industrial e direito antitruste, cf. FARIA, José Eduardo. Política industrial e direito antitruste: a experiência brasileira e seu sentido atual. *Revista de Direito Público da Economia – RDPE*, Belo Horizonte, ano 10, n. 37, p. 109-149, jan.-mar. 2012.

46. Ideia semelhante é também desenvolvida pela professora Isabel Vaz. Nesse sentido, cf. VAZ, Isabel. As três vertentes do direito econômico da concorrência. *Revista de Julgados do Tribunal de Alçada de Minas Gerais*, v. 65, p. 39-49, 1997.

mecanismos atuantes de regulação e de concorrência. O estudo genérico e abstrato permite-nos uma visão global da teoria da regulação e da concorrência, suas evoluções e formas de aplicação. No entanto, somente na escolha de um mercado em detalhe pode-se aprofundar a engrenagem de funcionamento das regras de regulação e da competição entre as empresas participantes e consumidores. Do fenômeno é possível retirar algumas considerações para um arcabouço teórico. Há claramente aqui o emprego metodológico da indução.

O descrito no parágrafo anterior é uma justificativa teórica para a escolha de um mercado específico. Outras razões – referenciadas na inegável atração e importância do mercado de aviação – já foram abordadas acima. No entanto, é significativo traduzir o setor em números e em dados, de maneira a orientar o debate nos capítulos seguintes.

Antes, contudo, uma observação: a escolha de um setor específico para estudo favorece-nos pela delimitação do objeto e pela procura de problemas da abordagem regulatória e concorrencial. Mas há um problema: quanto mais específico se torna um objeto de estudo ou, no caso, um mercado específico, levando ao olhar clínico, mais propenso estará o pesquisador a sofrer com as instabilidades e dinâmicas do setor. Vive-se o setor com tal intensidade, que o pesquisador sofre intimamente com suas perturbações. A abordagem genérica é mais protegida de intempéries e, por isso mesmo, permite a colocação de argumentos mais perenes e estáveis.

Diante dessa fragilidade, é frequente em estudos setorizados, em especial na perspectiva exclusivamente econômica, a utilização de dados e estatísticas de diferentes órgãos oficiais e mesmo o apoio de trabalhos jornalísticos, evidenciando quão transformador é o mercado escolhido, no caso o setor de aviação doméstica no Brasil. Este tópico utiliza predominantemente esse tipo de fonte de informação.

Os dados estatísticos refletem a importância e os problemas do setor.[47] O mercado de aviação doméstica no Brasil cresceu nos últimos três anos uma média de 20%, reflexo, exatamente, do número de passageiros transportados. Dados da Infraero demonstram, em números absolutos, que 45 milhões de passageiros foram transportados no mercado doméstico em 2006. Esse número era de aproximadamente 30 milhões em 2003. Em 2012, o número de passageiros transportados chegou a 85 milhões, sustentado pelo expressivo

47. Para as estatísticas referenciadas no texto, o trabalho reporta-se à Tabela 5, no anexo, com os dados da Infraero. As demais tabelas com os dados do Bureau of Transportation Statistics (BTS) estão no corpo do texto. Disponível em: <www.bts.gov>. Acesso em: 19 fev. 2013.

crescimento anual nos últimos dez anos. Ou seja, o número de passageiros transportados praticamente tem dobrado a cada cinco anos.

Considerando que cada passageiro utiliza o transporte aéreo em média três vezes ao ano, o público consumidor do transporte passou de 10 milhões de pessoas para 30 milhões. Trata-se de aumento significativo, o maior pós-período de desregulação no Brasil, mas evidencia ainda o potencial de crescimento do setor, de maneira a conquistar um número maior de usuários em função da população brasileira.

O potencial de crescimento, exigindo regulação e infraestrutura eficientes e competição saudável, fica ainda mais evidente quando em comparação com o referencial norte-americano. Os Estados Unidos transportaram em âmbito doméstico 650 milhões de passageiros em 2006. Este número se mantém relativamente até 2012,[48] o que evidencia o sistema doméstico americano completamente maduro, com poucas oportunidades de crescimento. Por mês, a média é superior a 50 milhões, o que ultrapassa o número de passageiros que o Brasil transporta em metade do ano. O setor americano é, em quase todos os dados, sete *vezes* maior do que o setor brasileiro.

Mesmo atribuindo parte substancial da brutal diferença às realidades macroeconômicas de ambos os países – e é indispensável fazê-lo, uma vez que a interface entre a capacidade econômica dos passageiros e a pujança do setor é total –, há componentes microeconômicos e de regulação/concorrência que podem servir de entraves ao crescimento do mercado brasileiro.

Para apontar um aspecto saliente do debate de infraestrutura pós-período de desregulação do mercado brasileiro, um dado estatístico é notável. Entre os dez principais aeroportos americanos há uma efetiva divisão da malha aérea doméstica. Segundo dados de 2006, que permanecem atuais em 2012, entre o aeroporto com o maior número de passageiros transportados em âmbito doméstico (Atlanta) e o décimo (Orlando), há uma diferença de 20 milhões de pessoas, existindo, de qualquer forma, uma equilibrada divisão entre os demais aeroportos do *ranking*, distribuindo o tráfego aéreo em todas as regiões americanas, sem o colapso do sistema.

Os dados a seguir – que permanecem atuais – evidenciam a consistência e grandeza do transporte aéreo norte-americano e, ao mesmo tempo, a relativa dispersão do tráfego, com a formação de aeroportos centrais que estabelecem a conexão entre o interior e as costas leste e oeste.

48. Disponível em: <http://www.rita.dot.gov/bts/sites/rita.dot.gov.bts/files/press_releases/2012/bts019_12/html/bts019_12.html>. Acesso em: 19 fev. 2013.

Tabela 1 – Dados totalizados de transporte doméstico realizado por companhias aéreas americanas (2006)

	Dec 2005	Monthly Dec 2006	Change %	2005	Annual 2006	Change %
Passengers (in millions)	52.8	53.5	1.2	657.3	658.2	0.1
Flights (in thousands)	802.1	798.1	-0.5	10,033.7	9,698.8	-3.3
Revenue Passenger Miles (in billions)	46.2	46.8	1.4	569.3	574.5	0.9
Available Seat-Miles (in billions)	60.9	61.1	0.4	737.1	725.8	-1.5
Load Factor*	75.9	76.6	0.7	77.2	79.2	2.0
Flight Stage Length**	621.4	624.6	0.5	604.8	615.3	1.7
Passenger Trip Length***	874.7	876.0	0.1	866.0	872.8	0.8

* Change in load factor points.
** The average non-stop distance flown per departure in miles.
*** The average distance flown per passenger in miles.
Note: Percentage changes based on numbers prior to rounding.
Fonte: Bureau of Transportation Statistics, T-100 Domestic Market and Segment.

Tabela 2 – *Ranking* dos dez principais aeroportos nos Estados Unidos por número de passageiros transportados no âmbito doméstico (2006)

Passenger numbers in millions (000,000)

2006 Rank	Airport	2006 Enplanements	2005 Rank	2005 Enplanements
1	Atlanta	37.1	1	38.6
2	Chicago O´Hare	31.1	2	31.3
3	Dallas – Fort Worth	26.0	3	25.5
4	Denver	21.8	6	19.9
5	Los Angeles International	21.3	4	21.2
6	Las Vegas	20.7	5	20.1
7	Phoenix	19.7	7	19.4
8	Houston Bush	16.9	9	15.7
9	Minneapolis – St Paul	15.9	8	16.6
10	Orlando	15.7	11	15.5

Fonte: Bureau of Transportation Statistics, T-100 Domestic Market.

Tabela 3 – *Ranking* das dez principais companhias americanas por número de passageiros transportados no âmbito doméstico (2006)

Passenger numbers in millions (000,000)

2006 Rank	Carrier	2006 Enplanements	2005 Rank	2005 Enplanements
1	Southwest	96.3	1	88.4
2	American	76.8	3	77.3
3	Delta	63.4	2	77.5
4	United	57.2	4	55.2
5	Northwest	45.1	5	46.7
6	Continental	35.8	7	33.0
7	US Airways	31.9	6	37.0
8	AirTran	20.0	10	16.5
9	America West	19.9	8	20.9
10	SkyWest	18.7	11	16.0

Note: Percentage changes based on numbers prior to rounding.

Fonte: Bureau of Transportation Statistics, T-100 Domestic Market.

No Brasil, somente o aeroporto de Congonhas, em São Paulo, transportou em 2012, levando em consideração embarque e desembarque, quase 17 milhões de passageiros, pulando de 12 milhões – capacidade nominal máxima – em 2003 para os números atuais, com a permanência em nível superior à capacidade máxima da infraestrutura.

Além disso, os demais principais aeroportos brasileiros, em especial o aeroporto de Guarulhos, em São Paulo, e o de Brasília, localizados na primeira e terceira posições, respectivamente, transportaram, em âmbito doméstico (2012), um número próximo a 20 milhões de passageiros/ano, o que demonstra como concentrada está a utilização da rede de infraestrutura aeroportuária brasileira. Ou seja, só um aeroporto, Congonhas, respondeu por cerca de 10% do número de passageiros transportados no ano passado – considerando embarques e desembarques, cujo número total é de cerca de 170 milhões.

Embora a infraestrutura dos aeroportos americanos seja intensamente utilizada, com efetivos problemas decorrentes, há relativa dispersão do tráfego aéreo e de uso da rede. No Brasil, há uma malha de aeroportos de utilização média, como Confins, em Belo Horizonte, os de Salvador e Recife no Nordeste, e Porto Alegre no Rio Grande do Sul, e uma concentração de voos em Brasília e, em especial, em Congonhas e Guarulhos em São Paulo, razão dos inegáveis gargalos de infraestrutura e de inevitáveis problemas de atraso e congestionamento.

Figura 1 – Mapa de tráfego dos principais *hubs* americanos

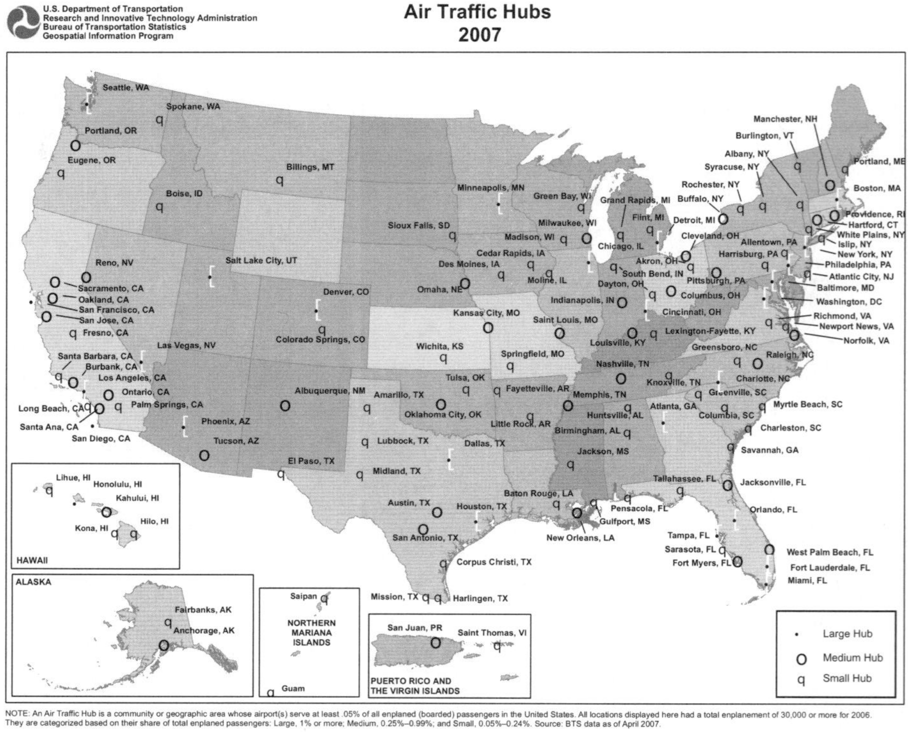

Pesquisa de Alessandro Oliveira demonstra a utilização concentrada dos aeroportos brasileiros.[49] O gráfico a seguir, importado do seu trabalho, mostra que os 15 principais aeroportos brasileiros respondem por quase 50% do tráfego aéreo. Sozinhos, os aeroportos de Congonhas e Guarulhos, em São Paulo, e o aeroporto Juscelino Kubitschek, em Brasília, tiveram uma participação próxima a 40% do total. E os números permaneceram praticamente inalterados nos últimos cincos anos até 2012.

49. OLIVEIRA, Alessandro Vinícius Marques de. *Liberalização econômica e universalização do acesso no transporte aéreo*: é possível conciliar livre mercado com metas sociais e ainda evitar gargalos de infraestrutura. Documento de Trabalho n. 14, Núcleo de Estudos de Competição e Regulação do Transporte Aéreo (NECTAR), São José dos Campos, 2006. Disponível em: <www.nectar.ita.br>. Acesso em: 5 ago. 2007.

Gráfico 1 – Evolução da concentração das frequências domésticas nos 15 principais aeroportos

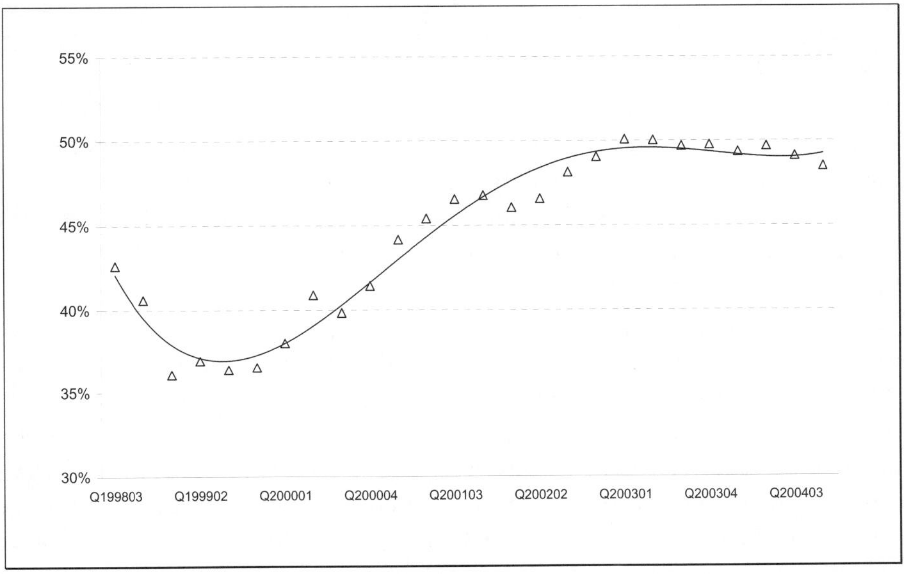

Fonte: Oliveira, 2006.

Argumenta-se que a concentração existe em razão do poderio econômico do Estado de São Paulo, além de sua a localização geográfica de interligação entre o sul e o norte do País. É correta tal observação. No entanto, a concentração é excessiva, pontual em dois aeroportos e acentuada pelo declínio da aviação regional,[50] o que leva o tráfego regional também para Congonhas.

Só para finalizar o debate aberto – tal ponto será tratado mais adiante –, é indispensável uma política regulatória, de utilização e criação de infraestrutura, que desconcentre a malha aérea brasileira, com incentivos operacionais para as empresas, e reative, com eficiência, a aviação regional. Em poucos anos de período de desregulação, o crescimento da indústria fez que o uso da infraestrutura, tal como está posta, chegasse ao seu limite. Se o desenvolvimento econômico do Brasil está orientado majoritariamente para a costa atlântica

50. Nos Capítulos 6 e 7 o declínio da aviação regional como consequência da desregulação será colocado em evidência. De qualquer forma, vale conferir o ambiente do transporte aéreo regional – e novas tentativas de exploração – por intermédio da compra da Pantanal pela TAM em dezembro de 2009, cuja reflexão é elaborada no artigo de BETTINI, Humberto F.; OLIVEIRA, Alessandro Vinícius Marques de. Transporte aéreo regional: entre economias de densidade e custos de transação. *Revista de Literatura de Transportes*, v. 5, n. 4, p. 171-187, 2011.

– diversamente dos Estados Unidos, em que o desenvolvimento é mais uniforme, além da existência de duas costas economicamente importantes –, o que influencia o tráfego aéreo, a solução é pensar em outros aeroportos de conexão, como *hubs*, que possam fazer a ligação interior-costa de maneira desconcentrada e ágil.

Os problemas recentes da aviação brasileira, como se pode ver pelo debate acima, têm íntima conexão com o referencial americano, permitindo o diálogo, além de desafiar a estrutura regulatória ainda vigente pós-período de desregulação. Mas aqui uma pergunta: será que os diversos problemas visíveis hoje no funcionamento do mercado doméstico brasileiro acarretariam um retorno mais efetivo da regulação?

No trabalho, procuramos apontar as simetrias e assimetrias entre a desregulação havida nos Estados Unidos e a dinâmica do mesmo processo no Brasil, de forma a apresentar algumas ideias de economia normativa e jurídica no enfoque atual de regulação e de concorrência. Nesse sentido, sustentamos o *não retorno* regulatório, em especial a regulação econômica de preços e barreiras à entrada. No entanto, como visto, o mercado brasileiro requer regulação pontual de incentivos para a desconcentração da malha, além de uma atuação específica na regulação de uso da infraestrutura.

Mas tal regulação deve passar também por regras de mercado. O que também será investigado no trabalho é a possibilidade de que a eventual regulação de desconcentração da malha e, em relevância, de utilização da infraestrutura, tendo em vista sua escassez, possa observar regras de mercado. Isso porque, levando em consideração o processo de desregulação e seus eventuais benefícios, as regras de mercado, no estágio atual da aviação brasileira, são superiores em relação à regulação estrita.

Daí que, por exemplo, mais importante do que a substituição do Departamento de Aviação Civil (DAC) pela Agência Nacional de Aviação Civil (ANAC) como entidade de regulação da aviação civil, é desvendar como tem sido efetivamente a atuação regulatória da nova agência, se houve retorno regulatório ou se, pelo contrário, a ação da ANAC observa o ideal desregulatório e o ambiente de liberdade de atuação e de tarifas.

Adianta-se que o § 2.º do art. 48 e o § 1.º do art. 49 da Lei 11.182/2005, instituidora da ANAC, estipulam o regime de *liberdade de entrada* para as empresas, com observância única das normas regulamentares de prestação de serviço e da capacidade operacional de cada aeroporto, além do regime de *liberdade tarifária*, em que cada empresa determina sua própria tarifa.

Nessa linha, a Resolução 2, de 3 de julho de 2006, uma das primeiras ações regulatórias da ANAC, parte de uma concepção correta ao utilizar mecanismos de mercado, em sistema próximo à licitação, para alocar os horários de chegadas e partidas (*slots*)[51] em aeroportos que operem no limite de sua capacidade operacional em faixas de horários com alta densidade de tráfego aéreo doméstico. Parte de uma ideia que visa facilitar a entrada de novas empresas no mercado e potencializar a atuação das já participantes, tendo em vista a igualdade de oportunidade de competição entre elas para a utilização de uma infraestrutura reconhecidamente escassa.

De qualquer forma, só para ficar nesse debate, posteriormente aprofundado, essa primeira atuação regulatória da ANAC já enfrenta críticas. Se a ideia núcleo é correta, mecanismos de licitação para alocação de horários de operação de voo, de índole privada, o que, a princípio, impediria alocações baseadas em disputa política e de captura das autoridades, contrapõe-se ao nítido conflito do espírito da regulação: promover a entrada de novos concorrentes ou o fortalecimento das atuais concessionárias.

No atual estágio de infraestrutura limitada, a Resolução 2/2006, com base no sistema de rodízio dos horários de operação, previsto em seu art. 3.º, privilegia as empresas atuais do mercado (e que atuam no aeroporto respectivo), uma vez que 4/5 dos pares de *slots*, quando disponíveis, lhe serão destinados. A direção da regulação parece incentivar o atual quadro de composição de empresas, não atuando de forma eficaz para a entrada de novas concessionárias, o que deve resultar, inegavelmente, em prejuízo concorrencial.[52]

Compreende-se, pelo exemplo mencionado, o quão complexo pode ser o processo de atuação da nova agência, seguindo o paradigma desregulatório, até mesmo na formação de ambiente estável de regulação, de forma a promover competição no setor, naquilo que se convencionou chamar de *regulação concorrencial*.[53]

51. *Slot* é o horário estabelecido para uma empresa realizar uma operação de chegada ou uma operação de partida em um aeroporto coordenado (art. 2.º, IV, do Anexo à Resolução ANAC 2, de 3 de julho de 2006). A ANAC vem estudando nos últimos anos nova disciplina para a realocação dos *slots*, integrada em uma proposta regulatória de reincentivo à aviação regional, de incremento à concorrência, além da concessão à iniciativa privada de aeroportos centrais. No entanto, até a última atualização do texto, não havia ainda nova disciplina em vigor.

52. No Capítulo 7, da reconfiguração regulatória, o trabalho endereçara algumas agendas permanentes de investigação. De qualquer forma, uma delas já pode ser descortinada no seguinte artigo de SILVA, Leandro Novais e. O mercado de "slots" e a concessão de aeroportos à iniciativa privada: caminhos possíveis para o setor aéreo. *Revista de Literatura de Transportes*, v. 4, n. 1, p. 49-80, 2010.

53. Para uma discussão sobre os fundamentos econômicos da regulação pública dos mercados e uma distinção entre *regulação concorrencial* e *regulação espe-*

Para finalizar este item estrutural do trabalho, ressaltando as características do mercado de aviação comercial no Brasil e seus atuais dilemas, é possível pensar, ainda, nos potenciais conflitos entre a Lei da ANAC – e sua tentativa de implantar novo estágio regulatório – e as antigas regras do Código Brasileiro de Aeronáutica (CBA), instituído pela Lei 7.565, de 19 de dezembro de 1986. Isso acontece porque a Lei da ANAC não revogou a maior parte das disposições do antigo CBA, em especial algumas regras restritivas de regulação, como o limite legal de 20% para a participação de capital estrangeiro nas empresas aéreas brasileiras.[54]

Pergunta-se: qual deve ser o melhor cenário para o funcionamento do mercado? Em um estágio de desregulação, o incentivo à participação estrangeira é a melhor solução, tal como ocorre em outros setores, até mesmo no que importa aos atrativos de concorrência. Daí uma proposta de modificação do limite legal. Para uma visão dos limites de capital estrangeiro em empresas aéreas de países selecionados, confira-se a Tabela 4, ao lado.

À vista de tantos dilemas na configuração do mercado entre a atuação regulatória e o ambiente competitivo, segue-se uma apresentação pontual do referencial teórico da Análise Econômica do Direito (AED), instrumento indispensável para as respostas almejadas pelo trabalho.

---

cífica, cf. SANTACRUZ, Ruy. Fundamentos econômicos da regulação pública dos mercados. *Arché Interdisciplinar*, Rio de Janeiro, v. 10, n. 29, p. 81-102, 2001.

54. Alguns especialistas apontam para a *não recepção* pela Constituição Federal de 1988 do art. 181 do CBA em razão da revogação do art. 171 da CF, que permitia à legislação ordinária conceder "proteção e benefícios especiais" à chamada "empresa brasileira de capital nacional", para "desenvolver atividades consideradas estratégicas para a defesa nacional ou imprescindíveis ao desenvolvimento do País". Assim, em razão da revogação do art. 171 da CF, no bojo da mudança de concepção do Estado, afetando os mais diferentes serviços de infraestrutura, deixou de existir o conceito de "empresa brasileira de capital nacional", ficando apenas o de "empresa brasileira", que é aquela constituída segundo as leis brasileiras, independentemente da nacionalidade do respectivo capital. O argumento jurídico é consistente, ainda mais quando se associa à prática de outros setores, como o de telecomunicações. No entanto, a referência regulatória restritiva permanece, sem qualquer tipo de alteração introduzida pela Lei da ANAC, e é difícil a criação de um ambiente estável, de atração de capital estrangeiro, ante tal incerteza regulatória, fundada tão somente na interpretação jurídica.

Tabela 4 – Limites de capital estrangeiro com direito a voto em companhias aéreas dos países selecionados

País	Limite máximo do capital estrangeiro
Austrália	49% para empresas que solicitem ligações internacionais 100% para empresas domésticas (inclusive ligações com a Nova Zelândia)
Brasil	**20% do capital votante**
Canadá	25% do capital votante
Chile	principal local de negócios no Chile ou no(s) outro(s) Estado(s) do acordo
China	35%
Coreia do Sul	50%
Estados Unidos	25% do capital votante
Japão	33%
México	25%
Nova Zelândia	49% para empresas que solicitem ligações internacionais 100% para empresas domésticas (inclusive ligações com a Austrália)
Países da União Europeia	100% para empresas com ligação intra-União Europeia 49% para empresas que solicitem ligações internacionais fora da União Europeia
Uruguai	49%

Fonte: Código Brasileiro de Aeronáutica (1986); *Gazeta Mercantil* (CONTINENTAL, 2001).

1.4 O norte teórico da Análise Econômica do Direito

Ao longo destes itens estruturantes do trabalho, algumas facetas de aplicação da Análise Econômica do Direito já foram discutidas, com realce para o componente técnico *custo/benefício* para a análise dos institutos jurídicos (regras de regulação), além do componente ético, cuja ideia-força é a maximização de riqueza associada, em nossa formulação, à linha *welfarista*, de bem-estar coletivo. Suas principais deficiências serão debatidas no capítulo seguinte. Aqui cabe, portanto, justificar mais consistentemente a adoção da AED como norte teórico e condutor do trabalho, além de contextualizar sua aplicação em país de tradição da *Civil Law*.

Em breve ponderação, de forma a justificar a linha teórica escolhida, pode-se estabelecer o seguinte relato da evolução histórica da Análise Econômica do Direito:[55] as origens de uma análise econômica do direito remontam ao

55. Tal relato foi feito com apoio em FLORENZANO, Vincenzo Demetrio. *Sistema financeiro e responsabilidade social:* uma proposta de regulação fundada na teoria da justiça e na análise econômica do direito. São Paulo: Textonovo, 2004.

século XVIII, quando a economia se emancipou como ramo autônomo do conhecimento científico, destacando-se os trabalhos de Adam Smith e Jeremy Bentham como principais fontes de inspiração.[56] Já se podia vislumbrar aí a aplicação de conhecimentos econômicos ao direito, em especial nos trabalhos de Adam Smith, sobressaindo sua análise das formas eficientes de tributação, com a sugestão de mudança legislativa, sua crítica às restrições legais para a importação de bens, polêmica direcionada ao mercantilismo, e também sua visão ácida do funcionamento das instituições públicas e seus regulamentos, de maneira a facilitar determinados setores do comércio.[57]

Contudo, o surgimento da AED, tal como hoje entendemos essa escola, está associado às publicações dos célebres ensaios de Ronald Coase[58] e Guido Calabresi,[59] no início da década de 1960, nos Estados Unidos. Coase, em seus artigos, utilizando a noção de custos de transação (*transaction costs*), formula uma hipótese explicativa das circunstâncias, dos modos e do grau em que o direito positivo tem influência sobre a alocação eficiente dos recursos na presença de externalidades negativas.

É possível falar em três fases da AED: a fase das origens, na década de 1960 (*the formative years*); a fase de expansão, na década de 1970 (*the growth decade*); e a fase de maturação e consolidação, na década de 1980 (*a period of maturation and consolidation*). Dessas duas últimas fases, surge também uma crítica a regras de regulação pelo referencial da AED, convencionada de *Teoria Econômica da Regulação*. A crítica volta-se contra os custos excessivos da regulação estatal, os poucos benefícios advindos para os consumidores, além de

56. Antes mesmo, no século XVII, Hobbes já introduzia uma análise econômica primitiva na discussão sobre os direitos de propriedade. Jeremy Bentham, por sua vez, foi precursor em estender o pensamento econômico ao direito penal e a outros campos do comportamento humano (*nonmarket behavior*). David Hume, ao lado de Adam Smith, foi o primeiro a debater as funções econômicas da legislação.

57. O controle estatal era permanentemente criticado por Smith, que sustentava "que toda política que tenda a aumentar o preço do mercado acima do preço natural, tende a diminuir a opulência pública" (p. 178), para, assim, afirmar que "a melhor política é sempre deixar as coisas andarem no seu curso normal" (p. 182) (SMITH, Adam. *A riqueza das nações*: investigação sobre sua natureza e suas causas. São Paulo: Abril Cultural, 1983).

58. COASE, Ronald. The federal communications commission. *Journal of Law and Economics*, v. 2, p. 1-40, 1959; e idem, The problem of social cost. *Journal of Law and Economics*, v. 3, p. 1-44, 1960.

59. CALABRESI, Guido. Some thoughts on risk distribution and the law of torts. *Yale Law Journal*, v. 70, p. 499-533, 1961.

uma perspectiva político-econômica quanto à captura dos órgãos reguladores pelos regulados, aspectos salientados no item 1.1.

De se observar, no entanto, que a utilização de conhecimentos provenientes da Ciência da Economia por parte de juristas não é uma prática que surgiu na década de 1960. Além da referência a Adam Smith e Jeremy Bentham, pode-se afirmar que no final do século XIX, por exemplo, a aplicação da economia ao direito já era evidente em razão da aprovação de leis federais que passaram a disciplinar a economia (concorrência) nos Estados Unidos, como é o caso do *Interstate Commerce Act*, de 1887; do *Sherman Act*, de 1890; do *Clayton Act* e do *Federal Trade Commission Act*, ambos de 1914. Mas a perspectiva do nosso trabalho, compatível com a ideia estrangeira, só ganha corpo, no que se refere a um estudo comparativo, nas duas últimas fases já descritas.

Além disso, a inovação trazida pela AED que surgiu como campo teórico coeso, como já se disse, no início da década de 1960, verificou-se sob dois aspectos precípuos. Em um primeiro aspecto, por representar uma inversão na sistemática até então observada que partia do Direito para a Economia. Ou seja, era com fundamento nas necessidades teóricas de fundamentação do Direito que se buscavam subsídios na teoria econômica. Com a AED, verifica-se uma inversão nessa sistemática, partindo-se da teoria econômica e de análises empíricas dos efeitos dos institutos jurídicos sobre a economia para buscar uma transformação ou reformulação do direito. E, num segundo aspecto, porque a AED se propõe a fins mais amplos e genéricos, não ficando circunscrita a algumas áreas específicas.

Com relação ao segundo aspecto, é sabido que a AED, pós-fase de consolidação, penetrou nos mais diferentes ramos do conhecimento jurídico, como o direito penal e o direito de família, ganhando destaque os trabalhos do vencedor do Prêmio Nobel de Economia em 1992 Gary Becker, em que o economista usa o referencial analítico da AED em diversas esferas do comportamento humano, aprofundando modernamente os caminhos trilhados por Jeremy Bentham.[60]

Embora essa expansão seja louvada por inúmeros economistas, a noção da AED utilizada neste trabalho é a mais tradicional, ou seja, aquela calcada na crítica aos setores regulados, em que a base econômica já é tida como partici-

60. Para uma visão dessa perspectiva da Análise Econômica, cf. BECKER, Gary S. *The economic approach to human behavior*. Chicago: University of Chicago Press, 1978.

pante de qualquer estudo de alteração da regulação, razão pela qual as críticas à aplicação da AED já são mais conhecidas.[61]

A investigação sobre setores regulados pode até ter como referencial outro argumento teórico, por exemplo as questões relativas à política de interesses envolvidas em um processo de liberalização de determinado mercado, tal como o fez Roberto A. Rodrigues, em estudo inovador sobre a desregulação do mercado aéreo doméstico brasileiro, calcado, sobretudo, na teoria positiva da regulação.[62]

No entanto, ainda que se dê outra ênfase teórica, improvável é a completa separação do componente econômico a guiar as escolhas públicas para o setor, justificativa para o nosso caminho.

Além disso, é imprescindível fazer uma observação sobre a aplicação da AED a um país da *Civil Law*. Por que uma teoria surgida em um país cujo direito segue a filosofia da *Common Law*, de base jurisprudencial, mais poroso e flexível a outras áreas do conhecimento, pode exercer influência no direito brasileiro, de vertente contrária, fundada na codificação e na rigidez das disposições legais?

Posner nos auxilia nessa investigação.[63] Há pelo menos três razões metodológicas que permitem a aplicação da AED à *Civil Law*: duas de caráter teórico e a outra de âmbito prático.

A primeira, de caráter teórico, reside em que os sistemas legais da *Common Law* e da *Civil Law* estão, em razão de suas evoluções, cada vez mais próximos. A *Common Law* se apropria de tendências do sistema rígido, com decisões cada vez mais previsíveis, como que codificadas. E o sistema da *Civil Law* se aproxima de um sistema flexível quando mais se vêem decisões criativas dos juízes e a ampla utilização de regras abertas, como as que foram incorporadas ao recente Código Civil brasileiro.

Posner refere-se às ideias de Max Weber para justificar essa aproximação. Segundo Posner, a sociologia de Max Weber revolucionou a forma de aplicação da direito, com o uso do conceito de racionalidade formal, por exigir a superação de métodos ultrapassados de ordenação social por instituições bu-

61. A respeito das críticas e da defesa da AED na regulação, cf. HAHN, Robert W. *In defense of the economic analysis of regulation*. Washington, DC: AEI - Brookings Joint Center for Regulatory Studies, 2005.

62. O trabalho referenciado no texto é de RODRIGUES, Rodrigo Augusto. *O mercado da aviação doméstica no Brasil*, cit. Em item específico no Capítulo 2, alguns argumentos de Rodrigues serão utilizados.

63. Cf. POSNER, Richard A. Law and economics in common-law, civil law and developing nations. *Ratio Juris*, v. 17, p. 66-79, March 2004.

rocráticas, profissionais e especializadas.[64] Essa modernização no âmbito legal deu-se com a substituição de métodos que incluíam mágica, carisma, intimidação e outras práticas não racionais por estruturas impessoais e promotoras de um funcionamento racional. Tais características, em âmbito legal, eram e são indispensáveis para a formação do ambiente ótimo para o capitalismo e foram endereçadas, sobretudo, aos países da *Civil Law*, em especial à Alemanha e outras nações continentais.

A ideia de proteção legal, garantia dos direitos de propriedade e racionalidade nas disputas legais e econômicas, é o espaço ideal de aplicação da AED. E tais ideias foram endereçadas para o sistema da *Civil Law*, não para o da *Common Law*.

Além disso, embora Weber tenha idealizado uma estrutura burocrática e rígida, como forma racional de neutralidade, os juízes do sistema da *Civil Law* são mais criativos e menos burocráticos do que pensava Weber. E o sistema da *Common Law* resulta, mais do que se pensa, em decisões previsíveis. Ou seja, a tradição dos dois sistemas pode convergir na necessidade de criatividade para a aplicação legal, de forma que seja permeável à influência da AED, e ao mesmo tempo exigir decisões judiciais previsíveis, também indispensáveis para o bom ambiente econômico. Na aparente contradição entre *criatividade* e *previsibilidade*, há a convergência entre os sistemas da *Common Law* e da *Civil Law*.

A segunda razão, de ordem teórica, relaciona-se com o desenvolvimento das duas ciências sociais. Embora utilizem raciocínios aparentemente antagônicos, como se nota com relação à temporalidade das ações, ao resultado, à eficiência e à autoridade, características em que o pensamento jurídico é diverso do econômico, tornou-se inovador investigar as formas de aproximação entre a economia e o direito.[65] E a AED realiza essa tarefa. E não deve haver obstáculo metodológico de aproximação do direito à economia, porque as ciências, trabalhando conjuntamente, possuem chances maiores de solucionar

64. POSNER, Richard A. Law and economics in common-law, civil law and developing nations. *Ratio Juris*, cit., p. 75-77.

65. Cf. LIMA LOPES, José Reinaldo de. Raciocínio jurídico e economia. *Revista de Direito Público da Economia*, Belo Horizonte, n. 8, p. 137-170, out.-dez. 2004. No Capítulo 4, em que se fará um pequeno esboço sobre o histórico da aviação comercial no Brasil, de maneira a pontuar sua regulação, serão abordadas com mais profundidade as aproximações possíveis entre o direito, a economia e a história, com argumentos baseados no trabalho citado acima. Os caracteres apontados como de raciocínio diferenciado serão abordados nesse ponto, razão pela qual, se houver interesse imediato do leitor, sugere-se a leitura da parte introdutória do Capítulo 4.

os problemas. Se a *Common Law* faz isso, não há razão lógica para que a *Civil Law* não tente tal aproximação, ainda que o sistema legal seja mais restritivo.

Por fim, quanto ao aspecto metodológico prático, ressalte-se a ideia de eficiência do sistema jurídico, de caráter econômico. Há aqui uma verdadeira concepção de antecipação de efeitos da decisão judicial, de incorporação das consequências do decidir, comum no sistema da *Common Law*, e que, gradativamente, influencia o sistema da *Civil Law*. Não só nas ações coletivas, quando a parte é difusa e os efeitos da decisão atingem um número indeterminado de pessoas, mas mesmo em ações individuais, em que os resultados podem influenciar decisões e ações econômicas no futuro,[66] é inegável a incorporação de efeitos que ultrapassem a lide.[67]

Há uma preocupação com a eficiência do sistema jurídico, que se revela, notoriamente, por dados econômicos. Ou seja, como as decisões judiciais, as de política pública também influenciam o ambiente econômico. Tal característica inerente ao sistema da *Common Law* paulatinamente permeia o sistema da *Civil Law*, amparando-se na necessidade de um sistema jurídico eficiente sob a perspectiva econômica. A rigidez do sistema continental não compromete a integração de preocupação dessa natureza, cujo exemplo significativo, sob o prisma constitucional, é o art. 37 da Constituição Federal, que dita para a Administração Pública a observância do princípio da eficiência.[68]

---

66. O exemplo significativo aqui são as ações de reparação de danos entre particulares e entre particular e o Estado.

67. Segundo Posner, "el juez (y por ende los abogados) no puede omitir el futuro. Dado que la decisión legal del juez es un precedente que influirá en la decisión de casos futuros, el juez debe considerar el probable efecto de decisiones alternativas sobre el comportamiento futuro de los individuos que realizan actividades que provocan la clase de accidentes implícitos como los del caso que se le presenta [...]. La controversia se convierte en lo que es un resultado justo y equitativo para una clase de actividades, y no puede resolverse sensatamente sin considerar el efecto futuro de decisiones alternativas sobre la frecuencia de los accidentes y el costo de las preocupaciones. Después de todo, la perspectiva ex ante no es ajena al proceso legal" (POSNER, Richard A. *El análisis económico del derecho*, cit., p. 30).

68. Interessante observação de Posner, sobre o uso da análise de custo-benefício como instrumento na regulação, isolando-o de influências políticas, proporcionando concretude ao princípio da eficiência: "The term 'cost-benefit analysis' has a variety of meanings and uses. At the highest level of generality, it is virtually synonymous with the normative use of economics. At the other end of the scale of generality, the term denotes the use of criterion of wealth maximization to evaluate government projects [...]. But cost-benefit analysis may have positive as well as normative utility, explaining or predicting government decisions that are relatively insulated from the operation of interest-group politics – a point illus-

1.5 A referência da experiência norte-americana

Em algumas passagens na Introdução, foi justificada a escolha do mercado aéreo doméstico americano como objeto de comparação. Este item aprofunda tal aposta, amparando-se na dimensão e na importância do mercado e no substancial laboratório de pesquisa que se formou em torno do processo de desregulação da aviação comercial norte-americana.

Poucos são os mercados nacionais passíveis de comparação e de se constituírem como parâmetro de pesquisa para o mercado doméstico de aviação no Brasil. Devem-se alinhar duas condições indispensáveis para que isso ocorra, sem prejuízo metodológico: grande dimensão do território e consistente mercado de aviação doméstica. Somente com os dois parâmetros conectados pode-se ter uma realidade de dados e de estatísticas suscetíveis de avaliação no mercado brasileiro.

Daí a evidência do número reduzido de mercados. Exemplos: o mercado canadense é sensivelmente vinculado ao mercado americano, até mesmo na linha territorial de divisa, o que compromete um mercado interno consistente; a mesma ideia pode ser endereçada ao mercado australiano/neozelandês, de funcionamento interligado; o mercado russo, embora em território gigantesco, não tem a consolidação do americano, sobretudo em virtude dos efeitos negativos do fim do regime comunista, além da dificuldade na obtenção de dados; o mesmo se diga do mercado chinês, agora em franca expansão, mas com obstáculos para a compreensão de dados (inexistência de transparência); ainda a mesma ideia pode ser repassada ao mercado indiano, também em evidente expansão.[69]

---

trated by the positive theory of the common law presented in Part II of this book" (POSNER, Richard A. *Economic analysis of law*. 8. ed. Chicago: Aspen Casebook Series, 2011. p. 509-510).

69. É sempre complexo optar por um mercado como referência, ainda mais quando se sabe quão dinâmico é o setor aéreo. Notícia recente da revista *The Economist* dá conta da revolução no mercado aéreo doméstico indiano nos últimos anos, com destaque para as empresas de *low-cost* e para a fusão de quatro companhias estatais (Air India, Indian Airlines, Air India Express e Alliance Air). Até o início de 2003, a Índia possuía somente 4 companhias aéreas. Hoje são 13 empresas e 12 esperando autorização para entrar no mercado. O mercado doméstico cresceu 30% em 2006, já enfrentando graves problemas de infraestrutura. No entanto, pondera-se na revista: "Only around 1% of India's 1.1 billion people fly, so there is a lot of room for growth. The 35m-40m domestic air tickets they are predicted to buy this year compares with 130m in China. But to realize this potential, the newly merged union of Air India and Indian will need overhauling at every le-

Nos três últimos mercados citados há uma evidente referência ao BRIC (Brasil, Rússia, Índia e China), países em desenvolvimento "acelerado", tidos por especialistas como os possíveis destaques da economia mundial no futuro.[70]

A importância do transporte aéreo de passageiros, em âmbito doméstico, e também o do transporte de carga, constituem característica importante para a compreensão do desenvolvimento econômico desses países, sobretudo porque, como se pontuou antes, há uma real interação entre fatores macroeconômicos e o crescimento do setor aéreo interno. Dessa forma, a comparação entre os setores aéreos dos integrantes do BRIC é estudo interessante para análise da dinâmica de crescimento desses países, embora não atenda aos objetivos deste trabalho.

O mercado europeu, por sua vez, poderia naturalmente servir de comparação, tendo em vista sua magnitude e consistência. Ocorre que seu processo de desregulação, iniciado na década de 1990, deu-se justamente pela liberação das barreiras territoriais, permitindo voos de empresas de cada País-Membro para destinos em outro Estado-Membro, alternativa antes vedada, com a exceção dos acordos bilaterais. Daí que o mercado doméstico europeu só agora foi definitivamente constituído.[71] Os mercados regionais nacionais anteriormente

vel. For one thing, its competitors are fierce. India's biggest domestic carrier, Jet Airways, with 27% of the market, aims to make half of its revenues from international flights by 2009. Given its big domestic base and good service, this would make it a strong candidate for a global alliance" (THE ECONOMIST. The flying elephant. Business, March 2007).

70. A tese dos BRICs foi formulada pelo economista Jim O'Neil, do banco de investimentos Goldman Sachs, tornando-se de relativo consenso entre os economistas de investimento. Para uma ideia dos argumentos utilizados, fortemente calcados na grande população dos países (amplo mercado consumidor) e no potencial de crescimento econômico, cf. WILSON, Dominic. Dreaming with BRICs: the path to 2050. *Goldman Sachs, Global Economics Paper*, n. 99, Oct. 1st 2003. A formulação também já recebeu inúmeras críticas. Há incertezas quanto ao desenvolvimento democrático e transparente de China e Índia, por exemplo. A Rússia tem população em decréscimo. E o potencial de crescimento do Brasil já foi antecipado por décadas e sempre frustra as expectativas dos investidores. Além do problema comum que é parcela considerável da população em situação de extrema pobreza, fator que compromete as finanças públicas e impede o crescimento do mercado consumidor.

71. Para compreensão da desregulação do mercado aéreo europeu cf. DUPONT--ELLERAY, Michel. La politique communautaire de l'aviation civile, de la libéralisation du transport aérien au ciel unique européen. *Revue Française de Droit Aérien*, Paris, n. 4, p. 351-373, 2004; e MINISTÈRE DE L'ÉCONOMIE ET DES

eram pequenos em razão do território, embora houvesse alguns importantes, como o mercado francês, o mercado alemão e o mercado britânico.

O mercado brasileiro doméstico parte de outra realidade: existiu regulado e sofreu um processo de desregulação (ou de eventual retorno regulatório). O mercado europeu, diversamente, não existia como mercado regulado, tão só os pequenos mercados nacionais, existindo agora como mercado já desregulado. Assim, a realidade americana, embora desproporcional em grandeza econômica, apresenta as características do mercado brasileiro doméstico. O referencial é, sob a perspectiva metodológica, mais adequado.

No que se refere ao aspecto de laboratório da desregulação, inúmeros especialistas apontam o setor aéreo não só por iniciar o período de desregulação nos Estados Unidos, onda que se expandiu fortemente por outros Estados, mas pela quantidade e qualidade de dados que produziu, como o campo de análise mais fértil.[72]

O laboratório permitiu a tomada de uma ampla série de dados sobre preços praticados, aeroportos utilizados e cidades atendidas, custos e rentabilidade das companhias aéreas, antes e depois do período de desregulação. Além disso, a investigação estatística está diretamente associada às regras de regulação (ou à ausência delas), o que permite uma compreensão bem aproximada do efeito jurídico sobre o econômico - como a regra legal molda o mercado e o comportamento dos agentes - e também o contrário - na ausência de regras, como o mercado se arranja liberalizando e condicionando eventuais discussões jurídicas, como as que ocorreram com a aplicação das regras antitruste.

O elemento de conexão entre o jurídico e o econômico fica ainda mais em evidência quando se observam as inovações do setor no período pós-desregulação. Os programas de computador para reserva de passagens (CRS), os programas de milhagem (FFP) e, em especial, o desenvolvimento do sistema centro–raio são características instigantes do dinamismo do setor pós-fase inicial de desregulação.

Esse ambiente consta do referencial americano e permite uma salutar comparação com o processo mais recente de desregulação ocorrido no setor

FINANCES. *Libéralisation et régulation*: le transport aérien, n. 76, 1er au 15 déc. 1995.

72. Steven Morrison e Clifford Winston formaram a dupla de especialistas mais entusiasmada na avaliação do período desregulatório do setor aéreo americano, calcando a análise na fartura de dados da indústria (cf. MORRISON, Steven; WINSTON, Clifford. *The evolution of the airline industry*. Washington, DC: AEI - Brookings Joint Center for Regulatory Studies, 1995).

aéreo brasileiro. Daí que, na ponderação de todos esses elementos, o referencial americano para o transporte aéreo doméstico proporciona uma vantagem metodológica, permitindo trabalhar a hipótese que responde o problema realçado no livro.

1.6 O Direito Econômico e sua matriz constitucional

Embora o norte teórico do trabalho seja a Análise Econômica do Direito, é imprescindível enquadrar o trabalho na matriz constitucional do Direito Econômico.

Nesse sentido, a escolha no trabalho pela AED não substitui, obviamente, o fundamento constitucional do que se convencionou conceituar de Direito Econômico no Brasil. Mesmo porque o Direito Econômico não se resume à AED.[73] Como será aprofundado no Capítulo 2, a Análise Econômica funciona, antes, como um instrumental útil na avaliação de políticas públicas para o setor e menos – embora possa almejar essa característica – como um ideal de justiça.

O Direito Econômico é a *disciplina interdisciplinar* que, fazendo interagir os conhecimentos do Direito e da Economia, estuda as formas/modelos/regras de organização econômica do Estado e a relação entre Estado e iniciativa privada, permitindo compreender, em razão de uma ideologia constitucionalmente adotada,[74] a ação direta do Estado sobre a economia, como um dos atores do processo econômico, ou o seu controle indireto, atuando como agente normativo e regulador da atividade econômica.

Na matriz constitucional, o Direito Econômico é o verdadeiro resultado da organização econômica do Estado. Compreender o Título VII da

73. A matriz constitucional do Direito Econômico nos dá a ideia do Direito Econômico como disciplina jurídica da Macroeconomia. Tal vertente do Direito Econômico, destacada neste item, é sumamente importante. No entanto, o trabalho dará enfoque à vertente microeconômica do Direito Econômico, ocasião em que a AED prepondera. Nesse sentido, a sugestiva passagem de Vincenzo Florenzano: "Limitar o Direito Econômico ao campo da Macroeconomia significa deixar de fora a Microeconomia, que é justamente o campo mais fértil da interação Direito-Economia. De fato, é no campo de Microeconomia que encontramos a teoria da concorrência, a teoria do equilíbrio dos mercados, a teoria dos preços, a teoria do consumidor, a teoria da firma, os conceitos de externalidades, custos de transação, custos de oportunidade e tantos outros, tão valiosos ao Direito Econômico" (FLORENZANO, Vincenzo Demetrio. Op. cit.).

74. Na expressão sempre citada do Professor Washington Peluso Albino de Souza (cf. SOUZA, Washington Peluso Albino de Souza. *Primeiras linhas de direito econômico*. São Paulo: LTr, 2005).

Constituição Federal de 1988, em especial o Capítulo I, implica entender como o Estado brasileiro se organiza economicamente e quais são os parâmetros básicos para a iniciativa privada exercer a atividade econômica (a ideia de Constituição Econômica).[75]

O núcleo significativo das diretrizes constitucionais que moldam o Direito Econômico está representado pelo art. 170 da Constituição Federal. A conformidade constitucional do exercício legítimo do cotidiano econômico encontra-se na inteligência e na harmonização dos princípios gerais da atividade econômica. Os limites legais do exercício da atividade econômica se evidenciam não só em razão do ditame da justiça social, mas também nas ponderações entre, por exemplo, o princípio da propriedade privada e sua função social, ou nos efeitos benéficos da livre concorrência para a defesa do consumidor.

Quando se afirma que a regulação e a concorrência são reconhecidas como as matérias nucleares do Direito Econômico na atualidade, tem-se em vista que a moldura da Constituição Federal de 1988 se posicionou claramente pelo distanciamento da intervenção direta do Estado na economia, na escolha realizada pelo art. 173 (alterado pela Emenda Constitucional 19/1998). Em razão desse modelo de organização econômica, o Estado funcionando como ator *subsidiário*, os caracteres de regulação e de concorrência ganham significativa importância, daí serem hoje o núcleo da ação do Direito Econômico.

A conformação constitucional da justiça social – nas diversas interpretações do ideal – tem nas formas de regulação e no controle concorrencial a efetivação do fundamento da Ordem Econômica estabelecida no art. 170, não só na regulação e na concorrência tratados de forma autônoma, mas especialmente na interação entre os elementos, uma vez que a regulação molda a concorrência, como esta condiciona estratégias regulatórias, quando, invariavelmente, não se adota o próprio conceito de *regulação concorrencial.*

75. "A Constituição Econômica opera a conversão do regime econômico em *ordem jurídico-econômica*. Tem esta por finalidade estabelecer os princípios e regras informadores das normas que regerão as relações econômicas. E a regência dessas relações se dá sob dois prismas: a ordem jurídico-econômica *aceita e acolhe* o regime econômico existente, adotando-o como base de toda a organização que a norma implanta; a ordem jurídico-econômica procura *criar um novo regime econômico*. Daí o grande número de *normas programáticas* existentes nas constituições modernas, que têm por finalidade justamente reformular, dar outra forma, à ordem já adotada anteriormente" (FONSECA, João Bosco Leopoldino. *Direito econômico*, cit., p. 93).

Outra clara indicação do Estado *subsidiário* está no art. 174 da Constituição Federal, que estabelece que, "como agente normativo e regulador da atividade econômica, o Estado exercerá, na forma da lei, as funções de fiscalização, incentivo e planejamento, sendo este determinante para o setor público e indicativo para o setor privado".

A indicação é precisa porque o mencionado texto constitucional, na interpretação conjunta com o art. 173, não diz só quais são as funções do Estado *quando* agente normativo e regulador, mas que o Estado será, com ressalva das exceções constitucionais, agente normativo e regulador, e não participante direto.

O *mercado* doméstico de aviação no Brasil se enquadra nessa moldura constitucional do Direito Econômico. Durante a década de 1990, a gradual desregulação do mercado doméstico de aviação no Brasil, tal como se verá adiante, seguiu – como reflexo – as modificações constitucionais[76] que conformaram o Direito Econômico atual, dando ênfase aos caracteres de regulação e concorrência. Na verdade, a alteração constitucional – e o novo desenho da organização econômica – conferia legitimidade às modificações infraconstitucionais, norteando o processo de desregulação econômica no setor aéreo.

Além disso, é possível compreender a ideia de desregulação também como uma forma de "nova regulação", ou uma nova forma de o Estado exercer as funções de *incentivo* e *planejamento*, na linha do art. 174 da Constituição Federal.

Nessa compreensão da relação entre direito e economia pode-se vislumbrar que uma redução de regras do Estado sobre determinado setor da economia pode trazer eficiência, com benefícios distribuídos a todos os participantes daquele mercado. Nessa linha, há uma mudança do enfoque de ação do Estado por meio da regulação: ela deixa de ser direta, nas regras de acesso e permanência no mercado, para ser indireta, por meio de uma regulação concorrencial, pautada no comportamento dos agentes econômicos.[77]

76. Com destaque para as Emendas Constitucionais 6/1995, 9/1995, 7/1995, 19/1998 e 33/2001.

77. Do significativo trabalho da Professora Isabel Vaz, rediscutindo o Direito Econômico por meio da ideia original do "Direito Econômico das Propriedades", a conceituada professora já concluía: "Conceituar o Direito Econômico apenas como o Direito da intervenção do Estado implicaria retomar a divisão entre Direito Público e Direito Privado, considerada superada por muitos. Tratando-se primordialmente de regulamentar a intervenção dos poderes públicos, não poderíamos cogitar senão de técnicas de Direito Público, dada a reconhecida prevalência da natureza pública, imperativa, cogente, de suas normas. Os instrumentos utiliza-

A busca da justiça social preconizada pela matriz constitucional do Direito Econômico, tal como uma regra programática, não nos diz como atingir o ideal desejado por todos, mas aponta caminhos e princípios, na ideologia adotada hoje pela Constituição Federal.

Por isso, a compreensão microeconômica do Direito Econômico, na linha da AED, pode nos ajudar a concretizar as indicações programáticas legitimadas pelo Direito Econômico em sua matriz constitucional.

dos pelo Direito Econômico pressupõem, cada vez mais, o 'concerto', o consenso, a participação consentida e consciente dos agentes econômicos, públicos e privados na realização dos objetivos da Ordem Econômica, à qual se vincula a concretização da justiça social. O Estado desempenha, certo, um papel importante na realização destes objetivos, mas não o principal, de vez que a Constituição vigente determina o seu afastamento da exploração direta das atividades econômicas, deixando um espaço cada vez maior à iniciativa privada. Esta tendência, atualmente, é quase unânime, conforme vimos nas constituições analisadas, principalmente na Carta brasileira em vigor" (VAZ, Isabel. *Direito econômico das propriedades*. Rio de Janeiro: Forense, 1993, p. 626).

Capítulo 2

A ANÁLISE ECONÔMICA DO DIREITO E A VERTENTE WELFARISTA: A TEORIA, SEU USO NA REGULAÇÃO ECONÔMICA E SEUS LIMITES E DEFICIÊNCIAS

2.1 A Análise Econômica do Direito (AED) e a vertente welfarista: a preocupação com a consequência

Segundo Daniel Goldberg, apoiado na literatura econômica americana, a AED é uma das linhas possíveis da vertente *welfarista*, concepção que norteia a formulação e a aplicação de políticas públicas tendo em mente o bem-estar coletivo dos indivíduos/comunidades submetidos à ação estatal.[1] Claro que a ação estatal/política pública também pode ser entendida aqui como o processo

1. "[...] há que se entender a diferença entre, de um lado, a abordagem welfarista do direito ou das políticas públicas e, de outro, a conhecida escola da análise ou abordagem econômica do direito (*law and economics*). (i) Modelos normativos welfaristas são aqueles que não admitem critérios normativos exógenos ao bem-estar na construção e avaliação de políticas públicas. A forma de agregar o bem-estar de diferentes indivíduos pode ou não incorporar preocupações distributivas. Assim, por exemplo, a fórmula rawlsiana de justiça pode ser vista como função de bem-estar em que a satisfação dos mais desafortunados tem peso maior do que a dos que se encontram em posição mais favorecida no arranjo social. Já (ii) o movimento da abordagem econômica do direito pode ser visto como membro da família welfarista, sem que com ela se confunda. A abordagem econômica do direito exige que apenas políticas que maximizem riqueza sejam chanceladas. Isso

de incentivar a ação privada ou de deixar que o mercado funcione com pouca ou mínima ingerência estatal.[2]

Mas como conceituar mais precisamente a economia do bem-estar (*welfarismo*)? Parte-se da ideia de averiguar com relação aos envolvidos em qualquer demanda pública ou transação de mercado qual o nível de bem-estar (satisfação material e psicológica) que eles podem ter em mais uma operação a ser feita. Ou seja, em razão da aplicação de políticas públicas ou de nova transação no mercado (troca), a pergunta a ser respondida é se o novo estágio atingido proporciona maior bem-estar aos envolvidos do que a situação anterior. Daí o novo questionamento: como mensurar tal satisfação material e psicológica dos envolvidos?

O caminho a trilhar é o uso das eficiências e dos critérios de maximização de riqueza, justificando a aplicação da AED. Somente tendo como parâmetro critérios de quantificação de riqueza, de índole custo-benefício, podem ser almejadas soluções, com algum nível de consistência para muitas escolhas públicas.[3] Além disso, para mensuração dos níveis de satisfação, é indispensável

nos remete, na prática, ao critério de eficiência de Kaldor-Hicks" (GOLDBERG, Daniel. Op. cit., p. 75).

2. Deve-se levar em consideração que uma política pública geralmente apresenta muitos objetivos, que podem ser, eventualmente, conflitantes entre si. Daí que políticas de redistribuição de renda podem conflitar com políticas de oportunidades de trabalho. O incentivo criado em uma ponta pode criar prejuízos em outra, tudo em função dos inúmeros objetivos perseguidos e da forma de ação do Estado. Assim, por exemplo, (i) os programas assistencialistas do Governo Federal, desvinculados de condicionantes educacionais, prejudicam o crescimento pessoal e incentivam o paternalismo; (ii) o programa de aposentadoria rural, mais benéfico para esse grupo de trabalhadores, incentiva a informalidade (desencoraja o trabalhador a "assinar sua carteira de trabalho") e faz crescer o déficit previdenciário; (iii) a imposição de tetos para a cobrança de juros distorce as regras de mercado, tornando algumas atividades não atrativas economicamente ou, paradoxalmente, aumentando o nível de inadimplência, uma vez que os projetos são escolhidos de forma menos seletiva; (iv) igualmente, a imposição de alta carga tributária, sem a devida contrapartida estatal, pode incentivar a sonegação. Em razão da complexidade nas escolhas públicas, a vertente *welfarista* apresenta um caminho a trilhar.

3. "A abordagem welfarista (uma vez centrada no bem-estar, ou *welfare*) assume que o bem-estar humano deve ser o único objetivo perseguido por políticas públicas. Políticas que piorem o nível de bem-estar dos envolvidos são vistas como eticamente inferiores (aos arranjos originais). Nesse contexto, o critério de ótimo de Pareto ganha conotação ética: se determinada distribuição de bens ou direitos pode melhorar a situação de todos, ela é necessariamente superior, do ponto de

adotar uma regra de preferências dos indivíduos, típico raciocínio do homem econômico, de forma que se permita averiguar em quais situações a troca econômica ou a medida pública adotada distribui direitos e bens a quem mais deles retire ou potencialize riqueza.[4]

Tais critérios, no entanto, assustam muitos pesquisadores do direito, em especial pela suposta amoralidade ou mesmo imoralidade das soluções alcançadas. Já nesse ponto, portanto, algumas ponderações.

Em primeiro lugar, o critério de maximização de riquezas, seja de ordem paretiana, seja o modelo suavizado de Kaldor-Hicks (mais adiante debatidos), não deve ser tido como critério a ser utilizado em todas as demandas públicas ou mesmo como elemento universal de justiça. Há algumas demandas, como as que envolvem a ação do Estado na educação[5] e na saúde, em que outros critérios são mais decisivos do que a simples maximização de riqueza.

---

vista ético, a distribuições alternativas. Uma variação do critério de Pareto comumente empregada em análises de custo-benefício é o critério de Kaldor-Hicks, ou eficiência potencial de Pareto. O critério de Kaldor-Hicks tenta separar as questões distributivas das de eficiência, estabelecendo que uma alocação é eficiente se permite que os ganhadores compensem os perdedores, a despeito de que efetivamente o façam" (GOLDBERG, Daniel. Op. cit., p. 75).

4. Há aqui um polêmico debate. A maior parte dos economistas acreditava ser possível medir o bem-estar de um indivíduo em função da sua utilidade em unidades. Dessa forma, seria possível ordenar em um *ranking*, depois da alocação de bens e direitos, o quanto estaria satisfeito um indivíduo, a ponto de salientar que uma pessoa estaria *duas vezes* mais satisfeita do que outra pessoa. Em razão da dificuldade da ordenação cardinal de utilidades, os economistas passaram a adotar o conceito de *preferências*, em que é possível dizer, não numericamente, que um indivíduo *prefere* (dá mais valor) a um bem ou direito do que outro.

5. Salienta Posner: "There are also more subtle forms of market failure that provide occasions for government intervention. One of these is the general area of education. Suppose there is a promising child - intelligent, energetic, and so forth - but the child has very poor parents. It would not be feasible for the parents or the child to finance the child's education by promising to pay the financier out of the child's future earnings. The enforcement of such a promise would lead us into a system of slavery (for what if the child defaulted?) Because of these difficulties, it is very hard for society to realize the economic potential of children without some public intervention for education. This does not necessarily imply public schools; education may be as well or better furnished through a system of subsidied private education. Government intervention appears to be indicated here for the additional reason the education confers benefits on more than the recipient. Educated people make it easier for others to transact with them" (POSNER, Richard A. Law and economics is moral. *Valparaiso University Law Review*, v. 24, p. 166, 1990).

O problema de saber em qual situação utilizar com ênfase a vertente *welfarista* ainda aflige seus partidários. Ainda mais para aqueles que alargam seus horizontes e objetivam ter a AED - em sua vertente *welfarista* - quase como um critério universal de justiça. No entanto, há setores da ação pública em que o realce do conteúdo econômico é notório, facilitando a utilização da AED na vertente *welfarista*. E isso ocorre sensivelmente em setores regulados/competitivos, em que os dados econômicos importam decisivamente para as escolhas públicas. O caso do setor aéreo é a demonstração teórico-empírica desse debate.

Em segundo lugar, a vertente *welfarista*, na qual se inclui a AED, agrega outros componentes para a decisão das escolhas públicas. Por exemplo, e já se disse antes, não se tem como critério único, na forma radical da Escola de Chicago na concorrência, a maximização da riqueza do consumidor - qual a soberania do consumidor - para nortear o deslinde de casos específicos. A vertente *welfarista* leva em consideração o bem-estar global (agregado), que deve envolver todos os participantes de determinado mercado, consumidores, produtores, agentes do Estado. São todos beneficiários em algum momento da escolha pública.

Além disso, leva em consideração, também, um ambiente de eficiências dinâmicas, não estáticas. Permite-se, até mesmo, em alguns casos, no âmbito da concorrência, a fusão de empresas para a competição externa, tendo em vista a concorrência-instrumento. Embora tal mensuração seja mais complexa, suscitando mais argumentos de convicção, ela, evidentemente, é mais consistente na formulação da política pública.

Em terceiro lugar, e esse é um ponto essencial, a vertente *welfarista* defende uma análise de bem-estar agregado que, naturalmente, tem em vista os *efeitos* de determinada medida. Na definição de determinada política pública, as *consequências* são ponderadas no resultado final. Aquelas políticas que, sob o critério de maximização e em uma avaliação prospectiva, destroem riqueza, criam obstáculos à sua circulação ou geram distribuições exageradamente desproporcionais, são tidas por ineficazes/injustas. A consequência importa, portanto, no julgamento. Tal linha de pensamento é desenvolvida, não exclusivamente, por Kenneth Arrow[6] e pela dupla Louis Kaplow e Steven Shavell.[7]

6. Cf. ARROW, Kenneth J. *Social choice and individual values*. New Haven: Cowles Foundation for Research in Economics at Yale University, 1963. Kenneth Arrow é economista americano, professor na Universidade de Harvard, ex-consultor para assuntos econômicos do governo dos Estados Unidos e ganhador do Prêmio Nobel de Economia de 1972, juntamente com J. R. Hicks. Ligado aos neoclássicos, dedicou-se ao estudo da chamada economia do bem-estar. Usando técnicas da econometria, procurou estabelecer uma teoria da escolha social a partir das preferências individuais.

7. Cf. KAPLOW, Louis; SHAVELL, Steven. Fairness versus welfare: notes on the Pareto principle, preferences, and the distributive justice. *National Bureau of Eco-*

Isso significa, para a apreensão filosófica, que a vertente consequencialista difere da lógica deontológica, da moral *ex ante*. A ética deontológica parte do cenário de imparcialidade entre os envolvidos no dilema moral, como que propugnando a justiça do caso, sem se ater às suas consequências. A consequência não integra o julgamento. Assim é, por exemplo, a ética kantiana, da regra de ouro ao imperativo categórico, "não faça aos outros o que não queres que te façam a ti" ou "age sempre de tal modo que a máxima de tal agir possa por ti ser querida como lei universal".[8] A regra não leva em consideração os efeitos da ação, que eventualmente podem ser benéficos e superiores em riqueza ao cenário anterior, mas tão somente uma aspiração de conduta moral anterior.

A teoria da justiça de John Rawls, em uma espécie de renovação do contrato social, embora seja muito instigante e interessante, também parte da noção de imparcialidade dos participantes. Na concepção de Rawls, no entanto, o participante não sabe a sua posição no contexto social, uma vez que pesa sobre ele um *véu de ignorância*, de forma que as soluções dos dilemas têm em conta que alguém que participa da decisão pode estar no topo ou na base da pirâmide social.[9] Em razão desse véu de ignorância, certamente cada qual terá cautela e razoabilidade para levar adiante as escolhas públicas, fazendo valer aquela ideia de que o "sujeito que primeiro corta o bolo não recebe o primeiro pedaço, mas passa-o adiante, recebendo somente o último pedaço do bolo".[10]

Há aqui uma sensação de consequência participando da solução. No entanto, a teoria é ainda muito abstrata, de difícil concreção e aplicação, sendo, na visão de muitos, o alto nível de abstração a sua principal falha. A ponderação de efeitos na vertente *welfarista* é muito mais pragmática, uma vez que, embora prospectiva, a economia do bem-estar tenta mensurar economicamente o efeito de cada política pública.

---

nomic Research, Working Paper n. 9622, Apr. 2003. Disponível em: <http://www.nber.org/papers/w9622>. Acesso em: 23 jan. 2007.

8. Para uma crítica de Kelsen às fórmulas de justiça, que segundo ele são vazias de conteúdo, todas calcadas em uma ética deontológica, cf. SILVA, Leandro Novais e. A não-ideia de Justiça em Hans Kelsen. *Jus Navigandi*, Teresina, ano 9, n. 837, 18 out. 2005. Disponível em: <http://jus2.uol.com.br/doutrina/texto.asp?id=7438>. Acesso em: 11 set. 2006.

9. "A posição original (*original position*) é a situação hipotética na qual as partes contratantes (representando pessoas racionais e morais, isto é, livres e iguais) escolhem, sob um 'véu de ignorância' (*veil of ignorance*), os princípios de justiça que devem governar a 'estrutura básica da sociedade' (*basic structure of society*)" (OLIVEIRA, Nythamar de. *Rawls*. Rio de Janeiro: Zahar, 2003, p. 14).

10. Cf. RAWLS, John. *Teoría de la justicia*. México: Fondo de Cultura Económica, 1997.

Ainda quanto ao enquadramento filosófico, é possível aceitar uma divisão que compreende o modelo enunciado acima como um segmento da ética normativa, enfrentando o problema de como devemos viver. A ética normativa ainda pode ser dividida em dois campos de problemas específicos: (i) o que é agir de forma moralmente acertada? e (ii) o que torna boa e valiosa a vida de uma pessoa? A ética consequencialista pertence ao primeiro grupo de problemas, cuja referência é a teoria da obrigação. No outro grupo estariam as teorias do valor, cujo estudo remonta à Antiguidade, tendo Aristóteles[11] como precursor, bem como os representantes do epicurismo e do estoicismo.[12]

As teorias da obrigação, de maneira quase associada a uma teoria de justiça, cresceram significativamente a partir do século XVIII, sendo marcante a separação entre a postura deontológica, cujo julgamento se dá *ex ante*, partindo de princípios e regras – a prioridade dos agentes morais é evitar certos tipos de atos –, e a moldura consequencialista, modelo adotado pelo trabalho cuja ideia básica é que, para determinar o que devemos ou podemos fazer, precisamos avaliar as consequências dos nossos atos: a melhor opção ética é sempre aquela que dará origem aos melhores resultados.

Tal postura, como se disse, recebe críticas severas quanto aos possíveis resultados que alcança e por sugerir, segundo o senso comum, medidas quase

11. Convém salientar que mesmo Aristóteles tinha noção do ambiente (consequência) para a qualidade e a eficiência de uma política pública ou da administração de maneira geral. Veja: "A pessoa que tiver intenção de administrar uma casa da forma correta terá de estar familiarizada com os lugares de que vai se ocupar, ser dotada, por natureza, de boas qualidade e possuir, por vontade própria, sentido de trabalho e justiça. Ora, se algum desses elementos lhe faltar, irá cometer erros frequentes na empreitada em que se lançou" (ARISTÓTELES. *Econômicos*: Obras Completas. São Paulo: Martins Fontes, 2011).

12. Amartya Sen, sem se submeter à divisão proposta, salienta que a questão ética básica de "como devemos viver?" tem íntima relação com a economia, tudo em função da gerência de recursos escassos, já evidenciada pelos filósofos antigos, sobretudo Aristóteles, na *Política* e na *Ética a Nicômaco*. Enfatiza Amartya Sen: "A tradição ligada à ética remonta no mínimo a Aristóteles. Logo no início de *Ética a Nicômaco*, Aristóteles associa o tema da economia aos fins humanos, referindo-se à sua preocupação com a riqueza. Ele considera a política 'a arte mestra'. A política tem de usar 'as demais ciências', inclusive a economia, e 'como, por outro lado, legisla sobre o que devemos e o que não devemos fazer, a finalidade dessa ciência precisa incluir as das outras, para que essa finalidade seja o bem para o homem' [...] A economia, em última análise, relaciona-se ao estudo da ética e da política, e esse ponto de vista é elaborado na Política de Aristóteles" (SEN, Amartya Kumar. *Sobre ética e economia*. São Paulo: Companhia das Letras, 2004, p. 19).

imorais. Por exemplo, segundo Amartya Sen,[13] a AED não toma como referência aspectos distributivos essenciais, como a isonomia. Segundo a concepção da AED, uma situação em que alguns se encontram, de partida, em extrema miséria e outros se encontram em extremo luxo, quando da aplicação de políticas públicas, poderia ser considerada *eficiente*, maximizando riqueza, uma vez que, na chegada, a riqueza aumentou no âmbito total (o insumo, por exemplo, está com quem mais o valoriza), mas sem qualquer medida compensatória para os mais pobres. E tal concepção seria quase imoral.[14]

De fato, a maximização de riqueza pura, sem qualquer contextualização *welfarista*, pode levar a resultados imorais segundo a formulação de Amartya Sen.[15] Um dos problemas maiores aqui é que se parte sempre de realidades dadas,

13. Cf. SEN, Amartya Kumar. *Sobre ética e economia*, cit.
14. "O vazio valorativo imputado por muitos à abordagem econômica do direito deve-se ao papel importante assumido, neste tipo de abordagem, pelo critério Kaldor-Hicks, ou eficiência potencial de Pareto. Isso porque, como o critério de Kaldor-Hicks pressupõe compensações que raramente são implementadas na prática, as decisões e políticas públicas que se guiam por esse critério acabam efetivamente envolvendo a melhora na situação de alguns às expensas da situação de outros. E já que há beneficiados e prejudicados, um juízo externo de valor (justiça) é requerido acerca da nova distribuição. Sem esse tipo de juízo, o critério de eficiência potencial é percebido como insuficiente" (GOLDBERG, Daniel. Op. cit., p. 75).
15. Na verdade, Amartya Sen desenvolve inúmeras críticas à economia do bem-estar. Algumas dessas críticas, em especial o reducionismo do modelo da AED circunscrito à eficiência de Pareto e a hipótese do homem racional, autointeressado, serão debatidos à frente. De qualquer forma, a crítica mais essencial de Amartya Sen à economia do bem-estar, ou seja, o núcleo da sua divergência, é o distanciamento do *welfarismo* do componente ético, o que evidentemente pode levar a proposições imorais sob o senso comum. Veja-se esse trecho de Amartya Sen: "A posição da economia do bem-estar na teoria econômica moderna tem sido muito precária. Na economia política clássica não existiam fronteiras definidas entre a análise econômica do bem-estar e outros tipos de investigação econômica. Porém, à medida que aumentou a desconfiança acerca do uso da ética em economia, a economia do bem-estar foi se afigurando cada vez mais dúbia [...]. O contato com o mundo exterior tem ocorrido principalmente na forma de um relacionamento de mão única, no qual se permite que as conclusões da economia preditiva influenciem a análise da economia do bem-estar, mas não se permite que as ideias da economia do bem-estar influenciem a economia preditiva, pois se considera que a ação humana real tem por base unicamente o auto-interesse, sem impacto algum de considerações éticas ou juízos provenientes da economia do bem-estar. Por exemplo, ideias sobre a resposta dos trabalhadores a incentivos salariais são introduzidas na análise da economia do bem-estar sobre, digamos, política sala-

com a distribuição de direitos e oportunidades já assinaladas. Uma das formas de atacar o problema é criar cenários abstratos, redistribuindo oportunidades, tal como a fórmula de Rawls. Outro é justamente, tendo em conta a realidade dada, levar em consideração os efeitos de determinada política (ou mesmo medida judicial), como a ética consequencialista propugna, de modo a perseguir eficiência, mas incorporando também aspectos distributivos, por exemplo.

Os exemplos de políticas públicas que poderiam utilizar os parâmetros da vertente *welfarista* e da abordagem da AED são inúmeros. Essa será a tônica do trabalho na investigação da desregulação no setor de aviação comercial no Brasil. No entanto, para aprofundar tal debate, torna-se indispensável uma discussão sobre a ideia de maximização de riqueza – ou seja, quais critérios utilizar –, além de uma perspectiva sobre as eficiências perseguidas.

2.1.1 A ideia de maximização da riqueza e a perspectiva das eficiências[16]

A ideia de maximização da riqueza leva-nos, necessariamente, aos critérios mais comumente utilizados para apurar o crescimento ou o desperdício de riqueza no âmbito da vertente *welfarista*: os critérios de Pareto[17] e de Kaldor-Hicks.[18]

rial ou tributação ótima, mas não se admite que ideias da economia do bem-estar afetem o comportamento dos trabalhadores e, com isso, influenciem o próprio problema do incentivo. A economia do bem-estar tem sido uma espécie de equivalente econômico do 'buraco negro' – ali as coisas podem entrar, mas de lá nada pode escapar" (SEN, Amartya Kumar. *Sobre ética e economia*, cit., p. 50).

16. Para uma apresentação didática sobre o conceito de eficiência econômica, os diferentes tipos de eficiência e sua importância para o antitruste, cf. SANTACRUZ, Ruy. Antistruste, eficiência econômica, curvas, triângulos e retângulos. *Revista do IBRAC*, São Paulo, v. 9, n. 5, p. 169-185, 2002.

17. Vilfredo Pareto, economista e sociólogo italiano, enfatizou a aplicação da matemática à economia dentro de um quadro teórico marginalista modificado e reviu o método do equilíbrio geral de Walras. Embora o economista Pareto tenha contribuído fortemente para o desenvolvimento da economia do bem-estar, com conceitos de ótimo, ofelimidade e Lei de Pareto, acentuando que o progresso humano suporia o aumento dos elementos automáticos na regulação dos problemas sociais e, portanto, contra a interferência estatal na economia, o sociólogo Pareto foi um antiliberal confesso, formulando uma teoria da dominação e circulação das elites, segundo a qual toda a história é uma sucessão de aristocracias formadas por minorias de todas as classes sociais, suscetíveis de se transformarem em dirigentes. Essa teoria influenciou o fascismo de Benito Mussolini, de quem Pareto chegou a ser partidário intelectual.

18. Nicholas Kaldor, economista húngaro, estudou e lecionou na London School of Economics e sempre esteve envolvido com os problemas práticos da política eco-

O critério de Pareto, tido como a representação da eficiência econômica, estabelece como ponto ótimo "aquela situação em que os recursos de uma economia são alocados de tal maneira que nenhuma reordenação diferente possa melhorar a situação de qualquer pessoa (ou agente econômico) sem piorar a situação de qualquer outra". Daí que se maximiza riqueza, proporcionando bem-estar econômico, quando, na ação de políticas públicas ou de uma decisão judicial, alguém se encontre em um estágio em que melhore de posição quanto à alocação de recursos e dessa melhora ninguém piore.

No entanto, o ótimo de Pareto como referência de eficiência econômica dificilmente é alcançável, em razão de o critério ser muito restritivo. Normalmente, o que se vê na aplicação de políticas públicas ou nas trocas no mercado é que há efetivamente ganhadores e perdedores. Constata-se o aumento de riqueza geral, mas em razão de que o ganho de alguns compensa a perda de outros.

Nesse ponto, exatamente, está o critério de Kaldor-Hicks, a eficiência potencial de Pareto: como é improvável, na maior parte da dinâmica econômica, melhorar a situação de todos sem piorar a de alguém, a eficiência potencial se satisfaz se o incremento total de riqueza tiver saldo líquido, ou seja, se for positivo o bem-estar final. A abordagem econômica do direito emprega quase que exclusivamente a eficiência apontada por Kaldor-Hicks.

A mensuração do saldo final e, portanto, do incremento de bem-estar é feita pelo sistema de preços. Assim, se o indivíduo A tem uma garrafa de vinho que valoriza em R$ 100,00 e o indivíduo B a valoriza em R$ 150,00, haverá acréscimo de riqueza e de bem-estar (agregado) se A resolver vendê-la a B por R$ 100,00. O total de acréscimo de bem-estar é feito justamente pela diferença, R$ 50,00. A garrafa de vinho agora está com quem mais a valoriza, alocando de forma mais eficiente os recursos.

nômica na Inglaterra. Embora defendesse o sistema de mercado e de empresas privadas, frequentemente aconselhou a intervenção governamental para tornar as economias capitalistas mais produtivas e equilibradas, e concebeu várias políticas e instrumentos com essa finalidade. O maior interesse de Nicholas Kaldor e a principal causa de sua reputação como economista foi a teoria ou a explicação de como as economias funcionam, observação sempre relacionada com a realidade. Daí a criação, no âmbito da economia do bem-estar, da eficiência potencial de Pareto. John Richard Hicks, economista inglês da corrente marginalista contemporânea, recebeu o Prêmio Nobel de Economia em 1972 (juntamente com Kenneth Arrow). Hicks ampliou alguns conceitos de Pareto, em especial as "curvas de indiferença", modificando os critérios de medição de utilidade, permitindo análises mais consistentes das preferências dos consumidores.

Ocorre que, em uma dinâmica econômica mais complexa, a venda do vinho de A para B pode, por exemplo, afetar o indivíduo C, que estaria disposto a pagar R$ 40,00 pela garrafa, dando origem à ideia de externalidade.[19] É um valor bem inferior, mas C estaria disposto a adquirir a garrafa. Como o preço que ele estaria disposto a pagar é menor, a operação não ocorre, diminuindo o bem-estar de C. De qualquer forma, ainda nessa situação, o saldo líquido é positivo, R$ 50,00 - R$ 40,00 = R$ 10,00, refletindo a eficiência potencial de Pareto.

A mensuração por meio de preços adota um esquema de preferências dos indivíduos, já referido. A *precificação* do bem-estar ocorre com a gradação dessas preferências. Observa-se que tal operação, bem simplificada para a exata compreensão do uso da eficiência, ocorre em uma intensidade muito maior e de maneira mais complexa com um número inimaginável de atores econômicos. Os recortes do número de agentes são realizados para efeito de estudos e de estatísticas; sem eles seria impossível a aplicação do modelo.

Além disso, no caso do exemplo formulado, utilizou-se propositalmente o vinho. Ora, poucos elementos da produção capitalista têm um nível tão exigente de preferências como o vinho. Na média, o apreciador de vinho formula um sistema bem elaborado de preferências, ainda que tal sistema possa ser flexível. Daí que a ideia de aferição de bem-estar, na compra e venda de vinhos, é percebida com muita transparência e consistência. Em diversos outros produtos da dinâmica capitalista, é mais difícil a ponderação de bem-estar econômico, uma vez que o nível de preferências varia pouco, em especial quando não há diversidade entre os produtos de mesmo gênero.

19. A ideia de externalidade gira em torno de benefícios (externalidade positiva) ou prejuízos (externalidade negativa) obtidos por empresas ou indivíduos de atividades/operações das quais eles não participam. Os benefícios ou prejuízos têm origem externa. Assim, na economia externa positiva, uma empresa pode se beneficiar com a construção de uma rodovia, que permite escoar mais rapidamente e com custos menores seus produtos agrícolas, vantagem antes inexistente. A avaliação de economias externas é indispensável em qualquer empreendimento industrial ou comercial, constituindo uma importante alavanca ao desenvolvimento econômico. O contrário também pode ocorrer. Na economia externa negativa, há um aumento de custos para as empresas, que podem inclusive afugentar clientes. Ocorre, por exemplo, quando indústrias contaminam com chumbo pastagens e águas adjacentes, comprometendo a produção de leite das empresas de uma região. O fenômeno é conhecido como "deseconomia externa". A ideia é geralmente associada às empresas, mas o raciocínio também pode ser empregado na mensuração de bem-estar de indivíduos, tal como o exemplo acima.

O exemplo do vinho ainda nos leva à exata compreensão do pressuposto do homem racional (*homo oeconomicus*)[20] para a engrenagem do sistema de preferências. Somente se admitindo, ainda que de maneira reducionista, a ideia do homem maximizador de interesses e que calcula suas opções no mercado, é possível desenvolver uma ideia de utilidades e preferências e mensurar, portanto, estágios de bem-estar. A crítica a tal modelo será debatida adiante (item 2.3).

Outro ponto significativo do exemplo é a característica da eficiência econômica que importa para a AED e que é incorporada/reexaminada pela vertente *welfarista*. A ênfase da AED é necessariamente a *eficiência alocativa*, em função da qual se *distribuem* bens e serviços para os indivíduos que mais os valorizam, segundo seu uso (maximizando seu proveito).

A ideia da eficiência econômica também se traduz na *eficiência produtiva*, que é justamente a produção de uma dada quantidade de bens ou serviços consumindo a menor quantidade possível de insumos ou outros recursos produtivos. O máximo de eficiência econômica, sem aqui redundar em tautologia, é um *mix* de eficiências, em razão das quais a alocação é ótima e a produtividade também, de forma a atender, sem desperdício de recursos, quanto os produtores se dispõem a produzir e os consumidores desejam consumir.

A linha de consideração de eficiências, todavia, leva em consideração a ideia de perfeito equilíbrio competitivo, hipótese de estudo distante da realidade. Sabe-se, naturalmente, que o mercado é imperfeito, com inúmeras falhas. Mas como abstração o modelo é útil para a definição da eficiência econômica desejável.

No entanto, no âmbito da AED, o uso acima do verbo *distribuir*, explicando a alocação de bens e serviços aos indivíduos, se distancia de outro tipo de eficiência, a *eficiência distributiva*, justamente aquela normalmente incorporada pelo Direito em razão de seu caráter igualitário e, portanto, por ser tida como eticamente mais justa. A eficiência distributiva é aquela que diz respeito à distribuição de bens e serviços não por causa de quem mais os valoriza (e

20. O conceito é advindo da Escola Clássica (Adam Smith, David Ricardo), segundo o qual o homem seria perfeitamente racional e capaz de fundamentar suas decisões exclusivamente em razões econômicas, preocupando-se em obter o máximo de benefício com o mínimo de sacrifício imediato. O homem econômico agiria racionalmente no sentido de maximizar sua riqueza e, assim, introduzir novos métodos produtivos para enfrentar a concorrência no mercado. O conceito é uma abstração da Escola Clássica, útil nas discussões e análises econômicas e na elaboração de teorias.

pode pagar por eles, pelo sistema de preços), mas de outras necessidades básicas e essenciais.

Duas ponderações são importantes nesse ponto. A primeira se relaciona a uma evidente dificuldade, alertada por Daniel Goldberg,[21] em conseguir associar os estudos da filosofia do direito, calcados nas investigações de teorias da justiça, com os trabalhos do Direito Econômico, fundados nos debates de regulação e concorrência. Isso ocorre porque as incursões da Análise Econômica do Direito, uma das escolas-guias nas discussões de regulação e de concorrência, têm como critério normativo a eficiência econômica, que, segundo a concepção mais comum, seria um instrumento menor, desprovido de sentido moral, como já se colocou antes (item 2.1), incapaz de orientar noções de justiça.

Ainda que a perspectiva da AED sofra críticas e tenha limitações, o raciocínio acima é equivocado. A eficiência, seguindo o ponto de vista sustentado no trabalho, pode solucionar diversos problemas, em especial em matéria de políticas públicas em setor regulado/desregulado, como é o caso do setor aéreo. Nesse caso, por que o critério da eficiência é essencial para o deslinde da pergunta: o que é melhor para a sociedade?

Além disso, a eficiência tem, sim, um componente moral. Na linha desenvolvida por Daniel Goldberg, e na vertente *welfarista*, dar guarida a uma solução que piore a situação de todos os envolvidos é eticamente inferior a uma em que é possível maximizar o bem-estar. O critério ótimo de Pareto tem, portanto, conteúdo moral: melhorar a situação de alguém sem que outro piore. Se isso não for possível, e geralmente não é, a vertente *welfarista* deve levar em consideração um arranjo em que haja maximização de bem-estar e que, dependendo da política pública, realize algum tipo de compensação com eventuais perdedores. Ou seja, a inclusão eventual da eficiência distributiva (nada impede, por exemplo, que o bem-estar daqueles que estão em pior situação tenha peso superior ao daqueles que estão em melhor situação).[22]

21. Cf. GOLDBERG, Daniel. Op. cit., p. 32.

22. Aqui a teoria da justiça de John Rawls pode ser muito útil, em especial com o seu "princípio da diferença", que, resumidamente, pode ser assim enunciado: as desigualdades econômicas e sociais devem ser ordenadas de tal modo que, ao mesmo tempo (a) tragam maior benefício possível para os menos favorecidos e (b) sejam vinculadas a cargos e posições abertos a todos em condições de igualdade equitativa de oportunidades. Vincenzo Demetrio Florenzano traz o ilustrativo exemplo para explicar o princípio e seu correlato *maxmin (maximum minimorum)*, que é o ponto em que são maximizadas as expectativas das classes menos favorecidas: "Trata-se de uma regra segundo a qual, dentre várias alternativas possíveis, devemos optar pela menos penosa para os que estão em pior posição. Para exem-

Daí que, dando origem à segunda ponderação, a eficiência econômica para o trabalho segue a linha da AED, com ênfase na maximização de riqueza, validando seu conteúdo ético, mas amplia seu esquadro, porque a vertente *welfarista* pode também levar em consideração – e deve fazê-lo, em alguns casos – a eficiência distributiva, como que reforçando seu caráter ético.

A moldura jurídico-econômica imaginada será essencial para guiar a pesquisa prática do livro. Isso porque os cenários de regulação e desregulação no setor aéreo enfrentam, necessariamente, o problema de saber se o processo foi benéfico ou não. E a vertente *welfarista*, com a maximização de bem-estar, irá nos dizer se a desregulação é a melhor solução, para quem é mais benéfica e se houve compensação para os perdedores do processo.

2.1.2 A ética da vertente welfarista: a riqueza tem seu valor?

Há argumento de reforço para sustentar que a ideia de maximização do bem-estar, definida quase exclusivamente como aumento de riqueza, tem conteúdo ético e valor. É que, partindo de uma perspectiva redistributivista, é frequentemente complexo afirmar qual valor distributivista deve prevalecer entre os muitos a escolher – renda, oportunidades, mérito.

A ótica distributivista traz consigo a ideia de igualdade. Na correção de problemas econômicos, teorias igualitárias de vertente deontológica são consideradas mais éticas justamente pela nobreza e qualidade dos elementos que almejam proteger. Há uma necessária relação entre valor e a ideia de distribuição.

No entanto, entre os autores que sustentam ideias distributivistas não há consenso ideal a perseguir, como enfatiza Amartya Sen, ao se perguntar, em célebre artigo: "Igualdade de quê?"[23] Segundo Amartya Sen, em defesa da sua

plificar, podemos imaginar o caso de uma competição esportiva em que há um prêmio de R$ 100,00 reais a ser dividido entre três competidores. Supondo que todos os três participantes devem receber alguma coisa e que o primeiro deve receber mais do que o segundo, que, por sua vez, deve receber mais do que o terceiro colocado, há várias maneiras de repartir o prêmio. Para simplificar, vamos admitir apenas três alternativas que denominaremos A1, A2, A3. Na alternativa A1, o primeiro colocado recebe R$ 60,00, o segundo R$ 30,00 e o terceiro R$ 10,00. Na alternativa A2, o primeiro recebe R$ 70,00, o segundo R$ 20,00 e o terceiro R$ 10,00. Na alternativa A3, o primeiro recebe R$ 50,00, o segundo R$ 30,00 e o terceiro R$ 20,00. A regra *maxmin* determina que se opte pela alternativa A3, porque é a mais favorável (ou menos penosa) para o terceiro colocado que é o que está pior colocado" (FLORENZANO, Vincenzo Demetrio. Op. cit., p. 180).

23. "[...] toda teoria normativa do ordenamento social que tenha afinal resistido ao teste do tempo parece exigir a igualdade de algo – algo que é considerado como particularmente importante nessa teoria. As teorias envolvidas são diferentes e

posição mais igualitária da economia do bem-estar, o próprio conceito de eficiência seria também complexo, permitindo posições as mais diversas. Não me parece ser o caso. A economia do bem-estar, calcada na maximização de riqueza, nessa moldura reducionista (e, por isso, sempre questionada), parece-me ser muito mais transparente e consistente do que as inúmeras propostas de igualdade e distribuição. Todos sabem que o pressuposto máximo da eficiência econômica, de índole paretiana, é a maximização de riqueza entre todos os envolvidos em determinada política pública ou ação no mercado.

A clareza no propósito do conceito de maximização de riqueza ajuda na sua compreensão, mas não lhe atribui automaticamente valor. Ocorre que, na diversidade de conceitos da igualdade, invariavelmente a política sugerida leva a uma perda de riqueza dos envolvidos no processo. A ideia chancelada pela maximização de riqueza é justamente a contrária: o desejável aumento de bem-estar, mensurado pela riqueza, entre todos os envolvidos no processo. Uma concepção que parta do aumento de riqueza, ainda que reducionista, não deve ser eticamente inferior a uma que desperdiça riqueza. Ou seja, há *valor* na maximização de riqueza. É melhor e mais ético almejar distribuir riqueza em uma situação em que há mais recursos do que simplesmente distribuir sem maximizar riqueza. Portanto, a eficiência é um ideal a ser perseguido.

Um ilustrativo exemplo nos é dado por Daniel Goldberg:[24] imaginemos que na *escolha* de uma concepção de igualdade a alcançar seja eleita a *distribuição de renda* como parâmetro. Assim, diante de um debate antitruste, é permitido pela Lei que se cobre *sobrepreço* de turistas bem aquinhoados quando da compra de produtos artesanais de pequenos vendedores. Forma-se aí um cartel legitimado pela Lei para transferir renda. Embora tal cartel possa maximizar a riqueza dos vendedores, sabe-se que tal prática reduz fortemente o bem-estar coletivo, implicando perda de riqueza da sociedade, uma vez que um número menor de produtos é vendido para garantir o preço mais alto cobrado pelo cartel.[25] Diante de tal situação, seria melhor distribuir a riqueza diretamente

frequentemente estão em conflito umas com as outras, mas ainda parecem ter essa característica comum. Nas disputas contemporâneas em filosofia política, a igualdade de fato figura, é claro, de forma importante nas contribuições de John Rawls (igual liberdade e igualdade na distribuição de 'bens primários'), Ronald Dworkin ('tratamento como iguais', 'igualdade de recursos'), Thomas Nagel ('igualdade econômica'), Thomas Scanlon ('igualdade'), e outras geralmente associadas com uma visão 'pró-igualdade'" (Cf. SEN, Amartya Kumar. *Desigualdade reexaminada*. Rio de Janeiro: Record, 2001, p. 43-68).

24. Cf. GOLDBERG, Daniel. Op. cit., p. 56.

25. Veja que o entendimento da SDE é também nessa direção: "Cartel ataca também nos pequenos negócios. Infrações contra a concorrência ocorrem também em áreas

por meio de outro expediente legal, por exemplo, o imposto de renda. Haveria certamente mais recursos para todos (opção mais eficiente), riqueza a mais para distribuir, ainda que fosse implementada a política compensatória.

É óbvio que operações do "mundo real", segundo Daniel Goldberg,[26] poderiam levar a uma nova discussão sobre eventual perda de eficiência alocativa com a distribuição de renda, ou mesmo que os perdedores (vendedores) em determinado processo não tenham sido devidamente recompensados, na linha de Kaldor-Hicks. No entanto, o que se quer enfatizar é que há, quase sempre, melhor solução para efetivar políticas públicas ou mesmo decisões judiciais quando o critério é a maximização de riqueza. É ético ter *mais* para distribuir.[27]

2.2 A crítica à riqueza (AED) e à maximização de bem-estar como critério de valor

Embora já se tenha afirmado que "ter mais para distribuir é ético", sendo um possível critério de valor, outras críticas podem ser discutidas, que contestam, ainda mais profundamente, tal ponderação.

---

do dia a dia, como na cobrança de um mesmo preço pelo pãozinho. Jangadeiros cobram mesmo valor pelo passeio em cidade no Ceará; SDE entende que existência de cartel causa dano maior aos mais pobres" (DANTAS, Iuri. Cartel ataca também nos pequenos negócios. *Folha de S. Paulo*. Dinheiro, 11 mar. 2007, p. B4).

26. Na verdade, Daniel Goldberg sustenta que políticas que não levem em consideração uma concepção welfarista pioram a situação de todos os envolvidos depois de implementadas. Trazendo a discussão tão só para o campo moral, em uma perspectiva *ex ante*, a solução não parece óbvia. O exemplo é a situação em que uma ideia de justiça permita que uma dívida seja reduzida compulsoriamente para todos os devedores que comprometerem mais do que o seu patrimônio. Tal ideia poderia ser tida como benéfica para os devedores, aferida como justa no campo moral. Mas a ética *consequencialista* pode mostrar outro resultado. Se os devedores desejarem ser adimplentes, eles certamente não irão aceitar tal regra. Somente os devedores inadimplentes o fariam. Isto porque, com a regra, o custo do empréstimo seria maior e menor o recurso disponível. O devedor adimplente pagaria pelo inadimplente, tal como no funcionamento da *seleção adversa*. A solução final, se os devedores quisessem ser adimplentes, seria prejudicial a todos, devedores e credores (cf. GOLDBERG, Daniel. Op. cit., p. 58). Vale ponderar que, no "mundo real", certamente haverá devedores com razões jurídicas consistentes para a redução da dívida, e tal direito, naturalmente, deve ser protegido. Daí que, a depender da regra, determinado devedor pode ser um beneficiário (do ponto de vista moral), ainda que com redução de recursos.

27. Para mais elementos, cf. POSNER, Richard A. Law and economics is moral, cit., p. 163-173.

A crítica mais consistente à ideia de riqueza como valor e do sistemático uso da AED é de Ronald Dworkin.[28]

De maneira sucinta, Dworkin sustenta sua crítica em duas considerações básicas: (i) a de que a ideia de riqueza não pode ser considerada um componente de valor absoluto, versão que ele denomina de imodesta, e que também a riqueza não poderia ser considerada um componente parcial de valor, versão que ele considera modesta; (ii) em outro ponto, Dworkin critica a riqueza não como componente de valor, mas como um instrumento dele, seja debatendo as supostas relações essenciais existentes entre crescimento da riqueza e diminuição da pobreza, seja discutindo não uma relação direta e automática, mas a possibilidade de que a existência de mais riqueza seja usada (como ingrediente) para diminuir pobreza, e seja, por último, investigando a forte correlação, ainda que indireta e sem a ideia de "ter para usar", que há entre mais riqueza e redução da pobreza.

Compreende-se que Ronald Dworkin cria uma urdida armadilha linguística e lógica para discutir a ideia de riqueza como valor e, portanto, suscitar dúvidas sobre os pressupostos utilizados pela AED. E, de fato, em alguns pontos sua crítica é consistente e muito sedutora.

No primeiro ponto, quanto à ideia de riqueza como componente único de valor, Dworkin repisa o debate já suscitado por Amartya Sen. Ele diz: para a comprovação de que a riqueza é componente isolado para a ideia de valor é indispensável que o aumento de riqueza leve necessariamente a um aumento de valor. E formula o seguinte exemplo: Derek tem um livro que Amartya quer (não o economista, mas um personagem fictício – no entanto, a escolha não é aleatória). Derek valoriza o livro em $2, enquanto Amartya valoriza-o em $3. A troca do livro não se faz por regras de mercado, mas por um "tirano", segundo Dworkin, "que arranca" o livro da posse de Derek e entregando-o a Amartya. Na linha da riqueza como valor, com um aumento de riqueza (ou bem-estar) haveria um crescimento de valor na sociedade. A sociedade 2, com a transferência do livro, seria melhor do que a sociedade 1, segundo a AED.

Não para Ronald Dworkin. Segundo ele, com a ação tirânica, a sociedade 2 não é melhor do que a sociedade 1 (e quase todos pensariam assim), e, portanto, sem uma ponderação positiva da ideia de valor, a riqueza não poderia ser considerada um componente absoluto. Além disso, Dworkin assume que a ação tirânica poderia ser pensada para o exemplo dado por ele, sem a utilização de regras de mercado. Não é um exemplo só de livros, salientando que a

28. Cf. DWORKIN, Ronald. Is wealth a value? *Journal of Legal Studies*, v. 9, n. 2, p. 191-226, March 1980; e Idem. Why efficiency? A response to professors Calabresi and Posner. *Hofstra Law Review*, v. 8, p. 563-590, 1980.

riqueza como valor não passaria no teste. E inúmeros outros testes poderiam ser imaginados.

Havendo ainda maior questionamento quanto à ação tirânica, como imagem extrema e quase impossível, Dworkin contrapõe um novo exemplo: a de que Derek é miserável e possui o livro como uma de suas únicas fontes de distração - e que ele, talvez, venderia o livro para comprar comida -, enquanto Amartya é rico e é incerto se leria o livro. Nessa nova situação, ainda que com utilização de regras de mercado, a riqueza poderia crescer - o livro está com quem mais o valoriza -, mas certamente não haveria acréscimo de valor.

De fato, há inúmeras situações não só nos livros, mas no "mundo real", em que pode haver aumento de riqueza sem apreciação correlata de valor. No entanto, a crítica de Dworkin é a mesma de Amartya Sem (quando este fala do pobre miserável negociando com o rico), porque ambos partem de uma situação configurada em extremos, em que haverá acréscimo de riqueza e, quase certo, a situação não terá o valor correlato. Há aqui uma modulação nos exemplos, ainda que muitos povoem o "mundo real".[29]

Nesse ponto, contudo, duas considerações devem ser feitas. A primeira é que o exemplo extremo, ainda que criticável, como se viu acima, demonstra que a ideia de riqueza não deve ser e não é critério isolado de valor. A versão imodesta da AED é equivocada e radical. Mostra, ainda, que há outros componentes de valor a serem ponderados, o que, normalmente, dificulta a "engenharia" de um modelo de justiça, cuja teoria será, invariavelmente complexa, empregando muitas variáveis.

A segunda é que o componente riqueza pode e deve ser *temperado*, como se faz neste trabalho, pela vertente *welfarista*, em que a economia do bem-estar, em uma moldura mais ampla, deve levar em consideração políticas compensatórias, reconhecendo desigualdades e aqueles que estão em pior situação no conjunto social. Se ainda assim a AED pode se mostrar instável, em especial nos casos limite entre eficiência/distribuição, a teoria certamente afasta as hipóteses extremas, como essa imaginada por Ronald Dworkin.

A segunda ponderação leva-nos adiante na crítica de Dworkin. Segundo ele, também a versão modesta, a de que a riqueza é apenas um componente, entre outros, como critério de valor é equivocada. Dworkin sustenta sua crítica

29. O problema principal é que há muitos "ótimos de Pareto", correspondentes a cada distribuição inicial de bens e direitos. Se tomarmos uma distribuição de bens e direitos como dada, há exemplos extremos em que a ideia de riqueza/eficiência econômica pode levar a resultados não almejados pela sociedade. A chave conceitual é ampliar a moldura de eficiência, tal como faz a linha welfarista, e não rediscutir ou pensar abstratamente novas posições originais.

no fato de que o pressuposto para realizar o balanço entre eficiência e justiça distributiva teria sérios problemas. O pressuposto problemático residiria na compreensão do "julgador" como definidor de qual é o balanço ideal para a sociedade, seja ele colocado em uma perspectiva coletiva, seja individual.

Para Dworkin, tanto um "julgador coletivo", que pensa o que é melhor para a sociedade, como um "julgador individual" vão agir como maximizadores de utilidades próprias e quase nunca levarão em consideração o "princípio da diferença" de Rawls, por exemplo, de forma a compensar os mais desafortunados. Dworkin chega a dizer que, como "julgador individual", aquele que resolve os problemas pensando não em uma sociedade ideal, mas em uma sociedade em que ele preferiria viver, as escolhas (*trade-offs*) entre justiça e riqueza se tornariam um *mistério*.[30]

Aqui o principal problema – e o endereço da crítica de Dworkin – parecem ser as limitações do comportamento racional e do individualismo metodológico.[31] Nesse passo, a suavização *welfarista*, tal como colocada acima, poderia ser um elemento na composição da ideia de valor, tornando menos complexa a roupagem do individualismo metodológico, ainda que o comportamento racional desse novo *homo oeconomicus*, envolto na economia do bem-estar, também enfrente críticas, como se verá adiante (item 2.3).

Sob o outro enfoque de críticas, Ronald Dworkin também sustenta que a riqueza, não como componente mas como instrumento, não poderia ser levada em consideração como critério de valor. Aqui a crítica é dirigida ao que seria, então, o critério de valor a perseguir, uma vez que a riqueza, em sentido fraco ou forte, funcionaria somente como um instrumento para atingir "algo" (uma sociedade melhor).

Nesse ponto, Dworkin critica os possíveis valores tidos como almejáveis pela AED, instrumentalizados pela riqueza, com base nas ideias de Posner: o respeito a direitos individuais, o crescimento de virtudes individuais (com base em uma ética protestante) ou um *mix* de diferentes valores.

De fato, a crítica de Dworkin é poderosa ao salientar que o raciocínio da AED é, nesse aspecto, frequentemente tautológico, circular. Isso porque o que a AED poderia almejar como valor, por exemplo o respeito aos direitos individuais, é justamente o seu pressuposto (a melhor definição de direitos) para

30. Cf. DWORKIN, Ronald. Is wealth a value?, cit., p. 203.

31. Uma vertente metodológica ampliativa dessa moldura, de forma a incluir as limitações ao comportamento racional, além de inúmeros vieses de compreensão (inclusive dos julgadores), é a linha da *Behavioral Law & Economics*, cujo trabalho seminal é: SUNSTEIN, Cass R. *Behavioral law & economics*. New York: Cambrigde University Press, 2008. Para mais informações sobre tal temática, cf. item 2.3.

buscar a eficiência econômica e a maximização de riqueza. Então, não se sabe se é a eficiência econômica que faz aumentar o respeito aos direitos individuais (ou às virtudes individuais) como valor ou se, circularmente, é o respeito aos direitos individuais (ou a maior incidência de virtudes individuais) que proporciona maior eficiência econômica. Trata-se da questão insolúvel de saber qual é a posição inicial.[32]

A única saída aqui, embora não aceita majoritariamente pela AED, é considerar a riqueza como componente parcial de valor, não como instrumento, levando-a, como se disse acima, a ser *temperada* pela perspectiva da economia do bem-estar, que, por isso, com ela não se confunde integralmente.

É importante dar atenção a algumas ponderações de Posner. Richard Posner, defendendo mais consistentemente a ética da maximização de riqueza, estabelece duas considerações básicas. A primeira diz respeito às supostas diferenças entre a maximização de riqueza e o utilitarismo (e também a maximização de bem-estar), uma vez que o sistema da AED seria superior em padrão moral à ética utilitária.[33] A segunda consideração diz respeito à clareza e à transparência do critério da maximização de riqueza, de feição pragmática, em relação a outras fórmulas distributivistas para a formulação de políticas públicas, de caráter mais abstrato.[34] Tais considerações, inclusive, funcionariam como defesa da AED em face das críticas conduzidas por Dworkin.

A primeira ponderação não é convincente. Segundo Posner, o critério da riqueza se diferenciaria do critério de utilidade (e de preferências) porque sua teoria, em casos extremos (de novo o teste dos limites – ou a tese da utilidade como uma monstruosidade), não justificaria, por exemplo, os crimes praticados pelos amantes passionais contra os desapaixonados (estes retirariam menor utilidade de objetos da vida), mas o utilitarismo, sim. No entanto, Posner não explica qual seria o outro princípio substituto para impedir o ato criminoso. E não é exatamente a maximização de riqueza, também no sentido Kaldor-Hicks, porque esta naturalmente tende a diminuir se o crime (porque

32. "If economic analysis makes someone's initial right if assigned to another, that right cannot be 'derived' from economic analysis unless we already know who initially has the right. This appears to be a serious circle. We cannot specify an initial assignment of rights unless we answer questions that cannot be answered unless an initial assignment of rights is specified" (DWORKIN, Ronald. Is wealth a value? cit., p. 208).

33. Cf. POSNER, Richard A. Utilitarianism, economics and legal theory. *The Journal of Legal Studies*, v. VIII, n. 1, p. 103-140, Jan. 1979.

34. Cf. POSNER, Richard A. Law and economics is moral, cit., p. 163-173.

supostamente utilitário) for generalizado na sociedade. O crime não traz eficiência econômica.

O que ocorre é que na concepção da maximização de bem-estar, em que a riqueza é um componente essencial, mas não o único, certamente a utilidade geral, ou seja, o bem-estar agregado - não só daquele indivíduo que rouba, mas também do que sofre o roubo e de outros afetados pelo crime (violência como evidente externalidade negativa) - será reduzido. Assim, o critério ético para impedir o crime não é simplesmente a riqueza, mas o bem-estar agregado, que tem origem utilitária. Aqui, sim, há uma justificativa moral a favor do respeito aos direitos de propriedade, por exemplo. As transações que respeitam tais direitos se traduzem em maior bem-estar agregado.

Além disso, como pontua Daniel Goldberg,[35] as premissas fundamentais do utilitarismo clássico, em especial a de que o interesse geral deve ser reduzido ao dos membros da sociedade, cuja fórmula constitui o individualismo metodológico, é também premissa básica para a AED. Daí que o moderno *welfarismo*, de moldura mais ampla, pode funcionar como válvula de escape de uma linha radical da AED.

A segunda ponderação de Posner, no entanto, é mais consistente. O pragmatismo da resposta da AED, como já se discutiu, que envolve até mesmo o *consequencialismo*, é um critério mais claro e simples para conduzir políticas públicas e também decisões judiciais. Em face das inúmeras propostas de ação de políticas públicas, em que se defende a aplicação de algum ideal distributivista, a ênfase na maximização de riqueza, de linha *welfarista*, torna muito menos obscuro o cenário de como conduzir tais políticas, como se verá no caso do setor aéreo. O valor reside em que é "melhor ter mais para distribuir", além do que muitas políticas distributivistas reduzem o bem-estar agregado (piorando a situação de todos).

2.2.1 Reflexão sobre o embate entre Posner e Dworkin

O embate entre Posner e Dworkin é revelador da "quase" intransponível dificuldade em desenvolver um edifício sólido e eticamente consolidado, tal qual a pirâmide positiva kelseniana, para justificar a ação política e uma teoria da justiça.

É óbvio que neste trabalho ignoram-se outras possíveis vertentes jurídicas para dirimir conflitos, talvez até mais convincentes no estágio atual do raciocínio jurídico e filosófico. No entanto, o que definitivamente se aguarda do trabalho é que ela faça apostas e escolhas. E que suas apostas sejam as mais

35. Cf. GOLDBERG, Daniel. Op. cit., p. 38.

convincentes. Por isso é que se aposta na AED com a vertente *welfarista*. Em razão do problema pensado para o setor aéreo – e o debate sobre regulação e concorrência –, a resposta da AED é a mais consistente e se revela a mais adequada para tratar das dificuldades do objeto escolhido para o livro.

A polêmica entre Posner e Dworkin ainda é mais profícua por ter origem em um sistema jurídico que refletiu profundamente sobre os limites da ação estatal e o campo de atuação dos indivíduos e sua proteção contra a ingerência nefasta e desequilibrada do Estado. Ainda que seguindo caminhos filosóficos diferenciados, ambos (e suas respectivas correntes) sustentam amplo espaço de ação para os indivíduos e da iniciativa privada como arranjo social superior a uma ação de intervenção exagerada do Estado.[36] E tal ideia está impregnada na desregulação econômica do setor aéreo.

Ronald Dworkin, mesmo enfatizando posições igualitaristas e rediscutindo a importância do valor econômico para as políticas públicas, não hesita em aplicar uma lógica de custo-benefício em inúmeras ações estatais, em especial em setores nos quais mais se realça a administração de recursos escassos.

Em trabalho recente,[37] Dworkin discute, por exemplo, o serviço de saúde nos Estados Unidos, argumentando soluções para eventual ampliação da proteção privada ofertada à população (ainda que o sistema esteja à beira do colapso), bem como estratégias de ampliação da cobertura pública, com o acréscimo de novos remédios e práticas médicas para o sistema de saúde.

Sua concepção nesse caso, e em outros (como em propostas para a previdência) não deixa de utilizar a perspectiva da eficiência econômica na gerência de recursos sabidamente limitados, apostando na ação individual (ainda que encoberta pelo enfoque distributivista) para justificar o melhor arranjo social.[38]

---

36. Compreende-se aqui que ambos, embora em linhas tão diversas, são inegavelmente filhos de uma tradição filosófica anglo-saxã. Não há escape dessa influência, cuja origem americana na filosofia política prática remonta aos Artigos Federalistas (cf. MADISON, James; HAMILTON, Alexander; JAY, John. *Os artigos federalistas*. Rio de Janeiro: Nova Fronteira, 1993) e à ideia *quase inata* de desconfiança da ação do Estado para a solução dos problemas da sociedade. A leitura do Artigo Federalista X é emblemática nesse aspecto.

37. Cf. DWORKIN, Ronald. *A virtude soberana*: a teoria e a prática da igualdade. São Paulo: Martins Fontes, 2005, em especial o capítulo "A justiça e o alto custo da saúde", p. 431-449.

38. No caso da saúde pública e do seguro-saúde nos Estados Unidos, Dworkin sustenta que, em função dos recursos escassos (disputa pelos recursos aplicáveis na saúde e em outras demandas da sociedade), o critério para decidir como utilizar a "riqueza" deveria se pautar não por um *princípio de resgate* total da vida hu-

Assim, a linha dessa ponderação reforça ainda mais as escolhas do trabalho, com esse diálogo instigante travado entre Posner e Dworkin. No entanto, as premissas adotadas pela AED ainda sofrem outra sorte de críticas, cujo núcleo se dirige contra as (in)certezas do comportamento racional e do individualismo metodológico.

2.3 A crítica ao comportamento racional e ao individualismo metodológico

O tópico cuida de discutir sucintamente algumas, dentre muitas, críticas dirigidas ao conceito do *homo oeconomicus*, razão pela qual tem vinculação estreita com a metodologia.[39] No entanto, antes do debate crítico, convém justificar a importância para o trabalho de tais premissas, sem as quais a reflexão seguinte seria inócua.

Os modelos da AED e do *welfarismo* adotam os postulados do individualismo metodológico para a abordagem dos problemas regulatórios não só na perspectiva normativa (desenvolvimento e propostas de políticas públicas),

mana – ou seja, salvar vidas a qualquer custo –, mas por um *princípio de seguro prudente*, que equilibraria o valor estimado do serviço médico com outros bens e serviços, de forma que houvesse um pacote de serviços médicos básico, ofertado a toda a população, e que serviços médicos mais complexos, de resultados incertos, ficassem fora desse pacote, mas disponíveis para quem se dispusesse a pagar. A definição da amplitude do pacote seria feita com respaldo na população, de maneira a incentivar a responsabilidade e a ação individual, corrigindo as falhas de distribuição de riqueza e de informação. Embora o modelo pensado inclua necessariamente uma perspectiva distributivista, que é muito interessante, a lógica da eficiência econômica, em uma linha welfarista, também está presente.

39. Há um número extraordinário de críticas ao comportamento racional. É possível, ademais, dividir metodologicamente a temática da escolha racional em três grandes subgrupos, cada qual com críticas particulares: (i) *escolhas individuais*, cujo subgrupo é a base do modelo de comportamento e estuda a teoria do consumo, a forma de escolha das pessoas, riscos e ignorâncias presentes no processo de escolha; (ii) *escolhas interativas*, subgrupo no qual se incluem os estudos de barganha, organizações e teorias dos jogos; e (iii) *escolhas coletivas*, subgrupo em que se estudam as escolhas sociais, os jogos democráticos, as agendas de governo e ideias de justiça social. O trabalho trata da interação entre os três subgrupos, muito embora dê ênfase às escolhas individuais na perspectiva positiva e às escolhas coletivas na perspectiva normativa. De qualquer forma, o campo de estudo do comportamento racional é vastíssimo e não é objetivo do trabalho explorá-lo mais profundamente. Para uma abordagem específica, cf. HEAP, Shaun Hargreaves et al. *The theory of choice*: a critical guide. Oxford: Blackwell Publishers, 1994.

mas especialmente na perspectiva positiva (no retrato da realidade observada), em que estudos estatísticos e de comportamento são instrumentos indispensáveis para a investigação.

Nesse segundo sentido, parte significativa da pesquisa feita no setor aéreo está baseada no comportamento e nos níveis de satisfação dos consumidores – com destaque – e também dos demais agentes do mercado. É significativo que uma das principais abordagens da realidade do setor tenha origem na comparação dos níveis de satisfação entre os consumidores antes e depois do período de desregulação, procurando desvendar seus hábitos, a categoria em que se incluem (viajantes a lazer ou a trabalho), suas demandas e preferências. Alguns desses estudos são referências no trabalho.

A avaliação das mudanças do setor – base do seu sucesso ou não – se faz intensamente com apoio nesse histórico de dados estatísticos, em que a figura do consumidor (como de outros agentes) está associada a uma ideia do *homo oeconomicus*, racional e ordenador de preferências. Tal opção metodológica, como em geral se dá em vários outros setores da economia, ainda mais se realça quando se verifica que esse consumidor possui mais informação, em quantidade e qualidade, tornando o ato de escolha mais consistente e apurado. E a realidade de modernas tecnologias hoje, com o avanço da internet e de sua adoção sistemática pelas companhias aéreas, é exemplo sintomático da redução da assimetria de informações e do poder racional do consumidor.

Os trabalhos e estudos florescem em modelos cada vez mais sofisticados, argumento que reforça a justificativa. Recente estudo encomendado pela empresa de informática Amadeus,[40] que controla sistemas de reservas aéreas, realizou exercício futurístico sobre o setor de turismo, de maneira a identificar quais serão os consumidores que predominarão no serviço aéreo em 2020.

Segundo o estudo, quatro grupos (ou tribos) serão marcantes: (i) os *executivos globais*, tribo em viagem constante, cuja demanda será por serviços personalizados, de alto luxo, extremamente eficientes e pontuais; (ii) a *terceira idade ativa*, pessoas entre 50 e 75 anos, com recursos financeiros e saudáveis, cuja exigência será por conforto e saúde, com assentos visualizados antes da reserva e adaptados de acordo com as necessidades de cada um; (iii) os *trabalhadores cosmopolitas*, cujo grupo reúne aquelas pessoas que moram em uma cidade mas trabalham em outra, demandando flexibilidade de voos, eficiência (mas sem o *status* dos executivos) e serviços adicionais de tecnologia de bordo, computadores e celulares; e (iv) os *clãs globais*, grupo que utilizará o serviço

40. Cf. FUTURE TRAVELLER TRIBES. *Report for travel industry*. Henley Centre HeadlightVision in partnership with Amadeus. Disponível em: <www.amadeus.com/travellertribes>. Acesso em: 18 mar. 2007.

aéreo para visitar familiares cada vez mais dispersos, cuja demanda estará centralizada em preços competitivos e infraestrutura nos aeroportos, como dados em diversas línguas.

Para a criação dos modelos de consumidores, cuja ordenação de preferências e hábitos é indispensável, o estudo assume ainda cenários macroeconômicos importantes: expansão da população global; negócios globalizados; migração crescente; expansão das companhias aéreas de baixo custo; classe média maior nos países emergentes e desenvolvimento de novas aeronaves (aviões maiores com mais conforto, e aviões menores com rotas mais flexíveis).

A observação macroeconômica - com o apoio em cenários possíveis - e o desenvolvimento de tribos de consumidores do futuro da indústria aérea revelam a influência marcante de modelos racionais de comportamento, sem os quais seria impossível qualquer tipo de predição. O exemplo evidencia que é essencial a adoção de tais premissas para o desenvolvimento do trabalho, tal como proposto, mas também é indispensável reconhecer algumas de suas limitações.

Uma primeira abordagem crítica, de índole mais teórica, reside nas significativas deficiências do padrão racional para a ordenação de escolhas. É o enfoque da crítica feminista. Há um grupo de autores que sustenta que o padrão racional frequente para a composição do *homo oeconomicus* é masculino, cujo realce é o raciocínio mecânico, abstrato e frio. O padrão feminino, diverso, mais emotivo e intuitivo, levaria a uma necessária reforma de postulados jurídico-econômicos, até mesmo no âmbito da teoria das responsabilidades, uma vez que as mulheres tenderiam a confiar mais nas promessas contratuais.

A reflexão de tal crítica tem apoio no trabalho de Vincenzo D. Florenzano.[41] Para o autor, a crítica é interessante, evidenciando realmente uma limitação na abordagem racional, até mesmo no que importa ao padrão de escolhas. No entanto, ainda que haja uma redução masculina na abstração racional, as mulheres não fogem a qualquer padrão racional, também funcionando como *racionalizadoras* sob o ponto de vista econômico (maximizando sua satisfação pessoal da forma o mais eficiente possível - menor custo).

Além disso, seria impossível o tratamento de casos específicos, de forma a colocar a intuição e a emoção como elementos de abstração. É muito importante apreender com as limitações do comportamento racional tido como padrão. Um caminho interessante é a inclusão, quando possível, de critérios do comportamento intuitivo. No entanto, até agora não foi possível criar um modelo com base na intuição, como uma associação de casos particulares. É

41. Cf. FLORENZANO, Vincenzo Demetrio. Op. cit., p. 42-44.

indispensável, para que um modelo funcione, a existência de uma teoria. E uma teoria se faz com elementos de abstração.

Nesse mesmo enfoque de característica limitadora do processo racional, há uma recente corrente estudando o que se convencionou chamar de *neuroeconomics*, cujo núcleo é justamente a associação de conhecimentos neurológicos e comportamentais ao raciocínio econômico.

O campo de investigação é vastíssimo, mas há exemplos muito interessantes sobre os percalços da ação racional. Um caso tradicionalmente referenciado é a comparação da ação do consumidor quando este compra pagando à vista e quando compra a prazo, com o cartão de crédito, por exemplo.[42]

Na ação à vista, o consumidor tende, frequentemente, a pesar os prós e os contras da compra, refletindo agora os benefícios da compra e o "sofrimento" do pagamento, uma vez que o pagamento é feito no tempo atual. Assim, para que a compra seja efetivada, o prazer do benefício (além de outros custos de oportunidade) deve superar, no tempo atual, o desprazer do pagamento.

Na compra com o cartão de crédito – ferramenta de crédito cada vez mais utilizada –, o cálculo é um pouco diverso. Há uma troca intertemporal.[43] O prazer do objeto/serviço comprado continua sendo atual, mas o desprazer do pagamento é postergado. Como não há um desprazer instantâneo, o consumidor frequentemente falha em não antecipar esse desprazer. Ocorre que, na compra com cartão, o consumidor tende a comprar mais, de olho na fruição imediata do prazer.

É como se houvesse um erro na avaliação custo-benefício, tudo em razão do aspecto temporal, mas que importa uma alteração de comportamento.[44]

42. "Neoclassical economics is built on the assumption that humans are rational beings who have a clear idea of their best interests and strive to extract maximum benefit (or 'utility', in economist-speak) from any situation. In this account, price is a signal that helps you decide the combination of work, spending and saving that suits you best. Neoclassical economics assumes that the process of decision--making is rational. But that contradicts growing evidence that decision-making draws on the emotions – even when reason is clearly involved" (THE ECONOMIST. The triumph of unreason: why you are not always rational with your credit card. Neuroeconomics, v. 382, n. 8.511, p. 73, Jan. 11th 2007).

43. Para uma discussão mais aprofundada sobre os problemas decorrentes das trocas intertemporais, até mesmo as dificuldades impostas às escolhas racionais, cf. GIANNETTI, Eduardo. *O valor do amanhã*. São Paulo: Companhia das Letras, 2005.

44. A teoria da escolha racional importa em muitos paradoxos. Um comportamento individual, racional e baseado em custo e benefício pode levar a um resultado irracional sob o ponto de vista coletivo, cujo exemplo significativo é quando um

Uma limitação importante, que ultrapassa o mero erro de cálculo, é a perspectiva que embasa a construção da ideia de subjetividade, de vertente freudiana. Enquanto a concepção do indivíduo racional-maximizador é típica do século XVIII, ainda que reformulada com ideias de consistência e ordenação no século XX, a "revolução" do inconsciente revelou as limitações do indivíduo em face dos seus desejos e de "certa" inadequação ao mundo, qual um "mal-estar civilizatório". Na arguta observação de Lucia Helena Salgado,

> a natureza humana (se há alguma),[45] informada pela pesquisa freudiana, é o espaço do eterno conflito entre a busca de gratificação e as restrições impostas pela vida em sociedade, muito diferente do terreno plano em que se move o indivíduo calculista, restringido apenas pela escassez de recursos.[46]

No âmbito do plano vivido pelo indivíduo calculista, aparece outra crítica, bem tradicional, em que o homem econômico da leitura positiva é um personagem *à la* Robinson Crusoé, isolado do mundo e destituído de *superego*, unicamente motivado pelo seu *id* materialista. É um escravo de seus interesses, obsessivo-compulsivo, que desconhece o sentido e as limitações da liberdade humana.[47] Ainda quando colocamos essa personagem para viver em sociedade, ela é pintada como o frio calculista dos tipos de Shakespeare, não submetido aos condicionamentos do comportamento humano.

De fato, tal crítica é muito instigante e revela as limitações da racionalização de interesses.[48] Como já se frisou em uma passagem no texto (item 1.4), algumas

indivíduo, em um estádio de esportes, lotado, se levanta para conseguir uma visão melhor. Quando ele faz isso, agindo racionalmente, o resultado coletivo é pior, atrapalhando a visão de outro torcedor (Cf. HEAP, Shaun Hargreaves et al. Op. cit., p. X).

45. Palavras do autor.
46. SALGADO, Lucia Helena. *A economia política da ação antitruste*. São Paulo: Singular, 1997, p. 109.
47. Idem, ibidem, p. 107.
48. Além do clássico problema da *assimetria de informações*, cujo exemplo máximo é o mercado de venda de carros usados – conhecido na Inglaterra como "mercado de limões" –, em que o vendedor sempre possui mais informações do que o comprador sobre o carro objeto da transação, o que resulta em percepções equivocadas dos agentes econômicos e deformações no mercado, há outro problema tradicional que prejudica a ação racional: a *seleção adversa*, que ocorre, por exemplo, no mercado de seguros, em que o sinal econômico dado pelo preço age, paradoxalmente, no sentido inverso do que se almeja, cuja referência é o valor alto do prêmio cobrado de jovens motoristas – são exatamente estes que estão dispostos a correr "literalmente" mais riscos e, selecionados pela seguradora, agem aumentando os sinistros da carteira segurada.

ponderações ao ideal do individualismo metodológico são introduzidas por seus próprios defensores, como Adam Smith. A escola filosófica escocesa, embora se paute pelo amor próprio ou interesse pessoal como motor do progresso, salienta que a organização social depende de alguns sentimentos, entre os quais a *simpatia*, identificada por Adam Smith como fator de coesão social.

Exemplo atual desse sentimento, como que associado a uma ideia altruísta do viver, nos é dado por Amartya Sen: o progresso econômico japonês é baseado fortemente em um afastamento do comportamento autointeressado em direção ao dever, à lealdade e à boa vontade.[49] Esse "*ethos* japonês", indicando que algum tipo de solidariedade e lealdade social é importante no âmbito econômico, tal como as ideias iniciais de Adam Smith, é percebido também em outras esferas da conduta social, como a raridade em que se joga lixo nas ruas, a pouca frequência de litígios, um número incomumente pequeno de advogados e o baixo índice de criminalidade em comparação com países com o mesmo nível de riqueza.

Outra linha de debate metodológico, baseada na crítica do discurso econômico e da modernidade, é arduamente defendida por Leda Paulani.[50] Calcada em um *background* marxista e no determinismo histórico, a autora investiga profundamente a formação do individualismo metodológico e do *homo oeconomicus*, salientando a simplificação exagerada de Jeremy Bentham (a perseguição exagerada do interesse individual e a composição do cálculo de interesses geral) e os paradoxos e contradições do pensamento de John Stuart Mill.

Sobre Stuart Mill, Leda Paulani desvenda as dificuldades do economista clássico em formular sua psicologia do agente econômico, navegando nos tortuosos mares do pensamento "dedutivo *vs.* indutivo". A crítica reside na não aceitação por Stuart Mill da simplificação de Bentham sobre o indivíduo econômico, como se ele não tivesse as constrições de comportamento, de liberdade e de condição social, mas, ao mesmo tempo, renegasse uma hipótese da ação humana pelo processo indutivo. Stuart Mill, segundo Leda Paulani, dá vazão a um pensamento dedutivo inverso ou concreto, de forma a superar as limitações da dedução e da indução, como que criando um gênero intermediário (com inúmeros problemas metodológicos). A passagem a seguir é exemplar dessa dificuldade:

49. SEN, Amartya Kumar. *Sobre ética e economia*, cit., p. 34.

50. Cf. PAULANI, Leda. *Modernidade e discurso econômico*. São Paulo: Boitempo, 2005, em especial os Capítulos 2 ("Princípio da subjetividade, Bentham e o utilitarismo"), 3 ("Utilitarismo, Mill e o homem econômico") e 4 ("Homem econômico: Hayek e o individualismo").

> Se o homem é, efetivamente, um ser "que é determinado, pela necessidade de sua natureza, a preferir uma maior porção de riqueza ao invés de uma menor em todos os casos", então a ciência econômica é autônoma, os fenômenos que busca elucidar podem ser considerados como dependentes de uma única causa e, mais ainda, ela é uma ciência que se coloca acima de fatores contingenciais representados pelos condicionamentos históricos e culturais, pelo caráter das instituições sociais, pelo estado da civilização e do progresso etc., o que indicaria a universalidade de seu método. Se assim não for, se esses fatores (culturais, institucionais, históricos) são determinantes de cada um dos fenômenos sociais em particular, então implica erro partir de uma suposta natureza humana e, erro talvez ainda maior, partir de uma única "lei da mente" para construir o homem econômico, que embasa a ciência da economia política. Pelo contrário, ter-se-ia que admitir que a motivação "busca de riqueza" só pode se impor nos casos em que os fatores que constituem um dado estado de sociedade acabam por produzi-la.[51]

Leda Paulani, endossando o segundo modelo metodológico, procura colocar o indivíduo idealizado pela escola clássica no seio do contexto de sua época, meados do século XIX, com todas as limitações sociais vigentes. Sua crítica, de fato, é poderosa. Evidencia, no âmbito da teoria metodológica, inúmeras dificuldades da ação racional – algumas debatidas no começo do item – em razão dos condicionamentos sociais.

Além disso, leva a crítica para a raiz do discurso, refletindo sobre as falhas desse discurso elaborado com base nos pressupostos neoclássicos, com a montagem das ideias correntes de mercado, agente econômico, utilidade etc. Nesse âmbito, a crítica também é importante, porque desvenda o reducionismo do modelo, as ideias fabricadas e não questionadas e as implicações da adoção de modelos e mentalidades que são imperfeitos.

No entanto, Leda Paulani encontra obstáculos – em razão da complexa realidade que apresenta ao leitor – para formular qualquer novo modelo que dê conta de analisar positivamente a economia, tal a seara de motivações do indivíduo e de suas constrições sociais e, o que é pior, de apresentar normativamente propostas de alteração da realidade. A crítica é salutar, mas não propõe nada "consistente e aplicável" como alternativa.

A defesa do método racional e do *homo oeconomicus*, mesmo que limitado, se faz por seus resultados. Como salienta Milton Friedman,[52] endossando a ética consequencialista, a confiabilidade de um modelo se comprova pelos resultados que apresenta, pela eficiência em fazer predições. Assim, ainda que

51. PAULANI, Leda. Op. cit., p. 51.
52. Cf. FRIEDMAN, Milton. *The methodology of positive economics*: essays in positive economics. Chicago: University of Chicago Press, 1953. p. 3-41.

existam limitações entre as premissas e a realidade, se o modelo é capaz de analisar com relativa eficiência o que ocorre e daí fazer predições que orientem as políticas públicas, o modelo se justifica.

E, em outra seara de defesa das premissas, há também um número significativo de estudos - como a já citada *neuroeconomics* - que avançam na pesquisa sobre o comportamento racional, demonstrando o que hoje pode ser "compreendido" como ação racional. Se, por um lado, a investigação, interdisciplinar (com componentes biológicos,[53] psicológicos, filosóficos,[54] matemáticos, econômicos[55] e jurídicos) dá vazão às inegáveis limitações do conhecimento racional (racionalidade limitada - *bounded rationality*) e do modelo de preferências e utilidades, por outro compreende cada vez mais como agimos nos contextos sociais, dando ainda vida às premissas adotadas no trabalho.

A síntese de Daniel Goldberg é chave do problema:

> A percepção de que preferências intransitivas são possíveis, escolhas intertemporais podem apresentar falhas, preferências por risco podem mudar conforme a apresentação (*framing*) do problema - e assim por diante - é essencial para que se conheçam as limitações de qualquer modelo que pretende auxiliar na construção de um arcabouço normativo.[56]

Mas o modelo ainda é útil e pode ser aplicado.

2.4 O emprego da AED na regulação

O desenvolvimento da AED, da vertente *welfarista* e das limitações da teoria nos itens anteriores cria o *background* para justificar a aplicação da Análise

53. As pesquisas biológicas, de tendência evolucionista, demonstram como nossas ações físicas são condicionadas pela sobrevivência e, frequentemente, egoístas, o que permite novamente especular sobre a relação entre genes e nosso comportamento social. Nesse sentido, cf. DAWKINS, Richard. *O gene egoísta*. Belo Horizonte: Ed. Itatiaia, 2001.
54. Recentemente a filosofia tem retornado a discutir questões práticas e o bem viver, com estudos referentes à felicidade. Há um ambiente novo de pesquisas que revoluciona a forma como podemos compreender o que nos faz feliz. Além disso, tais estudos também revelam a importância da ação racional e seus limites para a busca da felicidade (cf. McMAHON, Darin. M. *Felicidade*: uma história. São Paulo: Globo, 2006).
55. No âmbito da economia, há investigações importantes sobre o tema da felicidade e suas medições. Novos estudos estão permitindo a formulação de hipóteses sobre as preferências dos indivíduos e seu poder de escolha, evidenciando a ação racional (cf. LAYARD, Richard. *Happiness*: lessons from a new science. New York: Penguin, 2005).
56. GOLDBERG, Daniel. Op. cit., p. 54-55.

Econômica na regulação. A associação entre a AED e os estudos regulatórios é, naturalmente, muito próxima, uma vez que a perspectiva econômica é uma abordagem comum.

Daí que, em uma análise estritamente econômica da regulação, isolando-a metodologicamente de outras investigações, impera a abordagem de custo-benefício, de avaliação das regras de regulação impostas e dos custos de tal imposição em face dos benefícios alcançados. Tal forma de *testar* a regulação funciona em qualquer área, seja de regulação ambiental, seja de saúde, seja de segurança (de maneira ampla), de maneira a verificar se determinado setor é ou não eficiente na administração de recursos e na obtenção de resultados.

A investigação do setor aéreo doméstico nos Estados Unidos, em parte, teve como parâmetro uma análise econômica da regulação, evidenciando os problemas regulatórios decorrentes, com regras que distorciam o mercado, ocasionando desperdício de riqueza, prejuízo aos consumidores e, eventualmente, afetando a rentabilidade das próprias companhias aéreas.

Além disso, coerentemente com a moldura *welfarista* desenhada, de bem-estar agregado ou coletivo, as perguntas a serrem feitas são: Custo e benefício para quem? A crítica da regulação é dirigida para favorecer que grupo? Aqui temos a moeda inversa de George Stigler (a desregulação favorece a quem?). Há um eleito para a crítica da regulação sob a perspectiva do custo-benefício? As perguntas se justificam porque há custo e benefício em relação às ações do Estado, bem como aos participantes do setor. A crítica da regulação favorece alguém?

Na linha da Escola de Chicago, especialmente de Robert Bork, a investigação deveria ser feita para favorecer essencialmente o consumidor, tal a sua posição de destaque no mercado. Não é essa a opção do livro, cuja adoção da moldura *welfarista* incita investigar a *todos*, ganhadores e perdedores do setor, em razão da constatação dos desvirtuamentos regulatórios e da consequente desregulação.

De toda forma, como se verá na ênfase prática da segunda parte, a constatação de falhas/defeitos regulatórios levaria ao processo de desregulação não só para tentar resolver tais problemas, como para compensar eventuais perdedores do período regulatório, pautando-se, em nossa ótica, por uma linha de economia do bem-estar. E aí há, de fato, um escolhido para ser compensado – em especial pela redução de preços –, que é o consumidor.

No trabalho almeja-se, ainda, reconhecendo-se tal escolha, ponderar os efeitos dessa compensação, tentando responder à pergunta: a indústria foi mais eficiente na maximização de riqueza no período pós-desregulação? Tal parâmetro condiciona a investigação da experiência americana e a comparação com o processo brasileiro.

A linha da Escola de Chicago, já referenciada, leva-nos a um consistente problema, dentre outros, debatido com mais rigor adiante (item 2.4.2), que é justamente a escolha por antecipação de eventuais prejudicados do processo de regulação. Parece haver aqui um duplo viés ou uma dupla contaminação na escolha dos indicadores (*bias selection is generally antiregulatory*). Parte-se da inclinação de que a regulação não funciona – a não ser quando há um enfoque teórico a justificar suas falhas, como o de George Stigler e o de Stephen Breyer – e de que o prejudicado é, necessariamente, o consumidor.

Daí que todos os indicadores escolhidos e associados à ideia de custo-benefício só o são em razão de favorecerem o eleito, contaminando a avaliação. É óbvio que tais escolhas – demonstrando tendências do pesquisador – são inerentes ao processo científico e às limitações de quem investiga. No entanto, um espaço possível de neutralidade é indispensável para que não haja uma contaminação geral dos indicadores, aspecto que a vertente *welfarista* tenta preservar.[57]

No âmbito do setor aéreo, ultrapassando essa discussão acima, de cunho metodológico, no item seguinte e em suas subdivisões discute-se, partindo da constatação de que a regulação pode falhar, quais são os custos, quem são os perdedores, o que ocorre no mercado e o que pode justificar a permanência ou o eventual retorno regulatório, todos os pontos sob a perspectiva da AED.

2.4.1 As críticas contra a aplicação da AED na regulação

O trabalho dos professores George Douglas e James Miller III[58] sobre a investigação do Civil Aeronautics Board (CAB) a respeito dos preços de passagem no mercado doméstico americano é um exemplo significativo do uso da análise econômica no âmbito regulatório do setor aéreo, indispensável para forjar o consenso político-econômico que deu início à desregulação. Ainda assim, a análise conduzida – e outros casos concretos – sofre crítica pela utilização do referencial econômico para direcionar as políticas públicas setoriais.

As principais críticas, com base no trabalho de Robert Hahn,[59] são: (i) a avaliação (desconto) dos benefícios é frequentemente equivocada e antirregulatória; (ii) a seleção dos elementos avaliados e seus indicadores é geralmente antirregulatória; (iii) a análise econômica quantitativa é antirregulatória por-

57. O trabalho de Robert Hahn é um interessante estudo em defesa da análise econômica na regulação e na discussão das escolhas de indicadores (HAHN, Robert W. *In defense of the economic analysis of regulation*, cit.).

58. Cf. DOUGLAS, George W.; MILLER III, James C. The CAB's domestic passenger fare investigation. *The Bell Journal of Economics and Management Science*, v. 5, n. 1, p. 205-222, Spring 1974.

59. HAHN, Robert W. *In defense of the economic analysis of regulation*, cit., p. 4-14.

que não aprecia qualitativamente os benefícios; e (iv) os resultados dos estudos não são robustos.

A primeira crítica refere-se ao desconto dos benefícios, salientando seu viés antirregulatório. Em uma análise de custo-benefício é sempre crítico o percentual de desconto. O desconto de eventuais custos e benefícios é indispensável para estabelecer comparações em diferentes períodos. O raciocínio básico é que os consumidores não são *indiferentes* ao consumo de um dólar hoje – e ao seu poder de compra – e ao consumo de um dólar daqui a um ano.

Na regulação do setor aéreo pode-se aventar a seguinte ideia: em razão da permanência da regulação econômica, qual seria o benefício efetivo para os consumidores na escolha (*trade off*) entre serviços de bordo de melhor qualidade e não redução no preço das passagens. Será que o que é investigado hoje não se altera no tempo? Certamente, sim. O benefício aferido hoje na preferência dos consumidores pode se modificar no futuro, deslocando-se para redução do preço das passagens em detrimento da qualidade do serviço de bordo. Portanto, para se ponderar quantitativamente sobre dois períodos distintos é necessário utilizar uma taxa de descontos de benefícios. O mesmo raciocínio se aplica aos custos.

A principal divergência está no tamanho desse desconto. Quanto maior o desconto dos benefícios, maior será a proporção dos custos gastos para atingir os benefícios no futuro. Os críticos sustentam que tais taxas frequentemente são muito altas, distorcendo o nível de custos em face de benefícios futuros, prejudicando a análise econômica da regulação.

Segundo Robert Hahn, a crítica mais radical para o não desconto de benefícios não é persuasiva, levando ao absurdo de as políticas públicas serem indiferentes entre perseguir benefícios atuais ou futuros. Em um caso extremo, surge a ideia de que se não houver alteração nos custos, por exemplo, em políticas de saúde, importando um dólar para salvar uma vida hoje e o mesmo para salvá-la daqui um ano, a política pública poderia optar por só salvá-la depois, o que geraria um *nonsense*.[60] Custos e benefícios devem ser comparados no tempo, e para isso é necessário aplicar alguma forma de desconto.

60. "If lives are not discounted, it essentially means that a policy planner is indifferent between a life saved today and a life saved tomorrow. That would mean that if costs were discounted at some positive rate, it would pay to defer investments in life-saving indefinitely. The reason is that the discounted costs would be lower if they are deferred, but the discounted benefits would be the same. In the extreme, if it cost a dollar to save a life today or 1000 years from now, the planner would always opt to save the life 1000 years from now, which is a curious result" (HAHN, Robert W. *In defense of the economic analysis of regulation*, cit., p. 7).

A seleção dos elementos a comparar e seus indicadores é a crítica seguinte. Pode haver aqui um viés ideológico, desfavorável à regulação, favorecendo a escolha de determinados indicadores que levam a superestimar os custos da regulação em face dos seus benefícios.

A seleção de indicadores é um problema em toda a avaliação empírica quando se está diante de um fenômeno social complexo. Mas é imprescindível que se faça a seleção. E os indicadores escolhidos normalmente são aqueles dos quais se dispõe de mais dados. Por isso, segundo os críticos, existem indicadores não eleitos que poderiam ressaltar mais os benefícios da regulação em razão dos custos. Realmente isso é possível. No entanto, tais indicadores frequentemente são tão inexpressivos, e com base de dados não confiáveis, que levam os reguladores a uma visão de túnel (*tunnel vision*), míope e distorcida, na expressão de Stephen Breyer, que acabam dando valor desproporcional a aspectos insignificantes para a permanência da regulação.[61]

A escolha dos indicadores pode favorecer, também, uma atitude pró-regulação. Basta estabelecer uma superestimação dos benefícios em face dos custos, tudo em razão do pacote de indicadores escolhidos e da base de dados. Portanto, ainda que seja impossível uma avaliação totalmente neutra, o importante é possuir uma base de dados consistente e confiável e esclarecer adequadamente os indicadores eleitos, de forma a permitir uma investigação mais isenta por parte do pesquisador.

A crítica seguinte é que na análise econômica há o predomínio da investigação quantitativa em prejuízo da qualitativa. A crítica, segundo Robert Hahn,[62] tem como pressuposto eventuais benefícios não mensuráveis que poderiam justificar a permanência de regulação.

61. Cf. BREYER, Stephen. *Breaking the vicious circle*, cit. O exemplo dado por Breyer é ilustrativo: nos Estados Unidos, alguns anos atrás, uma política de saúde pública determinou a retirada de todas as residências do material conhecido com asbesto, utilizado como isolante térmico e revestimento. Havia indicações de que tal material, nocivo quando em contato com seres humanos, causava câncer. No entanto, a proporção da doença era mínima, detectável em casos isolados em virtude da existência do material nas residências. A política de retirada do material, míope e distorcida, centrou-se no "problema" residencial. Criou outro muito maior: na retirada do material, os trabalhadores tinham contato muito mais frequente com o asbesto. Depois de algum tempo, constatou-se um aumento sensível dos casos de câncer entre os trabalhadores. Conclusão: a regulação foi equivocada, trazendo mais danos do que prevenindo a doença. Centrou-se em um indicador inexpressivo. A melhor solução era não ter feito nada, tão somente modificando o material a ser empregado nas novas construções.

62. HAHN, Robert W. *In defense of the economic analysis of regulation*, cit., p. 11.

De fato, a investigação econômica pauta-se, predominantemente, pela análise quantitativa. Ocorre que o problema não está na análise em si, mas na ênfase que se dá ao estudo. Assim, dependendo do setor em investigação, como ocorre com a educação (exemplo já citado), há benefícios de difícil mensuração que devem ser levados em conta na orientação da política pública a ser aplicada. O setor aéreo está mais distante desse panorama de benefícios não quantificáveis. Quase todo benefício ou custo para os participantes pode ser mensurado. Daí a importância da investigação quantitativa para a orientação das políticas públicas para o setor.

A última crítica selecionada é um resumo das anteriores: o resultado dos estudos não é robusto. A análise econômica da regulação, como instrumento útil para rever políticas públicas, precisa convencer todos aqueles submetidos às suas regras, bem como seus formuladores. O que pode justificar a robustez ou não de determinada análise – ao lado das tendências ideológicas – é o acordo científico de que tal argumento seja superior e consistente.

Em nosso caso, trata-se do acordo intermediado pelo direito de que a ciência econômica é efetivamente útil na direção de políticas públicas. Estabelecer como será a regulação de determinado setor, se mais ou menos interventiva, não pode prescindir de uma análise econômica. É o caminho trilhado neste trabalho.

2.4.2 As falhas da regulação no mercado aéreo e o enfoque da AED

Sob o ponto de vista econômico, a regulação no mercado aéreo estaria inserida na ideia de garantir *viabilidade* e *sustentabilidade* ao setor, tendo em vista os altos custos fixos para o voo inaugural e permanente de uma empresa aérea. O núcleo do controle estatal, seguindo tal lógica, centra-se na restrição do número de companhias atuantes em rotas específicas, a definição (em casos mais rígidos) dos horários e quantidades de voos nessas mesmas rotas e o preço a ser cobrado.

A ideia de que tal proteção estatal pudesse, em vez de recriar condições de mercado, distorcer o ambiente de atuação das companhias aéreas foi o estopim, sob o ponto de vista econômico, para iniciativas desregulatórias. Mas qual o sentido dessa distorção? E quais seriam as falhas da regulação?

A ideia da existência de distorções no mercado baseia-se, naturalmente, na possibilidade de formação de um mercado menos imperfeito, mais competitivo e com preços mais equilibrados entre oferta (capacidade de assentos) e demanda.

Para alguns autores, como Paul Stephen Dempsey,[63] a recriação do mercado pela regulação é justificável como forma de garantir a rentabilidade das empresas aéreas (em última instância, é a própria viabilidade do setor de transporte que pode estar em jogo se a perspectiva de prejuízo é constante). Para outros, como Alfred Kahn,[64] a regulação – depois de algum tempo – perde sua justificativa, criando desvirtuamentos exagerados no mercado, com significativa transferência de renda de um grupo, por exemplo os consumidores, para outro, as companhias aéreas; ou mesmo impedindo, por conta das restrições impostas, as próprias companhias de inovar e de reestruturar sua ação no mercado. O *sobrepreço* regulatório se torna alto demais.

Nessa linha de interpretação da ação regulatória, mesmo o mercado controlado é distorcido. No entanto, quando as regras do jogo estão muito alteradas em comparação com um imaginado mercado competitivo, o custo se torna muito alto, em uma perspectiva da AED. Daí a regulação falhar sucessivamente. Uma pergunta vem à tona imediatamente: será que o setor aéreo poderia conviver bem – com eficiência – em um ambiente desregulado? É a indústria aérea assim tão diferente dos demais setores para só funcionar *regulada*?

Uma primeira aproximação econômica indica-nos que o setor é *híbrido*, mesclando exigências e comportamentos distintos. Por um lado, exige-se de uma empresa aérea grande volume de investimento inicial, arcando com custos fixos altos (mão de obra especializada, combustíveis, *leasing* e manutenção das aeronaves etc.), mas, por outro, observa-se – e observava-se mesmo no período regulatório nos Estados Unidos e no Brasil – que inúmeras rotas são rentáveis o suficiente, possibilitando efetiva competição, como qualquer outro setor de serviços.

O setor não caminha, assim, por definição econômica, para o oligopólio ou monopólio. Permite-se efetiva competição, ainda que sujeito a altos custos e à instável realidade macroeconômica (regional e internacional). Há, em verdade, uma real tensão entre regulação e concorrência. Daí que a estrutura do setor, nos moldes atuais, não exige *obrigatoriamente* uma regulação econômi-

63. DEMPSEY, Paul Stephen. *A crise financeira da aviação comercial*. Palestra na Amcham de Belo Horizonte em 21 mar. 2007. Institute of Air & Space Law. McGill University (arquivo em PowerPoint).

64. Alfred Kahn reconhece que houve problemas decorrentes do novo cenário de competição pós-desregulação, com baixos níveis de rentabilidade das companhias aéreas. No entanto, sustenta que o setor é mais eficaz no ambiente competitivo, maximizando riqueza e benefícios aos consumidores. Nesse sentido, cf. KAHN, Alfred E. Surprises of airline deregulation. *The American Economic Review*, v. 78, n. 2, p. 316-322, May 1988.

ca. Em períodos mais críticos, quando há consenso político – como houve nos Estados Unidos na década de 1970 –, as latentes falhas de regulação se tornam mais evidentes, e o embate tende para um ambiente desregulado. Foi o que aconteceu.

O teste a demonstrar quão saudável ou não pode ser um mercado aéreo competitivo ancora-se muito na AED, até mesmo quanto ao alcance das falhas de regulação e seu efeito de distorção do mercado. Todavia, o embate regulação/desregulação ainda persiste. Nos itens a seguir serão discutidas falhas de regulação e falhas do mercado desregulado, de maneira a evidenciar que a tensão permanece, ainda que a vertente desregulatória seja a política pública orientadora do setor e a aposta do trabalho.[65]

2.4.2.1 Os custos sociais (externalidades negativas)

A regulação pode fazer deslanchar um setor em que o interesse privado não dá conta sozinho do recado. Foi essa a experiência que possibilitou o início da indústria nos Estados Unidos e no Brasil, como se viu no Capítulo 1, em razão não só da estrutura econômica requerida para participação no mercado – como uma barreira econômica natural –, mas também das incertezas do setor – muito maiores no seu início – de *viabilidade* e *sustentabilidade*. A regulação, então, tem duas funções, entre outras: *incentivo* e *proteção/segurança* dos participantes.

Na ponta do incentivo, o arcabouço regulatório pode funcionar de várias formas: possibilitar capital de baixo custo remuneratório (direcionado) para fomentar a abertura de companhias; estipular regras para a disponibilidade de rotas e horários; impedir a competição em rotas específicas, nomeando a empresa aérea destinada a operar tais rotas; estabelecer um número ideal de companhias para o setor, levando em consideração a demanda e sua capacida-

65. A agência EFE noticiou, em 22 de março de 2007, o histórico acordo de "céus abertos" entre a União Europeia e os Estados Unidos, que entraria em vigor em 30 de março de 2008, permitindo que qualquer companhia europeia voasse de qualquer cidade europeia para qualquer cidade americana, com reciprocidade para as companhias americanas (mas ainda sem direito de cabotagem). O único gargalo para o incremento do número de voos seria a existência de horários e *slots livres* nos aeroportos. A política de desregulação no mercado interatlântico estimou um ganho de até US$ 12 bilhões com as passagens mais baratas, a criação de 80 mil novos empregos e um crescimento no tráfego da ordem de 50%, que chegaria, em cinco anos, a 76 milhões de passageiros transportados (AGÊNCIA EFE. *UE ratifica acordo de "céus abertos" com os Estados Unidos.* Disponível em: <http://noticias.uol.com.br/economia/ultnot/efe/2007/03/22/ult1767u89116.jhtm>. Acesso em: 22 mar. 2007).

de; estabelecer preços fixos para rotas ou bandas de preço, tendo em vista uma rentabilidade predeterminada; praticar subsídios cruzados, desenvolvendo rotas deficitárias com o suporte de rotas superavitárias; fornecer substancial ajuda financeira às companhias aéreas em períodos de crise, até mesmo com remodelações da Lei de Falências.

É extensa a possibilidade da ação regulatória econômica. Esse elenco de disposições de regulação econômica foi utilizado para dar sustentabilidade ao setor (nos Estados Unidos e no Brasil), como será detalhado na segunda parte. E até certo ponto, ou pelo menos até o momento em que impera o consenso econômico e político, tais regras serviram para modelar um setor fora do ambiente natural de mercado e de concorrência, garantindo a proteção esperada pela iniciativa privada, de forma a diminuir os riscos do negócio (a ideia do incentivo).

Mas aqui surge o problema regulatório, na linha de George Stigler e da análise de custos e benefícios. A ideia de a regulação funcionar como sinal estatal de incentivo e tão somente como promotora da segurança dos participantes é muito tênue e frágil. O passar dos anos é cruel quando se constata um mercado maduro e instalado, em que a ação regulatória de estímulo perde toda sua força para a exclusiva proteção das empresas aéreas, na concepção do mercado cativo e capturado.

O fato é que a regulação econômica, quando nesse estágio, gera efetiva perda de riqueza, custos sociais (como externalidades negativas) e também custos internos. Há prejuízo para eventuais companhias fora do mercado, impedidas de participar, acarretando baixa competição e não geração de riqueza. Há transferência de renda evidente – que importa em prejuízo – de consumidores para as companhias, uma vez que as tarifas cobradas, distorcidas, operam fora de qualquer padrão de mercado.

Nesse último sentido, surge a pergunta: é razoável a manutenção do setor, com regulação rígida, favorecendo um dos participantes do negócio? A pergunta se desdobra: será que o setor somente funcionaria assim, com uma garantia de rentabilidade, de uma proteção contra o déficit financeiro para as companhias aéreas, importando em transferências de renda e perda de riqueza, ou será que é possível visualizar um cenário competitivo, mas que não desencadeie uma concorrência ruinosa (em razão de rentabilidades negativas em um longo período) e, dessa forma, maximize riqueza e a redistribua entre os participantes do negócio?

Buscando uma aproximação teórica, é interessante a abordagem de Viscusi.[66] De forma a utilizar uma ponderação de custo e benefício, que é apli-

66. VISCUSI, W. K.; VERNON, J. M.; HARRINGTON JR., J. E. *Economics of regulation and antitrust*. Cambridge: The MIT Press, 2001. p. 30.

cada para a regulação ambiental, mas que pode ser transportada para a regulação econômica da indústria aérea, sugere-se o seguinte gráfico de custos e benefícios da regulação aérea:

Gráfico 2 – Relação de custo-benefício da regulação

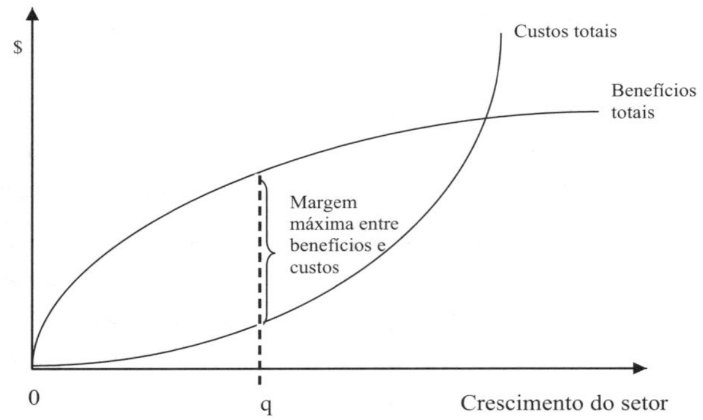

Há um balanço ótimo da regulação em que os seus custos estão no nível mais equidistante em relação aos benefícios acarretados ao setor, ponto q, que pode e deve ser mensurado no tempo. Esse nível de regulação – até mesmo no que se refere à sua intensidade – é o ponto em que o setor funciona de forma mais eficiente, quanto à diferença entre benefícios e custos.

Ocorre que, com o tempo e com a instabilidade regulatória, o cenário para permitir sustentar e aumentar a atividade do setor, até mesmo com o aumento do número de companhias e maior demanda pelo serviço, significa exigir mais da regulação – crescem os custos regulatórios (que importam também nos já referenciados custos sociais), enquanto os benefícios perdem sua intensidade, tornando a ação regulatória ineficiente.

Quando o ambiente regulatório se revela crítico, desproporcional na relação custo-benefício, há justificativa econômica para a desregulação em favor da competição, na qual a liberdade de mercado pode produzir os benefícios antes alcançados pela regulação.

2.4.2.2 Prejuízo para os consumidores: baixa competição e a não inovação tecnológica

Na seara dos custos sociais, o que é mais relevante, evidentemente, são os prejuízos para os consumidores do serviço, menos pela transferência de riqueza para as empresas aéreas - como se tal *subsídio privado* fosse o instrumento de viabilização do setor - e mais porque, no estágio crítico proposto acima, a regulação impede totalmente a competição e a consequente redução dos preços.

O cenário de competição, testado a partir da desregulação, funciona também como retroalimentador da demanda pelo serviço. Paralelamente ao cenário macroeconômico - que influencia positiva e negativamente o mercado aéreo -, a disputa tarifária é elemento indispensável ao crescimento do setor no que se refere ao número de passageiros transportados. A competição dá novos contornos ao setor, moldando uma nova forma de agir, em que o preço, em lugar de instalações e qualidade no serviço de bordo, se torna o aspecto essencial de diferenciação do produto. Vincula-se até mesmo a uma nova categoria de consumidores, cuja orientação se dá basicamente pelo preço das tarifas.

Mas há também outro prejuízo não só para os consumidores, mas para o mercado em sua totalidade: quando a regulação se torna intensamente desequilibrada, ela também desenvolve *desincentivos*. A regulação na linha preponderantemente protetiva emite sinais claros de acomodação para as companhias aéreas, desestimulando, consequentemente, a inovação tecnológica.

A não inovação tecnológica importa, quase sempre, em não desenvolver: modelos diferenciados para venda de passagens, gerências modernas de distribuição do tráfego aéreo, programas - associados ao preço - para fidelização dos passageiros etc. Pode significar até mesmo o comprometimento do desenvolvimento de novos modelos de aeronaves. O prejuízo contabilizado, portanto, é brutal.

As características citadas acima só tiveram real desenvolvimento após o período de desregulação. Os sistemas de venda de passagens por computador (CRS) só surgiram efetivamente nos Estados Unidos no início da década de 1980, de maneira a estabelecer tarifas diferenciadas a grupos específicos de passageiros. A competição por preço forçou novos sistemas para estruturação das passagens - e de eventuais descontos -, hoje sofisticados com o uso da internet.[67]

67. Marco Antonio Bologna, presidente da TAM, destaca a existência, hoje, de uma sofisticada engenharia para administrar a tarifa das passagens. Levando em conta que a TAM, dominando quase 50% do mercado doméstico brasileiro, possui um tráfego de 600 pousos e decolagens diários e que cada rota possui uma estrutura de 5 tarifas diferentes, a empresa administra diariamente 3 mil preços, fora os períodos promocionais. Por ano, a empresa administra mais de 1 milhão de referências tarifárias (Cf. BOLOGNA, Marco Antonio. *Roda Viva*. São Paulo, nov. 2006. Entrevista).

O caso do modelo de gerência do tráfego aéreo centro–raio (*hub-and--spoke*), embora existente no período regulatório, só foi amplamente desenvolvido na etapa de competição. A disputa por passageiros se tornou frenética, e uma das formas mais eficientes de alcançá-los foi multiplicar o número de cidades atendidas e das conexões entre elas, reestruturando a malha aérea e retirando o maior potencial no uso das aeronaves. O aeroporto *hub* permitiu o desenvolvimento de tal engenharia logística.

Outro elemento inovador desenvolvido para a conquista de passageiros foram os programas de fidelização. A competição incentivou modelos de recompensa para os usuários mais frequentes, daí os programas de milhagem, inaugurados pela American Airlines, também no início da década de 1980. O passo seguinte consistiu nos modelos de *alianças globais*.[68] Tais acordos comerciais e estratégicos permitem a coordenação de horários de voos e capacidade, *code share* de voos, a união de programas de milhagem, o uso comum dos hangares de manutenção das aeronaves, o *marketing* compartilhado das companhias e, até, em acordos estratégicos mais profundos, a constituição do que se convencionou denominar de *joint cargo and passenger services ventures*, ou mesmo fusões completas (*full merger*).

O surgimento de diferentes modelos de companhias, algumas de baixo custo, funcionando em aeroportos periféricos, com a integração de novas rotas, paralelamente ao modelo das companhias tradicionais (*legacy carriers*), também criou incentivos para o desenvolvimento de novas aeronaves, com tecnologia e capacidade adaptadas às diversas estratégias de atuação. O conglomerado europeu Airbus despontou na década de 1990 como rival da Boeing nesse contexto (disputando o mercado de empresas tradicionais e também das novas companhias). Outro caso a ser citado é o da Embraer, que que passou a disputar os mercados de aeronaves menores, de 70 a 110 lugares, revolucionando o setor da aviação regional.

68. Cf. a extensa análise feita por DOGANIS, Rigas. *Airlines business*. New York: Routledge, 2005, p. 73-117, sobre as alianças regionais e globais, seus benefícios e eventuais prejuízos concorrenciais. São hoje três grandes grupos de alianças globais entre as companhias aéreas: o *Skyteam*, que é a aliança mais antiga (1988), encabeçada pela Delta e pelas empresas europeias, AirFrance-KLM (participantes do mesmo grupo desde 2004) e Alitalia, optando por um acordo essencialmente comercial; a *oneworld*, também de orientação comercial, sendo as companhias mais significativas a American Airlines, a British Airways e a Quantas, empresa australiana (pertence a essa aliança o grupo *Lan*); e, por fim, o *StarAlliance*, cuja proposta é mais profunda, de caráter estratégico, cujas principais empresas são a United Airlines, a Air Canada e a Lufthansa.

Daí se constata, por esse pequeno relato fático (ampliado na segunda parte), o potencial criativo inaugurado pela competição. Certamente um potencial latente, mas enclausurado pelas amarras da regulação e desestimulado por suas regras. Os inúmeros exemplos comprovam como as empresas e a indústria reagem a incentivos. A ampla competição funcionou como ingrediente indispensável para novos processos tecnológicos, dando vida às clássicas ideias da eficiência dinâmica de Schumpeter.

2.4.2.3 Contraponto regulatório: a tragédia dos comuns e a competição ruinosa

O arcabouço teórico regulação/desregulação é complexo. Aquela tensão regulação/competição mencionada acima permanece. Um setor cronicamente instável e sujeito a baixas rentabilidades permite a indagação, se não consensual pelo menos pontual, sobre o retorno de alternativas regulatórias.

É esse o enfoque de Paul Stephen Dempsey, cuja análise do mercado doméstico americano e de suas sucessivas crises permitiu uma instigante adaptação das ideias da tragédia dos comuns (*the tragedy of the commons*), sinalizando que o setor, quando desregulado, tende à competição destrutiva.[69]

A tragédia dos comuns é tida como a ideia de *arranjo social* de resultados negativos. Embora a ideia já fosse conhecida e debatida em textos clássicos, cita-se, modernamente, o artigo do biólogo Garret Hardin, publicado na década de 1960, como referência para a abordagem.[70] A tragédia pode ser assim resumida: ações racionais do ponto de vista individual, frequentemente relacionadas à maior eficiência, podem levar a resultados coletivos negativos ou, em última instância, irracionais.

O exemplo clássico, citado por Garret Hardin, é dos recursos que devem ser utilizados em um pasto comum tomado por gado. A ação racional individual orienta-se por maximizar ganhos, agregando, sempre que possível, mais gado ao pasto comum. A utilidade que se tem de tal ação é apropriada pelo indivíduo racionalizador (aproximadamente + 1 com cada novo animal adicionado), enquanto os eventuais prejuízos são divididos entre todos os demais indivíduos participantes daquela aérea comum (ou seja, somente uma fração de -1). É como se o componente negativo compartilhado não resultasse em prejuízo detectável. Nessa ilusão, a ação racional individual pode levar a uma

69. DEMPSEY, Paul Stephen. Op. cit.
70. Cf. HARDIN, Garret. The tragedy of the commons. *Science*, v. 162, p. 1243-1248, Dec. 1968.

tragédia, quando o pasto estiver lotado e praticamente destruído, com os recursos esgotados.[71]

Em seu artigo, Garret Hardin utiliza tal ideia para discutir o problema do crescimento populacional. Mas a ideia da tragédia como forma de arranjo social negativo se expandiu e é aplicada nas mais diversas áreas, como na regulação ambiental.

Paul Dempsey, inspirado nessa solução coletiva negativa, afirma que, no setor aéreo desregulado, a intensa competição em muitas rotas leva as empresas a funcionar com margens muito pequenas (ou mesmo negativas – custos marginais ficam significativamente abaixo dos custos médios), por longos períodos, acarretando um prejuízo generalizado. Assim, a ação racional das companhias, sob o ponto de vista individual, pode resultar em prejuízo coletivo generalizado – a tragédia dos comuns.

A ideia da competição ruinosa busca respaldo ainda em farta base fática. Os prejuízos das empresas americanas, no último ciclo negativo, de 2000-2005, atingiram a cifra de US$ 35 bilhões. Houve um brutal aumento ao longo dos anos: na recessão de 1970, o prejuízo era de US$ 200 milhões; entre 1981-1982

71. "The tragedy of the commons develops in this way. Picture a pasture open to all. It is to be expected that each herdsman will try to keep as many cattle as possible on the commons. Such an arrangement may work reasonably satisfactorily for centuries because tribal wars, poaching, and disease keep the numbers of both man and beast well below the carrying capacity of the land. Finally, however, comes the day of reckoning, that is, the day when the long-desired goal of social stability becomes a reality. At this point, the inherent logic of the commons remorselessly generates tragedy. As a rational being, each herdsman seeks to maximize his gain. Explicitly or implicitly, more or less consciously, he asks, 'What is the utility to me of adding one moral animal to my herd?' This utility has one negative and one positive component. 1) The positive component is a function of the increment of one animal. Since the herdsman receives all the proceeds from the sale of the additional animal, the positive utility is nearly +1. 2) The negative component is a function of the additional overgrazing created by one moral animal. Since, however, the effects of overgrazing are shared by all the herdsmen, the negative utility for any particular decision-making herdsmen is only a fraction of −1. Adding together the component partial utilities, the rational herdsman concludes that the only sensible course for him to pursue is to add another animal to his herd. And another, and another... But this is the conclusion reached by each and every rational herdsman sharing a commons. Therein is the tragedy. Each man is locked into a system that compels him to increase his herd without limit – in a world that is limited. Ruin is the destination toward which all men rush, each pursuing his own best interest in a society that believes in the freedom of the commons. Freedom in a commons brings ruin to all" (HARDIN, Garret. Op. cit., p. 1244).

de US$ 1,4 bilhão; e entre 1990-1994, de US$ 13 bilhões. Segundo a interpretação de Dempsey, os ciclos de recessão na indústria aérea americana estão cada vez maiores, com prejuízos em crescimento e lucratividade em franca redução.

Segundo Dempsey, o processo se intensificou com a desregulação. Os mercados ainda lucrativos são os regulados em crescimento e os de mais baixa rentabilidade são os desregulados maduros. Isto é: a maturidade do mercado e a intensidade de regulação têm impacto sobre a rentabilidade da indústria. É uma reflexão poderosa.[72]

Figura 2 – Possível relação entre regulação e rentabilidade

Alta rentabilidade

Mercados regulados em crescimento	Mercados desregulados em crescimento
Mercados regulados maduros	Mercados desregulados maduros

Baixa rentabilidade

Uma das alternativas, no âmbito do arranjo social dos comuns, de forma a impedir a tragédia, é assinalar direitos de propriedade para o uso do espaço aéreo. O direito de propriedade está associado à ideia de incorporar individualmente os eventuais prejuízos das ações racionais, incentivando as empresas a agir de forma equilibrada também no âmbito coletivo. A competição ruinosa estaria, assim, descartada com o retorno do controle de rotas e horários e com a eventual definição de direitos de propriedade. Tal proposta, no entanto, entre outras elaboradas por Paul Dempsey, se traduz em um efetivo retorno regulatório.

A tragédia dos comuns revela, de outro modo, a discussão sobre a maximização de riqueza sem qualquer freio ético. O debate da ética consequencialista e o da vertente da economia do bem-estar são os elementos de ponderação em face de uma ação racional sem limites.

Além disso, no contexto de arranjos sociais, há estudos, como o de Elinor Ostrom,[73] que pregam, mesmo sem a ação regulatória externa, soluções coleti-

72. DEMPSEY, Paul Stephen. Op. cit.

73. Cf. OSTROM, Elinor. *Governing the commons:* the evolution of institution for collective action. New York: Cambridge University Press, 1991. Elinor Ostrom discute amplamente os modelos possíveis de arranjos sociais e comportamentais, defendendo que ações individuais autorreguladas podem resultar em ações coletivas positivas, em uma estrutura oposta à "tragédia dos comuns".

vas benéficas, na linha da teoria dos jogos (dilema do prisioneiro)[74] e da lógica da ação coletiva. São plenamente detectáveis comportamentos cooperativos no âmbito individual, tal como ilustra o dilema do prisioneiro, de maneira que o autointeresse também age inspirado por ações cooperativas. Tal raciocínio também é demonstrável no âmbito da indústria aérea, criando obstáculos à destruição coletiva.

A linha tênue aqui é saber quando as ações cooperativas se tornam amplamente conscientes e voluntárias e devem sofrer com as restrições antitruste. De qualquer forma, o contraponto do retorno regulatório, sustentado exclusivamente no arranjo social da tragédia dos comuns, tem novo balanço quando se incorporam novos modelos de estudo da interação comportamental.

E um segundo argumento fático no balanço revela que o setor desregulado, evidentemente, funciona com outra lógica econômica, dando vazão ao modelo de baixo custo, demandado pelo novo consumidor, o que conflita com a atividade das grandes companhias americanas e seus sucessivos déficits. O retorno regulatório talvez não seja a solução. A tensão, portanto, continua.

2.5 Ultrapassando a regulação econômica

A discussão sobre a regulação/desregulação ultrapassa, no entanto, o singular enfoque jurídico-econômico, exigindo, ainda, o complemento de uma análise institucional comparativa, além de uma investigação que possa mesclar e ponderar os interesses de todos os atores participantes no processo. A perspectiva jurídico-econômica é indispensável, mas só há regulação ou desregulação quando há efetivo consenso político-econômico entre as instituições e os atores envolvidos.

74. O termo está relacionado com a teoria dos jogos e a teoria da decisão, e refere-se ao caso em que criminosos são submetidos a um interrogatório em separado. Cada criminoso sabe que se ninguém confessar sobre a participação própria e dos demais no crime, todos serão libertados ou no máximo terão uma pena muito pequena. Mas se um deles confessar, e os demais não o fizerem, o confessor poderá ser libertado, enquanto os outros sofrerão pesadas penas. Se todos confessarem, todos receberão penas, embora menos severas do que se apenas um tivesse confessado. O incentivo, nesse caso, para o indivíduo racional é confessar e deixar que os demais sofram as consequências. Se todos, porém, forem racionais e agirem dessa forma, o resultado será pior do que se todos pudessem entrar num acordo para ninguém confessar. Este caso busca ilustrar como o comportamento racional no âmbito microeconômico pode produzir um resultado aparentemente irracional na esfera macroeconômica.

O complemento da análise institucional comparativa é feito, de maneira destacada, por Neil Komesar.[75] Segundo o professor da Universidade de Wisconsin, muita ênfase é dada aos estudos a respeito da escolha dos objetivos sociais ou valores como chave para prescrever políticas públicas e predizer seus resultados. Daí, por exemplo, a ênfase na AED como teoria do direito e orientadora de políticas públicas. No entanto, segundo Neil Komesar, há um elemento essencial que é ignorado: a *escolha institucional.*

A ênfase na escolha do valor eficiência, por exemplo, negligencia o fato de que tal objetivo social deve ser alcançado por meio de instituições e que, em qualquer caso concreto, uma instituição está mais apta do que outra para resolver a demanda posta. Mas quais instituições? Para o nosso trabalho, o mercado, o Judiciário e o processo político (que pode ser entendido como o processo legislativo ou mesmo a atividade regulatória das agências).

Com tal crítica, Neil Komesar argumenta que a escolha do objetivo social a perseguir deve vir completada com o estudo comparativo sobre as instituições que melhor poderiam perseguir tal valor no caso concreto. O que o autor oferece é uma reflexão, baseada no próprio valor tido como orientador das políticas públicas (qualquer que tenha sido a escolha), para salientar que nem sempre a instituição que se espera é a mais apta a resolver os problemas demandados.[76] No caso da AED, linha de trabalho também de Neil Komesar, nem sempre o mercado seria a instituição mais apta. Assim, indispensável seria o

75. Cf. KOMESAR, Neil K. Op. cit.

76. "A link is missing – an assumption overlooked – in analyses that suppose that a given law or public policy result follows from a given social goal. That missing link is institutional choice. Embedded in every law and public policy analysis that ostensibly depends solely on goal choice is the judgment, often unarticulated, that the goal in question is best carried out by a particular institution. Given the goal of protecting property, for example, the case for recognizing a constitutional right involves the implicit judgment that adjudicative process protects property better than the political process. In turn, given the goal of promoting safety, the case for removing tort liability involves the implicit judgment that the market or government regulation promotes safety better than the adjudicative process. Goal choice and institutional choice are both essential for law and public policy. They are inextricably related. On the one hand, institutional performance and, therefore, institutional choice cannot be assessed except against the bench mark of some social goal or set of goals. On the other, because in the abstract any goal can be consistent with a wide range of public policies, the decision as to who decides determines how a goal shapes public policy. It is institutional choice that connects goals with their legal or public policy results" (KOMESAR, Neil K. Op. cit., p. 5).

complemento que se faz pela conexão dos objetivos sociais com as respectivas instituições. Com essa ponderação, a AED se tornaria ainda mais penetrante.

De fato, a reflexão de Neil Komesar é bastante instrutiva e deve ser levada em conta. No caso do setor aéreo, suas ideias têm inteira aplicação, uma vez que o processo de regulação/desregulação nada mais é do que a escolha entre instituições possíveis para potencializar os benefícios do setor (para um maior número de agentes), escolha esta que recai sobre o processo político (processo legislativo e atividade regulatória) ou sobre o mercado, instituição que privilegiaria o ambiente competitivo. A análise comparativa é, assim, realmente imprescindível.

Em outra ponta, a investigação das percepções e interesses dos atores envolvidos no processo de regulação/desregulação é articulada pela teoria política positiva da regulação. A teoria, tal como exposta por Rodrigo Augusto Rodrigues, enfrenta a questão de compreender qual a efetiva influência (para criar obstáculos ou para promover) dos atores envolvidos em um processo de desregulação, em especial, no caso do setor aéreo: as companhias aéreas, os trabalhadores, os consumidores e, também, o Estado.[77]

Há aqui a ideia, de índole regulatória, de que os atores também reagem a incentivos, alguns dos quais não são mensuráveis economicamente. Por exemplo, os políticos maximizam seus votos em uma próxima eleição. Assim, em votações importantes - como é a desregulação do setor aéreo -, esses atores são motivados em parte pela opinião pública e em parte por sua base de eleitores, razão pela qual a compreensão dessa influência torna-se importante para retratar o cenário de desregulação.

Os funcionários, por outro lado, agindo por meio de sindicatos, podem temer a desregulação por propiciar menos vantagens trabalhistas ou previdenciárias, além de abalar a segurança no emprego, tudo em razão do corte de custos laborais induzido pela maior competição.[78] Outro grupo de trabalhadores, fora do mercado, pode agir favoravelmente à desregulação, antevendo a possibilidade de conseguir um emprego, com a entrada de novas empresas no setor.

A teoria política positiva da regulação revela um caráter de captura das instituições. Em razão da manipulação de interesses, os atores são movidos a capturar as instituições que podem promover ou barrar o processo de desregulação. A teia de motivações e interesses é intensamente complexa. Só quando

77. Cf. RODRIGUES, Rodrigo Augusto. Op. cit.

78. Sintomático o Capítulo 5 do livro de Rigas Doganis, em que o autor debate os altos custos laborais na indústria aérea, salientando que a chave para a competição é a redução de custos trabalhistas (DOGANIS, Rigas. *Airlines business*, cit., p. 118-146).

se constata haver consenso, ainda que por curto período, é que o setor se movimenta em alguma direção.

Diante de tal complexidade, o método aqui é tratar cada vertente da regulação de forma singular: (i) os atores, seus interesses e a forma de interação entre eles; (ii) a interação dos atores com as instituições; (iii) as instituições em uma análise comparativa; e, por fim, (iv) os atores e as instituições em razão do valor a ser perseguido.[79]

2.5.1 As ideias de Neil Komesar: decidir quem decide

Há um ilustrativo caso apresentado por Neil Komesar que demonstra a aplicabilidade da análise comparativa das instituições e da importância de *decidir quem decide.*

Trata-se do caso *Boomer vs. Atlantic Cement Company*,[80] um tradicional caso de análise econômica do direito (*the common law nuisance case*). O caso surgiu em razão de uma ação intentada por sete vizinhos contra a empresa de cimento Atlantic por causa dos incômodos causados pela atuação da companhia. A empresa contaminava o ambiente em torno do Vale do Rio Hudson, além dos problemas acarretados aos vizinhos pela fumaça e pela vibração. Ou seja, tratava-se de um caso de direito de propriedade que poderia ser qualificado pelo novo Código Civil brasileiro como de direito de vizinhança.[81]

Com uma pequena alteração, a Corte de Apelação de Nova York, por maioria, manteve o julgamento de 1.ª instância, não dando procedência à tese dos prejudicados, cujo pedido era o fechamento da companhia. A decisão, dada nos anos 1970, foi contrária aos precedentes que permitiam tal injunção, paralisando a atividade poluidora.

79. É indispensável ainda a referência a um livro clássico da escolha pública, fundante da economia política constitucional, que permite investigar o cálculo necessário e indispensável para acionar a máquina da desregulação do setor. Trata-se de BUCHANAN, James McGill; TULLOCK, Gordon. *The calculus of consent*: logical foundations of constitutional democracy. Indianapolis: Liberty Fund, 1999 (col. The Collected Woek of James M. Buchanan, v. 3).

80. Caso 26 NY2d 219, 309 NY2d 312, 257 Ne2d 870 (1970).

81. "Art. 1.277. O proprietário ou o possuidor de um prédio tem o direito de fazer cessar as interferências prejudiciais à segurança, ao sossego e à saúde dos que o habitam, provocadas pela utilização da propriedade vizinha. Parágrafo único. Proíbem-se as interferências considerando-se a natureza da utilização, a localização do prédio, atendidas as normas que distribuem as edificações em zonas, e os limites ordinários de tolerância dos moradores da vizinhança."

A Corte discutiu a questão com base em uma análise econômica, estimando os prejuízos pela ação da companhia Atlantic em US$ 185 mil. Enquanto isso, os valores envolvidos na construção da empresa, a riqueza gerada, além dos empregos oferecidos (mais de 300 pessoas), ultrapassavam US$ 45 milhões. Portanto, a lógica para refutar o pedido de paralisação das atividades era de que não fazia sentido econômico (não era eficiente) fechar uma valiosa empresa por causa de um prejuízo muito menor.

Em razão do caso, Neil Komesar estabeleceu uma comparação de como a análise econômica, em especial o pensamento de Posner, abordava um problema semelhante de direito de propriedade.[82] Segundo Neil Komesar, Posner salientava que o mercado seria destacadamente a melhor instituição para a solução de problemas decorrentes dos direitos de propriedade, porque é a que melhor enfrenta os problemas de alocação de recursos. É até mesmo o que a teoria econômica sustenta.

Assim, em um exemplo simples: A tem a propriedade de uma garagem, mas não a utiliza. Enquanto isso, B começa a utilizar a garagem, para quem aquela propriedade tem grande utilidade, mas sem a permissão de A. Como no *caso Boomer*, uma ação de A pode ser intentada contra B. No entanto, nesse segundo caso, mesmo não se conhecendo quase nada de direito de propriedade, sabe-se que o remédio legal intentado por A teria integral sucesso, sem qualquer hesitação. Ocorre que, para Posner, esse é um exemplo em que o Judiciário pouco tem a dizer sobre a eficiência econômica. Se, de fato, a garagem é mais valorada por B, que dela extrai maior utilidade, o mercado se encarregaria da solução, com a compra da propriedade de A por B.

Evidentemente, o que Posner sinaliza é que, inexistindo custos de transação ou sendo tais custos pequenos, na linha de Ronald Coase,[83] o mercado tende a alocar com mais eficiência os recursos. Quando, ao contrário, os custos de transação são elevados, tal como no *caso Boomer* – complexo seria a transação da empresa com sete vizinhos diferentes –, outra instituição, como o Judiciário, teria melhores condições de realizar tal alocação.

Ocorre que, mesmo diante da solução institucional jurídica, a AED foi a perspectiva empregada para a decisão do caso. E, segundo Neil Komesar, a alocação de recursos sugerida pela corrente majoritária da Corte não foi a mais eficiente.

O voto de dissensão analisou o caso de maneira mais abrangente, chegando a uma conclusão diversa. Para o juiz divergente, não somente aqueles sete

82. KOMESAR, Neil K. Op. cit., p. 14-34.

83. Cf. COASE, Ronald H. The problem of social cost, cit., v. 3, p. 1-44.

vizinhos eram prejudicados pela ação da companhia: a contaminação atingia um número difuso de pessoas. E também não só a companhia Atlantic contaminava o Vale do Rio Hudson. Outras empresas adotavam a mesma prática poluidora. Assim, o juiz divergente decidiu por determinar que a empresa reduzisse a contaminação empregando tecnologias mais modernas na produção do cimento. Se não adotasse tais práticas em 18 meses, a empresa teria sua atividade paralisada. A interpretação do juiz dissidente foi ainda mais eficiente na distribuição dos custos e benefícios sociais, criando incentivos para que outras empresas também adotassem modernas tecnologias, reduzindo a poluição.

O fato é que o caso, tratado antes como simples proteção ao direito de propriedade, ganhou contornos de uma demanda ambiental, em que a distribuição de custos e benefícios é muito complexa, tudo isso em razão do número de atores envolvidos, dispersos, e da "abstração" da proteção ambiental, tal como um bem de todos e amplamente disponível, o que nos remete à tragédia dos comuns.

Contudo, a decisão majoritária do *caso Boomer*, utilizando a AED, não foi a mais eficiente. Em uma análise comparativa, o caso que se torna complexo para o mercado (*market process*), também pode ser complexo para o Judiciário (*adjudicative process*). Exatamente nesse ponto centra-se a crítica de Neil Komesar. O modelo de Posner pensa a solução do problema em uma análise individual das instituições - daí a prevalência do mercado.

No entanto, segundo Neil Komesar, as instituições não podem ser tomadas como eficientes *a priori*, como ocorre com a AED (a alocação de recursos) e a escolha do mercado. A análise deve ser comparativa entre as instituições, para só assim escolhermos, dado um caso concreto, qual a instituição mais adequada em razão do objetivo social perseguido.

No caso relatado, a simples aplicação da AED nos dizia pouco sobre como resolver o problema. A política pública mais eficiente para o caso só foi *descoberta* quando a AED foi associada a uma investigação comparativa das instituições.

Embora as ideias de Komesar tenham inteira aplicação no caso do setor aéreo, como já se afirmou, a transposição não é nada simples. Isso porque quanto mais complexo se torna um problema (como é a desregulação do setor aéreo), com interesses divergentes e mais variáveis a enfrentar, mais complicada se torna a análise comparativa das instituições. Além do que muitas comparações são intertemporais, o que gera o problema já abordado do desconto de custos e benefícios entre a regulação anterior (atividade regulatória) e a desregulação posterior (mercado). Ainda que o processo seja complexo, o trabalho deve levar tal ponderação da análise comparativa em conta, e não partir da superioridade *a priori* do mercado. Embora se reconheça, pela inteligência econômica, que o mercado distribui melhor os recursos escassos, há particularidades de determinado setor, como é o caso do setor aéreo, em que outras instituições podem resolver os problemas com mais eficiência. Cumpre neste trabalho, na parte prática, desvendar quais são essas outras instituições.

2.5.2 A teoria política positiva da regulação: uma vertente da teoria da captura

A teoria política positiva da regulação[84] pode ser entendida como uma vertente de aprofundamento da teoria da captura, na definição clássica da teoria econômica da regulação, tal como elaborada por George Stigler.

Em um primeiro aspecto, a teoria política positiva da regulação ultrapassa uma abordagem centrada tão só na ideia do interesse público, em razão do que a regulação serviria para solucionar as falhas de mercado (questão já abordada no Capítulo 1). Os interesses dos atores participantes de setores regulados são múltiplos e conflitantes e extrapolam o referencial econômico, razão pela qual a simples visão de correção de falhas de mercado é reducionista – a regulação corrige falhas e é incentivada por outras.

Em um segundo traço de concepção, a teoria política incorpora elementos da teoria da escolha pública (*social choice theory*) e de outros avanços teóricos comportamentais, como a já debatida teoria dos jogos, de maneira a apresentar os arranjos sociais como resultado das escolhas agregadas, votações e coalizões que orientam o funcionamento das instituições.

Em um terceiro elemento, transparece a ideia da captura em uma análise mais sofisticada embora complexa, de forma a desvendar os reais interesses dos participantes de um setor regulado, em um jogo de *oferta* e *demanda* de regulação.

Nesse primeiro quadro, vê-se que a teoria política positiva da regulação destaca algumas das limitações já referidas em relação à AED e à ideia da regulação estritamente econômica, funcionado como contrapeso para o modelo teórico escolhido como referencial do trabalho.

Nessa linha, a teoria neoclássica – base para a regulação/desregulação econômica – deve ser completada pela análise, tanto quanto possível, dos in-

84. RODRIGUES, Rodrigo Augusto. *O mercado da aviação doméstica no Brasil*: o processo de desregulação comparado com a experiência norte-americana, sob o enfoque da Teoria Política Positiva da Regulação. 2003. 167 f. Dissertação (Mestrado em Economia da Regulação) – Instituto de Ciências Humanas, Universidade de Brasília, Brasília, 2003, p. 5-22.

teresses dos atores, da ação comportamental não associada exclusivamente à maximização de riqueza, além de servir de ponto de partida para a compreensão de como agem as instituições (em uma composição dos interesses e motivações dos atores), levando-nos, em última instância, à investigação institucional comparativa defendida por Neil Komesar. Há um efetivo entrelaçamento dessas teorias, o que nos permite, obedecendo aos limites de cada uma e ao rigor lógico, aproveitar seus avanços para tornar o trabalho mais consistente.

Assim, a teoria política positiva da regulação, na linha do enfoque de oferta e demanda pela regulação, propõe uma sugestiva análise que nos permite compreender o desenrolar da desregulação no setor aéreo. É que, segundo a teoria positiva, há um verdadeiro *mercado* em torno da regulação.

Por um lado, os reguladores não agem como autômatos visando simplesmente corrigir falhas do mercado: são incentivados na busca de poder, influência e permanência no cargo. Daí essencialmente a discussão sobre a independência e autonomia das agências reguladoras, ultrapassando o viés do direito administrativo. Os reguladores, portanto, sob o ponto de vista da teoria política positiva, ofertam a regulação.

Além disso, a disputa pela oferta da regulação fica ainda mais evidente quando, paralelamente, se incluem nesse quadro os legisladores ou o Poder Executivo: os legisladores porque, na ação de regular ou desregular (quando lhes toca a prerrogativa de legislar), são incentivados a buscar a permanência no cargo, entre outras motivações, razão pela qual aí se descortinam as direções da ação regulatória; e o Poder Executivo porque também almeja poder e *status*, o que se reflete nos conflitos de atribuições entre Ministérios e agências reguladoras.

O quadro ampliado revela um problema clássico da teoria política da regulação, que é o efeito principal-agente, cujo fundamento é a assimetria de informações. Se o agente escolhido para regular é fiscalizado pelo principal (Poder Executivo, por exemplo), de forma a revelar os benefícios e os custos da regulação, o agente pode ser estimulado a camuflar ou distorcer as informações, valorizando sua ação, em uma verdadeira seleção adversa. A assimetria de informação só potencializa o efeito do estímulo adverso.

Por outro lado, na outra esfera do mercado, os participantes podem demandar regulação. Aqui a ocorrência possível da captura do regulador pelos regulados, em uma ação em que se revelam o corporativismo e o *lobby*. No caso específico do setor aéreo, as companhias, por exemplo, podem demandar regulação não porque a vejam como a solução econômica ótima para a indústria, impedindo a competição ruinosa, mas porque podem beneficiar-se de rentabilidades seguras, além de se sentirem protegidas contra a entrada de outras empresas no setor; e os trabalhadores, porque a regulação permite acordos mais favoráveis.

Esse é o cenário do mercado da regulação. A compreensão política do processo ultrapassa, portanto, a discussão econômica.

O trabalho de Rodrigo Augusto Rodrigues nos oferece uma visão, centrada na teoria política positiva e na reação dos atores envolvidos, de como o processo desregulatório ocorreu nos Estados Unidos.[85] É ilustrativo porque a compreensão política do processo feita por Rodrigo Rodrigues evidencia a ideia de que só o *consenso* ou a falta dele (para manutenção da regulação) pode, efetivamente, promover a desregulação.

Em busca da desregulação houve consenso e sinergia: do próprio CAB, em especial sob a gerência de Alfred Kahn; da opinião acadêmica abalizada, em razão dos inúmeros estudos econômicos; dos legisladores, cujas audiências promovidas pelo Senador Edward M. Kennedy foram importantes para diagnosticar as mazelas do setor regulado; e da opinião pública e dos consumidores, descontentes com a baixa competição e os altos preços.

É óbvio, na linha da teoria política, que as motivações eram diversas. Mas dos interesses múltiplos nasceu o consenso da desregulação.

E contra a desregulação o consenso imediato das companhias aéreas perdeu-se, dando origem a uma fragmentação de interesses, insuficiente cada qual para sustentar politicamente a regulação. Os sindicatos - patronal e de trabalhadores - não eram tão expressivos, o que exigia uniformidade de ação entre as companhias.

No entanto, a United Airlines, principal empresa americana à época, movida pela perspectiva de ampliação de suas rotas, cedo se colocou a favor da desregulação. As demais companhias, até mesmo regionais, cada qual com um entendimento independente e persistindo em ação estratégica individual, foram incapazes de formar uma posição coesa.

Depois da deserção da United Airlines, a Western Airlines e a Continental externaram apoio à desregulação, percebendo o alto custo político da posição contrária. As demais deserções foram feitas de forma desordenada e precipitada, o que demonstrava a falta de coesão interna do grupo. Além da American Airlines (que ainda assim sinalizou em retroceder), a única empresa a resistir ferrenhamente à desregulação foi a Delta Airlines, segundo Rodrigo Rodrigues.

A evidência do comportamento estratégico individual das companhias restou mais caracterizada em face dos trabalhadores do setor. As empresas não conseguiram aglutinar os interesses do sindicato, frontalmente contrário

85. Cf. RODRIGUES, Rodrigo Augusto. Op. cit., p. 47-55.

à desregulação. Alguns interesses eram contrários. A desregulação estimularia a competição tarifária e a redução de custos operacionais, afetando o interesse dos trabalhadores. Mas algumas companhias, indecisas contra a desregulação, almejavam a redução de custos operacionais. O dissenso foi inevitável.

A teoria política positiva da regulação oferece uma ferramenta de análise interessante para a compreensão do processo desregulatório. Ver-se-á, mais amplamente na segunda parte, em confronto com o processo americano, que a desregulação no setor aéreo no Brasil também pode ser explicada, em parte, pela interação dos interesses políticos de cada ator envolvido no processo.

SEGUNDA PARTE

CAPÍTULO 3

O PROCESSO DE DESREGULAÇÃO NOS ESTADOS UNIDOS: A EXPERIÊNCIA E SUAS CONSEQUÊNCIAS

3.1 Considerações iniciais

O setor aéreo é conhecido por estar em *eterna* crise. Não é diferente no caso americano. Pode-se afirmar que nos últimos 30 anos – período da desregulação americana – o setor sofreu crises periódicas, abalos que não são circunstanciais, mas generalizados e profundos.

Toda sorte de acontecimentos tem o potencial de causar danos ao setor aéreo, em especial flutuações bruscas do preço do petróleo e derivados,[1] falên-

1. A ilustrativa reportagem da *Folha de S. Paulo*, de 31 de maio de 2005, resume as dificuldades do setor aéreo: "O prejuízo do setor de empresas aéreas aumentará neste ano e alcançará o recorde de US$ 6 bilhões com a disparada do preço dos combustíveis, que obrigará as companhias a reduzir ainda mais seus gastos, segundo a Iata (Associação Internacional de Transporte Aéreo, na sigla em inglês). As despesas das companhias aéreas com combustível devem subir 31% e passar a US$ 83 bilhões em 2005, com base no preço médio de US$ 47 por barril de petróleo do tipo Brent, disse ontem Giovanni Bisignani, diretor-geral da Iata. O prejuízo das empresas deve crescer 25% em relação ao registrado no ano passado. O setor perdeu mais de US$ 36 bilhões entre 2001 e 2004, sendo que os maiores prejuízos foram registrados pelas empresas dos EUA. A United Airlines e a Continental Airlines estão solicitando aos sindicatos que aceitem reduções salariais e de benefícios para que possam voltar a ter lucros. Para algumas empresas de outros países, a alta do petróleo não foi tão prejudicial porque foi compensada

cia dos fabricantes de aeronaves e respectivos fornecedores, má administração das companhias aéreas, potencializados por problemas regulatórios e, por último, flutuações bruscas da demanda, ocasionadas, por exemplo, por um ataque terrorista, como o de 11 de setembro de 2001 em Nova York (um dos casos mais evidentes a causar danos no setor aéreo, de efeito instantâneo).[2]

Esse pequeno cenário decorre do grau de sensibilidade da indústria às alternâncias macroeconômicas. Além disso, e no ponto que mais nos importa, a restrição regulatória é também elemento adicional para a instabilidade do mercado de aviação civil.

Em grau muito semelhante, tal como ocorre com o sistema bancário, a regulação da aviação civil é e deve ser estritamente exigente. Há severas regras de qualificação para a entrada de novas companhias no setor (exigência de capital – altíssimo custo do investimento, perspectivas de retorno somente em longo prazo, qualificação técnica, confiabilidade do projeto etc.), para a permanência das empresas na indústria (até mesmo no que diz respeito à concessão das rotas aéreas, aspecto que envolve, entre outros, o cumprimento de horários, o pagamento de taxas aeroportuárias e o respeito ao consumidor), além dos inúmeros custos e regras associados à segurança do tráfego aéreo e à confiabilidade das aeronaves.

Esse sugestivo arsenal de obstáculos a vencer para ingressar no mercado e colocar em operação uma companhia aérea de média ou larga escala torna,

---

por uma valorização da moeda local em relação ao dólar. A previsão de prejuízo para o setor aéreo superou a estimativa anterior, de US$ 5,5 bilhões, feita em abril. O preço do querosene de aviação, que constitui de 15% a 40% dos custos operacionais das empresas aéreas, subiu até 70% em 2004. O preço do petróleo bruto tipo Brent pode se manter em cerca de US$ 50 o barril neste ano, 'com um maior potencial de alta do que de queda', disse a organização, que é mantida pelas companhias aéreas. A probabilidade de o preço do petróleo cair e atingir cotação inferior a US$ 40 o barril é remota, disse a Iata".

2. Segundo Rigas Doganis, o ataque terrorista de 11 de setembro de 2001 não foi o principal causador do ciclo de crise na aviação comercial norte-americana e mundial. Os períodos de crise e de melhora financeiros, nos últimos 30 anos, têm acompanhado um ciclo de início de década de perdas crescentes (o início da década de 1980 foi assim, levando a falências e fusões generalizadas nos Estados Unidos, bem como o início da década de 1990, período coincidente com a "guerra do Golfo", e o início do ano 2000) com períodos de melhora ocorrendo na metade seguinte de cada década. Portanto, segundo Doganis, o ciclo negativo da década de 2000 – tido como inevitável – iniciou-se antes do ataque terrorista, já com números negativos das companhias americanas na virada do século. O ataque só fez tornar o processo negativo mais profundo e duradouro, atingindo companhias aéreas em todo o mundo. Para tal análise, cf. DOGANIS, Rigas. Op. cit., p. 4-26.

de fato, o setor extremamente sensível e, portanto, suscetível de sofrer baques generalizados, dificultando ainda mais a implementação do que se pode chamar de *boa regulação*.

Partindo do sucinto contexto apresentado acima, além da metodologia apresentada na primeira parte do trabalho, e tendo em vista ser este um trabalho que intercala conhecimentos do direito e da economia, com ênfase nos aspectos regulatórios e concorrenciais do setor, pretende-se buscar na experiência americana do processo de desregulação (*deregulation*) iniciado em 1978 um caminho para entender o que aconteceu com o setor aéreo americano nos últimos 30 anos, suas mudanças, pontos positivos e negativos, e estabelecer comparações com o setor aéreo no Brasil. Busca-se, assim, aprender um pouco com a desregulação americana e em que medida isso poderia servir de parâmetro para a realidade brasileira.

O objetivo aqui é ressaltar os aspectos mais significativos do processo de desregulação americano: o que levou a este processo, quais foram as medidas essenciais, além de comparar o *antes* e o *depois* da desregulação.

Neste capítulo são enfatizadas as consequências do processo de desregulação. O que aconteceu na realidade do setor aéreo? O número de companhias aéreas cresceu ou diminuiu? O sistema de tráfego aéreo se alterou ou não? Como ficaram o preço e a qualidade do serviço? A segurança foi prejudicada com uma regulação econômica menos efetiva?

No enfoque do resultado da desregulação, este capítulo permite a reflexão sobre como a (des)regulação alterou a concorrência do setor. São analisados, ainda, os aspectos de inovação resultantes da desregulação, sendo o debate do desenvolvimento do sistema centro–raio o exemplo mais destacado da inovação na fase pós-desregulação.

A análise a ser desenvolvida, ademais, se apoia no título e nas ideias do livro do *Associate Justice* da Suprema Corte americana Stephen Breyer,[3] em que este discute o eventual retorno de uma regulação mais extensiva e abrangente sobre o setor aéreo, defendida por alguns juristas e economistas, entre os quais o já mencionado professor canadense Paul Stephen Dempsey e o jornalista econômico Robert Kuttner.[4] O trabalho de Michael Levine, em posição contrária, também é parte integrante desse debate.[5]

3. Cf. BREYER, Stephen. *Breaking the vicious circle*, cit.
4. A análise de Kuttner é muito próxima da abordagem de Dempsey sobre os resultados nefastos da desregulação, razão da competição destrutiva das companhias aéreas e das recomendações de retorno regulatório (cf. KUTTNER, Robert. *Tudo à venda*: as virtudes e os limites do mercado. São Paulo: Companhia das Letras, 1998. p. 324-342).
5. Cf. LEVINE, Michael E. Why weren't the airlines reregulated?, cit.

Por fim, far-se-á ainda, em apoio à temática concorrencial, a menção do importante caso antitruste envolvendo o governo dos Estados Unidos contra a American Airlines, intensamente debatido nos Estados Unidos, como um dos mais destacados casos de concorrência na administração do Presidente Bill Clinton.

3.2 O processo de desregulação e o *Airline Deregulation Act* de 1978: o antes e o depois da desregulação

O setor aéreo norte-americano, desde o início de seu funcionamento comercial no final da década de 1920 (com o serviço postal), sempre foi um setor intensamente regulado – pelo menos até a década de 1970 –, especialmente no que toca ao controle de preços e de barreiras à entrada de companhias no setor.[6]

Um dos casos interessantes desse começo de regulação no setor aéreo é relatado por Viscusi. Salienta o autor americano que a Interstate Commerce Commission (ICC), uma das primeiras agências de controle sobre o setor aéreo, estabeleceu, em meados da década de 1930, um sistema competitivo para a definição das rotas aéreas, em especial no serviço postal, por intermédio do qual a companhia aérea que oferecesse os melhores preços em determinado trajeto recebia a rota como franquia.

Dessa forma, as companhias estipularam uma estratégia de oferecer baixíssimas tarifas, de maneira a assegurar a retenção da rota por antecipação, permitindo que as empresas, após essa fase inicial, aumentassem os valores

6. "As in many other industries during the Great Depression, airline policymakers and executives alike were eager to trade the 'chaos' of market determination of pricing and network configuration for government 'coordination' across air carriers, elimination of 'unfair or destructive competitive practices', and restriction of entry to that required by the 'public convenience and necessity'. Perceived national defense interests in a robust domestic airline industry added to the appeal. To this end, the CAB was charged with 'the promotion, encouragement and development of civil aeronautics', and given authority to accomplish this through control of entry, rate levels and structures, subsidies, and merger decisions. Economic regulation of the U.S. airline industry persisted over the subsequent four decades in largely unchanged form. Two elements of regulation are most salient for this analysis: *entry restrictions* and *rate determination*" (BORENSTEIN, Severin; ROSE, Nancy. How airline markets work, or do they?: regulatory reform in the airline industry? *Preliminary Draft*. Disponível em: <www.kellogg.northwestern.edu/mgmtstrategy/deptinfo/seminars/borenstein110806.pdf>. Acesso em: 15 jan. 2007).

das tarifas, recuperando os eventuais prejuízos da agressiva estratégia inicial. No entanto, a ICC não permitiu tais aumentos, ocasionando um verdadeiro colapso no setor, pelo fato de que muitas companhias estabeleceram preços abaixo de seus custos.

Segundo Viscusi, o episódio "is significant with regard to later airline regulation, as it was used as evidence by supporters of government regulation that an unregulated airline industry would be plagued by 'destructive competition'".[7] Dessa forma, "regulation was seen by some as a necessary condition for the airline industry to develop into a stable and healthy segment of the transportation sector of the U.S. economy".[8]

Logo depois, em 1938, no cenário do *New Deal*, a indústria da aviação civil passou a ser regulada por legislação federal, com a criação do Civil Aeronautics Board (CAB). O CAB tornou-se responsável não só pelo controle de preços, mas também pela estrutura do mercado, estipulando as barreiras à entrada e à saída de companhias, as rotas e suas frequências, o número de companhias e a competição entre elas, isso quando possível.[9]

Nesse contexto, as companhias existentes receberam como que direitos quase permanentes, os chamados na expressão inglesa *grandfathered*, nos mercados em que cada qual operava. O CAB entendia que um ambiente estável, levando a um bloqueio à entrada de novas companhias, com quase monopólios ou duopólios na maior parte das rotas, era a forma correta de impedir

7. A ideia da "destructive competition" nos Estados Unidos não é originária da indústria aérea. O debate se iniciou na regulação do transporte rodoviário, em especial pelo *Motor Carrier Act* de 1935. De qualquer forma, o debate sobre concorrência ruinosa encontrou seu lugar no transporte aéreo, sobretudo pela já antecipada concepção de que o setor era sujeito a instabilidades econômicas e a baixas rentabilidades financeiras.
8. VISCUSI, W. K.; VERNON, J. M.; HARRINGTON JR, J. E. *Economics of regulation and antitrust*, cit., p. 552.
9. "The process started with secret meetings with the Postmaster General in 1930 and culminated in the Civil Aeronautics Act of 1938, a Depression-era protectionist statute that regulated both entry and rates. To participate in the airline business in the United States required a Certificate of Public Convenience and Necessity. Sixteen of these were awarded to airlines in operation in May 1938. Although the Act allowed issuance of new ones if they were 'required by public convenience and necessity', the Civil Aeronautics Board (CAB), created to administer the statute, never in forty years thereafter made the requisite finding to issue another one, although it did create more limited classes of certificates for specialized operations" (LEVINE, Michael E. Why Weren't the Airlines Reregulated?, cit., p. 7).

uma concorrência ruinosa, sendo esse o sentido do interesse público (*public interest*) à época.

O CAB, durante 40 anos, só autorizou a entrada de companhias para atuar no mercado regional, de pequena distância, impedindo a competição das novas entrantes com as principais companhias (*trunk carriers*), as empresas que faziam as ligações mais cobiçadas inter-regionais. Além disso, fusões gradualmente consolidaram o mercado, de forma que, no final da década de 1970, havia somente 11 das 16 companhias principais do início da era regulatória, com não mais de 12 empresas locais e regionais – tal aspecto refletirá as inúmeras semelhanças com o mercado brasileiro da década de 1970.

Essa consolidação – via restrição regulatória – ocorreu paralelamente a um crescimento explosivo do tráfego aéreo, com médias anuais de crescimento de 15% entre 1938 a 1977, levando, naturalmente, a uma evidente concentração do mercado. A regra mais enfática desse período era a de que uma nova companhia e, em especial, uma companhia já autorizada a voar, desejando expandir sua área de atuação, deveria demonstrar rigorosamente ao CAB que sua entrada no mercado requerido não iria prejudicar a empresa incumbente.

Tal sistema resultou em não mais do que uma ou duas companhias autorizadas a funcionar nos maiores mercados. Exemplo coletado do trabalho de Severin Borenstein e Nancy Rose[10] dá conta de que, em 1958, 23 das maiores ligações (*city-pair markets*) eram efetivamente monopólios e 57 ligações eram efetivamente duopólios. O mercado era, assim, sensivelmente concentrado e cartelizado.

3.2.1 *Antes:* a regulação praticada pelo CAB, as regras para ingressar no setor, a fixação dos preços das passagens e a estrutura do mercado

A regulação econômica praticada pelo CAB estipulou, implicitamente, mecanismos de subsídio cruzado, de maneira que as rotas mais longas, invariavelmente mais rentáveis, sustentavam financeiramente rotas locais mais curtas, deficitárias. Todavia, tal política regulatória não necessariamente tinha conexão com os custos das companhias, razão pela qual não induzia a eficiências de redução de custos ou de maximização de lucros.

Além disso, a atuação regulatória do CAB estimulava a concentração das companhias em aeroportos que serviam cidades populosas, o que resultou no desenvolvimento do sistema ponto a ponto. Tal desenho regulatório, além dos entraves para a competição de companhias nas rotas estabelecidas pelo CAB,

10. BORENSTEIN, Severin; ROSE, Nancy. Op. cit., p. 4-5.

praticamente eliminava os incentivos às companhias para reduzir custos operacionais, com a melhor distribuição de suas malhas, e inovar tecnologicamente.

Na mesma linha, as propostas de descontos apresentadas pelas companhias eram recebidas pelo CAB com ceticismo, podendo recair em competição ruinosa. Assim, o mecanismo não fazia parte da estrutura de incentivos e de regulação do CAB. Tal desenho regulatório, com pequenas mudanças, teve curso durante mais de 30 anos.

Somente em 1970 o CAB se sensibilizou em estabelecer alguma investigação (*Domestic Passenger Fare Investigation*) sobre a composição das tarifas aéreas e comparar tais preços com base nos custos das companhias. Ou seja, adotou uma fórmula tradicional de microeconomia baseada em custos. O resultado foi a criação do *Standard Industry Fare Level*, fórmula baseada nas distâncias voadas pelas companhias associadas aos níveis de custos da indústria e às taxas de retorno. Criou-se uma fórmula, utilizada até hoje, que se funda nos custos das companhias (todos os custos operacionais) para voar determinada distância. Permitia, ainda, estipular um índice de comparação entre as companhias mais rentáveis e aquelas com custos mais altos.

No entanto, mesmo durante essa investigação, finalizada em 1974, o CAB manteve sua histórica regulação de subsídios e incentivos cruzados, pouco valorizando uma estrutura efetiva de custos.

Sugestivos estudos elaborados entre meados das décadas de 1960 e 1970 demonstraram o grave equívoco microeconômico da regulação do CAB.[11] Tais estudos, realizados em *rotas intraestatais* do Texas e da Califórnia, que, por isso, se submetiam a uma regulação diversa da estipulada pelo CAB[12] – incentivando as companhias a atuarem de acordo com os seus custos –, compararam preços desses Estados com trechos de semelhante distância nos quais a regulação do CAB era total. O resultado foi uma significativa diferença. Por exemplo, segundo o estudo de Michael Levine,

> embora a mais baixa tarifa entre Boston e Washington, oferecida apenas por companhias tronco certificadas pelo CAB, fosse US$ 24.65 [companhia intraestatal] a Pacific Southwest Airlines, usando o mesmo equipamento turbopropulsor, transportava passageiros entre Los Angeles e San Francisco,

11. Os principais estudos são: LEVINE, Michael E. Is regulation necessary?, cit., p. 1.416-1.447; e JORDAN, William A. *Airline regulation in America*: effects and imperfections. Baltimore: Johns Hopkins Press, 1970.

12. Interessante debate se deu em relação ao conflito entre a legislação federal e a legislação estadual para regular o transporte aéreo. O CAB utilizou diversos argumentos, entre os quais a extensão e a harmonização regulatória, para atingir mercados intraestatais, destacando-se o *caso Intra-Hawaiian markets*.

apenas 59 milhas mais próximas, por US$ 11.43. A diferença tarifária era de US$ 13,50.[13]

Michael Levine ressalta que a diferença substancial devia-se aos diferentes modelos regulatórios aos quais as companhias se submetiam. Na regulação intraestatal da Califórnia e do Texas, em especial depois da certificação da Southwest Airlines em 1971, as companhias eram incentivadas a concorrer em razão dos preços, de forma que as aeronaves eram utilizadas mais intensamente, com maiores taxas de ocupação (*load factors*), permitindo uma tarifa sensivelmente mais reduzida e adaptada ao custo de operação.

O trabalho de Severin Borenstein e Nancy Rose[14] demonstra que os preços estimados com base nos custos das rotas de longa distância, sob a supervisão do CAB, estavam em percentuais muito acima dos verificados nas rotas intraestatais não reguladas. Em 1968, nas rotas reguladas, as tarifas estavam 20% acima dos custos, algumas atingindo até 100% acima, geralmente aumentando com a distância, enquanto nas rotas não reguladas os preços excediam tão somente os custos operacionais em 3%. Havia, no mercado intraestatal parcialmente desregulado, uma realidade de competição.

No entanto, o que se revelava contraditório aconteceu: a regulação tarifária do CAB não se traduziu em significativa rentabilidade para as companhias, diversamente do que ocorreu em outros setores regulados. A sinalização regulatória do CAB incentivou as empresas a aumentar os custos, reduzindo bruscamente as margens lucrativas e agindo de forma ineficiente. Sem a disputa por preço, as companhias concentravam esforços e custos na competição por *horários* e pela *qualidade do serviço*.

A política regulatória incentivava maior frequência de voos sem conexão, serviços especializados de alimentação, maior espaço e comodidade nas aeronaves, maior número de tripulantes. Essa "competição" por qualidade resultava em maiores custos. O principal elemento de competição era a frequência e a conveniência de horários, a forma mais efetiva de conquistar novos passageiros.

A disputa baseada em frequência de horários, todavia, acarretou um jogo de *soma zero* entre as companhias, utilizando uma ideia da teoria dos jogos. O

13. "Although the lowest fare between Boston and Washington, served only by CAB--certificated trunk carriers, is $24.65, [intrastate carrier] Pacific Southwest Airlines, using the same modern turbo-prop equipment, carries passengers between Los Angeles and San Francisco, only 59 miles together, for $11.43. The jet fare is only $13.50" (apud BORENSTEIN, Severin; ROSE, Nancy. Op. cit., p. 6, tradução nossa).

14. BORENSTEIN, Severin; ROSE, Nancy. Op. cit., p. 6.

equilíbrio desse jogo não cooperativo não resultava em rentabilidades maiores para as companhias (ou ganhadores e perdedores). Em razão dos altos custos marginais e de restrições regulatórias do CAB, o equilíbrio se dava com o aumento da frequência de voos, o que gerava mais custos, acarretando baixa taxa de ocupação (*seats solds/seats available*) e alto custo médio de cada passageiro por milha transportado, a fórmula mais eficiente para o cálculo unitário dos custos da companhia.

Nas décadas de 1960 e 1970, a taxa de ocupação nas rotas reguladas pelo CAB girava em torno de 55%, que resultava até mesmo em critério de comodidade, mas com toda a qualidade descontada nos preços regulados, enquanto nas rotas intraestatais não reguladas a taxa de ocupação excedia a 71% – índice comparável às atuais taxas de ocupação, tanto de companhias americanas como brasileiras. Nos anos que antecederam a desregulação, no início da década de 1970, a taxa de ocupação chegou a cair abaixo de 50%, índice nunca antes registrado desde o começo da aviação comercial norte-americana.

Um último aspecto da estrutura de mercado, de sensível impacto nos custos operacionais, era a mão de obra especializada do setor. Na literatura americana de regulação, continuava controvertido se os trabalhadores da indústria conseguiam extrair rentabilidades altas em razão da equivocada estrutura de custos. No entanto, é possível imaginar o seguinte cenário: os preços regulados incentivam as companhias a incluir também os custos trabalhistas do negócio. Não havia estímulo para efetivas negociações, tendo em vista que a tarifa não era controlada pela companhia. A alta margem de lucros fixada pelo CAB cobria os rendimentos extras dos funcionários, além de permitir a existência de fortes sindicatos.

Nesse sentido, a regulação era desejada pelos trabalhadores, criando um cenário cativo e cômodo, limitando, até mesmo, as greves e paralisações. Pode-se pensar – e há algumas evidências empíricas – que o fim da regulação tornou as negociações mais efetivas e o custo trabalhista mais controlado, uma vez que as companhias tomaram total controle dos preços da indústria, no sentido marginalista da teoria microeconômica. De qualquer forma, outros custos surgiram de forma mais evidente, como as sucessivas greves dos funcionários, notórias no início da década de 1980.[15]

3.2.2 *Durante:* a desregulação instituída pelo CAB e os agentes do mercado

O processo de mudança indicando o caminho da desregulação teve início em meados da década de 1970 (ao fim da *Domestic Passenger Fare*

15. BORENSTEIN, Severin; ROSE, Nancy. Op. cit., p. 8-9.

Investigation), depois que o CAB implementou uma moratória sobre as rotas, impedindo a entrada de qualquer novo concorrente e a expansão das rotas das empresas existentes, realçando a política regulatória. O CAB continuava entendendo que uma competição acirrada no setor produziria efeitos negativos na rentabilidade das companhias.

Em meados da década de 1970, um grande número de acadêmicos[16] pressionou por uma reforma regulatória, defendendo maior competição no setor e redução dos inegáveis custos e perdas gerados pela regulação. A própria agência reguladora já se inclinava para uma reforma regulatória, em 1975, ainda sob a direção de John Robson, que suspendeu a moratória das rotas e também permitiu a entrada de novas companhias, fato inédito no setor.

Com a chegada de Alfred Kahn, o novo *chairman* do CAB, o processo de desregulação foi sensivelmente acelerado. Com um trabalho inovador, levando para a regulação do transporte aéreo sua experiência como acadêmico e professor em Cornell e o trabalho regulatório desenvolvido na New York Public Service Commission, entre 1974 e 1976, Alfred Kahn estimulou intensamente o debate marginalista na estrutura de preços e custos da indústria, descortinando quão distorcida era a estrutura regulatória do CAB.[17]

O elemento mais interessante dessa alteração regulatória, pontuada tecnicamente por uma revolução marginalista na atuação da agência reguladora, foi o uso mais intenso de mecanismos econômicos para a rotina do CAB. Mais instigante era – como Alfred Kahn salientara – que o CAB possuía poucos especialistas em Economia nas áreas mais importantes da agência, sendo dirigida basicamente por especialistas em Direito. A revolução marginalista resultou então, verdadeiramente, na aplicação prática da AED, de maneira a redefinir o trabalho de regulação e desembocando na própria desregulação.[18]

Realce-se que um fermento político já havia sido adicionado ao debate técnico do setor. Em 1975, uma série de audiências foi promovida pelo

16. Entre os mais destacados estavam Elizabeth E. Bailey, veterana pesquisadora do *Bell Labs*, e também o já mencionado Michael Levine.

17. Alfred Kahn sofreu influência de Joseph Schumpeter e suas predições sobre as inovações do capitalismo. Sugestivo como sua atuação no CAB deu origem ao mais explícito processo de inovação em uma indústria, levando adiante, também, a ideia da destruição criativa. Nesse sentido, cf. McCRAW, Thomas K. *Prophet of innovation*: Joseph Schumpeter and creative destruction. New York: Belknap Press, 2007.

18. Sobre o trabalho de Alfred Kahn como *chairman* do CAB e os anos de fermento da desregulação, cf. McCRAW, Thomas K. *Prophets of regulation*. New York: Belknap Press, 1984, p. 222-229.

Senador Edward M. Kennedy (*Kennedy hearings*), capitaneada por Stephen Breyer, professor da Harvard Law School - hoje *Associate Justice* da Suprema Corte norte-americana -, levando ao conhecimento público muitos dos estudos comentados anteriormente.

Formou-se uma verdadeira ação pró-desregulação, ainda que importantes agentes do mercado, como a maior parte das companhias aéreas, conduzidas pela Delta Airlines, e os sindicatos dos funcionários, fizessem efetivo *lobby* contra a desregulação.

No entanto, o *lobby* contra o processo não foi capaz de sustá-lo. E a participação de Alfred Kahn aí foi decisiva. A repercussão pública das ineficiências do CAB conduziu o processo para a desregulação do setor, culminando, em 1978, na aprovação do *Airline Deregulation Act* (ADA).

Por meio do ADA foram estipuladas etapas de transição para a desregulação. A autoridade do CAB sobre a definição das rotas terminou em 31 de dezembro de 1981; sua autoridade para definição das tarifas terminou em 1.º de janeiro de 1983; e, por fim, em 1985, a própria agência foi extinta.

Segundo Viscusi,[19] mesmo antes do fim da agência o mercado já estava funcionando em sistema quase livre. A competição agora se dava em um ambiente não regulado, com incentivos para a definição de tarifas independentes.

Com novos elementos, vale repisar as duas características essenciais das antigas práticas regulatórias: regulação de preços e regulação de entrada e saída das companhias.

A definição de tarifas pelo CAB seguia quatro regras essenciais, nenhuma delas, como se afirmou, diretamente relacionada aos custos das companhias.

A primeira era de que os preços eram estabelecidos para permitir às companhias aéreas um retorno razoável sobre o investimento feito. Esse sempre foi um objetivo implícito da agência reguladora durante as três primeiras décadas de funcionamento, tornando-se um objetivo explícito após 1960, permitindo um ganho para as empresas, nessa década, de até 10,5% sobre o investimento, percentagem que aumentou para 12% na década de 1970. Contudo, a maior parte dessa rentabilidade se perdia nos "custos de qualidade".

A segunda regra era aquela dos subsídios cruzados. O CAB estabelecia tarifas acima dos custos para as rotas que excediam 600 km e tarifas abaixo dos custos para rotas com menos de 600 km. Estabelecia, assim, um retorno cruzado, de forma que as longas rotas "financiavam" as rotas mais curtas, com o objetivo primário de promover rotas menos utilizadas.

19. VISCUSI, W. K.; VERNON, J. M.; HARRINGTON JR, J. E. *Economics of regulation and antitrust*, cit., p. 554.

A terceira regra girava em torno da inexistência de seletividade na definição das tarifas, sem atentar para as diferentes companhias e suas condições particulares, o que reduzia a flexibilidade e contribuía para ocasionar distorções na estrutura de preços.

E a quarta regra era que o CAB, intensivamente, desencorajava a competição de preços entre as empresas, no sentido das já mencionadas frustradas tentativas de implementação de descontos. Pedidos de mudança tarifária não eram bem vistos pela CAB. A agência praticamente não decidia sobre tais requisições, argumentando sempre que uma competição por tarifas poderia gerar uma concorrência destrutiva.

Quanto à regulação de entrada e saída de companhias aéreas, a atuação do CAB foi ainda mais severa. Como frisado no item 3.2.1, no começo da regulação, em 1938, 16 companhias aéreas receberam os certificados de transporte. De 1938 a 1975, a agência não permitiu a entrada de uma só empresa, negando 74 pedidos para o funcionamento de novas empresas aéreas entre 1950 e 1974.[20]

O processo de permissão de funcionamento de uma nova companhia aérea era dispendioso e demorado, gerando enorme custo regulatório. Reafirma-se: em algumas situações, o CAB permitia a entrada de novas empresas nos serviços aéreos locais, restringindo a atuação nas rotas comerciais mais lucrativas, culminando no processo de moratória de rotas entre 1969 e 1974. Em raras circunstâncias, fora do período de moratória, e em mercados de alta densidade, o CAB permitira a entrada de uma nova empresa. Nesses casos, a autoridade regulatória preferia o aumento do número de competidores a uma redução das tarifas. De qualquer forma, a agência não permitia mais do que duas ou três companhias servindo a mesma rota.

O processo de desregulação foi direcionado para diminuir e, progressivamente, acabar com o controle sobre o preço das tarifas e sobre as regras de ingresso e saída das empresas do mercado. No entanto, outros aspectos da indústria aérea permaneceram regulados,[21] como demonstra Gautam

20. BREYER, Stephen. *Regulation and its reform*, cit., p. 208.

21. "The most significant regulatory legacy was a continuing program of subsidies and oversight of service to small communities under the 'Essential Air Service' program. The EAS was supposed to phase out in 1980s, but political forces have kept it alive to this day. For service to all but these very small airports, however, the transition to competitive markets occurred quite rapidly" (BORENSTEIN, Severin; ROSE, Nancy. Op. cit., p. 10)

Gowrisankaran, em recente pesquisa feita pelo Federal Reserve Bank of San Francisco.[22]

Assim, um dos principais aspectos para o desenvolvimento de uma companhia aérea, um conhecido gargalo do setor, permaneceu ostensivamente regulado: o acesso aos portões de embarque nos aeroportos e horários para utilização da infraestrutura. Nos Estados Unidos, a maior parte dessa regulação continuou sob o controle dos governos estaduais e locais. Tal regulação não tem estatura federal.

Segundo Gautam Gowrisankaran, esse tipo de regulação ainda é um problema, porque as comissões dos aeroportos não utilizam mecanismos formais de mercado, em especial processos de competição, para alocação dos horários de operação de pouso e decolagem para cada companhia. Simplesmente as comissões reguladoras locais exigem provas de que as companhias irão operar atendendo ao interesse público/interesse do consumidor. Não há nada mais vago em matéria de regulação.

Tal regulação, conhecida como regulação dos horários de operação de voos (*slots regulations*), está intimamente vinculada à obtenção de acesso aos portões de embarque. A razão dessa regulação é impedir o congestionamento nos aeroportos mais utilizados dos Estados Unidos, tais como os aeroportos de Chicago, Washington, DC e New York, e servirá amplamente para a discussão da realidade brasileira.

Naturalmente a desregulação doméstica americana também não atingiu o mercado de voos internacionais, que permanece fora de uma concorrência mais explícita.[23] A desregulação permitiu que acordos bilaterais entre companhias aéreas de diferentes países estabelecessem voos para as respectivas rotas

22. GOWRISANKARAN, Gautam. Competition and regulation in the airline industry. *FRBSF Economic Letter*, San Francisco, n. 2002-2001, p. 1, Jan. 18 2002.

23. Extensa reportagem da revista *The Economist* demonstra como a regulação internacional e os respectivos acordos bilaterais entre os países colocam freios à concorrência no mercado do Atlântico Norte, o segmento do transporte aéreo comercial com maior número de passageiros no mundo. A possibilidade aberta com um novo *open skies* entre os Estados Unidos e a União Europeia, a se efetivar em março de 2008, poderia permitir que qualquer companhia americana voasse para qualquer destino na União Europeia e vice-versa. De qualquer forma, efetivado tal acordo, ainda assim a concorrência interna não seria afetada, uma vez que não seria estendido o direito para que companhias europeias, por exemplo, fizessem voos de cabotagem nos Estados Unidos. Além disso, o acesso das empresas europeias à infraestrutura aeroportuária americana é também um gargalo à competição (cf. THE ECONOMIST. Fear of flying: a special report on air travel. v. 383, n. 8.533, Jun. 2007).

internacionais com poucas restrições. No entanto, tal processo não criou um mercado competitivo, porque não é permitido que determinada companhia estrangeira faça voos internos nos Estados Unidos. Ou seja, não há o incremento de competição interna nos Estados Unidos pelo incremento do transporte aéreo internacional. Por causa da regulação, os mercados relevantes são diferentes.

Uma última pergunta continua instigando os acadêmicos. Por que, ainda assim, a desregulação ocorreu em 1978? Por que não antes ou depois? Segundo Severin Borenstein e Nancy Rose nenhuma das explicações acima é inteiramente satisfatória para a desregulação.

De fato, nenhuma atuação isolada seria suficiente para levar adiante o processo de desregulação. Ocorre que, no contexto descrito acima e tal como afirma a metodologia defendida na primeira parte do trabalho, houve uma verdadeira combinação de fatores concentrados em um curto período.

A pressão de acadêmicos, estudos técnicos sobre as inconsistências do CAB, o explícito apoio político, a cobertura intensa da mídia, a mudança da concepção regulatória na própria agência, o *lobby* não efetivo dos agentes favoráveis à permanência da regulação, tudo isso associado às instabilidades macroeconômicas da década de 1970, desencadeou a desregulação e levou os Estados Unidos a dar fim à era regulatória, abrindo espaço para a desregulação também em outros setores.

3.2.3 *Depois:* os resultados da desregulação, efeitos sobre as passagens aéreas e a lucratividade das companhias aéreas

Antes do debate sobre os efeitos da desregulação, é sintomático repisar os principais efeitos do período regulatório: no que se refere ao controle de tarifas pelo CAB, detectou-se o baixo estímulo para o incremento da produtividade das companhias, em razão direta da inexistência de competição por preço. Houve tão somente, como constatado, efetiva competição pela qualidade do serviço, único caminho diferencial que as empresas encontravam para a conquista de mercado.

O mercado regulado resultou também na evidente falta de incentivo para inovação, aspecto que será analisado quando forem abordados os programas de fidelidade e o sistema centro–raio, certamente a principal modificação não antecipada do funcionamento aéreo pós-desregulação.

Da prevenção para entrada de novas companhias decorreu, naturalmente, a manutenção no mercado de empresas ineficientes sob o ponto de vista do custo operacional. Esse é um aspecto significativo, ou seja, quando o mercado passa por um processo de desregulação, logo depois é comum ocorrerem inúmeras quebras e falências, como se o mercado selecionasse entre as empresas eficientes e ineficientes. Tal ponto será abordado mais adiante, no item 3.2.4.

Entrando na análise dos resultados do período pós-desregulação, Viscusi demonstra,[24] no que se refere a uma comparação entre tarifas do mercado regulado e do mercado desregulado, que, por exemplo, entre 1978 e 1993, houve aumento das tarifas de pequena distância de até 30% para trechos de até 700 km, enquanto houve um declínio substancial para tarifas dos trechos mais longos, de até 40% para trechos com distância acima de 4.000 km.

Isso, evidentemente, demonstra que a regulação de preços do CAB funcionava via subsídio cruzado (*cross subsidization*). Durante o processo de desregulação, os preços começaram a ser estabelecidos com base nos custos de cada rota, pulverizando a *artificialidade* da definição de preços na estrutura do mercado.

Outro aspecto importante de comparação tarifária como efeito da desregulação é o sensível aumento do número de passageiros que começou a viajar utilizando descontos nas tarifas. Somente um quarto dos viajantes utilizava descontos em 1976, enquanto três quartos começaram a utilizar as rotas promocionais em 1983.

Em especial, tal aspecto foi notado em mercados de baixa densidade. Isso revela o funcionamento do mercado de passageiros: os viajantes a turismo contam com um mercado de alta elasticidade, com demanda bem variável, em especial em épocas de baixa temporada (os viajantes a turismo podem alterar seus horários com mais facilidade), enquanto os viajantes de negócios, em rotas comerciais densas - mas com melhores horários e serviços -, tem um mercado com baixa elasticidade, o que permite harmonização tarifária e poucos descontos.

Com a competição girando em torno dos preços, as companhias começaram a adotar uma estrutura cada vez mais extensa de precificação das passagens. A dispersão tarifária ocorria não só em razão da qualidade do passageiro, mas também de passagens adquiridas com maior tempo em relação à viagem, permanência no local de destino (com a conhecida regra do sábado à noite),[25] descontos de último minuto (*last minute discount*), entre outros. O processo foi, além disso, aperfeiçoado, tornando-se mais intenso com o desenvol-

24. VISCUSI, W. K.; VERNON, J. M.; HARRINGTON JR, J. E. *Economics of regulation and antitrust*, cit., p. 558.

25. "The Saturday-night stay restriction replaced minimum stay on discount tickets in most markets, and became the standard self-selection device for major airlines over the next twenty-five years" (BORENSTEIN, Severin; ROSE, Nancy. Op. cit., p. 14).

vimento tecnológico, o que permitiu às companhias administrar, de maneira dinâmica, uma base de dados extensa. Tal efeito de dispersão e dinamismo foi novamente potencializado com a internet e as tarifas eletrônicas.

Outro ponto de comparação ocorre entre os aspectos de competição fora do preço (*nonprice competition*). O único aspecto a contar com incentivo explícito de competição durante o mercado regulado era a concorrência fora do preço. Como a tarifa variava muito pouco de companhia para companhia, havia uma efetiva disputa pelo tempo de viagem, pela observância da pontualidade (ou seja, aspectos que dizem respeito ao valor do tempo para o consumidor), pelo número de assentos livres nas aeronaves (interessante mensuração relativa à sensação de quão agradável pode ser um voo), além da disputa pela qualidade no serviço de bordo.

Viscusi[26] salienta que as empresas competiam severamente em aspectos não relacionados diretamente ao preço das tarifas. Por exemplo, os preços da maior parte dos itens servidos a bordo aumentaram 62% entre 1976 e 1982, mas as companhias aéreas repassaram somente 40% dos custos aos consumidores, nítido aspecto da nova competição por tarifa.

Em comparação com o período pós-desregulação, viu-se claramente uma sugestiva diminuição nas tarifas aéreas médias – ainda que algumas tarifas de trechos mais curtos tenham aumentado, como se verificou, houve mais do que uma compensação com os preços dos trechos mais longos –, em um nítido período de adaptação tarifária, enquanto o serviço de bordo e outros aspectos referentes ao *nonprice competition* perderam qualidade, num processo simultâneo.[27]

26. Para uma discussão mais elaborada da mensuração dos critérios de *nonprice competition*, inclusive por meio de tabelas e figuras, cf. VISCUSI, W. K.; VERNON, J. M.; HARRINGTON JR, J. E. *Economics of regulation and antitrust*, cit., p. 559--561.

27. "Once carriers were free to compete on price, the nature of competition required reevaluation. In general, airlines have found price easier to differentiate across passengers on a route than quality, apart from premium class service – business or first – with its own cabin. While some consumers attached high valuations to various aspects of quality, more seemed to prefer lower prices. Competition was diverted from less-valued nonprice dimensions (which led to high regulated era service quality) toward price, resulting in reductions in service quality [...] Quantifying the provision of in-flight amenities is difficult, but it seems clear that this area has experienced perhaps the greatest decline in quality since deregulation. The days of piano bars in 747s, gourmet meals, and designer flight attendant uniforms are long past for most travelers" (BORENSTEIN, Severin; ROSE, Nancy. Op. cit., p. 20-22).

Nessa nova disputa tarifária, o número de voos aumentou vertiginosamente. Entre 1977 e 1990, os voos domésticos nos Estados Unidos aumentaram 120%. Uma pequena amostragem dessa diferença permite uma exata compreensão do incremento de voos: o aumento dos voos foi superior em mais de 41% em relação às projeções feitas em pesquisas entre 1955-1978 para o período posterior que se estenderia até 1990.

Os estudos sobre os impactos da desregulação sustentam igualmente mudanças indesejadas com relação ao tempo de viagem, atrasos de partida, extravio de bagagens, com significativa queda na qualidade dos voos.

Embora alguns trabalhos também demonstrem que as reclamações mantiveram-se estáveis, em um nível baixo, tal como evidencia o gráfico abaixo,[28] atualmente tais critérios de qualidade são ainda mais problemáticos e visíveis.

Gráfico 3 – Número de reclamações em razão da receita das companhias por passageiro/milha transportado

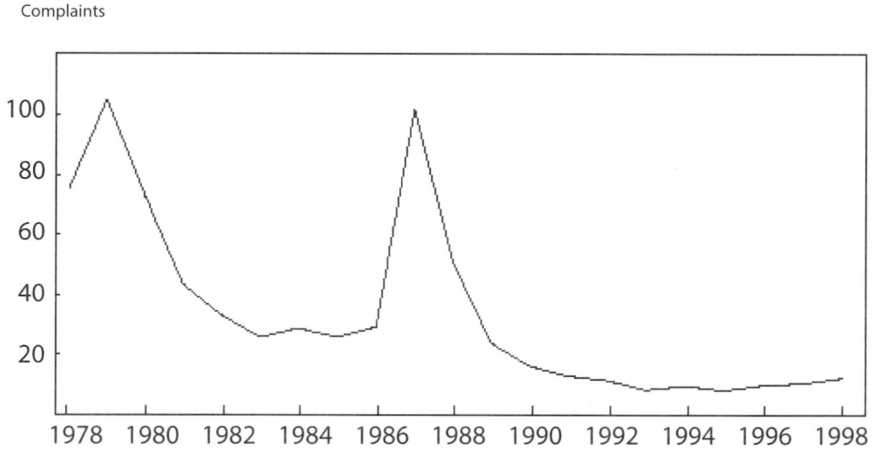

Fonte: Authors' calculations using complaint data from the U.S. Departament of Transportation and revenue passenger mile data from the Air Transport Association, Washington, D.C.

Pesquisas recentes do Bureau of Transportation Statistics, instituição de pesquisa, estatística e monitoramento do setor de transporte nos Estados Unidos, evidenciam, por exemplo, que os atrasos se tornaram mais frequen-

28. PELTZMAN, Sam; WINSTON, Clifford (ed.). *Deregulation of network industries*: what's next? Washington, DC: AEI – Brookings Joint Center for Regulatory Studies, 2000. p. 20.

tes e de maior duração, acarretando perda de bem-estar aos consumidores, tornando-se um aspecto de monitoramento constante.[29]

Com o incremento do número de voos e o desenvolvimento do sistema centro–raio, o uso da infraestrutura aeroportuária se tornou muito mais intenso, e a maior parte dos atrasos é detectável em razão das limitações de infraestrutura.

A estrutura escassa, a regulação inadequada e o pouco investimento público-privado resultam hoje em disputas acirradas pelos horários de operação nos aeroportos centrais e em crescentes dificuldades do controle de tráfego aéreo. A desregulação econômica no controle das companhias aéreas desembocou na discussão sobre a (des)regulação da infraestrutura, frequentemente monopolizada pelo Estado.

No entanto, tais problemas, segundo Viscusi,[30] são mais que compensados pela redução das tarifas.

Em um sugestivo estudo - os dados são de 1993 -, utilizando o instrumental básico da análise econômica de custos (perdas) e benefícios (ganhos) após a desregulação, Viscusi demonstra que os consumidores ganharam mais de 12,4 bilhões de dólares em redução de tarifas (*under deregulation*) e mais de 10,3 bilhões em decorrência do incrível aumento da frequência de voos (*hub-and-spoke system*). Por outro lado, em relação ao aumento de restrições para viagens (1,1 bilhão), o tempo de voo (2,8 bilhões), o fator médio de ocupação dos assentos (0,6 bilhão)[31] e o número de conexões (0,7 bilhão) houve redução do bem-estar dos consumidores. De qualquer forma, os ganhos são expressivos - um excesso de 18 bilhões de dólares anuais.[32]

Nesse debate sobre o nível de preços e os eventuais ganhos do consumidor, Severin Borenstein e Nancy Rose ponderam que alguns números podem

29. Cf. Disponível em: <http://www.transtats.bts.gov/OT_Delay/OT_DelayCause1.asp>.

30. VISCUSI, W. K.; VERNON, J. M.; HARRINGTON JR, J. E. *Economics of regulation and antitrust*, cit., p. 564.

31. "Average load factors for domestic scheduled service climbed from lows of under fifty percent just prior to deregulation, to over sixty percent in the mid-1980s, and have remained above seventy percent since the late 1990s, most recently hitting 77% in 2005 [...]. Since most cost do not vary with the number of passengers on a flight, higher load factors have contributed to lower costs per revenue passenger-mile" (BORENSTEIN, Severin; ROSE, Nancy. Op. cit., p. 22).

32. Nesta conta, Steven Morrison e Clifford Winston apontam benefícios econômicos ainda maiores para a desregulação, ultrapassando a barreira dos US$ 20 bilhões (cf. PELTZMAN, Sam; WINSTON, Clifford (ed.). Op. cit., p. 2).

ter sido superestimados, uma vez que alguns cálculos consideram ganhos de produtividade exógenos e não exatamente vinculados ao processo de desregulação. Tais ganhos ocorreriam também em um ambiente regulado, prejudicando, assim, a comparação (cf. o item 2.4.1). No entanto, os autores sustentam que, mesmo sendo complicada essa comparação intertemporal, em razão da existência de várias *concausas* não oriundas da desregulação, é notório na pós-desregulação um ambiente de preços mais favorável ao consumidor.[33]

Outro estudo, de autoria de Gautam Gowrisankaran, mostra tabelas comparativas[34] (crescimento do número de passageiros e alterações tarifárias) entre os Estados Unidos e o Canadá. No Canadá, o processo de desregulação teve início em período bem posterior ao americano.

Como se vê do primeiro gráfico reproduzido, os Estados Unidos experimentaram um crescimento estrondoso de quase 225% no número de passageiros, enquanto o Canadá teve um crescimento bem menor, na casa de 80%. Há aqui uma nítida combinação entre desregulação e maior competição.

Gráfico 4 – Comparação entre Estados Unidos e Canadá quanto ao crescimento no número de passageiros (1975 a 2000)

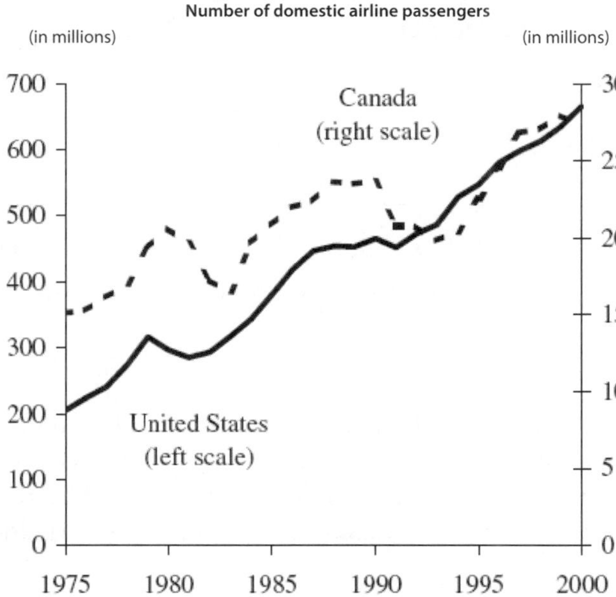

Fonte: U.S. Bureau of Transportation Studies, Canada Aviation Statistics Centre.

33. BORENSTEIN, Severin; ROSE, Nancy. Op. cit., p. 12-13).
34. GOWRISANKARAN, Gautam. Op. cit., p. 218.

No Gráfico 5, como já havia sido notado acima, observa-se uma consistente redução no valor das tarifas aéreas nos Estados Unidos, tendo como base o período de 1975 a 1990. No Canadá, as tarifas permaneceram praticamente estáticas, quase sem redução.

Gráfico 5 – Comparação entre Estados Unidos e Canadá quanto aos preços médios das passagens aéreas (1975 a 2000)

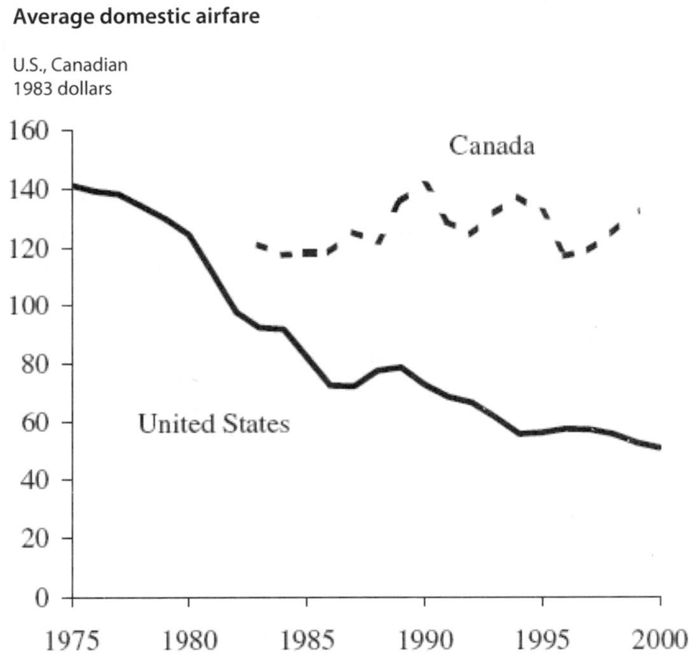

Fonte: U.S. Bureau of Transportation Studies, U.S. Bureau of Labor Statistics, Canada Aviation Statistics Centre, *Bank of Canada Review*.

Um terceiro estudo, de Morrison e Winston,[35] talvez o mais emblemático já feito sobre o impacto da desregulação no setor aéreo, evidencia a redução do preço das tarifas comparando o período pós-deresregulação com o período anterior. A seguir o gráfico de comparação importado do mencionado trabalho.

35. PELTZMAN, Sam; WINSTON, Clifford (ed.). Op. cit., p. 2.

Gráfico 6 – Média de redução dos preços das passagens aéreas no decorrer dos anos em comparação com 1978

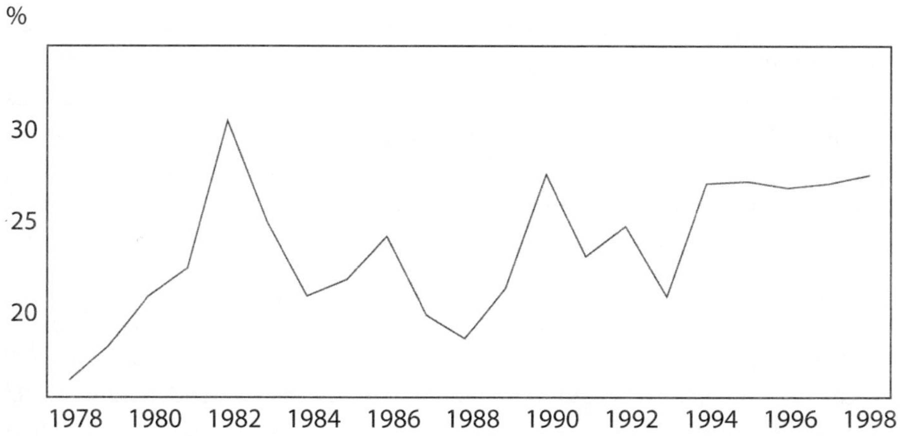

Um aspecto negativo a destacar diz respeito à rentabilidade das companhias aéreas (mostrando quão instável e sensível é o setor). É que, após a desregulação, os ganhos reduziram-se sensivelmente, em especial entre 1979 e 1986. A certeza da rentabilidade fixa e regulada foi abandonada pela competição. No entanto, durante o período destacado, inúmeros pontos negativos afetaram a indústria aérea, em particular a recessão americana de 1981-1983, o sensível aumento nos preços dos combustíveis, além do forte movimento grevista dos funcionários.

Viscusi[36] realça, ainda, outro ilustrativo estudo em que se compara o nível de produtividade das companhias aéreas americanas e das companhias estrangeiras. O estudo é possível porque as diversas empresas têm quase os mesmos custos, já que os combustíveis são vendidos no mercado mundial, e a manutenção das aeronaves é severamente regulada por padrões internacionais. Com exceção do ambiente regulatório e das despesas com pessoal, os demais custos são muito equivalentes. A produtividade das companhias inclui parâmetros que vão desde a densidade das rotas, passando pelo tamanho da empresa, até a capacidade de utilização das aeronaves.

Nesse sentido, sob a regulação (1970-1975), a redução do custo unitário das companhias americanas foi de 3% contra 4,5% das companhias estrangeiras. No período pós-desregulação (1975-1983), as empresas americanas passa-

36. VISCUSI, W. K.; VERNON, J. M.; HARRINGTON JR, J. E. *Economics of regulation and antitrust*, cit., p. 566.

ram a experimentar uma redução (aumento de produtividade) de 3,3% contra 2,8% das empresas externas. Ou seja, após a desregulação, as companhias americanas aumentaram seu nível de produtividade e de eficiência.

Outro importante aspecto analisado como decorrência da desregulação foi a segurança aérea. Academicamente se pensava que uma excessiva competição por preço poderia trazer, como consequência, redução na segurança das aeronaves. Talvez, em razão de custos mais baixos, as companhias usassem pilotos menos experientes e reduzissem a manutenção das aeronaves. Além disso, não se poderia desconsiderar o aumento do tráfego aéreo após a desregulação, elemento que também afetaria a segurança.

No entanto, tais aspectos não afetaram a segurança. Houve, paralelamente à desregulação, substancial incremento tecnológico, com a fabricação de novas e mais seguras aeronaves. O aumento da competição permitiu, na verdade, práticas mais eficientes, possibilitando a redução de custos, sendo que parte da lucratividade foi destinada ao fortalecimento dos níveis de segurança. Além disso, o segredo do negócio é não ter acidentes, integrando a credibilidade do transporte aéreo.[37]

Assim, o número de acidentes totais continuou a diminuir mesmo após o período de desregulação. Um dado relevante que indica a permanência dos altos níveis de segurança é que os custos de seguro (*insurance*) não aumentaram.

3.2.4 *Depois*: a expansão, a reconcentração do setor e a política antitruste

Logo após a desregulação, no período de 1978-1984, 47 novas empresas juntaram-se às 11 empresas nacionais e às 12 empresas regionais. No entanto, no período subsequente, entre 1984 e 1987, após o teste das novas companhias no cenário desregulado, o mercado viveu um período frenético de fusões e aquisições, além de inúmeras quebras, com a saída de 48 companhias. Das companhias que iniciaram operações até 1984, somente 7 ainda operavam em 1990. Destas, estão em operação atualmente apenas a Southwest e a America West (renomeada USAir posteriormente).

37. "Despite economic deregulation, the Federal Aviation Administration has maintained authority over all aspects of air carrier safety, from certification of new aircraft, to airline maintenance, training, and operating procedures, to airport and air traffic control system operation [...]. There is no evidence that airlines have reduced their provision of safety since deregulation [...]. Not only does safety continue to be directly regulated, but airlines also perceive strong safety reputations to be a prerequisite to attracting any passengers" (BORENSTEIN, Severin; ROSE, Nancy. Op. cit., p. 24).

Esse período de meados da década de 1980 revelou ser o ápice da entrada de novas companhias no mercado após a desregulação. No entanto, o cenário de intensa concorrência, dificuldades macroeconômicas no início da década de 1980, greves sucessivas e a natural adaptação do setor levaram a uma reconcentração da indústria, mas em patamares mais competitivos do que em comparação ao período regulatório.

O ciclo de novas entrantes, tal qual o ciclo de rentabilidades positivas e negativas da indústria, teve nova onda em meados de 1990, quando o mercado viu ingressarem no mercado 18 novas companhias, a maior parte projetos de baixo custo, a nova tendência do setor, sendo que três dessas companhias continuavam a operar em 2005.

Em uma visão geral do processo, segundo Viscusi,[38] o índice de concentração no mercado aéreo americano não aumentou. O índice de concorrência, para ser mais bem mensurado, deve estar necessariamente vinculado às principais rotas utilizadas pelas companhias. Assim, nas rotas acima de 2.000 milhas (3.200 km), por exemplo, o número de empresas aumentou de 2 para 3,5 (como média) entre 1977 e 1996. Entre rotas de menor distância, 500 milhas (800 km), o número de empresas oscilou entre 2 para 1,5 (média). Estabelecendo uma média entre as rotas, o número de empresas atendendo as rotas mais importantes aumentou de 1,5 para quase 2,5.

Assim, se em 1994 o número total de empresas no mercado era menor do que no período de regulação, as rotas atendidas contavam com mais companhias, mostrando que, nos específicos mercados (analisando as rotas), não houve aumento da concentração aérea, mas efetiva diminuição do índice, com benefícios para o consumidor.

Dados semelhantes também podem ser obtidos do estudo de Gautam Gowrisankaran, como se observa no gráfico a seguir.[39] Utilizando o índice Herfindahl-Hirschman para analisar uma rota longa representativa (San Diego–Boston), bem como para averiguar o total das rotas domésticas nos Estados Unidos, entre 1990 e 1999, o índice manteve-se, nas duas situações, quase estável, oscilando entre 0,2 e 0,3 tão somente na rota San Diego–Boston.

Tendo em conta que o valor 1,0 no índice Herfindahl-Hirschman equivale ao monopólio, 0,5 de índice equivale ao mercado com duas companhias iguais e 0,33 equivale ao mercado com três companhias de mesmo tamanho e poder, a manutenção do índice entre 0,2 e 0,3 na rota de San Diego–Boston, ou

38. VISCUSI, W. K.; VERNON, J. M.; HARRINGTON JR, J. E. *Economics of regulation and antitrust*, cit., p. 570.

39. GOWRISANKARAN, Gautam. Op. cit., p. 3.

seja, com efetiva competição de quatro a cinco empresas, revela um mercado com um número significativo de companhias na rota estudada.

Gráfico 7 – Concentração no mercado aéreo americano e na rota San Diego – Boston entre 1990 e 1999

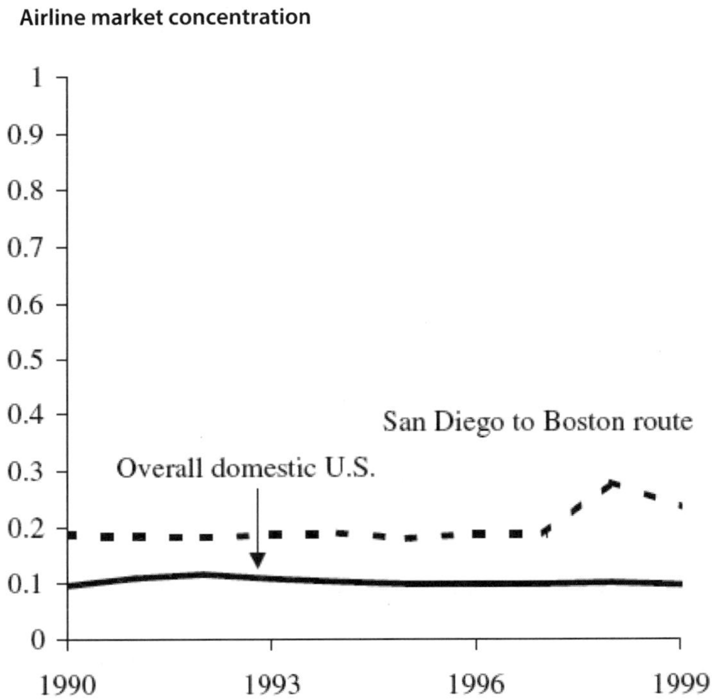

Fonte: Compiled by author from 3rd quarter U.S. Department of Transportation data.

O período pós-desregulação, revelando custos operacionais inconsistentes, desorganização financeira, maior competição e novas entrantes, com projetos ousados mas não estruturados para uma realidade de baixa rentabilidade, ocasionaram as diversas quebras e fusões no setor nos Estados Unidos nos últimos 30 anos. Das seis companhias nacionais americanas (Continental, USAir, Delta,[40] United e Northwest, American Airlines), cada uma com mais de 5%

40. A seguinte notícia publicada no jornal *Valor Econômico* é o resumo exato das grandes companhias americanas nos últimos anos: "A companhia norte-americana Delta Airlines se retirou nesta segunda-feira da posição de concordata, à qual apelou para se proteger de credores e evitar sua falência. A empresa estava nessa situação havia 19 meses e emergiu graças a um programa de reestruturação de

do tráfego nacional, somente a Southwest não se reestruturou financeiramente com o auxílio da Lei de Falências americana, conhecida como *Chapter 11*.[41]

Severin Borenstein e Nancy Rose sugerem que há pouca evidência de que essas falências tenham prejudicado severamente os consumidores. As companhias em situação pré-falimentar normalmente adotam estratégias agressivas, de redução drástica de preços, mecanismo que não é seguido pelas companhias saudáveis, não ocasionando, nesse contexto, uma competição destrutiva. Logo após a quebra, a maior parte das rotas abandonada pela companhia falida é incorporada pelas demais empresas; até mesmo em aeroportos médios e pequenos as estatísticas não são relevantes.[42]

Embora as quebras não tenham resultado em efeitos perniciosos para os consumidores - evidenciando um estágio da indústria pós-regulação -, dão conta do novo contexto econômico do transporte aéreo, da necessidade de redução de custos e da dependência do cenário macroeconômico. Além disso, o setor pós-desregulação começou a suscitar - e era natural que isso acontecesse - inúmeras questões de política antitruste.

Enquanto o setor era regulado, sem a possibilidade de competição em tarifas e com mercado cativo, sem contestação - forte obstáculo para a entrada de novas empresas -, o governo americano pouca preocupação tinha em relação à política antitruste.

No entanto, com o mercado desregulado e com o significativo aumento da concorrência - ainda que inegáveis avanços e benefícios para os consumi-

US$ 3 bilhões [...]. A empresa, a terceira maior companhia aérea dos EUA, sai da concordata muito mais enxuta do que era há quase dois anos. Apenas em gastos com pessoal, a empresa cortou US$ 1 bilhão por ano. No período a empresa adicionou mais de 60 rotas internacionais à sua malha para escapar da competição feroz em voos de baixo custo dentro dos EUA" (OSSE, José Sergio. Delta Airlines sai de concordata após 19 meses e cortes de US$ 3 bilhões. *Valor Econômico*, 30 mar. 2007 Disponível em: <http://noticias.uol.com.br/economia/ultnot/valor/2007/04/30/ult1913u68432.jhtm>).

41. Além disso, as seis grandes companhias americanas iniciaram processos de fusão, marcando um ciclo pós-crise no mercado aéreo americano. Assim, em 2008, a Delta e a Northwest se fundiram, ainda que somente em janeiro de 2010 é que conseguiram voar como uma companhia só; em maio de 2010, a United Airlines e a Continental anunciaram acordo de fusão - avaliado em US$ 3 bilhões, o negócio criou a maior companhia aérea do planeta na oportunidade; e, por fim, agora no início de 2013, a American Airlines e a US Airways também anunciaram sua fusão, de forma a ocupar a posição de maior companhia aérea do planeta.

42. BORENSTEIN, Severin; ROSE, Nancy. Op. cit., p. 18.

dores pudessem ser detectados, como se observou no item anterior –, emergiram problemas paralelos referentes à matéria antitruste.

Uma regra sintomática ao processo de desregulação, instituída ainda pelo *Airline Deregulation Act* (ADA) de 1978, incorporada à seção 7 do *Clayton Act*, foi a de que todas as fusões e aquisições tivessem aprovação prévia do CAB para o formal funcionamento das novas companhias aéreas no mercado.

De qualquer forma, ponderando os dados referidos acima, verifica-se que o CAB, durante seus anos finais de existência, teve atuação negligente quanto às fusões aéreas. O Department of Transportation (DOT) aprovou todos os atos de concentração aérea até 1987, uma década depois do início do processo de desregulação. Algumas até mesmo contra a recomendação do Departamento de Justiça de impedir a fusão. Durante o período de 1985-1987 houve a fusão de 20 companhias aéreas.

O processo de concentração muita vezes é uma ótima solução (de mercado) para impedir a completa falência de companhias, especialmente do setor aéreo, tal como ocorreu em meados da década de 1980 nos Estados Unidos, quando houve a manutenção de empregos, rotas e pagamento de tributos, em um cenário macroeconômico negativo e de adaptação desse setor.

No entanto, o intenso processo de fusão alardeou preocupações concorrenciais, uma vez que, durante esse período, a política antitruste do setor foi completamente negligenciada pelas autoridades responsáveis.

Um primeiro foco de problemas antitruste é o acesso aos portões de embarque e aos horários de operação livres para as aeronaves. Trata-se, aqui, de *anticompetitive nonprice practices*. Nos principais aeroportos, os grandes aeroportos centrais de O'Hara em Chicago, LaGuardia e Kennedy em Nova York, e Ronald Reagan National Airport em Washington, DC, há uma efetiva concentração de companhias que dominam a maior parte dos *slots*, frequentemente as mesmas empresas: American Airlines, United Airlines, Delta e US Airways.

Esse é talvez o mais efetivo problema anticoncorrencial do setor, aspecto que será recorrente em outros pontos do trabalho. Forma-se uma verdadeira barreira impedindo a entrada de novas empresas, justamente porque não há horários de operação livres. Além disso, os contratos entre as empresas aéreas e os aeroportos normalmente são estabelecidos por vários anos e com exclusividade no uso dos portões de embarque, balcões de atendimento e horários de pouso e decolagens. Tais contratos geram ineficiência, inexistindo uma efetiva competição de preços para alocação desses verdadeiros ativos. Para que essa prática anticoncorrencial seja desfeita, é indispensável a observância das regras de mercado.

Outra prática anticoncorrencial não referente aos preços é o sistema de reservas aéreas pelo computador (CRS). Tal aspecto será retomado mais adiante com referência a um tradicional caso americano (item 3.4). Os originais sistemas de reserva por computador foram introduzidos pela American Airlines (Sabre System) e United Airlines (Apollo System) ainda em 1976. No entanto, a desregulação potencializou o uso da tecnologia.

Duas são as formas anticoncorrenciais. Na primeira hipótese, o CRS pode disponibilizar mais informações sobre determinada companhia do que outra. Ou mesmo o agente de viagens pode precisar de menos comandos (*keystrokes*) para acessar informações de determinada empresa, uma tática muito sutil. Na segunda hipótese, a própria companhia proprietária do sistema pode fazer com que seus voos apareçam de forma mais evidente do que os voos de outras companhias. Assim, se o passageiro procura voos para as 18h00, o sistema pode ser programado para mostrar antes um voo das 17h30 da empresa proprietária do sistema, ainda que exista um voo às 17h45 de outra companhia.

Na verdade, pode-se pensar em inúmeras outras formas de manipulação do sistema. Ainda que o sistema possa trazer benefícios para o consumidor, em especial no relacionamento com os agentes de viagens, tornando a procura e a reserva por voos mais eficiente e rápida, não se pode perder de vista a utilização do CRS para conferir vantagens para as empresas proprietárias. Todavia, o uso intenso da internet, em que a procura por passagens é feita pelo próprio consumidor, tem funcionando exatamente em sentido oposto, estimulando a competição.

Outra questão anticompetitiva, sem vinculação com preços, são as alianças de mercado. No mercado doméstico americano, o processo ganhou novos contornos em 1998 com a consolidação de atividades de três pares de empresas - American Airlines e US Airways; Delta Airlines e United Airlines; e Continental Airlines e Northwest Airlines. As empresas continuaram separadas, com existência individual, mas houve uso comum das aeronaves, reservas e rotas aéreas. Houve até mesmo a consolidação dos programas de milhagem. O atrativo residiu em que as empresas receberam quase todos os benefícios da fusão, mas praticamente não incorreram nos custos.

Enquanto o processo se verifica no âmbito da aliança dos programas de milhagem, tal como ocorre no segmento internacional com o grupo Star Alliance, a prática parece redundar tão somente em benefícios para o consumidor. Há, de fato, o uso inteligente dos programas de fidelidade e a ampliação do número de destinos atendidos pelas companhias parceiras.

No entanto, quando a aliança é mais profunda - tal como ocorreu com o *code share* (compartilhamento de aeronaves, seleção de rotas) estabelecido entre Varig e TAM no Brasil, por quase dois anos -, o processo pode ser bastante prejudicial. Admite-se que a aliança estabeleça o uso racional das rotas aéreas e aeronaves, permitindo, em um primeiro momento, a redução de tarifas, com benefícios ao consumidor. Mas é certo que, em um processo prolongado, a tática diminui a competição, reduz o número de assentos e horários disponíveis, resultando em inegáveis prejuízos.[43]

A atenção maior da política antitruste se dirigiu e ainda se direciona para as condutas anticompetitivas. O controle estrutural tem sido bem menos intenso, razão das instabilidades do setor e da crise quase sistêmica, o que embasa argumentos de concentração das companhias.[44] Entre as condutas, a principal prática anticompetitiva recaiu na fixação de preços (*Anticompetitive Pricing Practices*). Há dois grandes problemas aqui: a fixação de preços predatórios e a sinalização e harmonização tarifária.

A fixação de preços predatórios é uma tática recorrente, ou pelo menos tida como recorrente, desde o início da desregulação. É usada, principalmente,

43. De qualquer forma, como já se referiu em nota anterior, as seis grandes companhias - depois do teste pelo período de alianças - iniciaram formalmente processos de fusão. Boa parte da onda de concentração decorreu de mais um ciclo de crise no mercado aéreo doméstico nos Estados Unidos, na terceira década de desregulação do setor. Nesse ambiente, as fusões encontraram pouca resistência das autoridades antitruste. Como as fusões são recentes, ainda é impossível dimensionar eventuais efeitos anticompetitivos. Essas fusões propõem uma nova agenda de pesquisas e estudos.

44. No caso da fusão entre a Delta e a Northwest, afirmou a Divisão Antitruste do Departamento de Justiça norte-americano: "After a thorough, six-month investigation, during which the Division obtained extensive information from a wide range of market participants - including the companies, other airlines, corporate customers and travel agents - the Division has determined that the proposed merger between Delta and Northwest is likely to produce substantial and credible efficiencies that will benefit U.S. consumers and is not likely to substantially lessen competition". Mais informações sobre a investigação realizada no USDOJ, cf. <http://www.justice.gov/atr/public/press_releases/2008/238849.htm>. No caso da fusão da United Airlines com a Continental, houve reduzida preocupação antitruste, resultando tão só na transferência de *slots* das companhias em fusão para a Southwest Airlines, em particular no Newark Liberty Airport. Aqui a informação do USDOJ: "The Department of Justice announced today that in light of the agreement by United Airlines Inc. and Continental Airlines Inc. to transfer takeoff and landing rights (slots) and other assets at Newark Liberty Airport to Southwest Airlines Co., the department has closed its investigation into the proposed merger of UAL Corporation, the parent of United, and Continental. United and Continental entered into the arrangement with Southwest in response to the department's principal concerns regarding the competitive effects of the proposed United/Continental merger". Para informações adicionais sobre a investigação, cf. <http://www.justice.gov/atr/public/press_releases/2010/262002.htm>.

para responder à entrada de novas companhias no mercado, com a estratégia de fixação de preços bem reduzidos – em alguns casos, abaixo dos preços de custo – nas rotas onde há competição com os novos entrantes.[45]

Por exemplo, a Frontier Airlines acusou a United Airlines, em 1994, de utilizar preços predatórios para retirá-la do mercado na rota Billings-Denver. A Frontier entrou no mercado, na rota mencionada acima, com uma tarifa ao redor de US$ 100, cobrando a metade do preço praticado pela United. A United reagiu imediatamente praticando uma tarifa com o preço semelhante. A demanda cresceu rapidamente, quase 60%, em resposta à redução das tarifas. Um ano depois, a Frontier saiu o mercado e dirigiu ao Department of Justice (DOJ) uma reclamação formal contra a conduta da United, que voltou a praticar os preços anteriores, mais de 200 dólares, logo após a saída da Frontier.

O gráfico a seguir, elaborado com base em exemplo disponível no trabalho de Viscusi,[46] ajuda a entender o que ocorreu com a entrada da Frontier e a suposta tática predatória da United.

Gráfico 8 - Disputa tarifária entre a United Airlines e a Frontier Airlines na rota Billings-Denver

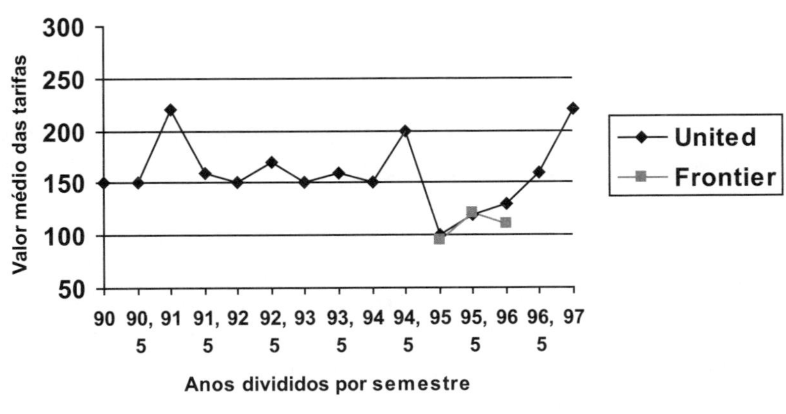

45. Para uma análise das teorias de práticas de concorrência predatória no transporte aéreo, cf. FERREIRA, Natália Santos; OLIVEIRA, Alessandro Vinícius Marques de. *Discussão das abordagens teóricas na investigação de práticas de concorrência predatória no transporte aéreo*. Documento de Trabalho n. 20, Núcleo de Estudos de Competição e Regulação do Transporte Aéreo (NECTAR), São José dos Campos, 2006. Disponível em: <www.nectar.ita.br>. Acesso em: 24 set. 2007.

46. VISCUSI, W. K.; VERNON, J. M.; HARRINGTON JR, J. E. *Economics of regulation and antitrust*, cit., p. 575.

Agora, como saber se a tática foi de fato predatória ou se foi tão somente uma reação agressiva de competição? A questão normalmente é respondida utilizando o critério do preço de custo para a fixação do preço da tarifa, ou seja, um instrumental econômico. Se a tarifa foi definida abaixo do preço de custo, há uma indicação consistente de que a conduta é predatória e anticoncorrencial. O instrumental econômico é valiosíssimo.[47]

É possível, contudo, agregar um conhecimento teórico que deve acompanhar os dados econômicos. A par do preço de custo, se a companhia *major* que reage à entrada da pequena empresa aérea cortando suas tarifas tem um prejuízo substancial durante aquele período, tendo em vista suas expectativas de receita; se volta a praticar um preço maior logo após a retirada do novo entrante, numa tentativa de rápida recuperação de rentabilidade; e se é possível encontrar uma estratégia alternativa de concorrência - tais como melhor serviço de bordo, horários mais flexíveis, programas de milhagem -, há um sinal claro de prática predatória. E esse parece ter sido exatamente o caso da United contra a Frontier.[48]

A sinalização tarifária (*price signaling*) está vinculada à fixação de preços de forma coordenada. Aqui o problema reside justamente na forma de fixação de preços. Quanto mais empresas aderem ao "acordo", mais instável ele fica, bastando uma só empresa descumprir as regras acordadas e iniciar uma guerra tarifária, intensificando a competição, para que a harmonização não funcione e a tática seja descoberta pelas autoridades antitruste.

Comunicações diretas ou encontros clandestinos são efetivos meios para a sinalização de preços, mas tais táticas trazem consigo enorme risco. Por ou-

47. No caso brasileiro, a Portaria SEAE 70/2002 consolidou as diretrizes para a investigação de condutas de preços predatórios. Entre as diretrizes, é indispensável investigar o mercado relevante, as barreiras à entrada, as condições de oferta, a capacidade de financiamento e só, posteriormente, ultrapassadas essas etapas, fazer a análise de preços e custos, a fim de verificar se os preços cobrados são, efetivamente, menores que os custos.

48. A questão do preço predatório é tão intensa que o Department of Transportation (DOT) estuda a implementação da seguinte regra: "[...] we propose to consider that a major carrier is engaging in unfair exclusionary practices [...] if, in response to new entry into one or more of its local hub markets, it pursues a strategy of price cuts or capacity increases, or both, that either (1) causes it to forgo more revenue that all of the new entrant's capacity could have diverted from it or (2) results in substantially lower operating profits - or greater operating losses - in the short run than would a reasonable alternative strategy for competing with the new entrant" (VISCUSI, W. K.; VERNON, J. M.; HARRINGTON JR, J. E. *Economics of regulation and antitrust*, cit., p. 578).

tro lado, comunicações indiretas, via pequenos anúncios ou alertas eletrônicos, são menos efetivas mas mais seguras (impedem o *smoking gun*).

3.2.5 *Depois:* sistemas de reservas por computador

Retornando ao sistema de reservas por computador, um caso aprofunda o uso prejudicial da tecnologia na determinação dos preços das passagens no período pós-desregulado. No final da década de 1980 e início da década de 1990, as companhias aéreas americanas foram acusadas de harmonização tarifária por meio da Airline Tariff Publishing Company (ATPCO),[49] um sistema computadorizado de publicação das tarifas aéreas no qual as companhias anunciam, em alguns casos com antecipação, o valor das tarifas, o tempo de duração daqueles preços e o número de assentos para cada tarifa. A maior parte das demais companhias tem acesso ao sistema.

Tal prática permite uma eficaz combinação para acerto de tarifas. Por exemplo, uma companhia A tem interesse na rota Washington–New York, enquanto a companhia B tem nítido interesse na rota Boston–Atlanta. A companhia A, suspeitando de tal interesse - a formação das rotas é um claro indicador -, lança na ATPCO que diminuirá sua tarifa na rota Washington–New York, mas, ao mesmo tempo, com uma linguagem cifrada, faz agregar ao sistema que a companhia B pode fazer o mesmo com a rota Boston–Atlanta, uma vez que, nessa rota, a companhia A irá até mesmo subir seu preço. Se a companhia B aderir à estratégia de harmonização tarifária, ela subirá também sua tarifa na rota Washington–New York. Aqui há um acordo cruzado, mas o sistema permite um sem-número de acordos, incluindo a definição de tarifas idênticas. Além disso, a tática é eficiente e não é tão vulnerável.

Em 1991, um processo foi aberto pelo Department of Justice (DOJ) depois que a tática ficou conhecida. A interessante alegação das companhias aé-

49. "During the 1980s, policymakers became concerned that some airlines used distribution systems to further insulate themselves from price competition. Until the late 1990's, travel agents issued more than 80% of all airline tickets, with the bulk of the remainder issued directly by the airlines. In the 1980s, agents started using computer reservation systems (CRSs) that allowed them directly access airline availability and fare information. CRSs grew out of airline's internal computer systems and were originally owned by the airlines. This raised the potential for airline owners to bias the system's response to information queries in a way that advantaged them and limited price competition. Concern about bias of information displays in favor of one carrier became a competitive issue for much of the 1980s and 1990s, ultimately tom formal regulatory restrictions on CRS display criteria in 1984 and 1992" (BORENSTEIN, Severin; ROSE, Nancy. Op. cit., p. 16).

reas consiste em que o anúncio prévio de mudança tarifária beneficia o consumidor. Os consumidores podem conhecer antecipadamente as tarifas das companhias e planejar melhor seus voos, ainda mais agora com os efeitos da internet. Assim, mesmo que a prática promova colusão, argumentam as empresas, ela pode promover a competição, beneficiando o consumidor. Por essa razão, as empresas justificaram que a conduta deveria ser analisada tendo em vista a regra da razão (*rule of reason*) e não a regra *per se*. A regra *per se* é a normalmente utilizada nos casos de fixação de preços sem uso do instrumental de custo e benefício.

O argumento não sensibilizou as autoridades. O caso foi decidido em 1994 pelo DOJ, que proibiu as companhias de anunciar antecipadamente as tarifas aéreas, a não ser nos casos de grandes e extensos anúncios, já que aqui haveria claro valor para os consumidores. Além disso, as empresas só podem anunciar informações básicas associadas com as tarifas e não podem vincular as tarifas com códigos especiais. De qualquer forma, como não se trata de decisão judicial, segundo Viscusi,[50] o *status* legal da harmonização de preços continua ambíguo.

Como sugere o caso relatado, a realização dos potenciais ganhos da desregulação exige uma efetiva aplicação da política antitruste. A regulação ainda existente e a política antitruste devem trabalhar juntas. A desregulação, assim, não elimina a atuação estatal. Há só uma mudança de perspectiva: diminui o controle estatal sobre a indústria aérea, mas a intervenção do Estado ainda é importante para a manutenção do ambiente competitivo. As práticas anticoncorrenciais demonstram isso, ainda que suavizadas em razão das inerentes dificuldades do setor.

3.2.6 *Depois:* programas de fidelidade

Outra característica da desregulação foi a inovação criada pelas companhias aéreas por meio dos programas de fidelidade. A empresa pioneira foi a American Airlines, introduzindo um programa de recompensas de frequência aérea em 1980. As demais companhias rapidamente criaram seus programas, posteriormente consolidados em alianças globais, como evolução na conquista de mercado e fidelização do consumidor.

Tal estratégia de marketing revelou ser um dos mecanismos de maior sucesso no período desregulado. O foco na competição por preço e não mais, exclusivamente, na qualidade do serviço criou novos incentivos para a ma-

50. VISCUSI, W. K.; VERNON, J. M.; HARRINGTON JR, J. E. *Economics of regulation and antitrust*, cit., p. 580.

nutenção e a captura de novos consumidores. O programa de fidelidade e a eficiente malha aérea tornaram-se indispensáveis na concorrência do setor.[51]

Os programas de fidelidade também suscitaram discussões sobre possíveis táticas anticompetitivas. Argumenta-se que a utilização dos programas de frequência aérea pode funcionar como um efetivo obstáculo para a competição/contestação de outras companhias, em especial as pequenas empresas. Por exemplo, se o consumidor ganha uma passagem doméstica voando 20 mil milhas com uma única companhia, ele fará os voos somente com essa companhia em razão do prêmio. Além disso, uma companhia nacional possui inúmeras rotas, o que potencializa ainda mais a recompensa da passagem aérea grátis.

A estratégia das companhias entrantes no mercado é oferecer algum diferencial. Em razão da impossibilidade de concorrer no programa de fidelidade, a pequena empresa – tendo baixos custos, por exemplo – pode oferecer tarifas baixas em diversos horários e rotas. Dependendo do valor, o consumidor pode escolher voar pela companhia pequena, mesmo sem recompensa de milhagem, fazendo um simples cálculo de custo e benefício. A tarifa mais baixa pode prevalecer.

Em uma visão panorâmica, os programas de fidelidade não se revelam anticoncorrenciais. Trata-se de uma inovação do mercado aéreo em razão da fidelidade do consumidor. Há um nítido benefício para o consumidor, averiguando-se, de um lado, as recompensas do programa em contraposição a eventuais táticas não competitivas. Às demais empresas entrantes cabe com-

51. "Loyalty programs typically reward travelers or travel agents with a nonlinear schedule of potential rewards, generating an increasing return to incremental purchases. The programs for individuals and travel agents also take advantage of an incentive conflict that may exist between the entity paying for the ticket (often the individual's employer or the agent's customer) and the person receiving the loyalty bonus (the traveler or travel agent). Loyalty programs soften price competition across carriers, as they induce a switching cost for travelers (or travel agents) by raising net cost if travel is spread over several airlines rather than concentrated on a single airline over time. The programs also link service across markets, basing rewards on the total amount purchased from the airline in all markets, not just one city-pair, and providing greater redemption opportunities on airlines with substantial service in a passenger's home market. In this way, they potentially further insulate large network carriers from competition on individual routes. More recent refinements to the programs leverage the effect, by targeting rewards such as preferential boarding and seating, upgrade availability, and free travel availability only to the highest volume travelers flying 50,000, 100,000, or more miles on the airline within a calendar year" (BORENSTEIN, Severin; ROSE, Nancy. Op. cit., p. 16).

petir com programas semelhantes ou inovar com novas perspectivas empresariais e criativas políticas tarifárias. Aqui há competição saudável.

3.3 A revolução com o sistema centro-raio (*hub-and-spoke*)

Outro aspecto a ser destacado como consequência da desregulação é a inovação do sistema centro-raio, sem dúvida o mais ilustrativo ponto de transformação do funcionamento do mercado doméstico de aviação norte-americano como iniciativa de competição.

Na linha das ideias de Joseph Schumpeter[52] - utilizando um trocadilho dos críticos da desregulação e o apelo destes à competição destrutiva –, o fato é que a desregulação desencadeou uma quase revolução. Em face das regras de mercado, o setor aéreo viveu uma criação destrutiva, com consequências não antecipadas.

Durante o período de regulação, o mercado aéreo americano oferecia basicamente um ótimo serviço mas com alto preço. Havia evidente prejuízo para o consumidor, que não podia optar por um serviço de qualidade inferior (em particular, o serviço de bordo), mas, em contrapartida, com significativa redução de preço. Além disso, em algumas rotas, necessariamente, havia restrições para a escolha de voos e horários, em especial nas cidades em que a manutenção de uma rota aérea não era lucrativa. Tudo isso mudou sensivelmente com a adoção do sistema centro-raio.

Sob a perspectiva econômica, o sistema anterior normalmente fazia a conexão direta entre as cidades, ou seja, quem desejava voar de New York para San Francisco fazia um voo direto. Como o número de destinos e combinações entre as cidades é enorme, as rotas diretas (que eram a maioria) tinham poucas aeronaves e poucos horários de voos. Além disso, pela dificuldade abordada, poucas cidades eram atendidas pelos voos diretos. Tornava-se impossível, então, alocar inúmeras aeronaves para atender um grande número de cidades. O custo seria monumental. A forma de regulação incentivava o sistema ponto a ponto, com prejuízos para o consumidor.

O sistema centro-raio mudou a forma de conectar as cidades e o desenvolvimento da malha aérea. As companhias, simplesmente, selecionaram cidades-chave, centrais, que passaram a receber boa parte do tráfego aéreo de cada companhia, concentrando a malha, para só depois direcionar os passageiros para os seus destinos finais. Tal sistema, de engenhosa economia, fez multiplicar o número de voos e incrementar ao mesmo tempo o número de

52. McCRAW, Thomas K. Op. cit.

cidades atendidas. Agora era possível alocar maior número de aeronaves para atender cidades antes desabastecidas pelo tráfego aéreo.

O trecho abaixo sugere as vantagens (i) e pontua também as desvantagens (ii) do novo sistema:

> (i) A configuração centro-raio oferece vantagens competitivas de custo e demanda. Aeroportos de conexão geralmente aumentam as opções de voo para passageiros viajando para e a partir dos *hubs* e permitem serviços mais convenientes para as rotas nas quais a demanda é insuficiente para um serviço direto com preços relativamente baixos. A economia de custo cresce em função de um aumento na densidade operacional, permitindo que a companhia aérea ofereça serviços mais frequentes em determinado trecho enquanto mantém uma alta ocupação.
>
> (ii) Ao mesmo tempo, em razão de que poucos aeroportos têm a logística ou capacidade econômica para suportar mais de uma larga escala operacional de conexão, a competição no aeroporto *hub* é tipicamente limitada, concedendo um poder de mercado para as companhias aéreas no seu próprio *hub*. Além disso, a maior frequência de voos e os inúmeros destinos disponíveis para a companhia aérea dominante do *hub* tendem a dar a esta companhia uma vantagem de demanda em relação a seus concorrentes em rotas fora do *hub*, vantagem que cresce em função da preferência dos consumidores, potencializada substancialmente pelo desenvolvimento, posteriormente à desregulação, dos programas de fidelidade. Esses efeitos têm-se refletido em menor competição em rotas para/oriundas de aeroportos de conexão quando comparados a outros mercados.[53]

Assim, como mostrado na figura a seguir, a Delta Airlines escolheu a cidade de Atlanta como sua cidade *hub* por nítidas razões de localização geográ-

53. "(i) The hub-and-spoke configuration provided cost, demand, and competitive advantages. Hubs generally increased available flight options for passengers traveling to and from hubs and made possible more convenient service on routes for which demand is not sufficient to support frequent nonstop service at relatively low prices. Operating cost economies arise from the increased density of operations, allowing the airline to offer frequent service on a segment while maintaining high load factors. (ii) At the same time, because very few airports have the logistic or economic capacity to support more than one large-scale hub operation, competition at the hub airports typically is quite limited, yielding substantial market power for airlines at their own hubs. In addition, the frequent flights and extensive destinations available on the hub airline tend to give that airline a demand advantage versus its competitors on routes out of the hub, arising from both fundamental consumer preferences and substantially enhanced by the development of airline loyalty programs subsequent to deregulation. These effects have been reflected in less competition on routes to/from hub airports compared to other markets" (BORENSTEIN, Severin; ROSE, Nancy. Op. cit., p. 19, tradução nossa).

fica, concentrando aí boa parte de seu tráfego aéreo, para só depois voar para outros destinos nos Estados Unidos (*spoke*), por meio, também, de operações casadas com companhias amigas, o que permitiu incremento ainda maior na frequência de voos.

Figura 3 – A conexão *hub* da Delta Airlines

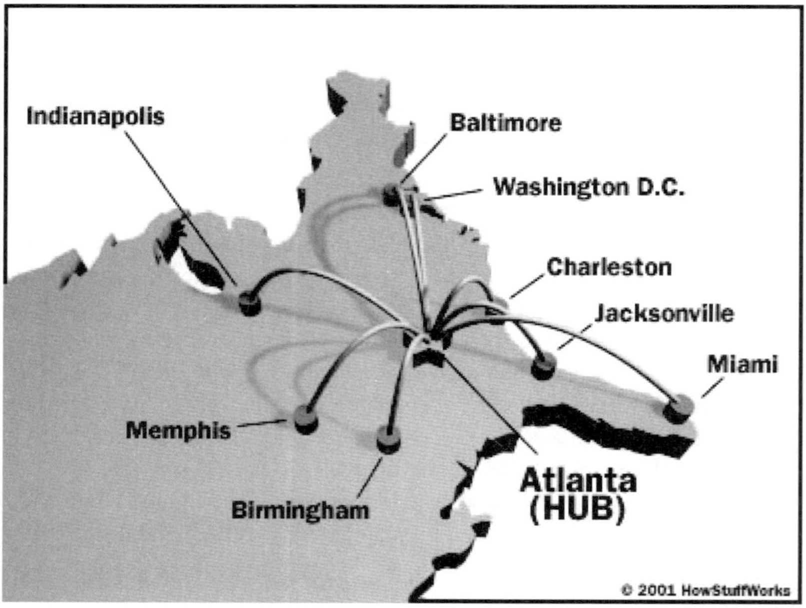

Por exemplo, partindo do Brasil, os voos da Delta Airlines frequentemente têm como destino Atlanta, permitindo depois inúmeras conexões. Se um consumidor quisesse voar diretamente para New York, como no sistema antigo, talvez até encontrasse um voo, mas de frequência limitada, o que sempre gera custos e complicações de horários. Ademais, se o mesmo consumidor quisesse voar para San Francisco talvez não encontrasse voo, porque essa rota não seria atendida pela Delta. Com o sistema centro–raio certamente o passageiro encontrará o voo na rota pretendida, ainda que como uma conexão, e em diferentes horários. Tendo em vista que o mesmo processo ocorre com as demais companhias, a frequência de voos teve um incremento inacreditável.[54]

54. Veja a ilustrativa explicação de Alfred Kahn para a funcionamento do hub-and-spoke system: "Visualize an airline with eighteen planes, nine line up from north to south along each coast and ready to fly across the continent. Without a hub somewhere in the middle, all it can offer in any one bank of flights is eighteen

No entanto, como ressaltado, o sistema também gerou distorções, com implicações concorrenciais. A concentração do tráfego aéreo em determinadas cidades centrais (*hubs*) favorece as companhias que dominam esses aeroportos centrais, normalmente as empresas mais antigas, que fazem valer um privilégio na utilização da infraestrutura. Como são cidades localizadas em pontos estratégicos no território americano, as companhias potencializam as conexões e distribuem melhor sua malha aérea.

Tal estrutura cria dificuldades para as empresas entrantes. A disputa por horários de operação e balcões de serviço nos aeroportos centrais é árdua. O sistema revela-se ainda mais concentrador quando o acesso à infraestrutura não utiliza mecanismos de mercado. Além disso, diversos estudos[55] demonstram que não há efetiva competição das grandes companhias nesses aeroportos centrais. Como o uso dos aeroportos centrais é muito intenso e a infraestrutura é escassa, as *legacys* tendem a adotar um comportamento cooperativo, que reflete em não agressão nos pares *companhias-aeroportos centrais*. Há uma verdadeira distribuição do espaço geográfico e de partilha da malha aérea, o que nos move para a aplicação de regras antitruste.

De qualquer forma, a regulação condicionava o sistema anterior. Ao impedir a entrada de novas companhias nas rotas correntes, a regulação do CAB restringia a reestruturação exigida para a mudança para o sistema centro–raio. O desenvolvimento do novo sistema trouxe inegáveis avanços: sensível barateamento das tarifas e aumento da frequência de voos.

Tal inovação, sob a inspiração da competição, é, sem dúvida, uma das principais lições da regulação econômica. Viscusi utiliza as palavras de Alfred

origins and destinations - one for each aircraft. With a single hub somewhere in between, those eighteen aircraft can service 198 city pairs going in the same direction, and another 144 for passengers doubling back to destinations on the coasts on which they started. Count them. Bear in mind, too, that the original justification for code-share alliances among airlines of different nationalities was to enable their customers to reap the same benefits (and competition between hubs) in the international arena" (KAHN, Alfred. E. *Lessons from deregulation*: telecommunications and airlines after the crunch. Washington, DC: AEI – Brookings Joint Center for Regulatory Studies, 2004, p. 52).

55. BORENSTEIN, Severin. Hubs and high fares: dominance and market power in the U.S. airline industry, cit.; idem, Severin. Airline mergers, airport dominance, and market power. *American Economic Review Papers and Proceedings*, n. 80, p. 400-404, 1990; e idem. *Hub dominance and pricing*: testimony before the transportation research board, 21 Jan. 1999. Disponível em: <http://faculty.haas.berkeley.edu/borenste/trb99.pdf>.

Kahn, um dos teóricos da desregulação, retomando Joseph Schumpeter, para sintetizar as transformações no mercado aéreo:

> A essência da competição reside na impossibilidade de se prever a maioria de suas consequências. A superioridade do mercado competitivo é o estímulo positivo, que proporciona constantemente maior eficiência, inovação, oferecendo aos consumidores diversidade de escolhas.[56]

3.4 O *caso American Airlines*

O *caso American Airlines* é considerado por muitos analistas o segundo caso antitruste de maior controvérsia da administração Clinton, só perdendo em importância para o estrondoso *caso Microsoft*.[57]

O *caso American Airlines*[58] configurou-se no cenário de preços e ações predatórias, nos moldes do panorama já apresentado no caso *Delta vs. Frontier*. Entre 1995-1997, na segunda leva de entrantes de baixo custo, a American Airlines bateu-se em uma feroz competição contra novas companhias de baixo custo (Vanguard, Western Pacific e SunJet) em algumas rotas que chegavam e saíam de seu aeroporto central, Dallas-Fort Worth International Airport.

Em resposta à entrada de novos competidores com baixos preços, a American Airlines reduziu seus preços ao nível dos concorrentes. Além disso, expandiu a frequência de seus voos e retomou uma rota abandonada (DFW–Long Beach, Califórnia), tida como não rentável, mas que era servida pela SunJet. Logo após as medidas de "competição" tomadas pela American Airlines, as pequenas companhias saíram do mercado, impossibilitadas de sobreviver diante da feroz participação da *legacy carrier*.

A American Airlines, por sua vez, após a saída das companhias, "generally resumed its prior marketing strategy, and in certain markets reduced the number of flights and raised its prices, roughly to levels comparable to those prior to the period of low-fare competition".[59]

56. "The essence of the case for competition is the impossibility of predicting most of its consequences. The superiority of the competitive market is the positive stimuli it provides for constantly improving efficiency, innovating, and offering consumers diversity of choices" (VISCUSI, W. K.; VERNON, J. M.; HARRINGTON JR, J. E. *Economics of regulation and antitrust*, cit., p. 562, tradução nossa).
57. Para uma análise detida dos dois casos, além do *caso Visa and Mastercard*, cf. HAHN, Robert W. (ed.). *High-stakes antitrust*: the last hurrah. Washington, DC: AEI – Brookings Joint Center for Regulatory Studies, 2003.
58. HAHN, Robert W. (ed.). Op. cit., p. 25-28.
59. *United States v. AMR Corp. et al.*, 140 F. Sup. 2d 1141, 1141 (D. Kan. 2001).

Em maio de 1999, o DOJ iniciou um processo contra a American Airlines, com apoio na seção 2 do *Sherman Act*, sustentando que a ação da companhia aérea era predatória. O DOJ não se baseou exatamente no comportamento de preços – tal comportamento sozinho talvez fosse competitivo –, mas na ação conjunta preço e expansão de capacidade, uma vez que tal conduta associada, ainda mais em trechos não rentáveis, não teria nenhum sentido ou credibilidade comercial. A conduta dirigia-se exclusivamente a forçar a saída do mercado dos novos entrantes, via prática predatória.

A American Airlines contra-argumentou sustentando: que os preços estavam acima ou no limite dos custos unitários das tarifas; que as rotas continuaram rentáveis; que os preços não estavam abaixo mas se equipararam aos preços estabelecidos pelas companhias entrantes; e que a teoria do DOJ de recuperação rápida da rentabilidade, após a saída dos novos competidores, era especulativa.

Em abril de 2001, o caso foi julgado pelo Juiz J. Thomas Marten de maneira favorável à defesa da American Airlines. O DOJ recorreu da decisão para a Corte de Apelação do Décimo Circuito.[60] A decisão foi mantida pela Corte de Apelação.[61]

O caso oferece um vasto painel de análise. Segundo a interpretação de Lawrence J. White,[62] é importante que os casos de comportamento predatório não sejam utilizados para proteger ineficiências dos novos entrantes e desencorajar uma competição mais agressiva. A tese do comportamento predatório deve ser reservada somente para situações em que a companhia aérea domine alta concentração do mercado relevante, a entrada de novos competidores seja muito difícil e a recuperação de eventuais custos no mesmo mercado seja uma real possibilidade.

E, segundo o mencionado autor, era essa exatamente a realidade nas rotas dominadas pela American Airlines. A medida judicial, assim, foi bem proposta e deveria condenar a conduta da American Airlines.

60. *United States v. AMR Corp. et al.*, 335 F. 3d 1109 (10th Cir. 2003).

61. Para uma análise integral do caso e dos debates na Corte de Apelação, até mesmo em comparação com outros três casos de preços predatórios (*The Lufthansa Case*, *The Air Canada Case* e *The Qantas Case*), evidenciado a inexistência de consenso de julgamento em relação à ação (anti)competitiva das empresas tradicionais contra entrantes de baixo custo, cf. LEE, Darin. Predation in airline markets: a review of recent cases, in: *Competition policy and antitrust*: advances in airline economics. Oxford: Elsevier, 2006. p. 25-52.

62. HAHN, Robert W. (ed.). Op. cit., p. 27.

Por fim, Lawrence J. White[63] defende que, nos casos de preços predatórios, a melhor análise econômica não é a fundada exclusivamente na definição sobre se o preço estabelecido para as tarifas aéreas está ou não abaixo dos custos unitários (regra de Philip Areeda e Donald Turner). Também é importante saber se, diante da entrada de um novo concorrente, tem a companhia dominante outra conduta possível para manter o bom retorno financeiro, ainda que a nova empresa permaneça no mercado (regra de Janusz Ordover e Robert Willig). Se houver outra conduta possível, e era este o cenário do caso American Airlines, o comportamento é predatório.

Ainda no *caso American Airlines*, vale a pena registrar as considerações de Robert Bork, que, naturalmente, se orientam em sentido contrário ao defendido por Lawrence White.

Segundo Robert Bork,[64] o *caso American Airlines* apresenta-se como um verdadeiro quebra-cabeça, uma vez que não se sabe quais foram as verdadeiras razões pelas quais o DOJ deu início à medida judicial. Bork advoga no caso sua famosa tese,[65] a existência de um paradoxo antitruste, uma guerra contra os próprios princípios da competição.

Bork, após estabelecer um panorama do sistema centro–raio e apresentar suas inúmeras vantagens em relação ao sistema ponto a ponto, na linha de Alfred Kahn, sustenta que não basta a definição de preços e custos ou a possibilidade de comportamento alternativo para a comprovação ou não da conduta predatória. Inúmeros outros elementos são importantes, como a eventual superioridade, por exemplo, dos serviços da American Airlines, a conveniência dos horários de voos, a existência de voos *non-stop vs.* voos com conexão, o valor do programa de milhagem, a restrição nas passagens. Ou seja, todo o ambiente deveria ser analisado para comprovar um possível comportamento predatório ou mesmo – como poderia pretender o DOJ[66] – estabelecer o "correto" preço das passagens da American Airlines para os referidos trechos em competição (como se o preço "justo" da American fosse algum valor entre o preço anterior praticado e o preço estabelecido pelos novos competidores – para Bork tal definição seria praticamente impossível em decorrência da dinâmica do mercado).

63. Idem, ibidem, p. 25.
64. Idem , ibidem, p. 64.
65. BORK, Robert. Op. cit.
66. Segundo Bork, "the government's argument, if accepted, would produce a regulatory nightmare – all in the name of a statute that is based on the idea of free competitive actions and responses" (HAHN, Robert W. (ed.). Op. cit., p. 69).

Segundo o autor, repetindo o pensamento de Alfred Kahn, algumas medidas judiciais sob a aparência da defesa concorrencial, como o pedido do DOJ de impedir por dois anos que a American aumente sua capacidade de assentos em qualquer rota em que um novo entrante apareça, soam como um retorno da regulação, uma rerregulação, de efeitos nefastos. Para Bork, a atuação do DOJ, no caso, "would take antitrust law back to the discredited era when efficiency and consumer welfare were sacrificed for the welfare of competitors".[67]

3.5 Quebrando o círculo vicioso

A importância da aplicação das regras antitruste é evidente. Alguns pontuam, no entanto, que tal aplicação deve ser suavizada, como no *caso American Airlines*. Já a alternativa do retorno mais intenso da regulação é severamente combatida por quase todos os mais importantes analistas, entre eles Viscusi, Alfred Kahn, Stephen Breyer e Robert Bork, destacando-se o estudo de Michael Levine.[68]

Tal perspectiva – do retorno regulatório – pode ser mais bem compreendida ao utilizarmos a ideia de *Breaking the Vicious Circle* de Stephen Breyer,[69] ou seja, quebrar, romper o círculo vicioso da regulação.

Breyer utiliza a ideia para criticar enfaticamente a desproporcional regulação existente nos EUA para o controle sobre medicamentos, elementos tóxicos nas comidas e elementos nocivos de maneira geral nos mais diferentes produtos. Trata-se da regulação diretamente relacionada com a saúde. Segundo Breyer, de maneira muito sintética, qualquer singelo exame de custo-benefício demonstrará que fábulas de dinheiro são gastas mas os resultados geralmente são ínfimos.

Há um verdadeiro equívoco regulatório que pode ser mensurado por três critérios sistemáticos: (i) o problema da visão bifurcada ou "os últimos 10%", ou seja, emprega-se grande quantidade de dinheiro para tentar solucionar os potenciais problemas que respondem só por 10% dos casos graves decorrentes de produtos nocivos, enquanto as causas mais importantes são negligenciadas (o esforço é brutal para um resultado pífio); (ii) a agenda dos problemas a atacar é totalmente randômica, isto é, não há um estudo específico para combater sistematicamente os efeitos nocivos de determinado produto (a escolha é quase aleatória, muito empírica e pouca científica); (iii) a escolha da regulação também é inconsistente porque se apoia em estudos e em métodos contradi-

67. HAHN, Robert W. (ed.). Op. cit., p. 69.
68. LEVINE, Michael E. Why weren't the airlines reregulated?, cit.
69. BREYER, Stephen. *Breaking the vicious circle*, cit.

tórios, sem o devido rigor científico e acurácia. O resultado, geralmente, causa mais danos do que previne os efeitos nocivos.

Tal processo de regulação equivocada acaba criando um *círculo vicioso* de regulação nociva que gira em razão da percepção pública (completamente alheia aos métodos científicos), da ação e da reação do Congresso americano (com a introdução de novos e viciados "regulamentos") e da equivalente ação técnica das agências reguladoras (distante de critérios científicos mais abalizados).[70] O objetivo de Stephen Breyer é justamente tentar buscar soluções para romper tal círculo vicioso.

Naturalmente, não é o nosso objetivo aqui analisar as soluções de Breyer para a regulação viciosa no âmbito de seu estudo. O que é importante é a sua ideia da regulação malfeita ou mesmo excessiva que pode ser aplicada ao setor aéreo. Além disso, a ideia nos leva às tentativas de reversão do processo desregulatório, perpetuando-se o círculo vicioso.

O que se passa com o setor aéreo americano nos últimos anos? Há crises de toda ordem: greves frequentes dos aeroportuários; aumento sistemático dos preços dos combustíveis (a cotação internacional do barril de petróleo atingiu preços recordes nos últimos anos – evento diretamente ligado à guerra no Iraque e às turbulências no Oriente Médio); débitos crescentes das principais empresas, em especial enormes dívidas previdenciárias;[71] e, por último, e mais

70. "In considering the causes of the regulatory problems identified in Chapter 1, I wish to consider how public perceptions, Congressional actions and reactions, and technical regulatory methods reinforce each other. They tend to create a vicious circle, diminishing public trust in regulatory institutions and thereby inhibiting more rational regulation. Congress reacts to the public and influences the regulators, who, in their choice of methods and problems, in turn influence both public perception and Congressional reaction. Understanding the interaction of these three elements will suggest what we can and cannot change" (BREYER, Stephen. *Breaking the vicious circle*, cit., p. 33).

71. A United Airlines está próxima de dar o maior calote previdenciário já visto na história financeira americana. Os valores totais giram em torno de US$ 2 bilhões. Os funcionários aposentados entrariam para o sistema geral de previdência americano, com uma significativa perda dos valores a receber. Tal medida foi provisoriamente aprovada pela justiça americana como única solução viável ante a falência (*bankruptcy*) da companhia. A legislação falimentar permitiria tal solução. O impacto da notícia foi extremamente negativo. Há duas interessantes questões aqui: (i) seria esta de fato a única solução viável? Trata-se, em verdade, de efetiva ação do Estado (mão visível), dupla por sinal, com a viabilização do "calote" pela justiça e pela assunção de parte da dívida pelo sistema público de previdência. Pergunta-se: o setor aéreo é tão crítico a ponto de exigir tal intervenção estatal, ainda mais em se tratando dos Estados Unidos? Não haveria nenhuma solução

grave, o ataque terrorista de 11 de setembro de 2001, que teve brutais reflexos na segurança, na demanda (os padrões de número de voos e passageiros só voltaram à normalidade em 2005) e nas rotas, com elevação significativa dos custos.

Repercute-se, assim, a possibilidade do retorno de uma ação mais interventiva do Estado, quase um volta ao passado de regulação.[72] Para alguns, em especial a percepção pública e o Congresso americano – na radiografia já feita por Stephen Breyer –, o retorno da regulação seria a única solução possível para a sobrevivência das companhias, com a manutenção consistente dos lucros e a diminuição das instabilidades. É como se o setor não pudesse viver fora do espectro regulatório. Não há como romper consistentemente o vício regulatório. Ainda que ele cause ineficiências, seria o único sistema viável para o setor aéreo.[73]

Alfred Kahn, como a maior parte dos analistas mais abalizados, discorda veementemente de tal posicionamento. O círculo vicioso da "regulação ineficiente" foi rompido com o processo de desregulação e isso deve ser mantido. Alfred Kahn sustenta que não é a desregulação a causa dos problemas do se-

de mercado para o problema? Vale o custo e benefício da medida?; (ii) o fato permite intensa comparação com o setor brasileiro, tendo em vista o uso da Lei de Falências americana e as recentes alterações na similar legislação brasileira. Como ficaria o *caso Varig* diante de tal perspectiva?

72. Esta a constatação de Morrison e Winston: "Despite these benefits, dissatisfied fliers and policymakers insist that government must intervene to correct what they claim are significant flaws in unregulated airline competition. These flaws include predatory strategies by large established carriers to drive smaller low--fare entrants out of the industry; poor treatment of passengers, ranging from stranding them on runways for several hours to charging inequitable fares; and blatant attempts by large carriers to build dominant airport hubs and monopolize gates to develop market power" (PELTZMAN, Sam; WINSTON, Clifford (ed.). *Deregulation of network industries*, cit., p. 3).

73. "More than twenty years later, markets are functioning in these network industries – and so are regulators. The airline industry has been completely deregulated, but in the past few years Congress and the U.S. Department of Transportation have raised concerns about how unregulated airline competition is working, and they have signaled their intention to take corrective action if necessary. Congress, for example, has been debating proposals that would create a new commission to review airline pricing strategies, and the Transportation Department has drawn up competition guidelines that attempt to identify instances of predatory behavior and establish acceptable zones of pricing behavior. The industry has felt compelled to draw up a 'passengers' bill of rights 'to help fend off legislation'" (PELTZMAN, Sam; WINSTON, Clifford (ed.). *Deregulation of network industries*, cit., p. viii).

tor. Os problemas são todos externos. Na verdade, segundo Kahn, o sucesso da desregulação já foi comprovado, com destaque para a inovação do sistema centro–raio. Ademais, segundo o mencionado autor, não fosse tal processo, as dificuldades das companhias aéreas seriam ainda maiores.[74]

O caminho a trilhar é discutir o que ainda resta de "regulação nociva", criando amarras para o sistema. E mais: a interação da regulação restante com os aspectos concorrenciais, e, em especial, analisar como a legislação antitruste pode ser efetivamente aplicada ao setor aéreo.

No sentido anunciado acima, Alfred Kahn coloca um primeiro aspecto que lhe parece bastante discutível da regulação ainda existente e que merece alteração, qual seja a limitação de 25% para a presença de companhias estrangeiras no capital das empresas americanas. Para o autor, tal regra soa anômala, completamente desprovida de senso, uma vez que a indústria aérea americana precisa de capital adicional, de forma a suportar os período de crise e crescer.

Duas interessantes questões aparecem aqui. A primeira tem caráter positivo. Mesmo em setor tão sensível, chave para o funcionamento da economia, não se vê razão para impedir a participação mais ativa de empresas estrangeiras. Tal ideia condiz com o espírito americano de liberalidade comercial e de

74. "I begin by baldly stating my essential conviction: airline deregulation has been a nearly unqualified success, despite the industry's unusual vulnerability to recessions, acts of terrorism, and war. The carriers' freedom to enter (and exit) domestic markets and to price as they please, subject only to the constraints of the antitrust laws, has generated enormous benefits for consumers. The most comprehensive study of the experience, by Steve Morrison of Northeastern University and Clifford Winston of the Brookings Institution estimates that these benefits exceed $20 billion annually. These take the form primarily of lower fares and vast increases in the availability of one-stop service between hundreds of cities - the latter made possible by the carriers' new freedom to operate hub-and-spoke route systems. True, lower fares come at the cost of deterioration in the quality of the typical customer experience. In the decade before deregulation, domestic flights were, on average, less than 53 percent full; in 1997-2001, they averaged over 70 percent. But crowding reflects the success of deregulation, no its failure. Competition in the unregulated market has proved to the satisfaction of the carriers that most travelers are willing to sacrifice comfort for lower fares [...]. The demand for air travel has always been unusually sensitive to changes in general business conditions, and the heavy fixed costs offering convenient flight schedules have discouraged prompt corresponding curtailment of supply during downturns [...]. But the unusual vulnerability of an industry to external shocks does not constitute a legitimate case for return to regulated cartelization" (KAHN, Alfred. E. *Lessons from deregulation*, cit., p. 3-5).

market solutions. E talvez fosse essa ideia uma solução alternativa, de mercado, sem ajuda estatal, para a capitalização das empresas e a viabilidade do setor.

A segunda tem caráter negativo e vai na contramão da primeira. Ironicamente, os Estados Unidos, que incentivam liberalizações em outros países de forma a permitir o acesso destes ao mercado americano (*exchange liberalizations for liberalizations*), ação que ocorre desde o final de 1970, não abrem totalmente seu mercado, mantendo a regulação de mercados domésticos exclusivos. No entanto, agora os Estados Unidos devem começar a sofrer uma pressão similar da Europa. E a pressão começa a vir de forma comunitária, via União Europeia, que tem um peso ainda maior. A União Europeia começa a exigir direitos recíprocos para competir pelo tráfego doméstico americano.

Portanto, há um importante ponto de inflexão. Ou os Estados Unidos aderem a uma política mais liberal quanto à competição interna, alterando os percentuais de participação, seguindo a perspectiva ofertada por Alfred Kahn, ou estaremos diante do famoso adágio "dois pesos, duas medidas" - o que se exige dos outros países não vale para a competição interna. Certamente a existência de tal gargalo regulatório ainda está relacionada com alguma questão de índole política ou de pressão dos grupos envolvidos - esperando soluções públicas de investimento -, em uma espécie de *lobby* ou captura. Sob o ponto de vista econômico, a solução liberal, com a abertura dos mercados, revela ser a mais positiva.

Outra questão atual e fortemente debatida é a competição existente entre as grandes companhias e o sistema centro-raio desenvolvido por elas em face do antigo sistema ponto a ponto, remodelado sob inspiração das companhias de baixo custo, baixa tarifa, cujos exemplos significativos são a Southwest Airlines, a BlueJet e a Independence Air. Ou seja, não bastasse ser o setor abalado por sucessivas crises, a competição ainda se acirra com a nova engenharia e com a nova perspectiva empresarial das companhias de baixo custo.

A solução do sistema centro-raio, tal como já se afirmou acima (item 3.3), trouxe uma inovação sem precedentes, com substancial economia para as companhias. No entanto, há custos fixos das grandes empresas que não podem ser rapidamente alterados. Há vulnerabilidades. E ante as crises sucessivas e as novas soluções inventivas das companhias de baixo custo, que aproveitam até mesmo as diferentes classes de passageiros (os de maiores elasticidades), o sistema centro-raio encontra agora uma severa competição. As companhias de baixo custo transportam hoje 30% do trafego doméstico americano, enquanto uma década atrás transportavam 10%.

Mas, de novo, salienta Alfred Kahn, nada a fazer. Nem pensar em retorno regulatório. É hora de esperar a competição aberta entre os dois sistemas, em um mercado desregulado e livre. A regulação não é a solução para a sobrevivência do sistema centro–raio.

O registro de Alfred Kahn é sintomático:

> Mas a prova de superioridade das operações centro–raio requer um teste em um mercado livre da regulação; a possibilidade de que o sistema centro–raio tenha passado o seu pico deve ser testada por meio de aberta competição com operações ponto a ponto. O fato de a evolução das rotas das companhias aéreas e de as estruturas das tarifas terem sido abaladas pela recessão, terrorismo e guerra não faz sentido como argumento para o retorno do controle de alguma autoridade governamental inerentemente incompetente. Assim como o CAB obstruiu efetivamente a obtenção de 'economias' pela indústria em razão da operação centro–raio - uma vez desregulada, a indústria rapidamente se moveu para um novo modelo –, também hoje é inconcebível que qualquer autoridade governamental seja capaz de redesenhar a indústria para funcionar diante da sempre modificável realidade do mercado.[75]

Outra questão sugestiva - já de índole concorrencial - refere-se às tentativas de fusão e às novas alianças entre as companhias como forma de escape para os variados períodos de crise e de dificuldade. Volta-se, então, a uma questão de concorrência que é recorrente, e talvez a mais importante hoje, que é a de saber se esses esforços de fusão ou *code share* se ajustam ou não ao espírito da legislação antitruste.

A primeira reação da indústria aérea ao ataque terrorista de 11 de setembro de 2001, período que culminou por apresentar o momento de maior dificuldade das companhias aéreas, foi postular imunidade em face das regras antitruste, ainda que por curto período, de forma a permitir a reorganização do setor e garantir sua saúde financeira. Tal pedido só poderia estar associado com aumentos de tarifas, redução de assentos e de rotas de forma indiscrimi-

75. "But just a proof of the superiority of hub-and-spoke operations require a test in a market unfettered by regulation, the possibility that hub-and-spoke systems have passed their peak must be tested through open competition with point-to-point operations. The fact that the evolution of airline route and rate structures has been disrupted by recession, terrorism, and war is in no sense an argument for returning control to some inherently incompetent government authority. Just as the CAB effectively obstructed the industry's realization of economies from hub-and-spoke operations - once deregulated, the industry quickly moved to a new model - so, today, it is inconceivable that any government authority would be capable of redesigning the industry to comport with the ever-changing realities of the market" (KAHN, Alfred. E. *Lessons from deregulation*, cit., p. 6-7, tradução nossa).

nada e uma onda de fusões. Tal pedido, como era de se esperar, foi abandonado por ser completamente sem propósito.

Em outro momento, antes do 11 de setembro, viu-se a tentativa de fusão entre a United Airlines e a US Airways ser combatida até mesmo pelas outras grandes companhias do setor, como a Delta, a Continental e a Northwest Airlines, e mesmo pela competente Southwest. A queixa baseou-se em que a fusão daria à nova empresa vantagens estratégicas (em função da utilização combinada dos aeroportos centrais e das rotas aéreas), não relacionadas diretamente com a eficiência das companhias, que prejudicariam o espírito competitivo.

Nesse segundo momento, portanto, observam-se conflitos entre as próprias companhias sob o aspecto concorrencial. Ainda que sob a aparência das dificuldades clássicas do setor, não se pôde admitir, pelo menos em meados da década de 1990, uma fusão que provocasse efeitos tão devastadores na concorrência. O grito saiu também das próprias companhias adversárias. E esse talvez seja o aspecto mais interessante do novo ambiente concorrencial instaurado pós-desregulação.

Todavia, como mostra Alfred Kahn,[76] outra aliança entre as companhias Continental, Delta e Northwest (note-se: as mesmas que se sentiram prejudicadas no caso anterior) foi admitida mais recentemente. Certamente não com os efeitos tão devastadores da fusão mencionada acima, uma vez que essa nova aliança foi organizada como um *code share*, uma união de esforços, escopo e escala (racionalização no uso de aeronaves, rotas e aeroportos), sem efetiva união física das empresas (não houve trocas de ações). Mas, de qualquer forma, tratou-se de uma forte aliança. As empresas mencionadas eram a terceira, quarta e quinta maiores companhias do setor à época.

O processo de *code share* pode ser benéfico em um curto período de tempo e pode até ser mesmo vantajoso para os consumidores. Mas, prolongando-se tal processo, é inegável que a concorrência será prejudicada. Com o aprofundamento do *code share*, os atores do setor deixam de competir, de atuar com independência e começam a funcionar como uma só empresa, em uma quase cartelização do mercado.

No entanto, questiona Alfred Kahn, será que agora há maior permissividade para a aprovação desse tipo de aliança, em especial para as companhias que usam o sistema centro–raio? Segundo Alfred Kahn, sim.

O agravamento da crise das companhias com o episódio de 11 de setembro de 2001, além dos novos desafios de competição introduzidos pelo sistema

76. KAHN, Alfred. E. *Lessons from deregulation*, cit., p. 9.

ponto a ponto, são suficientes para autorizar tal tipo de aliança. Segundo o autor, não se pode esquecer os benefícios alcançados com a inovação do sistema centro–raio e de que tais benefícios devem ser preservados. Além disso, em muitos casos, há a iminência de quebra das companhias. O *code share* é a solução para a preservação da companhia, empregos, impostos etc.[77]

Assim, diz Alfred Kahn, não se pode admitir naturalmente um processo de cartelização, mas soa irreal a noção de que as maiores companhias devam continuar agindo hoje com completa independência.[78] Nesse trecho o autor deixa bem claro seu posicionamento:

> Isso significa que quero que os oficiais antitruste levem em consideração qualquer desvantagem do contexto competitivo, tal como o CAB fez, permitindo às companhias maior ou menor margem para afastar a concorrência, tudo por causa da saúde econômica das empresas? Eu sustento inocência – meu mentor, Myrons S. Watkins, me levou a acreditar que a decisão da Appalachian Coals de 1933, que permitiu que os produtores de carvão se organizassem em um cartel, era uma má ideia. [...] Levando em consideração as *joint ventures* propostas, tal como a aliança Continental-Delta-Northwest, entretanto – colaborações que reconhecidamente não limitam de forma direta a competição entre as partes, mas conferem vantagens apenas a partir da melhora de serviços que elas possam oferecer coletivamente –, não vejo nenhuma razão para condená-las automaticamente.[79]

De qualquer forma, ainda são possíveis tais questionamentos: qual é o custo de permitir tal prática? Ou melhor, como é possível aferir o custo-benefício do processo? Qual é o limite do *code share* legítimo? Em que mo-

77. Como já se afirmou em notas anteriores (40, 42 e 43 deste capítulo), de 2008 a 2013, as seis grandes companhias aéreas americanas consolidaram definitivamente processos de concentração, cuja repercussão concorrencial constituiu nova agenda de pesquisa.
78. KAHN, Alfred. E. *Lessons from deregulation*, cit., p. 10.
79. "Does this mean that I want antitrust officials to handicap the competitive contest in the way the Civil Aeronautics Board did, permitting companies greater or lesser leeway to suppress competition, depending upon their economic health? I plead not guilty: my mentor, Myrons S. Watkins, brought me up to believe that the Appalachian Coals decision of 1933, which allowed coal producers to organize into a marketing cartel, was a bad one [...]. In assessing proposed joint ventures such as the Continental-Delta-Northwest alliance, however – collaborations that assertedly do not directly limit competition among the parties, but confer advantages stemming only from the improved services they can collectively offer – I see no reason to condemn them per se" (KAHN, Alfred. E. *Lessons from deregulation*, cit., p. 11, tradução nossa).

mento o processo se transforma em cartel? Não há uma resposta certa nem definitiva para isso.

Uma questão importante a respeito do tema - que merece ser mencionada para demonstrar a sua dificuldade - é a reflexão que Alfred Kahn faz a respeito das exigências impostas pelo Department of Transportation para aprovar o *code share*. Kahn mostra que boa parte das medidas (de forma a garantir o benefício para o consumidor), como a que exigia o aumento ou mesmo a criação de voos para cidades desabastecidas do serviço aéreo (só assim as companhias poderiam atuar nas rotas mais concorridas por meio do *code share*), estabelece verdadeiras regras de regulação. Na maior parte dos casos, regras que supostamente atenderiam ao "interesse público".

No entanto, a forma de introdução da nova regra revela-se totalmente equivocada, segundo Alfred Kahn. A agência que não tem poder regulatório para impor tal restrição/comando de rotas - vive-se o processo de desregulação - não poderia fazê-lo via medida de contraparte para aprovar um processo de *code share*. Para Kahn, tal medida revelaria uma inaceitável restauração da desacreditada regulação ("this kind of attempt to use the agencies' leverage to force alliance applicants to serve the 'public interest' in ways that the regulators would have no authority to require directly seems to me an unacceptable restoration of discredited regulation").[80]

Tal questão merece uma reflexão aprofundada, na linha proposta por Stephen Breyer,[81] que demonstra, por meio de três ilustrativos casos da Suprema Corte, a dificuldade de utilizar o conhecimento econômico nas decisões judiciais, batendo-se por complicações de ordem administrativa (não há especialização), de falta de tempo e do não uso de *experts* nas Cortes de Apelação, além da dificuldade de superação de decisões tomadas pelas agências reguladoras (supostamente mais preparadas tecnicamente para a racionalidade econômica).

As considerações de Breyer são úteis até mesmo fora do âmbito das decisões judiciais. É o que parece demonstrar o caso do *code share* e a imposição de regras pela agência responsável. Uma análise bem detida, como a proposta por Alfred Kahn, evidencia que a imposição regulatória por via indireta - sem a quebra do círculo vicioso - pode acarretar, no tempo, efeitos mais perversos do que benéficos.

80. KAHN, Alfred. E. *Lessons from Deregulation*, cit., p. 17.

81. BREYER, Stephen. *Economic reasoning and judicial review*. Washington, DC: AEI - Brookings Joint Center for Regulatory Studies, 2003.

3.5.1 Por que o mercado doméstico americano não volta a ser regulado?

Uma análise instigante é proposta por Michael Levine.[82] Segundo o autor, parece contraditório, contestando a linha regulatória da *public choice*, que o processo de desregulação tenha ocorrido de forma a favorecer uma grande mas dispersa e não organizada massa de consumidores em um setor com companhias tão bem organizadas e influentes no espectro regulatório e político.

Segundo a *public choice*, a orientação da (des)regulação segue naturalmente os grupos mais influentes, de maneira que tais grupos conseguem capturar as autoridades regulatórias. Além disso, determinado grupo se torna influente na exata proporção do reduzido custo em se organizar. Nessa linha, os grupos mais poderosos eram exatamente as companhias aéreas e os sindicatos de funcionários, pequenas entidades, mas organizadas de forma eficiente e com baixos custos. A organização dos consumidores – alvo preferencial da desregulação – era custosa e complexa.

No entanto, segundo Michael Levine, a teoria econômica da *public choice* não dá conta isoladamente do processo de desregulação porque há um elemento indispensável que é esquecido pela teoria – denominado pelo autor de *slack* – e que pode ser traduzido por frouxo ou descuidado. Tal elemento resulta no custo de monitoração (informação) que é feito pelo eleitorado – ou pelos consumidores –, de maneira racional, sobre uma agência reguladora ou sobre o Congresso, por exemplo.[83]

Assim, quanto mais custosa for tal monitoração, ou seja, quanto mais frouxo ou descuidado for esse controle, maior o campo para a atuação consistente dos diversos grupos organizados, na promoção de interesses particulares travestidos de interesses públicos. As agências reguladoras e autoridades, de maneira geral, ficam muito mais suscetíveis a interferências externas, ainda que legítimas.

A precisa ponderação desse *slack* é a chave para a compreensão da desregulação e da permanência do processo. De acordo com Michael Levine – argumento já defendido no trabalho –, houve no período 1975-1978 uma coordenação de interesses não usual de acadêmicos, da opinião pública, do Congresso americano e, internamente, no próprio CAB, que fez que o custo de monitorar a ação do CAB se reduzisse significantemente, tornando o assunto

82. LEVINE, Michael E. Why weren't the airlines reregulated?, cit.

83. "'Slack' is the effect of information and monitoring costs that shield the actions of a regulator from observation by a rational electorate" (LEVINE, Michael E. Why weren't the airlines reregulated?, cit., p. 5).

parte da agenda pública.[84] Os interesses dos consumidores, antes dispersos, se organizaram - em razão da ampla cobertura da imprensa - e se transformaram no interesse geral, superior em benefícios ao interesse público defendido por um grupo também organizado das companhias aéreas.

O caminho inverso não acontece justamente pelo crescimento desse *slack*, do enorme custo em que os agentes interessados (em especial, as companhias aéreas e seus funcionários) incorrem para monitorar e persuadir as autoridades públicas em favor de um retorno regulatório. O assunto nunca mais frequentou uma agenda pública.

O custo cresceu vertiginosamente porque a desregulação criou incentivos os mais diversos, levando a uma dispersão de interesses entre os atores do negócio, tornando a indústria aérea muito mais heterogênea do que era em 1978.[85]

As companhias *legacy* não querem a interferência estatal por meio de regras antitruste, mas postulam a ajuda financeira em períodos de crise sistemática. As companhias de baixo custo querem a aplicação de regras antitruste, tornando a entrada no setor menos instável e menos sujeita às práticas predatórias, mas não defendem qualquer ajuda financeira para as companhias em crise.

Por sua vez, os funcionários da era regulatória - aqueles que não perderam os empregos - lutam pela intervenção estatal de forma a recompor os fundos de pensão, completamente abandonados por anos de crise financeira nas grandes companhias. Os funcionários novos, ingressos no setor pós-

84. "Slack is destroyed when the action and issue that is addressed by the regulator becomes the subject of such intense public scrutiny that the costs to a citizen of becoming informed on the matter drop to nearly zero. Issues that are so publicized become part of the 'public agenda', the set of issues that are so widely discussed in the media and elsewhere that no member of the polity con easily remain unaware of them [...]. Putting an issue on the public agenda simply makes it much harder (or in principle impossible, in the absence of further obfuscation) to generate private rents at the expense of an institutionally-effective voting majority. Much regulation of 'hot' issues (those on the public agenda) imposes private costs on non-dominant groups that exceed the benefits conferred on the public groups supporting it" (LEVINE, Michael E. Why weren't the airlines reregulated?, cit., p. 5-6).

85. De novo aqui a referência ao clássico estudo de BUCHANAN, James McGill; TULLOCK, Gordon. Op. cit. Os custos do processo decisório, para eventual formatação do consenso, se tornaram elevados demais, justamente porque os principais participantes do setor (companhias aéreas, consumidores e reguladores) possuem interesses os mais diversos e são afetados diferentemente pelo retorno regulatório. O consenso nunca mais foi possível.

-desregulação, trabalham com um novo cenário: menor proteção previdenciária e ganhos proporcionais à produtividade das companhias. Empresas como a Southwest, de rentabilidade sempre positiva, proporcionam ganhos extras a seus funcionários, razão pela qual eles não querem saber de qualquer interferência estatal, recompensados que estão pelas regras de mercado.

No âmbito político, o Partido Democrata não controla a Presidência e o Congresso americanos desde 1968. Desde o período da desregulação, o Partido Democrata só teve a Presidência em duas oportunidades: na administração Clinton (1992-2000), e agora, na administração Obama (2008-2016), sendo que o partido perdeu o controle do Congresso em 1994 e só agora parece retomá-lo. Além disso, o Partido Republicano tem sustentado com consistência a retórica do livre mercado em todos esses períodos, possuindo habilidade para criar e transferir riqueza quando isso é necessário.

Esses exemplos, além de outros, demonstram quão heterogêneo é o setor aéreo atualmente, refletindo o enorme custo de harmonização de interesses e de monitoração das autoridades competentes.

Na outra ponta, dos consumidores, na reflexão sobre os resultados retratados nos itens anteriores, há a percepção de que a escolha (*trade-off*) entre preço e qualidade deve permanecer. Nesse sentido, o mercado se desenvolve exatamente para atender ao desejo dos consumidores. Há problemas com a queda da qualidade dos voos: número maior de atrasos, maior número de conexões, extravio de bagagens, voos mais cheios. Há aqui vozes dissonantes mas incapazes de efetiva persuasão.

Em interessante passagem de Michael Levine, o autor compara o sentimento dos atores do setor com a antiga canção de *blues*, "everybody wants to go to heaven, but nobody wants to die". Ou seja, todos querem a competição, mas ninguém gosta do mercado em competição. Assim,

> grupos de consumidores desejavam a desregulação porque eles queriam mais competição e preços menores, mas eles também desejavam que o governo impedisse a discriminação de preços, reduzisse os preços nos aeroportos de conexão e policiasse práticas competitivas. Pequenas comunidades queriam se beneficiar de mais voos e menores tarifas, mas se opunham ao fato de que tarifas desreguladas refletiam no preço o maior custo de servir pequenos mercados, e mais voos significavam a substituição de jatos menores por jatos maiores. Os sindicatos não teriam como se opor à desregulação, mas, ainda assim, eventual oposição foi abrandada no decorrer do tempo, em razão da rápida expansão das companhias aéreas nas quais os funcionários tinham contratos, adicionando novos empregados contribuintes. Posteriormente, eles já não estavam tão satisfeitos quando a expansão de novos membros sob contratação sindicalizada não podia mais concorrer com vários novos

trabalhadores da indústria, empregados provenientes das companhias aéreas de baixo custo, que não eram sindicalizados ou trabalhavam sob contratos inferiores aos do sindicato, forçando as empresas nas quais os empregados sindicalizados trabalhavam a reduzir custos ou mesmo ir à falência.[86]

Mesmo com todos os aspectos negativos, enquanto o *trade-off* proposto pela desregulação for aceito pelos consumidores, há uma dificuldade ainda maior de harmonização de interesses para uma rerregulação.

Um teste adicional sugerido por Michael Levine foi comparar a desregulação americana ao processo ocorrido no Canadá, que teve curso quase dez anos depois.[87] Paralelamente à desregulação canadense em 1988, houve o estímulo estatal de privatização das companhias aéreas.

Em um cenário diverso do norte-americano, o processo de desregulação e de privatização levou à criação de uma companhia dominante do setor, a Air Canada, bem como à aquisição da Canadian Airlines em 1999. A Air Canada, embora sofresse, em mercados específicos, uma efetiva competição de companhias de baixo custo, especialmente da Westjet, dominava mais de 64% do setor (em capacidade de assentos) e submetia muitos passageiros a tal predomínio, até mesmo com práticas predatórias.

As autoridades canadenses, depois de um intenso debate sobre a desregulação e sobre eventuais práticas predatórias, fizeram retornar uma regulação parcial de preços, por meio da Bill C-26, que permitiu a revisão de preços em rotas monopolizadas pela Air Canada, desautorizando tarifas "injustificáveis" sob o escrutínio econômico.

86. "Consumer groups wanted deregulation because they wanted more competition and lower prices, but they wanted the government to prevent price discrimination, reduce prices at hubs, and police competitive practices. Small communities wanted to benefit from more flights and lower fares, but objected to the fact that deregulated fares reflected the expense of serving thin markets and more flights meant the substitution of smaller propeller aircraft for larger jets. Organized labor could not succeed in opposing deregulation, but was mollified for a time by the fact the airlines at which they had contracts expanded rapidly, adding dues-paying members for them. Later, they were not so happy when it turned out that the expanded membership could not compete under union contracts with the many new employees in the industry, who were at low-cost airlines that were non-union or worked under contracts that undercut the unions, forcing the firms for which the union members worked to cut back or even go bankrupt" (LEVINE, Michael E. Why weren't the airlines reregulated, cit., p. 23, tradução nossa).

87. LEVINE, Michael E. Why weren't the airlines reregulated?, cit., p. 25-27 ("Canada: the other side of the coin").

Levine sustenta dois fatores para justificar o retorno regulatório. O primeiro, evidente, foi a formação de uma grande companhia líder. Os modelos de baixo custo não vingaram no Canadá, com exceção da Westjet, e após o período de privatização houve um intenso processo de fusão, tornando o setor concentrado.

O segundo fator envolve a ideia do *slack* na efetiva monitoração das atividades da companhia líder. A história regulatória canadense forjou uma luta entre Davi e Golias, com ampla repercussão na imprensa, opondo a empresa de baixo custo Westjet (como Davi) à grande companhia Air Canada (como Golias). O frouxo controle da atuação da Air Canada permitiu sua efetiva interferência na agência reguladora, beneficiando-se até mesmo na utilização da estrutura aeroportuária. A existência do *slack* aqui criou, diversamente do exemplo americano, benefícios que foram capturados por uma só companhia, razão pela qual as exigências de retorno da regulação foram bem-sucedidas.

Todavia, segundo Levine, mesmo com todos os problemas, a discussão atual no Canadá é para a gradual flexibilização tarifária, na direta razão de que os benefícios do processo ultrapassariam os eventuais custos, e para que o foco da atuação governamental sejam os monopólios ainda existentes nos aeroportos e em outras infraestruturas que impedem a entrada de novas companhias.

Michael Levine salienta, assim, que o caso canadense não é inconsistente com a interpretação dada por ele para a desregulação norte-americana. Na verdade, o caso canadense pode ser lido em apoio à sua tese, o que de fato é provável. Adiante, a análise da realidade brasileira parece demonstrar isso (Capítulo 4).

Finalizando as reflexões deste item e conjugando tais reflexões com a Análise Econômica do Direito, a desregulação evidencia que, no mundo real, a escolha nunca se dá entre *mercados imperfeitos* e *perfeita regulação* ou *imperfeita regulação* e *mercados perfeitos*, mas é sempre entre *mercados imperfeitos* e *imperfeita regulação*. A aplicação das regras antitruste parece demonstrar isso agora no mercado aéreo competitivo. Ocorre que os perdedores sempre estão – e estarão – insatisfeitos, citando deficiências tanto para o mercado competitivo quanto para o mercado regulado. Aceitando, portanto, que o mercado competitivo não é perfeito, o debate é saber quanto de imperfeição suportamos sofrer, até que novas forças – coesas – imponham pressão para o retorno regulatório, ainda que imperfeito.[88]

88. LEVINE, Michael E.. Why weren't the airlines reregulated, cit., p. 21.

3.6 Conclusões parciais: avaliação do processo de desregulação e convergências e assimetrias para o caso brasileiro

O processo de desregulação na aviação comercial doméstica americana beneficiou os consumidores com preços sensivelmente mais baixos, com malha mais extensa e serviços frequentes, bem como com um progresso tecnológico contínuo das aeronaves e do sistema de reserva e vendas de passagens.

Houve um preço a ser pago: redução na qualidade dos voos, importando em mais atrasos, mais conexões, serviços de bordo mais simples, voos mais cheios, extravio de bagagens e *overbooking*. A literatura especializada – tal como relatada no trabalho – concluiu, ainda que provisoriamente, que a escolha (*trade-off*) foi aceita pelos consumidores, tudo na linha da vertente *welfarista*.

De qualquer forma, algumas questões mais sensíveis sobre a própria indústria remanescem, razão pela qual o laboratório americano ainda não conseguiu estabelecer respostas definitivas sobre o processo de desregulação e o impacto da concorrência. Trata-se de basicamente de três questões, como sugerem Severin Borenstein e Nancy Rose:

> (i) A atual organização da indústria aérea é economicamente sustentável? No último período de declínio econômico (2000-2005), as companhias americanas tiveram prejuízos recordes, atingindo a cifra de US$ 11 bilhões em 2002, perda suficiente para superar todo o lucro que a indústria aérea americana contabilizou em sua história inteira. Para Stephen Dempsey, há um problema evidente na organização da indústria, razão suficiente para o retorno regulatório. Será que somente uma estrutura oligopolizada, condicionada pela regulação estatal, pode permitir uma estrutura de competição controlada, com equilibradas taxas de retorno no longo prazo? Ou será que o problema é localizado na administração das companhias, incapazes de reagir com agilidade, seduzidas nos períodos de crescimento econômico e não adaptadas aos períodos de crise?
>
> (ii) O poder de mercado na indústria deve receber um tratamento substancial da política antitruste? Na seara da competição, tendo-se como livre o estabelecimento de preços e a entrada no setor, a questão é saber quanto se deseja de aplicação antitruste. Será que os sucessivos resultados negativos das companhias não demonstram exatamente que o poder de mercado não é uma questão relevante? Ou será que as empresas eficientes de baixo custo – que dominam hoje mais de um quarto do mercado doméstico americano – indicam justamente o oposto, que o poder de mercado das empresas concessionárias não permite a entrada de novas e mais eficientes companhias, criando dois *deadweights* (pesos mortos), uma *perda estática* em função da restrição à expansão do setor e outra *perda produtiva* em razão da exclusão de empresas mais eficientes.

(iii) Finalmente, temos a questão que envolve a propriedade e o uso da rede de infraestrutura aeroportuária. A maior parte da infraestrutura permanece nas mãos do Estado, incluindo toda a infraestrutura aeroportuária, como balcões de atendimento, horários de operação de pouso e decolagem e o controle do tráfego aéreo. Será que essa administração estatal está bem coordenada com o setor privado? O monopólio da infraestrutura sugere que parte dos problemas de crescimento e expansão do setor tem origem na administração desse recurso escasso. Poderia a privatização dessa infraestrutura melhorar o desempenho da indústria? [89]

A proposta metodológica do trabalho já nos permite sustentar que o processo de desregulação do mercado brasileiro se revelará muito convergente com a experiência americana, nos seguintes pontos conclusivos:

(i) O debate (des)regulatório, sob o ponto de vista econômico, estará centrado na liberalização tarifária e na entrada de novas companhias, além da expansão das companhias já atuantes. Levando em consideração o tamanho do mercado brasileiro, o ambiente competitivo levará o setor a falências e fusões. As inovações no uso intenso da malha aérea, no desenvolvimento de aeroportos de conexão e na dispersão dos voos serão ainda mais evidentes no mercado brasileiro, criando dificuldades adicionais para a infraestrutura.

(ii) O passado de intensa regulação - quase 40 anos - refletirá ainda mais elementos de convergência. Como a indústria aérea em seu início exigia participação estatal, e o setor era estratégico para cada país, levando ainda em consideração a extensão territorial, ver-se-á que mecanismos regulatórios muito próximos de estímulo ao desenvolvimento das companhias foram aplicados, tais como subsídios cruzados e direitos de *grandfathered*. No caso brasileiro, a "proteção" de direitos às primeiras empresas do negócio realça as similitudes, mas também dá origem a um caso singular de intervenção estatal, que é o *caso Panair* do Brasil.

(iii) Há, também, assimetrias que também são significativas. As mais evidentes, sob a perspectiva da regulação econômica, são: a desregulação tarifária no mercado aéreo brasileiro não foi feita de uma só tacada, mas de maneira gradativa, nem foi precedida de tamanha harmonização de interesses, tal qual o caso americano; e durante o processo - já com 23 anos - houve recuos de retorno regulatório, em especial após 2003, revivendo-se, de certo modo, a comentada experiência canadense, o que nos permitirá novas reflexões.

Assim, a experiência americana nos permitirá conhecer melhor e mais profundamente o caso da desregulação no mercado aéreo doméstico brasileiro, de forma a penetrar no núcleo do trabalho, avançar em respostas às indagações elaboradas neste item, questões comuns ao mercado americano e brasileiro.

89. Cf. BORENSTEIN, Severin; ROSE, Nancy. Op. cit., p. 25-26.

CAPÍTULO 4

EVOLUÇÃO DA AVIAÇÃO COMERCIAL NO BRASIL: A HISTÓRIA ENTRE O DIREITO E A ECONOMIA (REGULAÇÃO E POLÍTICAS PÚBLICAS PARA O TRANSPORTE AÉREO)

4.1 Introdução: a história, o direito e a economia

Para a comparação proposta na primeira parte do trabalho, elegemos neste capítulo alguns tópicos sobre a evolução da aviação comercial no Brasil. Além disso, pareceu-nos sugestivo reforçar o enfoque *transdisciplinar* do trabalho. Com isso, novos elementos da interação entre direito e economia são apresentados nessa parte.

Neste capítulo será utilizada, essencialmente, a metodologia da *nova história econômica*, no referencial específico conduzido por Eric Hobsbawn,[1] acrescida de algumas reflexões extraídas do trabalho de Daniel Hausman e Michael McPherson,[2] naquilo que importa, revivendo os elementos metodológicos apresentados na primeira parte do trabalho – os aspectos morais na condução da análise econômica e na implementação das políticas públicas.

É importante reforçar a utilidade do enfoque *transdisciplinar*, bem como o uso da metodologia da *nova história econômica*, além de evidenciar como todo esse *ingrediente* teórico pode interagir com o tema da aviação comercial no Brasil.

1. Cf. HOBSBAWN, Eric. *Sobre história*. São Paulo: Companhia das Letras, 2005.
2. Cf. HAUSMAN, Daniel; McPHERSON, Michael. *Economic analysis, moral philosophy and public police*. New York: Cambridge University Press, 2006.

A matriz transdisciplinar, tal como se vê da metodologia proposta na primeira parte do trabalho, é o modelo atual de pesquisa no âmbito do Direito Econômico. Não se concebe hoje uma pesquisa de Direito Econômico que trate a lógica jurídica e suas regras de forma independente e autônoma em relação à lógica econômica e seus princípios.[3] É bem verdade que o raciocínio jurídico é diverso do raciocínio econômico. O *pensar* das duas disciplinas tem origem histórica completamente divergente, e a resolução dos problemas tem enfoques diferenciados na compreensão de José Reinaldo de Lima Lopes:

> O objetivo deste texto é discutir a possível compatibilidade do raciocínio jurídico com a economia ou raciocínio econômico. Pressuponho que o direito e que a economia são duas disciplinas diferentes, e assim vêm sendo tratadas na tradição romano-canônica há muito tempo. A economia desenvolveu-se nos últimos dois séculos com um campo autônomo, embora tenha nascido da ética ou da política (ciência da política, ou da polícia) e neste sentido ganhou autonomia dentro do largo campo da filosofia prática. Dentro do mesmo campo, o da filosofia prática, encontra-se o direito, que tem uma carreira acadêmica muito mais longa, datada do século XII em Bolonha (para o caso do direito ocidental moderno). Ao contrário, porém, do que sucedeu com a economia, o direito nunca teve sucesso na formalização e construção de modelos, a despeito dos esforços historicamente famosos, principalmente o de Leibniz, no século XVIII.[4]

José Reinaldo de Lima Lopes, partindo da compreensão transcrita acima, sustenta que quatro categorias evidenciam as distinções entre o raciocínio jurídico e o raciocínio econômico: a *eficiência*, a *autoridade*, a *temporalidade* e

3. "A pergunta que aqui me interessa é a seguinte: qual é a vertente da pesquisa em direito mais profícua do ponto de vista do pensamento econômico sobre a norma? [...] O pensamento econômico encontra dentro de seu próprio movimento os conceitos que lhe permitem captar o efeito da norma sobre a vida econômica; é também capaz de entender a evolução da norma como adaptação às vicissitudes da vida econômica ou como resultante da ação de grupos de interesse; não é, no entanto, capaz isoladamente de compreender a evolução da norma quando decorrente de dinâmicas normativas ou internas do próprio sistema jurídico. Daí o argumento de que é a pesquisa em direito sobre a historicidade da norma que maior impacto pode ter no modo pelo qual os economistas pensam a norma e seus efeitos" (ARIDA, Persio. A pesquisa em direito e em economia: em torno da historicidade da norma. *Revista de Direito da GV*, São Paulo, v. 1, n. 1, p. 11-22, maio 2005).
4. LIMA LOPES, José Reinaldo de. Raciocínio jurídico e economia. *Revista de Direito Público da Economia*, Belo Horizonte, n. 8, p.131, out.-dez. 2004.

o *resultado*. Nessas categorias se encontram as diferenças de raciocínio e, em virtude dessa compreensão, as possibilidades de integração transdisciplinar.

O raciocínio jurídico é avaliado e criticado basicamente pelo critério da *legalidade*, enquanto o pensamento econômico é avaliado essencialmente pela *eficiência* ou *custo* da medida tomada. Daí que há regras legais que respeitam o ordenamento jurídico, mas são ineficientes por critérios econômicos. E, inversamente, há disposições de custo-benefício ótimo mas fora dos parâmetros legais. O caminho a trilhar, portanto, é aproximar os dois raciocínios, dando maior flexibilidade legal para a inclusão possível dos critérios de eficiência.[5]

Na esfera da *autoridade*, o raciocínio jurídico pressupõe a existência de alguém que possa impor a sanção ou determinar a validade de determinada regra. Ainda que existam regras internas para a validade do sistema, segundo Kelsen, o direito impõe a força de uma autoridade para a coerção e implementação de seu raciocínio. Diversamente, a economia não se vale da *autoridade* constituída para justificar determinada medida. Um bom professor de economia invoca sempre uma "boa razão econômica" para determinada ação.[6] A autoridade revela-se mais na ação, na "eficiência econômica da ação" do que na posição do interlocutor. Tal raciocínio econômico pode trazer benefícios ao pensamento jurídico, e devemos aprender com isso, embora os meandros do discurso econômico possam também se revelar uma autoridade nefasta.

Talvez seja na categoria da *temporalidade* que o divórcio entre os raciocínios jurídico e econômico mais se evidencie. O pensamento jurídico se volta para o passado para julgá-lo. Há uma relação de *imputação*. Determinada conduta é correta ou errada, é proibida ou permitida. Julga-se o passado além de se buscar, no futuro, os "resultados da ação". A economia *pensa* no passado, não para julgá-lo mas para aprender dele: aprender, por exemplo, se determinada política econômica foi boa ou equivocada e quais elementos podem ser usados no futuro, de forma a garantir resultados futuros. O direito, sem se descurar do critério da imputação, basilar do seu raciocínio, pode e deve incorporar a ideia de aprendizado. Certamente as regras de convivência social poderiam evoluir de acordo com essa perspectiva. Uma pergunta a ser incorporada pelo raciocínio jurídico, de matriz consequencialista, é: qual a eficiência, ou custo, que determinada regra jurídica impõe no tempo?

5. Não por outra razão a Emenda Constitucional 19/1998 incorporou o princípio da eficiência ao art. 37 da Constituição Federal. A observância de tal princípio por parte da Administração Pública só se faz pela incorporação de critérios *econômicos* na avaliação e na crítica das medidas elaboradas pelas políticas públicas.

6. LIMA LOPES, José Reinaldo de. Op. cit., p. 133.

Por fim, o elemento *resultado*. Essa categoria relaciona-se com os sujeitos do raciocínio. No pensamento jurídico, o que está em jogo é o outro sujeito. Ainda que haja uma coisa, como no direito de propriedade, o que se tem em vista é a relação de todos os outros sujeitos do ordenamento com o sujeito-proprietário. Na economia nem sempre é assim. O sujeito que delibera no raciocínio econômico pode ser um sujeito isolado, e os demais sujeitos da medida econômica podem ser entendidos tão somente como um limite empírico para suas decisões. Na moderna economia, de estatísticas e de econometria, os modelos tendem a tal abstração que os sujeitos chegam a ser *problema*! Aqui, quem deve aprender é o raciocínio econômico. Os modelos são importantes mas as realidades individual e social são limites intransponíveis.

Esse é o modelo *complexo* da transdisciplinariedade entre o raciocínio jurídico e a economia. Agora, onde a história? Onde a nova história econômica e seus caracteres? A nova história econômica envolve-se e se articula com todas essas categorias pensadas acima. Para começar, é significativo, quanto à necessidade do passado para a economia, este singular trecho de Eric Hobsbawn:

> Mas os economistas precisam da reintegração da história à economia? Em primeiro lugar, alguns economistas recorrem à história, "na esperança de que o passado forneça respostas que o presente por si só parece relutante em conseguir".[7]

Ou seja, o caráter de temporalidade é essencial. Com o passado, a economia, e também o direito, podem aprender. Mas a nova história econômica não se pauta essencialmente pela cronologia, pelo simples encadear de datas e fatos, mas pela descontinuidade temporal. Por isso, o *contar* a história da *evolução* da aviação comercial no Brasil, que é em grande parte a regulação jurídico-econômica sobre esse mercado (interação entre o direito e a economia), não se deve fazer pelo simples descrever de datas, mas pela descontinuidade de acontecimentos, pela não lineariedade, até pela *evolução* no *retrocesso*.

Em outro aspecto metodológico da nova história econômica, pode-se afirmar inexistir prevalência do elemento *estrutural* ou *conjuntural* sobre determinados *eventos*. Como defende Hobsbawn, a história pode ser contada no âmbito estrutural ou conjuntural – entendida como macro-história, com longos intervalos de duração (no sentido da longa história) e com nítida influência econômica sobre a superestrutura, sem ser determinista –, como pode ser

7. HOBSBAWN, Eric. Historiadores e economistas. In: *Sobre história*. São Paulo: Companhia das Letras, 2005. v. I, p. 110.

contada também como evento – por meio do uso da lupa e/ou do microscópio, elaborando uma micro-história.[8]

Neste capítulo ambos os caminhos são trilhados. Pensa-se na estrutura, ou mais efetivamente na conjuntura, para descrever a regulação econômica no mercado de aviação comercial, processo cíclico de maior ou menor intervenção do Estado, a evidenciar uma longa história que, em nosso caso, está longe do final, tal qual a história da (des)regulação americana.

Mas pensa-se também no particular, no evento, como o caso da falência do grupo Panair, iniciada em 1965 durante o regime militar, que é de certa forma revista presentemente no caso da recuperação judicial da Varig e da aquisição pela GOL, por meio das descontinuidades históricas. Há, decerto, alguma tentativa de uma história total.

É ainda uma história econômica que não prescinde da estatística, da econometria ou, na expressão de Hobsbawn, da *cliometria*, na investigação do passado. No entanto, segundo o próprio Hobsbawn, deve ser uma história social, com a tentativa de discussão das inúmeras causas e fatores que influenciam as estruturas e os eventos relatados. Além disso, a história deve ser dinâmica, no sentido da economia de Schumpeter,[9] e não estática, como muitas vezes são os relatos de econometria, retratos numéricos estanques de uma realidade, pois o mercado de aviação comercial está em constante mutação.[10]

4.2 A origem da aviação comercial no Brasil: para além de fatos e datas

A década do início da aviação comercial no Brasil é a de 1920. Mas o impulso só veio na década de 1940, por causa das aeronaves americanas exce-

8. "A nova história dos homens e das mentalidades, ideias e eventos pode ser vista mais como complementar que como substituta da análise das estruturas e tendências socioeconômicas" (HOBSBAWN, Eric. A volta da narrativa. In: *Sobre história*. São Paulo: Companhia das Letras, 2005. p. 205).
9. Cf. HUNT, E. K. *História do pensamento econômico*: uma perspectiva crítica. Rio de Janeiro: Elsevier, 2005.
10. "Temos a opção de construir um modelo único mediante abstração das peculiaridades das partes constituintes, mas às custas de sacrificar o realismo e ao mesmo tempo fugir ao problema geral da moderna história econômica, que é o modo de explicar a mutação da velha economia na economia de crescimento elevado e permanente dos séculos XIX e XX. Foi o que fizeram os cliometristas [...]. Mas, sem entrar na discussão da validade ou necessidade desse procedimento, acredito que o que interessa tantos aos historiadores quanto, provavelmente, aos defensores do desenvolvimento econômico, é a onipresente *combinação*". (HOBSBAWN, Eric. Historiadores e economistas: In: *Sobre história*. São Paulo: Companhia das Letras, 2005. v. II, p. 135).

dentes de guerra,[11] adquiridas a baixo custo e em boas condições de financiamento, o que permitiu o surgimento de inúmeras empresas aéreas, quase todas funcionando, no entanto, com estrutura econômica precária.

O detalhe interessante é que o *surgimento* não programado da aviação comercial - ainda que de forma precária -, sinalizado na baixa segurança das aeronaves e na incipiente regulação estatal, desenvolveu um modal importante que se revelou essencial no transporte comercial no Brasil.

O transporte aéreo ganhou importância, em um efeito de integração e de desenvolvimento,[12] em razão do amplo território do País (o que promove uma continuidade e similitude com o processo americano),[13] da precariedade do transporte rodoviário e da dificuldade de acesso a pontos longínquos do território, em especial a Região Norte.

Em razão da oferta inicial exagerada e de desequilíbrios financeiros, logo na década de 1950 houve uma onda de fusões entre empresas e falências. De toda forma, o número de cidades atendidas nunca foi tão grande quanto nesse período, permanecendo na ordem de 300 cidades. Exatamente em 1950, o número de cidades atendidas era de 358, número jamais alcançado nem antes nem depois desse ano.

O elemento que fez decrescer o número de cidades atendidas, de forma gradativa a partir da década de 1960, foi a ampliação e estruturação da malha rodoviária. A competição ainda acirrada entre as empresas aéreas, e a fragilidade econômica da estrutura inicial levou o transporte aéreo a uma crise

11. "Eram aviões, em sua maioria DC-3, de 21 a 31 assentos, voltados para o transporte interior" (BNDES. Aspectos de competitividade do setor aéreo (Modal Aéreo IV). *Informe Infra-Estrutura*, Rio de Janeiro, n. 50, p. 1, nov. 2001).

12. "O termo 'Aviação Regional' apresentou significado específico somente no período 1975-1999. No entanto, a utilização desse termo no decorrer da história da aviação comercial brasileira tem como objetivo fazer referência ao transporte aéreo que interliga localidades interioranas e estas com centros urbanos/capitais" (BNDES. Aspectos de competitividade do setor aéreo (Modal Aéreo II). *Informe Infra-Estrutura*, Rio de Janeiro, n. 42, p. 1, mar. 2001).

13. A continuidade com o processo americano também pode ser vista com a criação da subsidiária da Pan American no Brasil, a Panair. Originariamente empresa estrangeira, a Panair, em função das vicissitudes da empresa-mãe, dos acionistas nacionais e do governo nacionalista de Getúlio Vargas, terminou por ser controlada pelo capital nacional ainda em meados de 1940. Foi uma das únicas empresas que permaneceu no ar durante a acirrada competição dos anos 1950 e das turbulências do início dos anos 1960 (SASAKI, Daniel Leb. *Pouso forçado*: a história por trás da destruição da Panair do Brasil pelo regime militar. Rio de Janeiro: Record, 2005. p. 63-83).

profunda. As rotas mais afetadas eram exatamente as de curta distância, em especial na Região Sudeste, a região mais disputada. A descontinuidade histórica a destacar é que, tendo surgido (o transporte aéreo) em um período como forma de integração regional (nas aeronaves DC-3), foram justamente as rotas regionais centrais as comprometidas pela estrutura do mercado e pelo modal rival do transporte rodoviário.

A crise da década de 1960 deu origem ao processo de regulação com ênfase mais interventiva, fruto das Conferências Nacionais da Aviação Comercial (CONACs), a primeira realizada em 1961, e as demais, em 1963 e 1968. Essas conferências tiveram a participação das empresas aéreas e do governo brasileiro, evidenciando a participação ativa do Estado na tentativa de estruturação do setor.

Nesse âmbito inaugural, portanto, destacou-se o surgimento da aviação comercial dissociado de orientação centralizadora do Estado brasileiro. O modal de transporte surgiu em razão da integração regional e da disponibilidade de aeronaves para o desenvolvimento do setor. Sob o ponto de vista conjuntural, houve semelhanças com o início do processo de transporte aéreo nos Estados Unidos, ligando um espaço territorial amplo mas com liberdade para constituição e permanência de empresas. Essa conjuntura inicial de 30 anos serviu como teste para o mercado, de forma a descobrir seu melhor funcionamento, com nítido critério de eficiência.

Nos anos seguintes, a partir da década de 1950, e em especial na década de 1960, a intervenção estatal se tornou a regra. Essa nova conjuntura será demonstrada a seguir, destacando-se regras regulatórias específicas que deram nova configuração para o transporte aéreo.

4.2.1 A regra da regulação (intervenção estatal) nos anos 1950 a 1960

A fase seguinte da aviação civil doméstica no Brasil passou a contar com intensa intervenção estatal, resultado das CONACs descritas acima. O modelo de liberdade para constituição e permanência das empresas aéreas chegava ao fim. Sob o condicionamento do *interesse público*, o governo brasileiro estimulou fusões e estabeleceu um regime de competição controlada. Além disso, o Estado passou a regular fortemente a escolha da malha aérea – os trajetos de voos – e também a fixação de valor dos bilhetes.

Na década de 1960, em uma tentativa de sustentação da aviação regional, tal como definido acima, desenvolveu-se de forma clara a concessão de *subsídios* para as empresas aéreas, em especial as que operavam as antigas aeronaves DC-3, Catalina ou C-46[14] nas rotas de médio e baixo potencial de tráfego, com pequena viabilidade econômica. O programa de subsídios, suplementação financeira do governo que seria a marca da estruturação do setor aéreo até a década de 1990, ficou conhecido, nessa época, como Rede de Integração Nacional (RIN).

Sob o ponto de vista econômico, para concessão do subsídio, as linhas de baixo potencial econômico transportavam até 5 mil passageiros/ano e as de médio potencial, até 20 mil passageiros/ano. Buscava-se incentivar as rotas regionais, com a permanência do modal de transporte aéreo para pequenas e médias localidades, ainda com o espírito integratório e em razão da deficiência da malha de transporte rodoviário.

Tal estrutura de incentivos, subsídios e suplementações, como se disse acima, moldaria a organização do setor aéreo até a década de 1990. Esse elemento marcante ora tinha justificação *técnica* e *econômica*, ora tinha componente exclusivamente *político* e *ideológico*, em sentido negativo, de forma a evidenciar a relação promíscua entre Estado e empresas aéreas, revelando favorecimentos escusos.

A RIN funcionou com consistência no início da década de 1960, perdendo força em 1968, tendo sido praticamente abandonada pelo governo por cortes abruptos de orçamento. O governo, a partir do final desse período, pretendia estabelecer outros parâmetros para o desenvolvimento do setor aéreo.

Na década de 1960, o setor aéreo moldou-se, depois da falência de algumas empresas, fusões de outras e intervenção estatal, em torno de *seis empresas*, que dividiam rotas domésticas e internacionais, configuração que permaneceria durante muitos anos, mesmo diante do novo desenvolvimento da aviação regional na década de 1970.

As seis empresas eram: Varig, operando domesticamente e em rotas para a América do Norte; Vasp, operando domesticamente de forma exclusiva; Cruzeiro do Sul (adquirida pela Fundação Ruben Berta em 1975 e absorvida pela Varig em 1992), operando domesticamente e em rotas para a América do Sul e Central; Panair (que encerrou forçosamente suas atividades em 1965), operando domesticamente e em rotas para a Europa e o Oriente Médio; Sadia

14. No final da década de 1950, iniciou-se a nova era da aviação civil, com o desenvolvimento dos aviões a jato, como o DC-8 recebido pela Panair do Brasil em 1961. O avião a jato pode ser tido como revolucionário para o setor aéreo, permitindo o deslocamento das aeronaves por distâncias maiores, incentivando sobremaneira a aviação internacional, com maior velocidade, menor ruído, menor consumo de combustível e maior número de passageiros transportados. Houve, portanto, uma revolução de custos em razão da evolução técnica das aeronaves.

(em 1972 tornou-se Transbrasil), operando domesticamente de forma exclusiva; e Paraense (que faliu em 1970), também operando domesticamente.

A etapa de regulação estrita e de competição controlada, iniciada na década de 1950, teve continuação durante as décadas de 1970 e 1980, potencializando uma política de *regulação com política industrial* e também *com política de estabilização ativa*,[15] em razão dos inúmeros planos econômicos do final da década de 1980.

Os cortes metodológicos para definição desses períodos da regulação podem se revelar artificiais, mas nos permitem uma estruturação cronológica e o detalhamento de circunstâncias estruturais e conjunturais específicas de cada período, possibilitando sua melhor compreensão.

Além disso, o destaque de um evento histórico específico, como foi o *caso Panair*, permite-nos explorar com um nível maior de profundidade a relação Estado/empresas aéreas nesse segundo estágio da aviação comercial brasileira, início da regulação estatal. Além de possibilitar comparações, sem qualquer tipo de presentismo, mas baseadas em reflexão histórica, com o processo de recuperação judicial da Varig (período que revela uma transformação no setor aéreo só comparável à vivida na década de 1960) e com a realidade norte-americana.

4.2.1.1 Breve relato sobre o *caso Panair*

Este item baseia-se quase exclusivamente no livro de investigação histórica de Daniel Leb Sasaki, *Pouso forçado*.[16] Na comparação com a crise financeira da Varig, relatos jornalísticos, em especial da *Folha de S. Paulo*, também serão utilizados.

Não se pretende, aqui, explorar o caso em todos os seus detalhes, mas realçar alguns pontos relevantes e que abordam os elementos estruturais já descritos.

A Panair, subsidiária americana no início da década de 1930, de capital predominantemente nacional ainda na década de 1940, foi uma das iniciantes

15. A terminologia regulatória utilizada aqui tem origem no trabalho de OLIVEIRA, Alessandro Vinícius Marques de. *Performance dos regulados e eficácia do regulador*: uma avaliação das políticas regulatórias do transporte aéreo e dos desafios para o futuro. Documento de Trabalho n. 7, Núcleo de Estudos de Competição e Regulação do Transporte Aéreo (NECTAR), São José dos Campos, SP, 2005. Disponível em: <www.nectar.ita.br>. Acesso em: 5 ago. 2007). Em item específico, as etapas regulatórias serão tratadas com maior profundidade.

16. SASAKI, Daniel Leb. Op. cit.

na integração doméstica, com rotas regionais e autêntica pioneira na exploração de rotas internacionais, especialmente na Europa, ainda em 1946.

Com mais de 30 anos de funcionamento, desenvolveu a mais consolidada estrutura de uma empresa aérea na América do Sul, com hangares no Brasil e exterior, balcões de serviço espalhados em inúmeras cidades, uma frota de aeronaves consistente, rotas europeias economicamente importantes,[17] horários de operações de voos nos principais aeroportos, além de possuir a Celma, empresa de manutenção de aeronaves (tida até hoje como a maior oficina de revisão de motores da América Latina), e a Tasa – Departamento de Comunicações de Voos da Panair do Brasil, centro de referência para as demais empresas.

A origem da empresa está relacionada com a origem da aviação civil doméstica no Brasil, época de quase total liberalidade e de competição aguda, o que leva a crer em sua competência para permanecer no mercado, razão pela qual não se investigou se sua consolidação se deu também patrocinada, em determinado momento, por favores estatais.

A hipótese que se pode sugerir, com maior consistência histórica, é que a Panair do Brasil foi prejudicada por uma mescla de interesses políticos e privados, uma vez que a surpreendente cassação das rotas aéreas em 1965 foi realizada de forma arbitrária pelo governo militar, que repassou todas as rotas internacionais até então operadas pela Panair à Varig, levando a empresa à falência, em um tortuoso e escuso processo judicial, que teve como ingrediente, inclusive, a mudança casuística da legislação.

Daniel Sasaki resume as razões *não democráticas* para o fim da Panair, estabelecendo um comparativo com o processo atual da Varig:

> Precisei de um livro inteiro para expressar minha visão. Mas, basicamente, acho que foi uma confluência de diversos interesses, que se articularam. Havia o interesse dos militares em eliminar as lideranças civis. Os maiores acionistas da Panair, que estavam entre os mais influentes empresários do país, pretendiam apoiar a campanha de Juscelino Kubitschek para 1965. Havia também o interesse privado. A Varig, durante os três governos anteriores, tentara obter as concessões para a Europa, sem sucesso. Sem dúvida, foi a maior beneficiária do fechamento da Panair. Ficou com as linhas internacionais, aviões, instalações, as lojas da Europa e o título de empresa-bandeira, iniciando um monopólio no setor.
>
> Em alguns aspectos, o que houve com a Panair ajuda a entender a situação da Varig. Por exemplo, o porquê das mudanças na legislação ontem

17. Há ilustrativos cartazes de marketing da Panair anexados, com seus horários (*time-tables*) em diferentes cidades.

> e hoje. Mas o caso não diz absolutamente nada sobre como se deve dirigir a crise da companhia.
>
> O fim da Varig não faria justiça a ninguém. Infelizmente, muita gente perde a mensagem mais importante do livro: o alerta para que a injustiça nunca mais se repita. Vivemos em um regime democrático e acho que as pessoas devem cobrar transparência e questionar contradições, assegurando que nenhum interesse escuso decida, nos bastidores, o futuro da Varig. Seria do interesse público o estabelecimento de novo monopólio, ou duopólio, na aviação comercial brasileira?[18]

O que se destaca no *caso Panair* é que, embora a empresa estivesse com problemas financeiros, o que era a regra na década de 1960, período de acirrada competição, ela tinha condições financeiras compatíveis com as demais empresas à época, e em alguns casos até melhores.

Em comparação com a crise financeira da Varig, o quadro da Panair, em seu devido contexto (a mudança no setor aéreo foi brutal), era mais saudável, plenamente recuperável, em um regime vigente de suplementação tarifária.[19] No entanto, a cassação das rotas se efetivou em fevereiro de 1965, com o favorecimento da Varig, dando início a um tortuoso processo falimentar, manipulado pelo governo, com evidente parcialidade dos juízes atuantes na falência.[20]

Na reconstituição do *evento* destruição da Panair do Brasil, a manipulação legislativa merece ilustração, uma vez que a alteração realizada na década de 1960 trouxe reflexos regulatórios para o setor aéreo, de impactos até hoje, por meio das descontinuidades históricas.

Duas legislações foram concebidas de forma a *agilizar* o processo de falência da Panair, prejudicando a empresa econômica e juridicamente.

O Decreto-lei 496, de 11 de março de 1969, expediente legislativo corrente do regime militar, acresceu privilégios para a União *unicamente* nos processos de *liquidação*, *falência* ou *concordata* de empresas de *transporte aéreo*. Esse decreto-lei permitiu quase imediatamente a expropriação dos bens da Panair em favor da União, impedindo a empresa de se reabilitar (quando isso parecia possível), tornando sua dívida impagável, além de estabelecer obstáculos ao retorno da empresa para operar o transporte aéreo. Esse decreto-lei, ainda que

18. PRADO, Maeli; LAGE, Janaína. Varig revê drama da Panair 41 anos depois. *Folha de S. Paulo*, 25 jun. 2006, Dinheiro, B4.

19. Cf. O Capítulo IV ("Nuvens negras sobre o Planalto Central") e Anexos do livro de Daniel Leb Sasaki (op. cit., p. 115-142), em que há farta documentação sobre as dificuldades financeiras da Panair.

20. Esse processo está amplamente documentado em SASAKI, Daniel Leb. Op. cit., p. 161-198, cap. VI ("Páginas sombrias nos anais jurídicos do Brasil") e Anexos.

pudesse ser justificado por alguma "boa razão econômica", em razão da especialidade do setor aéreo, foi, nesse caso, endereçado diretamente à Panair do Brasil.[21]

Já o Decreto-lei 669, de 2 de julho de 1969, impediu as empresas aéreas – leia-se Panair do Brasil – de impetrar concordata quando a Panair estava na iminência de fazê-lo, em uma tentativa árdua de restabelecimento de suas operações.[22] Segundo a exposição de motivos do governo, a concordata, sendo um favor legal que se dá à empresa estritamente comercial para continuar seu negócio, "não é de molde a ser admitida para a empresa de transporte aéreo, quando se tem em vista, acima do interesse comercial da empresa, a regularidade e a segurança de vôo".[23]

De novo: ainda que fosse possível discutir as razões econômicas da legislação, esse decreto-lei foi dirigido exclusivamente à Panair, impedindo-a de se restabelecer. Somente em 2005, e de última hora, de novo demonstrando evidente casuísmo, ainda que por acessórias razões econômicas, a nova Lei de Falências (Lei 11.101, de 9 de fevereiro de 2005), modificando o CBA, *traz* dispositivo excluindo as empresas aéreas da proibição de requerer concordata, no ilustrativo art. 199.[24]

O *caso Panair* é o ápice do envolvimento estatal com a estruturação de um setor econômico. Mas não de forma legítima e democrática, ainda que a intervenção estatal pudesse ser criticada por argumentos econômicos, tal como se faz agora, mas de maneira escusa, manipuladora e ditatorial.[25]

21. Trechos do Decreto-lei 496, de 11 de março de 1969: "Art. 1.º Além dos previstos em lei, constituem créditos privilegiados da União nos processos de liquidação, falência ou concordata de empresas de transporte aéreo: I – a quantia despendida pela União para financiamento ou pagamento de aeronaves, peças e equipamentos importados pelas empresas aéreas; [...] Art. 3.º O Ministério da Aeronáutica poderá destinar as aeronaves, peças e equipamentos referidos no artigo anterior ao serviço da aeronáutica civil ou comercial, mediante arrendamento. [...] Art. 4.º As empresas de transporte aéreo ficam impedidas de operar aeronaves ou explorar serviços aéreos de qualquer natureza, durante ou depois do encerramento dos processos de sua liquidação, falência ou concordata".

22. O processo de falência só foi requerido em 1995, na 6.ª Vara Cível da Comarca do Estado do Rio de Janeiro.

23. SASAKI, Daniel Leb. Op. cit., p. 196.

24. "Art. 199. Não se aplica o disposto no art. 198 desta Lei às sociedades a que se refere o art. 187 da Lei n. 7.565, de 19 de dezembro de 1986" (Código Brasileiro de Aeronáutica).

25. Daniel Sasaki relata algumas tentativas do Estado brasileiro, especialmente nos governos Figueiredo e Fernando Henrique, de *recompensar* a Panair pelos pre-

O *caso Varig*, como bem alertou Daniel Sasaki, não deve ter o mesmo fim.[26] A lição não é de *passividade* estatal no *caso Varig*, em razão do favorecimento do passado, mas de atuação transparente, de obediência aos marcos legais e regulatórios e calcada em razões econômicas e de permanência da empresa por razões fiscais, trabalhistas, de competitividade no setor - benefícios ao consumidor - e de manutenção das linhas internacionais.

4.2.2 A mudança da regulação nos anos 1970 a 1980: a regulação estatal total

Em 1975, o setor aéreo era formado só por quatro empresas: Varig, Cruzeiro do Sul, Vasp e Transbrasil, sendo que as duas primeiras empresas pertenciam ao mesmo grupo empresarial.

Todas as empresas voavam com aviões a jato, com capacidade mínima de 100 assentos, aeronaves mais modernas, o que contribuiu para a mudança nas rotas aéreas, uma vez que as empresas priorizavam rotas que viabilizassem economicamente aquelas aeronaves. A transformação no setor foi brutal. O número de cidades atendidas decresceu, caindo para 92 cidades atendidas pela aviação comercial regular, cidades de maior expressão econômica, que garantiam rentabilidade às empresas aéreas.

A maior transformação na regulação do mercado aéreo na década de 1970 surgiu em face do abandono das linhas interioranas. Reintroduzindo a ideia do subsídio, marco econômico do setor e da intervenção estatal, foi criado o Sistema Integrado de Transporte Aéreo Regional (SITAR) por meio do Decreto 76.590, de 11 de novembro de 1975, em uma tentativa de incentivo à aviação regional. O Brasil foi dividido em cinco regiões, de relativa homogeneidade de tráfego e com características geoeconômicas similares, designando

juízos sofridos, inclusive a edição de uma Medida Provisória de reparo pelos danos causados à companhia. No entanto, tal medida não saiu do papel (SASAKI, Daniel Leb. Op. cit., p. 207). De qualquer forma, já no âmbito do Superior Tribunal de Justiça, ainda segue uma ação indenizatória, proposta pela Panair do Brasil S/A, de responsabilidade civil da União pelos prejuízos causados. O REsp. 446.724-DF, de relatoria da Min. Denise Arruda, da 1.ª Turma do STJ, não foi conhecido por questões processuais. No entanto, a leitura do acórdão - publicado em 25.06.2007 - revela a dimensão do *caso Panair*.

26. Mesmo porque existem inúmeras outras razões para a crise financeira da Varig, inclusive nefasta ingerência estatal nos períodos dos planos econômicos de estabilização monetária, elementos que não serão debatidos neste momento.

uma empresa – oriunda do táxi-aéreo – para atuar em cada região, sob o regime de *exclusividade*.[27]

A ideia do subsídio retornou, assim, em forma de *suplementação tarifária*, fixada em 3% sobre o valor dos bilhetes das linhas aéreas domésticas. Houve, de fato, um subsídio cruzado: as linhas domésticas tradicionais e rentáveis subsidiavam, por meio da arrecadação da suplementação, as rotas regionais, incentivando as conexões interioranas.

A estrutura regulatória desenvolveu-se com dois núcleos de operação – um nacional, outro regional. Incentivou-se, no âmbito regional, a constituição de empresas de administração simples, com custos indiretos reduzidos, além da operação com aeronaves adequadas às pistas pequenas, de oferta compatível com a demanda. Houve desincentivo à concorrência entre as operações regionais e nacionais, sendo vedada a participação de uma mesma empresa aérea nos dois submercados. Estimulou-se, por outro lado, a cooperação entre as transportadoras regionais e nacionais, de forma a estabelecer uma rede tronco-alimentadora (das cidades interioranas para os grandes centros e vice-versa).[28] E, completando tal estrutura regulatória, definiu-se a impossibilidade de qualquer empresa regional se tornar uma empresa aérea nacional.

Na história evolutiva do setor aéreo, os objetivos regulatórios do SITAR eram claros, mas nem todos foram atingidos. Impossível regular todas as estratégias das empresas regionais, o que as levou a se adequarem às características de suas regiões, buscando mercados e cidades mais rentáveis, maximizando lucros.

A ideia das linhas-tronco e da interligação não foi efetivada plenamente, à exceção da Rio-Sul, que teve seu plano de linhas integrado com o grupo Varig-Cruzeiro (embora duas empresas distintas, a Varig detinha a quase

27. As empresas eram: Nordeste Linhas Aéreas Regionais S.A. (Região Nordeste e parte dos Estados de Minas Gerais e Espírito Santo); Rio-Sul Serviços Aéreos Regionais S.A. (Região Sul e parte dos Estados do Rio de Janeiro, Espírito Santo e São Paulo); TABA Transporte Aéreos da Bacia Amazônica S.A. (Região Norte); TAM Transportes Aéreos Regionais S.A. (atual Estado do Mato Grosso do Sul, parte dos Estados do Mato Grosso e de São Paulo); e VOTEC Serviços Aéreos Regionais S.A. (Estado de Goiás, parte dos Estados do Pará e do Maranhão, o Triângulo Mineiro e o Distrito Federal).

28. "O sistema de linhas tronco-alimentadoras foi primeiro introduzido nos Estados Unidos após a Segunda Guerra Mundial. Naquela ocasião, foram criadas as *local carriers* (transportadoras regionais), responsáveis pela interligação das cidades de baixa densidade de tráfego com os *hubs* (aeroportos centrais e de conexões de vôos" (BNDES. Aspectos de competitividade do setor aéreo (Modal Aéreo IV), cit., p. 2).

totalidade das ações da Rio-Sul, o que violava, indiretamente, a proibição de participação nos dois mercados – o subsídio aqui não foi externo, estatal, mas estratégia interna do grupo empresarial).

Na aviação comercial, a lógica econômica para a viabilidade das empresas opera decisivamente. Assim, as ligações de longa distância exigem aeronaves maiores, adaptadas à demanda, e as ligações de curta e média distâncias exigem, necessariamente, um número maior de frequência de voos, de maneira a tornar esse modo de transporte competitivo e atraente. No entanto, as empresas regionais, integradas à lógica econômica da máxima rentabilidade possível, escolheram poucos destinos regionais, utilizando aeronaves maiores e que poderiam se interligar na rede tronco. Consequentemente, a ideia de atendimento pulverizado não foi atingida plenamente, reforçando a estrutura do transporte aéreo concentrada em grandes centros.

De todo modo, ainda que a regulação não tenha atingido seus objetivos, com evidente descasamento entre o controle estatal e a lógica econômica do setor, a oferta do serviço aéreo regional, expressa por assentos x quilômetros (ass.km) oferecidos, "quadruplicou e o número de cidades servidas cresceu à taxa média anual de 3% no período 1976-1992".[29]

Fazendo-se uma abstração do período regulatório nas décadas de 1970 e 1980, é possível afirmar que os anos de 1973-1986 responderam pela intervenção do Estado, que "representou a primeira e última tentativa do governo de estruturar, planejar e fomentar, de maneira sistemática e global, o desenvolvimento do setor, bem como de estabelecer políticas para a aviação regional",[30] período conhecido como de *regulação com política industrial.*

No período de 1986-1992, data que daria origem ao período da desregulação, Alessandro Oliveira sublinha que o Estado brasileiro abandona a utopia do planejamento total como política industrial, afetado sobremaneira pelo crônico problema inflacionário.

As políticas econômicas instauradas para o combate inflacionário tiveram amplo impacto no transporte aéreo, com destaque para a desvalorização da taxa de câmbio, visando ao aumento da rentabilidade das atividades voltadas para a exportação e as interferências nos preços das passagens aéreas (setores com preços controlados), como forma evidente de controle inflacionário (parte das medidas ortodoxas adotadas pelos planos econômicos).

29. BNDES. Aspectos de competitividade do setor aéreo (Modal Aéreo IV), cit., p. 2.

30. OLIVEIRA, Alessandro Vinícius Marques de. *Performance dos regulados e eficácia do regulador*, cit., p. 6.

Tais medidas afetaram significativamente os setores de infraestrutura, com atenção especial ao setor aéreo. O período foi denominado como de *regulação com política de estabilização ativa*, "caracterizado pelo desgaste das políticas industriais e forte intervenção nas políticas de reajustes tarifários, levando a preços reais artificialmente baixos que causaram prejuízos ainda hoje contestados judicialmente[31] pelas operadoras aéreas".[32]

A década de 1990 conheceu as fases da desregulação, na linha do programa governamental de desregulamentação da economia do país adotado no início daquela década,[33] sendo o exemplo brasileiro da desregulação americana de 12 anos atrás.

4.2.3 Nova transformação da regulação aérea a partir dos anos 1990: qual desregulação?

O processo de desregulação do setor aéreo teve início em 1991, ano da realização V CONAC, refletindo a tendência liberalizante que avançava em diversos países. No entanto, no bojo das propostas liberais do início da década de 1990, a flexibilização no setor aéreo também contou com a participação de outros elementos, tal qual a experiência americana, como a forte pressão exercida pelas empresas atuantes, ansiosas pela ampliação de seus serviços para além de suas áreas de atuação e em linhas de maior densidade de tráfego.

31. Três empresas – Transbrasil, Varig e Vasp – moveram ações indenizatórias contra a União por perdas decorrentes dos planos econômicos. A Transbrasil obteve vitória, já com trânsito em julgado, no RE 183.180-4-DF, julgado pelo Supremo Tribunal Federal em 17.06.1997 (R$ 725 milhões é o valor da indenização). O pleito da Varig está no Superior Tribunal de Justiça, com vitória para a empresa em fase de Embargos à Divergência no REsp. 628.806-DF, publicado em 18.05.2006. A Vasp obteve vitória no Tribunal Regional Federal da 1.ª Região, na AP 1997.01.00.028532-7/DF, julgada de 09.06.1999 (o processo encontra-se em fase de Embargos à Divergência no TRF da 1.ª Região). A ementa do julgado na Apelação Cível é esclarecedora, permitindo amplo debate econômico sobre a ação estatal: "Demonstrada a quebra do equilíbrio econômico-financeiro do contrato de concessão aéreo, por força do congelamento imposto à concessionária em decorrência de planos econômicos governamentais, impõe-se à concedente o dever de indenizar os prejuízos comprovados em perícia regularmente processada, uma vez que violou o direito da outra parte contratante, assegurado em cláusula expressa de respectiva avença".

32. OLIVEIRA, Alessandro Vinícius Marques de. *Performance dos regulados e eficácia do regulador*, cit., p. 7.

33. O Programa Federal de Desregulamentação teve início em 1990 por meio do Decreto 99.179.

Comitês foram criados pela CONAC para avaliar o setor. As recomendações de flexibilização foram claras: autorização para a criação de novas empresas (surgiram, por exemplo, a Pantanal, a Tavaj, a Meta e a Rico); possibilidade de competição direta entre empresas de âmbito nacional e regional; e extinção da delimitação geográfica das aéreas de atuação. Tais transformações levaram, na prática, à extinção do SITAR já em 1992.

A Portaria 686/GM5, de 15 de setembro de 1992, autorizou as empresas de transporte aéreo regular a operar linhas tanto nacionais como regionais. As empresas - diversamente do antigo sistema rígido, *quatro nacionais e cinco regionais* - passaram a ser definidas pela amplitude das linhas operadas como nacionais ou regionais. Se uma empresa operasse, segundo os termos da mencionada Portaria, 12 Estados da Federação e 8 capitais, era classificada como nacional. Aquelas empresas que compreendessem, de forma preponderante, linhas de âmbito regional, sem limites de Estado, eram designadas como regionais.

No entanto, como resquício regulatório anterior e fruto de confusão conceitual, a Portaria 687/GM5, também de 15 de setembro de 1992, criou as linhas aéreas especiais, destinadas a estabelecer a ligação, sem escala, entre os aeroportos centrais de São Paulo (Congonhas), Rio de Janeiro (Santos Dumont) e Belo Horizonte (Pampulha) e entre estes e o aeroporto da Capital Federal (Presidente Juscelino Kubitschek). Tais linhas seriam operadas somente por empresas de âmbito regional, em forma indireta de subsídio governamental. A exceção era a Ponte Aérea Rio–São Paulo, que seria explorada, prioritariamente, por companhias de âmbito nacional, no tradicional *pool* Varig, Vasp e Transbrasil.

Com a regulação das linhas aéreas especiais, empresas regionais sólidas tornaram-se concorrentes nacionais, como foi o caso da TAM e da Rio-Sul (posteriormente incorporada ao grupo Varig). No caso da TAM, empresa originariamente regional, deu-se a consolidação das rentáveis linhas especiais, permitindo a conquista de novos mercados.

A regulação do subsídio continuou ainda sob a forma de *suplementação tarifária*, refletindo que a desregulação não era tão ampla. Diferentemente do SITAR, o adicional tarifário de 3% deixou de incidir sobre os bilhetes de todas as linhas aéreas e passou a incidir somente sobre as linhas aéreas nacionais e especiais, evidenciando o subsídio cruzado. As linhas nacionais, via suplementação, *bancavam* parte das linhas regionais.

Além disso, houve direcionamento de foco da suplementação. Somente algumas linhas regionais continuaram a receber o subsídio, e não todas as linhas regionais, com destaque para as linhas essenciais. Segundo a definição do

Departamento de Aviação Civil (DAC), as linhas essenciais eram aquelas que atendiam ao *interesse público* ou que eram pioneiras, servidas por aeronaves de até 30 lugares.

O número de cidades interioranas voltou a crescer após 1995, fruto da continuidade da suplementação tarifária, agora reformulada. No entanto, a crise cambial de 1999 prejudicou o recolhimento do adicional tarifário por parte das empresas nacionais, afetando diretamente a expansão regional. Em alguns casos, as empresas nacionais, como Varig e Vasp, discutiram a regulação estatal por meio de medidas judiciais, uma vez que a suplementação era basicamente privada, onerando o usuário do transporte aéreo, que pagava nas linhas nacionais o subsídio das linhas regionais.[34]

De qualquer forma, tal regulação prejudicava também a competitividade das empresas nacionais, na majoração das tarifas, ainda mais em tempo de crise generalizada, como se deu no início de 2000. Quase todas as empresas conseguiram vitórias de suspensão da cobrança da suplementação. Consequentemente, a crise das empresas aéreas nacionais, da Transbrasil (a companhia paralisou suas operações em dezembro de 2001), da Vasp e da Varig afetou sobremaneira a aviação regional, estabelecendo um novo desafio para a sua ampliação.

Segundo Alessandro Oliveira, no período de desregulação podem ser definidas três fases, mais adiante debatidas com profundidade:

> (i) *liberalização com política de estabilização inativa* (1992-1997), baseada em rodadas de negociação com a flexibilização geográfica, de linhas a operar e de tarifas,[35] sem maiores pressões nos preços (maior estabilidade

34. "Enquanto a suplementação tarifária foi necessária para viabilizar as linhas regionais, quatro delas controladas por companhias nacionais, esta medida não foi questionada por elas. Com a consolidação do transporte regional e a expansão das respectivas companhias, o adicional tarifário, por ter sido instituído por decreto, passou a ser questionado pelas companhias aéreas nacionais, sob o argumento de que encarecia o preço das passagens, onerando os usuários das demais linhas domésticas e reduzindo a demanda. Varig, Vasp, Transbrasil e TAM obtiveram liminares possibilitando-as (sic) suspender o recolhimento da suplementação tarifária, desde 1998" (RODRIGUES, Rodrigo Augusto. Op. cit., p. 130).

35. "Outra medida adotada foi a introdução de preços de referência com novas bandas tarifárias, que agora variavam de -50% a +32% do valor principal (antes era de -25% e +10% da tarifa de referência), sem dúvida uma inovação diante do sistema de preços controlados do período de forte regulação. A competição em preços era agora vista como 'saudável' para a indústria e passou a ser encorajada; nesse sentido, as bandas tarifárias eram concebidas como instrumentos temporários para intensificar a rivalidade de preços. Contudo, os preços ainda eram, de certa for-

nos preços a partir de 1994) e também baixa instabilidade nos custos, com a taxa de câmbio relativamente estável no período;

(ii) *liberalização com restrição de política de estabilização* (1998-2001), período ambíguo, em que houve o aprofundamento quanto às últimas restrições tarifárias, além do fim da exclusividade às empresas regionais de operarem as linhas aéreas especiais,[36] o que deu ensejo a fenômenos como a "guerra de preços" e a "corridas por frequência", competição que não se via desde a década de 1960, mas também de retorno do controle tarifário, por ocasião da crise cambial e do choque nos custos;

(iii) e, por fim, o período da *quase desregulamentação* (2001-2002), resultante de acordo do Ministério da Fazenda e do DAC com a remoção dos últimos mecanismos de regulação econômica,[37] flexibilizando os processos de entrada de novas empresas e de pedidos de novas linhas aéreas, frequência de voos e aviões, período que culminou com a entrada da Gol no mercado, em janeiro de 2001.[38]

4.2.4 Fases da desregulação: história final?

Seria a história da evolução regulatória da aviação comercial brasileira uma história final? Não. A história é contínua e prossegue sem desenlace final, ainda mais quando se trata de um setor da economia tão sensível, que sofre frequentemente com as alterações cambiais e com os preços dos combustíveis, por exemplo. Nem mesmo a fase de desregulação, ante as vicissitudes econômicas e políticas, é estável.

Em 2003, o regulador, ainda o DAC, voltou a implementar alguns procedimentos de interferência econômica objetivando controlar o que foi chamado de "excesso de capacidade" e o acirramento da "competição ruinosa" no mercado, na contramão do mercado norte-americano.

O DAC passou a exercer uma função moderadora, nos termos das Portarias 243/GC5, de 13 de março de 2003, e 731/GC5, de 11 de agosto de 2003, para "adequar a oferta de transporte aéreo, feitas pelas empresas aéreas,

ma, indexados, dado que as tarifas de referência eram, por definição, controladas e sujeitas às políticas de reajustes periódicos" (OLIVEIRA, Alessandro Vinícius Marques de. *Performance dos regulados e eficácia do regulador*, cit., p. 9).

36. Portarias 986/DGAC e 988/DGAC, de 18 de dezembro de 1997, e Portaria 05/GM5, de 9 de janeiro de 1998.

37. Portarias 672/DGAC, de 16 de abril de 2001, e 1.213/DGAC, de 16 de agosto de 2001.

38. OLIVEIRA, Alessandro Vinícius Marques de. *Performance dos regulados e eficácia do regulador*, cit., p. 9.

à evolução da demanda" e "impedir uma competição danosa e irracional, com práticas predatórias de conseqüências indesejáveis sobre todas as empresas".

Alessandro Oliveira define o período sem história final de *rerregulação*:

> uma fase onde pedidos de importação de novas aeronaves, novas linhas e mesmo de entrada de novas companhias aéreas, voltaram a exigir estudos de viabilidade econômica prévia, configurando-se uma situação semelhante ao do período regulatório típico; a grande diferença, nesse caso, foi que não houve interferência na precificação das companhias aéreas, ou seja, não houve re-regulação tarifária.[39]

Nesse sentido, o trabalho aponta, em tempos de turbulência de infraestrutura, de crise da Varig (que revive o *caso Panair*), adquirida pela Gol, e da substituição do DAC pela Agência Nacional de Aviação Civil (ANAC),[40] para a prudência.[41] Ainda assim, aposta na liberdade de funcionamento do setor – pelos inegáveis benefícios econômicos e pelo que nos mostra o evoluir histórico –, e não para a volta da regulação.

A reconfiguração regulatória, baseada na liberdade para o setor, deveria se pautar por alguns princípios: *livre acesso* para a entrada e saída das operadoras no transporte aéreo; *livre mobilidade* para operar em determinada rota aérea, resguardadas as condições de prestação de serviço regular; *eficiência econômica e legalidade nas concessões*, com a definição de licitação para a alocação dos horários de operação de voos, sem benefício escuso a grandes empresas (vide o *caso Panair*); *liberdade estratégica*, o que inclui liberdade tarifária; e *restrição antitruste*, com o monitoramento contínuo de defesa da concorrência.

Tal como a (des)regulação americana, a história brasileira nos deixa uma lição, nos ciclos de evolução da regulação para o setor aéreo, da dinâmica entre a economia e o direito, da complexidade de moldar o mercado por meio da regulação.

A descoberta das razões econômicas ou políticas para a existência de determinada regra, em determinados contexto e tempo históricos, pode nos in-

39. Idem, ibidem, p. 11.
40. A ANAC foi criada pela Lei 11.182, de 27 de setembro de 2005.
41. O editorial da *Folha de S. Paulo* de 24 de junho de 2006 refletia o momento do setor aéreo: "Diante do grau de incerteza que reina por conta da situação da Varig, o recomendável é que a Anac atue, no que se refere à redistribuição de rotas e espaços nos aeroportos, sob o princípio da reversibilidade. Se as situações emergenciais inevitavelmente levarão a agência a transferir o direito de exploração de determinadas rotas a determinadas companhias, é importante que essas decisões sejam passíveis de revisão num momento em que os vetores do mercado estiverem mais claros" (Disputa sem rota. *Folha de S. Paulo*, 24 jun. 2006, Editoriais, A2).

dicar os caminhos a seguir para a continuidade da regulação ou desregulação do setor, nos moldes dos princípios enunciados acima.

4.3 Evolução das políticas para o transporte aéreo: a cronologia proposta por Alessandro Oliveira

Já antes referenciado, Alessandro Marques de Oliveira, em trabalhos realizados pelo Núcleo de Estudos em Competição e Regulação do Transporte Aéreo (NECTAR), propôs ilustrativa cronologia da história de regulação e de desregulação do setor.[42]

Utilizando a cronologia proposta pelo pesquisador, ver-se-á, a partir de 1973, um período de pouco mais de 15 anos de permanência da política regulatória, em um primeiro momento como planejamento setorial e depois como parte de uma política de estabilização de preços. Posteriormente, também durante quase 15 anos, ver-se-á um período de flexibilização regulatória com três grandes fases, inicialmente ainda associado à política de estabilização monetária e depois de maior liberdade tarifária, com ápice entre 1999 e 2003.

Após esse período, já a partir de 2003, há "notícias" do retorno regulatório. No entanto, no período mais recente é visível um cenário de total indefinição regulatória e de total descompasso entre o regime (des)regulatório econômico e a estrita regulação de infraestrutura, gerando problemas significativos para o setor.

Portanto, na sequência deste tópico, paralelamente ao debate da nova história econômica (item 4.2), pretende-se consolidar a cronologia proposta por Alessandro Oliveira, somando-se algumas novas informações aos períodos sugeridos, de forma a permitir a exata compreensão do processo regulatório/desregulatório e dos atuais problemas do setor.[43]

4.3.1 Regulação com política industrial (1973-1986)

O período representa justamente a fase de afirmação regulatória sobre o setor aéreo. No contexto oposto do que já vivia o setor aéreo nos Estados

42. Cf. OLIVEIRA, Alessandro Vinícius Marques de. *Performance dos regulados e eficácia do regulador*, cit..

43. Os itens seguintes utilizam basicamente a cronologia proposta por Alessandro Oliveira. No entanto, optou-se por fundir dois períodos entre 1986 e 2001, durante o processo de flexibilização, uma vez que todos os estágios são orientados parcialmente pela política de estabilização monetária. Após 2003, optou-se também por definir o período de "rerregulação ou instabilidade regulatória", de maneira a caracterizar os problemas vigentes do setor.

Unidos, em fase pré-desregulatória, com a formação de consenso acadêmico e político para a mudança, a regulação no Brasil atingia o auge, somando-se a ideia de uma efetiva organização setorial.

Os mecanismos utilizados para a regulação do setor tiveram nítida característica de política desenvolvimentista, característica da época. A regulação se baseava em dois pontos essenciais: (i) ampliação da cobertura do número de cidades atendidas pelo transporte, na linha de regionalização do serviço; e (ii) foco na rentabilidade garantida das companhias aéreas, de forma que a concorrência não era incentivada, permanecendo, no período, a ideia de "competição controlada".

O primeiro aspecto, tal como se vê no gráfico abaixo,[44] teve como norte corrigir um problema detectado durante a década de 1960, com a redução significativa do número de cidades atendidas. Saindo de mais de 300 cidades em 1960, o setor atendia menos de 100 cidades em 1975, com drástica redução da cobertura. O principal problema decorreu da crise generalizada que se abateu sobre o setor durante a década de 1960, período já de competição controlada, em que várias empresas entraram em processo de falência – o mais conhecido é o *caso Panair* (item 4.2.1.1) –, entre as quais algumas companhias regionais, inviabilizadas em razão da rápida modernização do setor, com o avião a jato, e dos custos operacionais decrescentes na utilização de aeroportos centrais.

Gráfico 9 – Número de cidades brasileiras atendidas – transporte aéreo regular

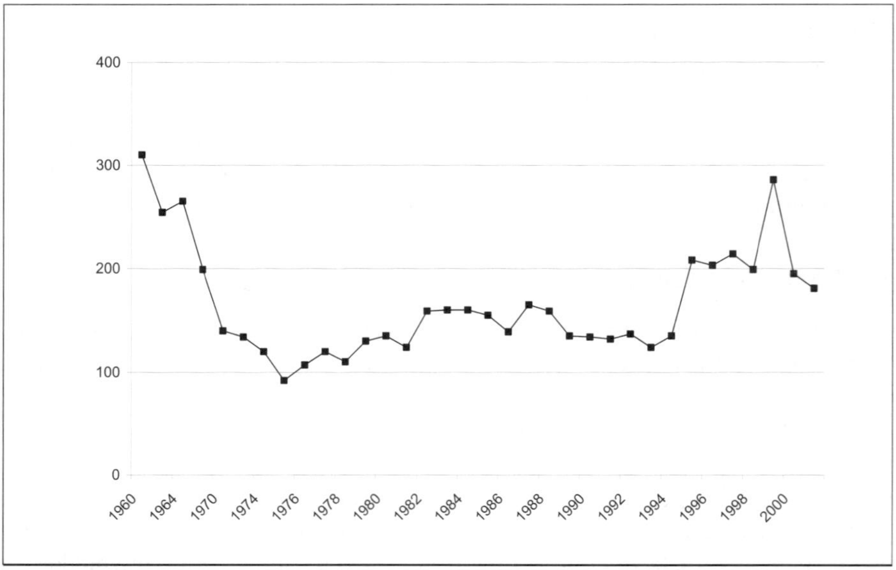

44. BNDES. Aspectos de competitividade do setor aéreo (Modal Aéreo IV), cit., p. 1-9.

O segundo ponto resultava, em razão da grave crise financeira suportada pelas companhias durante a década de 1960, da necessidade de garantir rentabilidade "adequada" ao negócio, regulando a malha aérea, a entrada de novas companhias e a precificação das passagens.

Nesse contexto, forjou-se o desenvolvimento, já citado, da regra "quatro companhias nacionais e cinco companhias regionais", com a divisão do País em cinco regiões atendidas pelas empresas regionais por meio de monopólios individualizados. As companhias nacionais atendiam somente às cidades principais, ou seja, em ligações "tronco", enquanto as empresas regionais alimentavam o sistema via captura das cidades regionais. Não havia entre elas competição.

A regulação de barreiras à entrada de novas companhias aéreas, em especial nas linhas-tronco, ficou caracterizada pelo Decreto 72.898, de 9 de outubro de 1973, que atribuiu às quatro grandes companhias nacionais toda a operação do sistema:

> A partir da publicação deste Decreto, fica concedido, pelo prazo de 15 (quinze) anos, às empresas de transporte aéreo Viação Aérea Riograndense S.A. (Varig), Viação Aérea São Paulo S.A. (VASP), Serviços Aéreos Cruzeiro do Sul S.A. e Transbrasil S.A. Linhas Aéreas, o direito de executar o serviço aéreo de transporte regular de passageiro, carga e mala postal, independente de pedido (art. 15 do Decreto n. 72.898/1973).

A política regulatória do período, impeditiva de concorrência, teve ainda como marco a criação do já referenciado SITAR (Decreto 76.590, de 12 de novembro de 1975), cuja orientação fortalecia ainda mais a aviação regional, na linha da divisão do País em monopólios regionais e, também, via suplementação tarifária, regulação de incentivos e subsídios para as rotas de baixa densidade.

O período representou a última tentativa de organizar o setor com planejamento setorial, ainda que marcado por uma regulação econômica rígida. Como se vê no Gráfico 9, o sucesso da política foi relativo, uma vez que a regionalização do setor não conseguiu ultrapassar a marca de 150 cidades atendidas até o final desse período.

4.3.2 Regulação e liberalização com política de estabilização (1986-2001)

O período que se estende de 1986 até 1992 ficou caracterizado ainda como de regulação econômica rígida, sem abertura para novas empresas ou liberdade tarifária. No entanto, houve um agravante nesse período. A política setorial da aviação comercial foi completamente esquecida, solapada pelas dificuldades macroeconômicas, razão pela qual o País foi submetido a sucessivos planos econômicos de estabilização monetária.

Nesse contexto, o setor aéreo, ainda regulado, sofreu com congelamentos de preços, redundando em crescentes problemas financeiros para as companhias aéreas nacionais. O cenário do congelamento de preços ainda hoje é discutido pelas empresas aéreas, até mesmo as falidas, aspecto que será abordado adiante (item 4.4.3).

No quadro da regulação com estabilização ativa, algumas medidas tiveram profundo impacto no setor aéreo: (i) no lado dos custos, as companhias tiveram forte pressão (há uma alta correlação com a taxa de câmbio em função de alguns insumos), uma vez que sofreram com as sucessivas medidas de desvalorização da taxa de câmbio, objetivando o aumento da rentabilidade das atividades voltadas para a exportação; (ii) no lado da receita, tal como disposto acima, as companhias sofreram com os preços controlados e defasados pelos choques monetários, em momento de rígida regulação do Conselho Interministerial de Preços (CIP).[45]

O cenário mais efetivo de estabilização monetária ativa, que afetou o transporte aéreo, com regulação rígida, transcorreu até 1991-1992, com a edição do Plano Collor II.

Apesar da existência, já em 1989, das bandas tarifárias - primeiro elemento para a liberação de preços[46] -, somente em 1992 o setor aéreo começou a viver efetivamente a desregulação, conhecida como um processo de "flexibilização regulatória", em um gradual esquema de rodadas de liberalização. O processo ocorreu no âmbito do "Programa Federal de Desregulamentação", também do Governo Collor, instituído pelo Decreto 99.179, de 15 de março de 1990.

A desregulação econômica foi implementada em três significativas rodadas de liberalização, respectivamente, em 1992, em 1998 e em 2001, em proces-

45. OLIVEIRA, Alessandro Vinícius Marques de. *Performance dos regulados e eficácia do regulador*, cit., p. 6.

46. Nesse período antecedente da efetiva desregulação econômica, podem-se destacar duas outras medidas flexibilizadoras importantes: (i) permissão concedida à Vasp e à Transbrasil para operarem voos internacionais (as duas empresas passam a ocupar, junto com a Varig, a faculdade conferida no âmbito do acordo bilateral de aviação Brasil e Estados Unidos, de 1986, quebrando o monopólio da Varig no mercado internacional); (ii) extinção do Decreto 72.898/1973, por meio do Decreto 99.677, abrindo caminho para novas concessões de companhias aéreas no setor, matéria regulada a partir da Portaria 686/GM5, de 1992 (RODRIGUES, Rodrigo Augusto. Op. cit., p. 126-127).

so paralelo à gradativa flexibilização do transporte aéreo na União Europeia. Há, no processo brasileiro, um elemento efetivo destoante na comparação com a desregulação norte-americana, que, embora idealizada também em caráter gradual, redundou na flexibilização de entrada de novas companhias e de tarifas muito mais célere, até mesmo com a extinção do CAB de forma antecipada.

Essa política de liberalização gradual, na linha da abordagem europeia, teve o intuito de evitar efeitos prejudiciais de curto prazo, tudo em razão da possibilidade de uma frenética competição, tal como ocorreu na desregulação norte-americana. No caso brasileiro, essa competição mais acirrada no setor foi vivida a partir da Segunda Rodada de Liberalização, em 1998.

No entanto, todas as três rodadas de liberalização estiveram ainda conectadas ao programa macroeconômico de estabilização monetária. A política não era mais de estabilização *ativa*, com preços das companhias controlados, mas *inativa*, de início de monitoramento da precificação.

Em 1992, a Primeira Rodada de Liberalização significou a extinção dos monopólios regionais, na linha do SITAR, já que o regime aparecia bastante distorcido, com pressão competitiva das companhias regionais, buscando maior escala em face das companhias nacionais. A política de "quatro companhias nacionais e cinco companhias regionais" foi oficialmente extinta.

O processo implicou, como já se salientou (item 4.2.3), na entrada de novas companhias no mercado, a maior parte delas oriundas de empresas de táxi-aéreo. As companhias regionais permaneceram somente com o monopólio parcial, com exceção da ponte aérea,[47] dos voos ligando os centros das cidades de São Paulo, Rio de Janeiro, Belo Horizonte e Brasília, chamados VDC, e depois de "Linhas Aéreas Especiais".

Também como já referenciado (item 4.2.3), a ampliação das bandas tarifárias foi outro norte da desregulação iniciada com a Primeira Rodada, agora variando entre -50% a +32% do valor principal, com forte incentivo à competição. O debate sobre a (des)regulação dos preços das passagens aéreas, no contexto da Primeira Rodada, será enfrentado com mais profundidade adiante (item 4.4.4).

47. "Na linha Santos Dumont/Congonhas – Ponte Aérea Rio/São Paulo recebeu nova regulamentação específica com a Portaria n. 689/GM5, de 1992, que institucionalizou, novamente, o *pool* formado entre as companhias nacionais, deixando a elas a iniciativa de abri-lo a outras companhias, por voto de unanimidade. Quando a demanda indicasse a necessidade de aumento da oferta, este seria feito prioritariamente pelo *pool*. Porém, o DAC poderia autorizar outras empresas a operar a ligação, quando o serviço viesse a contribuir 'para a melhoria do atendimento aos usuários' (art. 9.º)" (RODRIGUES, Rodrigo Augusto. Op. cit., p. 129).

Durante a Primeira Rodada, o setor aéreo viveu inserido em uma política de estabilização *inativa*, conforme demonstra Alessandro Oliveira, porque o cenário macroeconômico, até o período de 1998, não sofreu com grandes instabilidades, nem mesmo quanto aos custos, com taxas de câmbio relativamente estáveis.[48]

A Segunda Rodada de Liberalização teve início em 1998, injetando novo incentivo para a competição por preços entre as companhias, extinto que foi o regime de bandas tarifárias.[49]

Além disso, as empresas regionais perderam o direito de explorar com exclusividade as Linhas Aéreas Regionais.[50] Houve uum surto de competição, com frenética "guerra de preços" e "disputas por frequências". Os demais aspectos tarifários serão debatidos no item 4.4.4.

No entanto, no decorrer da Segunda Rodada, em 1998, o cenário macroeconômico se modificou. O retorno da instabilidade da taxa de câmbio, em especial a modificação do regime cambial em janeiro de 1999, fez novamente crescer os custos das companhias aéreas. Em um primeiro momento, houve um recrudescimento na adoção sistemática de preços promocionais e, depois, uma tendência por realinhamento de tarifas em razão do choque de custos.

A flexibilização passou a ser denominada "liberalização com restrição de política de estabilização", na interpretação de Alessandro Oliveira,[51] uma vez que, ainda em 1999, o Ministério de Fazenda cerceou, em algumas oportunidades, os reajustes da indústria. No caso do setor aéreo, houve parcial controle de preços pelo DAC e pelo Ministério da Fazenda.

Mas mesmo nesse momento turbulento do contexto macroeconômico e de restrição, o processo de liberalização, ainda na Segunda Rodada, contou

48. OLIVEIRA, Alessandro Vinícius Marques de. *Performance dos regulados e eficácia do regulador*, cit., p. 9.

49. "Esta medida permitiria a introdução, no mercado doméstico, da discriminação de preço conjugada com inovações mercadológicas, prática já usual no mercado norte-americano, conhecida com *yield management*, e reivindicada pelas companhias aéreas, que passariam a conceder descontos promocionais em função do horário do vôo, principalmente nos noturnos; do período do ano – alta estação (fim de ano, férias, carnaval) e baixa estação (restante do ano); e aquisição antecipada" (RODRIGUES, Rodrigo Augusto. Op. cit., p. 128).

50. Essa medida permitiu a consolidação dos aeroportos centrais (*hubs*) das malhas de rotas domésticas, para a maioria das companhias, permitindo o gerenciamento dos seus sistemas de conexões para as demais localidades do país.

51. OLIVEIRA, Alessandro Vinícius Marques de. *Performance dos regulados e eficácia do regulador*, cit., p. 10.

com a criação do Conselho de Aviação Civil (CONAC), por meio da Medida Provisória 2.049-21, de 28 de julho de 2000, atuando como um órgão de assessoramento do Presidente da República para a formulação da política da aviação civil.

A partir do CONAC, a política de desregulação foi ainda mais ampliada, objetivando novos padrões de eficiência para o setor. Quatro foram os pilares do CONAC: (i) total liberdade tarifária; (ii) liberdade para o estabelecimento da oferta de serviços; (iii) facilidade de acesso à infraestrutura aeroportuária; e (iv) estabelecimento de uma estrutura regulatória que estimulasse a competição no setor.

4.3.3 Quase desregulamentação (2001-2002)

Entre 2001 e 2002 ocorreu a Terceira Rodada de Liberalização, com a liberação total dos preços das passagens aéreas. A política de liberação total dos preços se enquadrava nas ações estipuladas pelo CONAC, órgão recém-instituído.

O CONAC, por meio da Resolução 007/2001, aprovou um regime de total liberdade tarifária na prestação de serviços aéreos ligando ponto a ponto os principais aeroportos brasileiros (Congonhas e Guarulhos em São Paulo, Antônio Carlos Jobim e Santos Dumont no Rio de Janeiro, Tancredo Neves e Pampulha em Belo Horizonte, Juscelino Kubitschek em Brasília, Afonso Pena em Curitiba, Salgado Filho em Porto Alegre e Hercílio Luz em Florianópolis). Paralelamente à liberação total, o CONAC recomendou que o DAC monitorasse o comportamento das tarifas aéreas tanto no mercado desregulado como no mercado parcialmente controlado. O Ministério da Fazenda instituiu a liberação por meio da Portaria 90.

Nesse monitoramento, o Governo encontrou bons resultados, evidenciando que a disputa tarifária poderia ser saudável, sem levar a uma competição ruinosa. O DAC estabeleceu uma monitoração por meio da estimação de um *yield* ideal - que é justamente a receita em reais por passageiro por quilômetro voado -, sendo aquele que proporciona uma margem de lucro de 12%, levando em consideração a taxa de ocupação média dos assentos verificada nas rotas domésticas. E o DAC também estabeleceu um *yield* máximo, tendo como referência a tarifa máxima permitida antes da liberação. O monitoramento se dava pelo *yield* médio praticado pelas companhias após a liberação, de forma a verificar se havia alguma competição predatória, com o *yield* médio abaixo do ideal, ou prática de preços abusivos, com o *yield* médio acima do máximo.[52]

52. RODRIGUES, Rodrigo Augusto. Op. cit., p. 136-138.

O monitoramento realizado em meados de 2001 indicava que as tarifas se encontravam entre o *yield* ideal e máximo, sem problemas de oferta e com poucas migrações de capacidade entre as rotas com tarifa controlada e tarifa desregulada. O transporte doméstico, nas rotas regulares, funcionava como economia de mercado.

Em razão dos resultados favoráveis desse projeto de teste do mercado, o Governo, por meio do CONAC, determinou a liberação total dos preços das passagens aéreas em rotas domésticas regulares em todo o território nacional. A liberação se deu por meio da Resolução 008/2001, posteriormente regulamentada por Portarias do DAC (item 4.4.4).

Essa função de monitoramento se tornou, no âmbito do período de quase desregulamentação (e até agora), a referência de atuação do Estado no acompanhamento tarifário do setor.

Os problemas macroeconômicos decorrentes do período, somando-se ao ataque terrorista de 11 de setembro de 2001, com choques negativos de custo e de demanda, estabeleceram dificuldades de avaliação do regime de liberdade total de tarifas (por exemplo, em razão dos custos, o *yield* ideal de muitas rotas modificou-se constantemente). Tais dificuldades seguiram até o final de 2003. A partir de 2004, o setor, no cenário macroeconômico, encontra estabilidade, o que proporcionará, sob o regime de liberdade tarifária, crescimentos sucessivos de demanda (item 4.4.3).

4.3.4 Rerregulação ou instabilidade regulatória? (desde 2003)

A partir de 2003, o setor voltou a sofrer uma espécie de rerregulação quanto à entrada de novas companhias no setor. O Estado retornou com alguns mecanismos de interferência econômica, sobretudo nas concessões (item 4.4.3), tendendo a controlar um suposto "excesso de capacidade" e a possibilidade de uma "competição destrutiva" entre as empresas.

Nessa linha, pedidos de importação de aeronaves, expansão de novas linhas e até mesmo a entrada de novas companhias voltaram a exigir estudos prévios de viabilidade econômica, reintroduzindo no setor uma ideia de "entrada controlada". A evidência do "excesso de capacidade" se verificou em razão do cenário macroeconômico adverso no período 2001-2003. Portanto, imaginava-se que uma restrição à entrada de novas empresas e o controle das linhas existentes era o caminho normal para restabelecer o equilíbrio entre oferta e demanda.

Também nessa configuração não houve uma rerregulação tarifária, permanecendo a desregulação monitorada (item 4.4.4).

Ocorre que, nos ciclos de instabilidade/estabilidade do mercado, o setor aéreo rapidamente se equilibrou, apresentando, no triênio 2004/2006, um crescimento médio de 14%, o que afastou qualquer problema de excesso de oferta. Houve, nesse sentido, em razão dos resultados e da ampliação do número de novos consumidores, uma consistente reafirmação da política de desregulação econômica, ainda que com espasmos do "controle de entrada".

No entanto, a demanda crescente tem gerado agora problemas significativos na infraestrutura aeroportuária. Rapidamente, sem planejamento estatal, o setor começou a sentir um notável descompasso entre a liberdade econômica das companhias aéreas de um lado, gerando forte crescimento na demanda, e a infraestrutura regulada de outro, restringindo o crescimento.

O cenário regulatório possível, após a criação da ANAC – e levando em conta as incertezas de sua relação com os demais agentes estatais que exercem atribuições sobre o setor, com destaque para o CONAC –, poderá ser de uma *rerregulação* de forma muito mais efetiva, retrocedendo o setor a uma era regulatória típica, com significativos prejuízos concorrenciais, ou mesmo de uma *instabilidade regulatória*, com ciclos de restrição/liberação econômica, em uma nova tentativa de adequação do setor às atuais limitações de infraestrutura.[53]

Essa discussão sobre o progredir regulatório, já iniciada no item 4.2.4, será aprofundada na terceira parte, levando em comparação os resultados da desregulação econômica.[54]

53. De qualquer forma, ainda que em um cenário instável do ponto de vista da infraestrutura e da rentabilidade das companhias, o setor segue com liberdade tarifária, ainda que monitorada, como demonstra recente Seminiário realizado pela própria ANAC, sobre os "10 anos de Liberdade Tarifária no Transporte Aéro Doméstico". Nesse sentido, vale reforçar que o monitoramento permanece, sem o retorno de qualquer controle de preços, com apoio na Resolução ANAC 140/2010 e na Portaria ANAC 804/SER/2010. E um Relatório de Tarifas Aéreas é regularmente divulgado pela Superintendência de Regulação Econômica e Acompanhamento de Mercado, ficando disponibilizado no seguinte sítio: <http://www2.anac.gov.br/estatistica/tarifasaereas>.

54. É importante frisar também que alguns autores, como o já citado Alessandro Vinícius Marques de Oliveira, utilizado para a periodização das políticas regulatórias no transporte aéreo brasileiro, denomina o período que se inicia em 2006 até os dias atuais de "Regulação operacional e desregulação econômica", razão da continuidade do processo de desregulação econômica das atividades das companhias, mas de manutenção da regulação de infraestrutura (operacional). Embora a desregulação econômica de fato se mantenha, os nefastos efeitos de infraestrutura proporcionam inegavelmente debate sobre as dificuldades regulatórias, gerando instabilidade, razão pela qual a periodização não nos parece concluída.

4.4 Regulação jurídico-econômica do transporte aéreo comercial no Brasil

Na linha do evoluir regulatório, compreende-se que o setor aéreo brasileiro apresentou uma estrutura regulatória centrada no Departamento de Aviação Civil, hoje substituído pela ANAC. Tal estrutura, ainda hoje com a ANAC, segue basicamente o Código Brasileiro de Aeronáutica (CBA), Lei 7.565, de 19 de dezembro de 1986, expedindo, ademais, instruções regulatórias próprias, de forma a funcionar como adaptação do setor ao dinamismo do mercado.

O Código Brasileiro de Aeronáutica é extenso. Contando com 324 artigos, regula as mais diferentes matérias concernentes à atividade aérea: a estruturação do espaço aéreo brasileiro, os aeródromos, a segurança e a fiscalização do setor, a qualificação da tripulação de bordo, a concessão dos serviços aéreos públicos, a entrada e a permanência das empresas no setor, chegando mesmo a disciplinar as condições do bilhete de viagem, os processos de intervenção e liquidação das empresas aéreas e as questões atinentes à responsabilidade civil.

É evidente que o CBA apresenta uma estrutura regulatória ultrapassada tanto pela extensão como pelo conteúdo. Ainda que se reconheçam as especificidades do setor aéreo brasileiro em face do modelo americano, suas dificuldades internas e seu tamanho, não se pode ter como ideal um sistema regulador tão extenso, tão meticulosamente detalhista.

O sistema deveria ser mais enxuto, centrado nas regras basilares, deixando para a autoridade reguladora o vasto campo da atuação circunstancial. O dinamismo do setor pede regras mais flexíveis, abertas, como um exemplo evidente do funcionamento do Direito Econômico. Por isso, em muitos casos a legislação era simplesmente "esquecida", não sendo aplicada pelo DAC.

O mesmo acontece com a matéria eleita para a composição da Lei 7.565/1986. De tão extensa, a legislação cobre as mais diferentes aéreas em um mesmo Código. Vai de estruturação do espaço aéreo, passa pela composição acionária das empresas aéreas, regrando até a matéria pertinente à responsabilidade civil. A última questão, por exemplo, não traz consigo nenhuma razão justificadora para compor tal diploma legislativo. Ainda que se considere que todas as matérias constantes do CBA digam respeito à atividade aérea, como núcleo comum, o Código deveria centrar-se estritamente na matéria reguladora do serviço aéreo, relegando, por exemplo, ao panorama da legislação civil questões atinentes à responsabilidade.

No que se refere especificamente à matéria regulação/concorrência, pode-se notar uma disciplina severamente interventiva do Estado. O art. 192

do CBA,[55] que prescreve que todo acordo que implicar consolidação ou fusão dos serviços das companhias aéreas deve ser submetido à autoridade aeronáutica, é um exemplo dessa disciplina.

A participação da autoridade aeronáutica em questões concorrenciais deve ser admitida em razão das sensíveis características do setor, tal como procede a regulação norte-americana com a ativa participação do Departamento de Transporte. No entanto, há de se ter uma definição efetiva da participação da autoridade regulatória e da autoridade antitruste. O art. 6.º da Lei 11.182/2005, lei instituidora da ANAC, caminha nesse sentido. No entanto, essa interface não está clara, o que fica caracterizado em um singular caso analisado pela SEAE (item 4.5.2).

Tal entendimento do controle estatal sobre o setor e da indefinição de incorporação de um ideário concorrencial à atividade aérea fica ainda mais evidente quando se depara com o art. 193[56] e com os amplos poderes conferidos à autoridade aeronáutica. Tal regra expressa exatamente o que ocorria no setor americano antes da desregulação. Cabe à autoridade aeronáutica, ou ao Governo de maneira geral, impedir a *competição ruinosa* – o que seria a competição ruinosa? Seria o entrante que desafia o mercado cativo das empresas existentes? – ou assegurar o melhor rendimento econômico das empresas – o que normalmente inclui tarifas altas ou, inversamente, congelamento de preços em virtude dos desastrosos planos econômicos?

O poder de intervenção é tal que o artigo em debate permite à autoridade aeronáutica modificar, a qualquer tempo, tarifas, rotas e concessões. Como esperar, então, um cenário de competição nessa estrutura regulatória?

Ademais, só como argumento adicional, a autoridade aeronáutica exerce também o controle sobre a composição acionária das empresas. Tal como já se referiu, o limite de participação estrangeira no capital de empresas aéreas nacionais é restrito a 20% (art. 181, II, da Lei 7.565/1986). A regra, ainda que em um ambiente delicado, revela-se retrógrada.

Além disso, muito da insegurança do setor resulta da falta de credibilidade e da inconsistência da legislação existente. O panorama regulatório não

55. "Art. 192. Os acordos entre exploradores de serviços aéreos de transporte regular, que impliquem em consórcio, *pool*, conexão, consolidação ou fusão de serviços ou interesses, dependerão de prévia aprovação da autoridade aeronáutica."

56. "Art. 193. Os serviços aéreos de transporte regular ficarão sujeitos às normas que o Governo estabelecer para impedir a competição ruinosa e assegurar o seu melhor rendimento econômico podendo, para esse fim, a autoridade aeronáutica, a qualquer tempo, modificar frequências, rotas, horários e tarifas de serviços e outras quaisquer condições da concessão ou autorização."

confere espaço para a alternativa concorrencial, o que cria ainda mais indefinições. Por fim, em muitos casos, como já se afirmou, a legislação é tão ultrapassada e dissociada da realidade que simplesmente não é aplicada, revelando nova instabilidade.

Nesse sentido, a criação de uma estrutura regulatória independente apresenta-se como uma alternativa viável. A criação da Agência Nacional de Aviação Civil (ANAC), estabelecida pela Lei 11.182, de 27 de setembro de 2005, é a proposta que visa à reforma do panorama regulatório existente. Não exatamente pela criação de uma nova agência reguladora, aspecto que deve ser minuciosamente refletido e estudado, em função das fragilidades e dos insucessos das agências setoriais criadas na década de 1990 no curso da reforma regulatória brasileira, mas, essencialmente, por ser uma proposta de continuidade no instável processo de desregulação do setor e de inserção das companhias em um efetivo sistema competitivo.[57]

Em um dos pontos mais importantes dessa legislação, observa-se uma alteração substancial quanto ao regime tarifário, que se choca com a mais recente política regulatória do antigo DAC.

Por exemplo, o art. 49 da Lei 11.182/2005[58] estabelece a liberdade tarifária, na linha do sistema americano, havendo condições amplas de competição no setor. A sugestão legislativa ainda é muito incerta. O formato atual da Lei não é a panaceia do setor aéreo. Mas, sem dúvida, é um caminho no qual a linha de inspiração é a *desregulação com incentivo concorrencial*, sendo, nesse sentido, extremamente importante estabelecer comparações com a experiência americana.

57. Ressalte-se, nesse sentido, como reforço institucional, a criação adicional da Secretaria de Aviação Civil do Ministério da Defesa (SAC/MD), em 2007, e a criação da Secretaria de Aviação Civil da Presidência da República (SAC/PR), em 2011, além da publicação da Política Nacional de Aviação Civil (PNAC) pelo Decreto 6.780/2009.

58. "Art. 49. Na prestação de serviços aéreos regulares, prevalecerá o regime de liberdade tarifária. § 1.º No regime de liberdade tarifária, as concessionárias ou permissionárias poderão determinar suas próprias tarifas, devendo comunicá-las à ANAC, em prazo por esta definido. § 2.º Constatando aumento excessivo de tarifas ou práticas prejudiciais à competição, a ANAC poderá estabelecer o regime de prévia aprovação de tarifas, observado o artigo anterior, sem prejuízo das sanções cabíveis (*Vetado*). § 3.º A ANAC estabelecerá os mecanismos para assegurar a fiscalização e a publicidade das tarifas" (obs.: O texto da Lei 11.182/2005 pode ser consultado no sítio da Presidência da República (Disponível em: <www.planalto.gov.br>) ou no sítio do Senado Federal (Disponível em: <www.senado.gov.br>).

4.4.1 Dispositivos constitucionais

O instável cenário jurídico-econômico do setor aéreo no Brasil, tal como descrito acima, tem origem basicamente em dois dispositivos constitucionais: Um deles – desdobrado em dois – destinado a regrar o ente da Federação competente para legislar sobre a matéria, ainda que a expedição de normativas regulamentares seja atribuição da agência reguladora específica; e o outro que estabelece os entes/empresas capazes de explorar as atividades de navegação aérea e de infraestrutura aeroportuária.

Os dispositivos referentes à competência da União para legislar sobre direito aeronáutico são o art. 22, I,[59] completado pelo art. 22, X, ambos da Constituição Federal.[60] A competência da União é exercida normalmente estipulando regras gerais sobre a disciplina do setor, cujo exemplo é o CBA (Lei 7.565/1986). O CBA, no entanto, tal a sua extensão, desce a minúcias, disciplinando inúmeros aspectos do setor, alguns dos quais vinculados à exploração da infraestrutura aeroportuária.

Com a criação da ANAC pela Lei 11.182/2005, novas regras gerais foram estabelecidas no contexto regulatório do setor. No entanto, a maior parte da disciplina legal trazida pela nova legislação diz respeito à própria estruturação da nova agência, dedicando poucos artigos à disciplina da regulação econômica do setor. Daí que a nova lei não necessariamente conflita com o CBA, de forma que a maior parte dos dispositivos do Código permanece vigente. O conflito legal em matéria de regulação econômica só tem sido suscitado em função de casos específicos, alguns dos quais foram abordados no item anterior e serão aprofundados adiante.

Em razão da instabilidade legal, ou seja, ante a inexistência de um marco legal consolidado de referência, é possível encontrar inúmeros projetos de lei almejando uma modificação tópica da Lei 7.565/1986, muitos dos quais referentes à matéria de regulação econômica.

Ao tempo da redação deste item, encontravam-se em tramitação: (i) o Projeto de Lei do Senado 184, de 2004, de autoria do Senador Paulo Octávio, almejando alterar o art. 181 da Lei 7.565/1986, de maneira a ampliar a possibilidade de participação de capital externo nas empresas de transporte aéreo nacional, passando dos atuais 20% para 49%; (ii) o Projeto de Lei do Senado

59. "Art. 22. Compete privativamente à União legislar sobre: I – direito civil, comercial, penal, processual, eleitoral, agrário, marítimo, aeronáutico, espacial e do trabalho; [...]."

60. "Art. 22. Compete privativamente à União legislar sobre: [...] X – regime dos portos, navegação lacustre, fluvial, marítima, aérea e aeroespacial."

258, de 2006, de autoria do Senador Valdir Raupp, objetivando alterar, além do art. 181 da Lei 7.565/1986, também o art. 212, de forma a permitir a prestação de serviços de transporte aéreo doméstico entre pontos de escala de linhas internacionais, autorizando, portanto, o direito de cabotagem; e (iii) o Projeto de Lei do Senado 259, de 2006, de autoria do Senador Tião Viana, mais radical, revogando todos os dispositivos que conferem restrição à participação de empresas estrangeiras no mercado de aviação doméstica nacional.

Nesse contexto de alteração pontual da Lei 7.565/1986, transparece a necessidade de estruturação específica do setor, com um novo corpo legal sistematizado. A Lei 11.182/2005 não é a legislação definidora do marco legal do setor, muito embora seja o passo inicial, com a criação da ANAC. As alterações pontuais, embora importantes, também não conferem estabilidade ao setor. Sob a perspectiva econômica, somente uma legislação enxuta e clara pode estabelecer o marco legal do setor e os caminhos a serem trilhados pela regulação econômica e pelo mercado. Para tanto, a competência está prevista no art. 22, I, da Constituição Federal.

A publicação da Política Nacional de Aviação Civil (PNAC), em 2009, já referenciada, além do reforço institucional da Secretaria de Aviação Civil da Presidência da República (SAC/PR), revelam a tentativa, do ponto de vista legal, de conferir um marco de atuação para o setor, além de realçar igualmente a busca de estabilidade legal.

No que diz respeito à exploração da navegação aérea e da infraestrutura aeroportuária, a disciplina constitucional é o art. 21, XII, *c*.[61] Aqui a disciplina legal não condiciona a participação pública obrigatória. A exploração pode ser feita diretamente pelo Estado ou mediante autorização, concessão ou permissão.

No entanto, sob o ponto de vista jurídico-econômico, o setor aéreo brasileiro, desde o início, sofreu notável divisão. A exploração da atividade da navegação aérea foi concedida, em sua maior parte, a empresas privadas, ainda que a ingerência estatal sobre o negócio tenha sido a marca do setor; enquanto isso, a atividade de infraestrutura aeroportuária, constituída e centralizada pelo Ministério da Aeronáutica, foi posteriormente repassada à Empresa Brasileira de Infraestrutura Aeroportuária (Infraero), estatal criada pela Lei 5.862/1972, permanecendo, portanto, em sua quase totalidade, monopolizada.[62]

61. "Art. 21. Compete à União: [...] XII – explorar, diretamente ou mediante autorização, concessão ou permissão: [...] c) a navegação aérea, aeroespacial e a infraestrutura aeroportuária".

62. A Infraero controla hoje 67 aeroportos dos 738 aeródromos em funcionamento. Os principais aeroportos da malha aérea brasileira, com destaque para os aero-

Na linha jurídico-econômica, tal divisão estabelece o desafio de integrar duas concepções, senão totalmente opostas, divergentes do negócio aéreo. Como os custos econômicos do empreendimento são elevados, é indispensável uma sintonia fina entre as companhias aéreas particulares e o espaço de infraestrutura monopolizado pelo Estado.

Ou seja, o aumento/restrição da demanda aérea exige resposta da infraestrutura. Como essa resposta não é imediata, é necessária uma integração muito ajustada para que a infraestrutura esteja em nível compatível com as exigências das companhias aéreas particulares, até mesmo no preço pago pelas empresas concessionárias. Quando não há essa sintonia fina, defrontando-se empresas particulares de um lado e estatal monopolizadora da infraestrutura do outro, inúmeros problemas podem surgir, evidenciando gargalos para o desenvolvimento do setor.

A disciplina constitucional não fez qualquer tipo de seleção. Nesse caso, não é o parâmetro constitucional quem dirige as regras do mercado aéreo. É possível que as atividades – de navegação aérea como as de infraestrutura – sejam desempenhadas tanto pelo Estado como por particulares. A opção econômica é do Estado.[63]

No entanto, ainda que as especificidades do setor sejam consideradas, o monopólio da infraestrutura pode provocar distorções. No aspecto (des)regulatório e concorrencial, o sistema de preços funciona para as companhias aéreas, evidenciando a competição entre as empresas, mas definitivamente não funciona para a infraestrutura, tornando-a incapaz de revelar as suas ineficiências.

Problemas adicionais serão revelados com mais algumas referências a dispositivos das Leis 7.565/1986 e 11.182/2005.

4.4.2 Mais: referência a alguns dispositivos da Lei 7.565/1986 e da Lei 11.182/2005

Na Lei 7.565/1986, a parte referente à regulação econômica está circunscrita aos arts. 174 a 221, no título específico de "Serviços Aéreos". Tudo o mais, como já se salientou antes (item 4.4), diz respeito à parte de infraestrutura

portos de São Paulo (Congonhas e Guarulhos) e de Brasília, estão sob a administração da Infraero.

63. A concessão do Aeroporto de São Gonçalo do Amarante (ASGA), além dos casos já noticiados da concessão dos aeroportos de Guarulhos, Brasília e Campinas, revelam a tentativa recente de destravar o setor igualmente dos gargalos de infraestrutura.

aeroportuária, ao controle do espaço aéreo, ao contrato de transporte aéreo e a temas de responsabilidade civil.

A Lei faz a distinção entre os serviços aéreos privados e os serviços aéreos públicos (art. 174 da Lei 7.565/1986), justamente (o segundo) a atividade estudada pelo trabalho, exigindo para o transporte aéreo regular que a exploração do serviço seja precedida de concessão.

O dispositivo referente à concessão (art. 181), na linha constitucional, cria obstáculos à participação estrangeira no setor. A concessão só será concedida à pessoa jurídica brasileira que tiver sede no Brasil, pelo menos 4/5 do capital com direito a voto pertencente a brasileiros e a direção confiada exclusivamente a brasileiros.

No cenário de desregulação já descrito, não parece haver justificativa econômica para a manutenção de tal dispositivo. Nem mesmo a já debatida ideia de soberania seria a justificativa para a permanência do dispositivo. Além disso, no plano constitucional, revela-se efetiva contradição. A Emenda Constitucional 6/1995, revogou o art. 171 da Constituição Federal, razão pela qual a disciplina jurídico-econômica da "empresa brasileira de capital nacional" deixou de existir. A ideia organizadora dos agentes econômicos do mercado, sob o ponto de vista estatal, sofreu visível modificação, ainda que se trate de agentes funcionando em setor regulado.

Outro dispositivo sensível da Lei 7.565/1986, de implicações concorrenciais, é o art. 186, que permite a fusão e a incorporação de empresas aéreas, tendo em vista "a melhoria dos serviços e maior rendimento econômico ou técnico, a diminuição dos custos, o bem público ou o melhor atendimento dos usuários". O dispositivo revela claramente o ambiente de regulação estrita sobre as companhias aéreas, período anterior à desregulação, em especial a preocupação sobre o rendimento econômico das empresas, de maneira a permitir processos de fusão.

O que mais se realça é o descompasso entre o dispositivo e a realidade pós-desregulação, em que a preocupação concorrencial se torna mais evidente, deslocando o papel do Estado da *intervenção regulatória* para a *adjudicação concorrencial*. O caso mais significativo desse período de transição, levando a repensar a estrutura normativa, é o *code share* entre a TAM e Varig entre 2003 e 2004. As empresas, supostamente ancoradas em uma interpretação dos arts. 186 e 192[64] do CBA e em decorrência da crise da companhia Varig, desafiaram sistematicamente a disciplina concorrencial.

64. "Art. 192. Os acordos entre exploradores de serviços aéreos de transporte regular, que impliquem em consórcio, *pool*, conexão, consolidação ou fusão de serviços e interesses, dependerão de prévia aprovação da autoridade aeronáutica."

No contexto dessa não sintonia entre a disciplina normativa ainda existente e a realidade das companhias aéreas no processo de desregulação econômica destaca-se também, como já ilustrado em ponto anterior, a revogação pelo art. 199 da Lei 11.101/2005 (nova Lei de Falências) do disposto no art. 187 do CBA, isto é, a disciplina normativa da impetração de concordata (hoje, recuperação judicial ou extrajudicial) pela empresa concessionária do serviço aéreo público.

No entanto, a mudança revela-se ainda mais radical. Embora não afetada expressamente pelo art. 199 da nova Lei de Falências, a disciplina normativa dos arts. 188 a 191 do CBA encontra-se totalmente desarticulada. Em face do novo regime da Lei de Falências, consubstanciado na ideia núcleo de recuperação das empresas e do novo ambiente (des)regulatório do setor aéreo, a disciplina de intervenção estatal nas companhias aéreas revela-se anacrônica. O *caso Panair* foi a realidade que condicionou o formato legal do CBA.

Mas recuperação judicial da Varig revela a mudança de paradigma, originário das alterações trazidas pela nova Lei de Falências.

Outra disciplina anacrônica, já antes referida, diz respeito ao controle do serviço aéreo pelo Governo tal como previsto no art. 193. A clara preocupação dessa disciplina legal é com o rendimento econômico das companhias aéreas, de forma a impedir, portanto, uma concorrência mais agressiva entre as empresas, incorporando a noção norte-americana de competição ruinosa.

Diversamente, o regime atual é de liberdade tarifária, tal como desenvolvido durante a década de 1990 e o início da década de 2000, tudo mediante a flexibilização introduzida pelo DAC e incorporada formalmente ao art. 49 da Lei 11.182/2005. As políticas legais são evidentemente contraditórias, muito embora a nova disciplina da Lei 11.182/2005 não tenha revogado expressamente o que dispõe o CBA.

Novamente, o que se ressalta é que convivem, no plano formal, duas legislações com políticas para o setor aéreo totalmente diversas. Isso ocorre por duas razões básicas e que andam interligadas: (i) porque a disciplina do CBA não foi revogada expressamente, regulando, ainda, inúmeros aspectos do setor, ainda que parte de suas regras seja simplesmente desconsiderada pela ANAC e pelo Poder Judiciário; (ii) e também porque a nova disciplina normativa, a Lei 11.182/2005, não é definitivamente o novo marco regulatório do setor, tratando escassamente dos caracteres econômicos do serviço de transporte aéreo, sendo tão só a lei instituidora da nova agência reguladora.

Os dois tópicos seguintes, um tratando da regulação das concessões e o outro da regulação do preço das passagens aéreas, evidenciam, em um corte sobre os caracteres econômicos, a tensão entre esses dois corpos normativos e a transição de uma realidade de intervenção estatal para a desregulação.

4.4.3 A regulação das concessões

A concessão, sob a perspectiva jurídico-econômica, está relacionada à entrada de novas companhias no setor. Na linha da competição ruinosa e em razão da acirrada concorrência no transporte aéreo doméstico no Brasil na década de 1950, o CBA de 1986 - bem como previa o Código anterior de 1966 - dispõe, em seu art. 183, que as concessões serão reguladas pelo Poder Executivo, criando formalmente um obstáculo efetivo à entrada de novas companhias no setor.

Para ilustrar, o Decreto 72.898, de 9 de setembro de 1973, que regulamentava a concessão de serviço aéreo de transporte regular, prorrogou as concessões das quatro companhias então existentes (Varig, Cruzeiro, Vasp e Transbrasil), eliminou a possibilidade de surgimento de novas concorrentes e criou o marco regulatório das quatro companhias nacionais.[65] Vencendo o prazo de 15 anos, a concessão para tais companhias foi novamente prorrogada em 1988 pelo Decreto 95.910, pouco antes da promulgação da nova Constituição Federal. Em 2003, o prazo de concessão da Varig e da Vasp foi novamente prorrogado,[66] enquanto a Transbrasil já estava em processo falimentar. A TAM obteve a concessão nacional para operar voos regulares em 1997 e a Gol em 2001.[67]

O processo regulamentar de concessão, não sofrendo modificação significativa pela criação da ANAC,[68] ainda tem resquícios da Portaria 536/GC5,

65. Previa o art. 16 do Decreto 72.898, de 9 de outubro de 1973, artigo posteriormente revogado pelo Decreto 95.910, de 11 de abril de 1988: "O Departamento de Aviação Civil manterá a distribuição de linhas regulares domésticas e internacionais, obedecidas as limitações de oferta e as condições de expansão estabelecidas pelo Ministério da Aeronáutica, bem como as áreas de operação, no setor internacional, das empresas Viação Aérea Rio-Grandense S.A. (VARIG) e Serviços Aéreos Cruzeiro do Sul S.A".

66. Decreto 4.856, de 9 de outubro de 2003.

67. RODRIGUES, Rodrigo Augusto. Op. cit., p. 105.

68. Em 2003, antes da criação da ANAC, houve uma iniciativa rerregulatória para compatibilizar o número de empresas ao tamanho do mercado, de forma a controlar o "excesso de capacidade" e uma "competição ruinosa" entre os agentes. A ideia de um controle da concessão voltou a existir, de maneira mais rígida, por meio da Portarias 243/GC5, de 13 de março de 2003 e 731/GC5, de 11 de agosto de 2003.

de 1999, do Comando da Aeronáutica.[69] A disciplina é extensa e rigorosa, em especial ao exigir o planejamento estratégico do empresário para o empreendimento proposto, com a descrição da frota e dos mercados a servir, contendo estudo da viabilidade econômica para a fase de implantação com os elementos que fundamentem a adequabilidade do capital social inicial proposto ao empreendimento pretendido.

Os limites da avaliação econômico-financeira são a chave do negócio. No contexto regulatório, até o início de 1990, a avaliação era não só rigorosa, mas havia amparo legal para a limitação de entrada de novas companhias no setor, na linha da "competição controlada", prevista no Decreto 95.910.[70] No período de transição (des)regulatória, tal restrição à entrada deixou de existir, sendo a TAM e a Gol os exemplos mais significativos.

Ocorre que, enquanto a avaliação jurídico-econômica, associada aos critérios de segurança, continua a ser o cerne para permitir a entrada de novas empresas no setor, tal a exigência de capital e de planejamento em setor tão sensível e de rentabilidade instável, não pode implicar daí qualquer *sobrepreço* regulatório a impedir a entrada de novos concorrentes, tudo na linha de incentivo à competição. A sintonia aqui é, de fato, complexa.

À parte os critérios econômicos, o entrave maior ao aumento de companhias aéreas é a rede de infraestrutura e com ela o acesso a novos horários de transporte. O setor só pode almejar crescer e se tornar mais competitivo, com restrições menores à entrada de novas companhias, se a infraestrutura tiver expansão, utilizando, se preciso, mecanismos de mercado para adequar-se à presença de novas empresas.

Nesse painel de concessão, tendo em vista o regime de desregulação econômica, a Lei 11.182/2005 quase provocou um sensível retrocesso, ao estipular no art. 48 que "os contratos de concessão em vigor relativos às outorgas de serviços aéreos cujos vencimentos se verifiquem antes de 31 de dezembro de 2010 ficam automaticamente prorrogados até aquela data". Tal artigo foi, acertada-

69. Lei 11.182/2005: "Art. 47. Na aplicação desta Lei, serão observadas as seguintes disposições: I – os regulamentos, normas e demais regras em vigor serão gradativamente substituídos por regulamentação a ser editada pela ANAC, sendo que as concessões, permissões e autorizações pertinentes a prestação de serviços aéreos e a exploração de áreas e instalações aeroportuárias continuarão regidas pelos atuais regulamentos, normas e regras, enquanto não for editada nova regulamentação".

70. "Art. 2.º Mantido o regime de competição controlada e obedecidos os critérios estabelecidos pelo Ministério da Aeronáutica, as concessionárias poderão solicitar novas linhas dentro e fora do País."

mente, vetado. A regra parecia querer reviver, por outra faceta, o antigo regime de "competição controlada", prorrogando automaticamente as concessões das empresas atuantes, sem a observância de critérios técnicos e econômicos.

No mesmo sentido andava o § 2.º, também do art. 48 da Lei 11.182/2005, ao prescrever que "enquanto forem atendidas as exigências regulamentares de prestação do serviço adequado, ficam mantidos os eslotes atribuídos às empresas concessionárias de serviços aéreos". Tal disposição também foi, acertadamente, vetada. A garantia de um quase "direito adquirido" aos horários de operação de voos pelas empresas atuantes seria um brutal obstáculo à entrada de novos concorrentes.

Ainda que não referente exatamente à concessão para novas companhias, o dispositivo adequado à nova concepção liberdade de atuação dos concorrentes no setor é o previsto no § 1.º do art. 48 da Lei 11.182/2005, que permaneceu no texto legal, e que estabelece:

> Fica assegurada às empresas concessionárias de serviços aéreos domésticos a exploração de quaisquer linhas aéreas, mediante prévio registro na ANAC, observada exclusivamente a capacidade operacional de cada aeroporto e as normas regulamentares de prestação de serviço adequado expedidas pela ANAC.

O artigo tem endereço certo: necessidade de adequação da infraestrutura aeroportuária, de forma a permitir a ampliação do setor.

4.4.4 A regulação dos preços das passagens aéreas

O período de competição controlada, iniciado ainda na década de 1960, traduziu-se em severas restrições tarifárias, com definição e acompanhamento sistemático do DAC. Durante muito tempo, o Decreto 381, de 19 de dezembro de 1961, representou a legislação básica de referência para o estabelecimento dos preços das passagens aéreas, tarifas que eram aprovadas pelo DAC, de acordo com critérios estabelecidos pelo Ministro da Aeronáutica.

A ideia era sempre ter a mesma tarifa para os transportes efetuados na mesma rota, estabelecendo, portanto, igualdade de condições e serviços. Havia um critério para a fixação das tarifas, com a elaboração de um índice tarifário, passível de revisão. Os fatores que influenciavam na definição do índice tarifário eram: custos médios de operação; índices de aproveitamento, em passageiro-quilômetro, que melhor se ajustavam às condições econômicas do País e de suas regiões; tipo de aeronave utilizada; e natureza do serviço.

O mais significativo, quanto ao aspecto concorrencial, era a proibição às companhias de concessão de descontos, abatimentos ou qualquer redução da tarifa aos adquirentes de passagens aéreas. Mesmo a possibilidade de compra parcelada era regrada e dependia de prévia aprovação do DAC.

Mais sintomático, o Decreto-lei 29, de 14 de novembro de 1966, suprimiu formalmente a concessão de abatimentos sobre as tarifas de passagens e fretes aéreos, previstos em leis, decretos, regulamentos e portarias. Com poucas mudanças, esse foi o sistema vigente, de controle sistemático pelo DAC, até meados década de 1980. Associando-se à política de controle de entrada de novas companhias, baseada na sustentabilidade econômica do setor, forjou-se a regulação básica do DAC.

A fixação dos preços tarifários - ou a ideia de um índice tarifário - encontrou um referencial metodológico na denominada "Curva Belga", adotada originalmente pelos belgas, na década de 1930, para o estabelecimento dos preços para o transporte ferroviário daquele país. A metodologia consiste em ajustes diretos e indiretos a uma curva média de custos representativos da indústria, acrescida de uma margem de lucro das empresas aéreas. O sistema é muito semelhante à regulação que foi praticada pelo CAB nos Estados Unidos. A configuração da curva é estabelecida, para cada trecho, partindo-se de um índice de preço resultante de um valor monetário por quilômetro voado. Esse valor é decrescente em relação à distância percorrida, isto é, quanto maior a distância percorrida em um trecho, menor o valor de referência por quilômetro voado. Isto ocorre porque os custos de combustível são diluídos à medida que as distâncias aumentam. Quando as aeronaves atingem a velocidade de cruzeiro, o consumo de combustível é menor.[71]

A metodologia da "curva belga" mais significativa pós-período de competição controlada, ou seja, no início do processo de flexibilização tarifária – e que serviu de referência para tal processo –, é aquela que foi adotada pelo DAC a partir de 1991. Os critérios eram o seguinte: (i) formato da curva do índice tarifário baseado no custo médio por quilômetro voado do Boeing 737-300, a aeronave mais representativa nas rotas regulares domésticas; (ii) taxa de ocupação média dos assentos de 62%, correspondente à média dos últimos dez anos nas rotas domésticas; (iii) lucratividade de 12%; (iv) *break-even* (taxa de ocupação mínima para tornar o voo lucrativo) de 54,6%; (v) distância média por passageiro de 1.100 km, equivalente à média observada nas rotas domésticas; (vi) custo unitário médio, em termos de custo por assento oferecido por quilômetro voado observado em fevereiro de 1991; (vii) segmentação de mercado estimada: 60% corporativo e 40% individual, com um desconto médio estimado de 40%, resultando em um índice tarifário médio de 84 pontos.

71. Cf. RODRIGUES, Rodrigo Augusto. Op. cit., p. 107-108.

O custo unitário médio considerava os custos diretos (tripulação, combustível, depreciação dos equipamentos de voo, manutenção e revisão da aeronave, seguro, *leasing*, tarifas de pouso e permanência, tarifas de comunicação e custos financeiros), os custos indiretos (organização em terra, serviços aos passageiros) e despesas operacionais (comerciais e administrativas).

A definição tarifária, ainda no início da flexibilização de preços, seguia muito de perto o contexto regulatório norte-americano do final da década de 1970. Na comparação, há critérios muito assemelhados, como a taxa média de ocupação de 62% e a lucratividade de 12%.

O regime de maior liberdade tarifária começou efetivamente em 1992 (por meio das Portarias 075/GM5, de 6 de fevereiro de 2002, e 686 a 690/GM5, de 15 de setembro de 1992), com a abolição do sistema de "quatro companhias nacionais e cinco companhias regionais", flexibilizando a entrada de novas empresas, e paralelamente com a introdução de novas bandas tarifárias, tal como já se argumentou no item 4.2.3. Ainda usando a "curva belga" como referência, a banda tarifária permitiu uma variação de -50% a +32% do valor principal. Isso era novidade no regime de fixação de preços.

Houve um segundo momento característico do processo de flexibilização tarifária que resultou em um surto de competitividade, com "guerras de preços" e "corridas por frequência", entre 1997 e 1999, por meio das Portarias 986 e 988/DGAC, de 18 de dezembro de 1997, e da Portaria 05/GM5, de 9 de janeiro de 1998. Nesse período, a liberalização se tornou ainda mais efetiva, com novos incentivos para a definição dos preços das passagens pelas companhias.

Em 2001, o processo chegou ao ápice com um acordo estabelecido entre o DAC e o Ministério da Fazenda, editando-se as Portarias 672/DGAC, de 16 de abril de 2001, e 1.213/DGAC, de 16 de agosto de 2001, que removeram os últimos entraves regulatórios para a fixação de preços, conferindo liberdade total às companhias para a definição das tarifas. Nessa linha, o preço de referência, como mecanismo público de regulação, continuou a existir tão somente como elemento de monitoração, como já se salientou, permitindo às empresas uma definição de tarifas por critérios econômicos exclusivamente internos.

Como se referiu no item 4.3.3, em 2003 houve uma iniciativa re-regulatória para compatibilizar o número de empresas ao tamanho do mercado, medida de obstáculo à entrada de novas companhias, e não de redefinição de tarifas.

No entanto, em 2004, antes da criação da ANAC, a Portaria 447/DGAC, de 13 de maio, voltou a estabelecer regras parao funcionamento do sistema de tarifas aéreas domésticas. O regime permaneceu de liberdade tarifária, sem qualquer dirigismo, mas houve nova ênfase à ideia de monitoramento dos preços das passagens,[72] reforçando a necessidade de registro das tarifas praticadas pelas empresas no DAC, até mesmo com regras específicas para as tarifas promocionais cujos valores fossem inferiores a 35% da tarifa de referência.

A ideia de acompanhamento tarifário é atribuição basilar da agência reguladora, hoje ANAC. Faz parte da monitoração do mercado. Tal controle é indispensável, ainda que o regime seja de liberdade tarifária. A própria Lei 11.182/2005 reforça o sistema de liberdade tarifária, concretizando o processo de desregulação econômica. Mas a obrigação das empresas aéreas de comunicar à ANAC os preços praticados também consta da Lei 11.182/2005, ressaltando a ideia de monitoramento.[73]

A ponderação que se faz é que, consolidando-se o regime de liberdade tarifária, com nítidos incentivos competitivos, só agora parece igualmente se consolidar a interação entre a ANAC e o CADE para a análise concorrencial do setor. O art. 6.º da Lei 11.182/2005 não havia resolvido tal questão de forma definitiva, ainda que os recentes processos de concentração do setor tenham evidenciado uma atuação harmônica entre o CADE e ANAC. tal matéria será analisada no próximo tópico.

4.5. Reflexões sobre a regulação e a concorrência no setor aéreo brasileiro

4.5.1 Menção de casos analisados pela SEAE[74]

O tópico vai se restringir a mencionar casos analisados pela Secretaria de Acompanhamento Econômico (SEAE),[75] que discutiram problemas concor-

72. "Art. 4.º O DAC estabelecerá Índices Tarifários de Referência, calculados com base nos custos operacionais médios da indústria brasileira de transporte aéreo regular, para fins de acompanhamento da evolução dos níveis tarifários praticados no transporte aéreo doméstico."

73. "Art. 49. Na prestação de serviços aéreos regulares, prevalecerá o regime de liberdade tarifária. § 1.º No regime de liberdade tarifária, as concessionárias ou permissionárias poderão determinar suas próprias tarifas, devendo comunicá-las à ANAC, em prazo por esta definido."

74. Nessa menção dos casos analisados pela SEAE, este trabalho não procurou definir integralmente o caminho trilhado pelo CADE em seus julgamentos, preocupando-se mais em apresentar detalhadamente os fatos. No entanto, com relação ao paradigmático Processo Administrativo 08012.000677/1999-70, o trabalho também abordará o julgamento condenatório do CADE, ocorrido em setembro de 2004.

75. Todos os casos podem ser encontrados no sítio do Ministério da Fazenda na internet (Disponível em: <www.mf.gov.br>).

renciais no setor aéreo, casos de estrutura e conduta, dando ênfase ao Processo Administrativo 08012.000677/99-70, pela relevância do debate ali travado.

Um primeiro ponto a destacar, antes da abordagem dos casos, é que essas primeiras incursões da SEAE no setor aéreo vêm demonstrar uma mudança de mentalidade em face do funcionamento do setor. É difícil para a SEAE tentar compatibilizar regras de concorrência em um setor severamente regulado, como era a atividade aérea. Não é possível simplesmente desconhecer como o setor funciona e qual é a sua história regulatória.

No entanto, a preocupação com a inserção do setor em um sistema de competição movimenta uma atitude crítica em face do seu funcionamento – dos seus acordos e fusões –, permitindo as inovadoras iniciativas da SEAE. A atuação da SEAE, por fim, vem corroborar a gradativa perspectiva de desregulação do setor.

Tendo como pano de fundo o que se afirmou acima, foi possível encontrar três ilustrativas análises da SEAE sobre o setor aéreo, no período inicial pós-desregulação. A primeira foi o Ato de Concentração 08012.006671/2002--27, que foi objeto do Parecer 06058/2002/DF, de 10 de outubro de 2002.

O caso era simples, tratando do acordo operacional entre Varig, Rio-Sul Linhas Aéreas e a Nordeste Linhas Aéreas. As três empresas faziam parte do mesmo grupo empresarial Varig, razão pela qual o acordo de utilização comum de aeronaves, tripulação e serviços não ocasionava nenhum efeito prejudicial à concorrência, tendo a operação sido aprovada. O detalhe interessante reside em que, sob uma perspectiva concorrencial, a simples alteração para o compartilhamento de aeronaves no mesmo grupo foi analisada pela SEAE. Não bastou uma análise sob o enfoque regulatório pela autoridade aeronáutica. Foi necessária também uma análise do acordo sob o prisma concorrencial.

O segundo caso, registrado como Processo Administrativo 08012.000852/2002-40, foi objeto do Parecer 200/2002/COGDC/SEAE/MF, de 21 de outubro de 2002. Este já é um caso mais instigante e que mereceu uma análise mais pormenorizada da SEAE.

Em 2000, entabulou-se um acordo de *code share* e *wet lease* (disponibilização de frota equipada) entre a TAM e a Transbrasil em 27 rotas das duas empresas, como Curitiba–Porto Alegre, Curitiba–Guarulhos, Curitiba–Florianópolis e Santos Dumont–Congonhas.

Uma empresa prometia à outra a disponibilização de 30 assentos vagos para comercialização recíproca, com preços praticados pela efetiva empresa transportadora, com exceção da rota Santos Dumont–Congonhas, na qual havia preços fixos. Havia até mesmo a possibilidade de comercialização de mais assentos mediante solicitação. A empresa vendedora do bilhete de passagem receberia uma comissão de 15%. As comissões seriam pagas via câmara de compensação.

Tal acordo foi submetido a avaliação concorrencial e foi aprovado com restrições, entre as quais: a eliminação da comissão nas rotas nas quais a participação das empresas fosse elevada; a exclusão do acordo das importantes rotas de Curitiba–Porto Alegre e Santos Dumont–Congonhas; e a abertura de processo administrativo pela possível divisão de mercado geográfico, com troca de informações, antes mesmo do início do *code share*.

O acordo, que tinha vigência de 60 dias, não foi renovado, perdendo o ato de concentração o seu objeto. No entanto, resultou em análise a prática (conduta) de divisão de mercado geográfico, constituindo infração nos termos dos arts. 20, I e III, e 21, III, ambos da Lei 8.884/1994.

Segundo apurou a SEAE, a TAM deixou de operar em 10 das 27 rotas envolvidas no acordo, em alguns casos antes mesmo da implementação do *code share*. A Transbrasil deixou de operar a lucrativa rota Santos Dumont–Congonhas um mês após a efetivação do acordo. A TAM alegou que deixou de operar rotas que não eram lucrativas. No entanto, segundo a SEAE, a TAM tinha começado a operar tais rotas pouco antes da elaboração do acordo. De uma hora para outra, as rotas deixaram de ser lucrativas. A Transbrasil salientou que deixara de operar a rota Santos Dumont–Congonhas por problemas financeiros. A SEAE contra-argumentou que a Transbrasil, que alegava estar passando por dificuldades financeiras, paralisara justamente sua rota mais lucrativa.

No entender da SEAE, houve com tais indícios uma efetiva troca de informações entre as empresas, antes mesmo do começo do acordo, o que resultou em divisão artificial do mercado. Nessa linha, as empresas não atuaram de forma independente, mas racionalmente suspenderam suas operações em rotas em que a competição lhes era desfavorável.

A SEAE apurou ainda que, durante o período de suspensão das atividades, o poder de mercado das duas empresas nas mencionadas rotas era sempre superior a 20%, em alguns casos 50%, o que indicava efetivo poder de mercado.

Além disso, a SEAE empreendeu um singelo mas sugestivo exame das barreiras à entrada no setor – barreiras institucionais (regulação do DAC), barreiras econômicas (limitação à participação do capital estrangeiro) e barreiras físicas (*slots* e portões de embarque) –, demonstrando a existência de efetivo poder de mercado das empresas e do eventual dano aos consumidores nas rotas suspensas. A recomendação do parecer foi, portanto, de punição das empresas, nos termos da Lei 8.884/1994.

E essa metodologia de análise – do início dos anos 2000 – será incorporada e bastante sofisticada em processos futuros, em análises feitas pelo CADE, como são os recentes casos de concentração da LAN-TAM, da Gol-Webjet e da Azul-Trip, comentados no item 4.6. Isto a evidenciar, na continuidade do período de desregulação econômica, a alteração do enfoque *regulatório* pela *adjudicação concorrencial*.

O caso também é interessante porque envereda por uma preocupação importante quanto ao funcionamento autônomo e independente das companhias aéreas. Não é o caso de simplesmente vetar acordos de *code share*, já que, em determinados momentos, o setor necessita desses expedientes, na tentativa de sustentar rentabilidade econômica.

No entanto, espera-se que as companhias atuem de forma independente, uma vez que a troca de informações de forma deliberada pode resultar, inegavelmente, em prejuízo aos consumidores.

O *code share*, quando bem justificado, em especial com demonstrações econômicas de inexistência de prejuízos aos consumidores (ou mesmo de benefícios) – o que não aconteceu no presente caso –, deve ser aprovado, revelando ser um instrumento útil para o setor. Mas tal mecanismo empresarial não pode ter utilização indiscriminada. E esse pareceu ser o caminho trilhado pela SEAE.

4.5.2 O paradigmático caso da ponte aérea

O terceiro caso, e mais importante, desse período inicial pós-desregulação, está registrado como Processo Administrativo 08012.000677/99-70 e foi objeto do Parecer 363/2001/MF/SEAE/COGDC-DF, de 11 de setembro de 2001.

Tratou-se de processo administrativo instaurado para investigar possível conduta paralela (paralelismo *plus*)[76] de fixação de preços na ponte aérea Rio de Janeiro–São Paulo pelas quatro grandes companhias aéreas atuantes no final da década de 1990 (Varig, TAM, Vasp e Transbrasil), período característico da segunda fase de liberalização tarifária, sintomático da "guerras de preços".

As empresas foram acusadas formalmente de: (i) fixar ou praticar em acordo com o concorrente, sob qualquer forma, preços e condições de venda de serviços; (ii) obter e influenciar a adoção de conduta uniforme entre os concorrentes; e (iii) aumentar sem justa causa os preços dos serviços, tendo como efeito o prejuízo à livre concorrência e à livre-iniciativa. A Lei 8.884/1994 descreve tais infrações nos arts. 20, I, III e IV, e 21, I, II e XXIV.

76. Para uma exposição detalhada da teoria, confira o Processo Administrativo 08000.0153337/94-98, no voto do ex-Conselheiro do CADE Ruy Santacruz.

Segundo apurara a SEAE, houve aumento uniforme de tarifas, de exatos 10%, em 9 de agosto de 1999, praticado pelas quatro companhias aéreas.

A SEAE, em estudo aprofundado, levantou possíveis argumentos capazes de justificar o paralelismo de conduta como paralelismo consciente, descaracterizando as infrações: coincidência, o fenômeno da liderança de preços, a sinalização externa por meio de reajuste governamental no teto máximo de 10%, e a sinalização externa por meio do agravamento dos custos das empresas em 10%.

Todos os argumentos foram rechaçados pela SEAE. A Secretaria constatou, ainda, uma reunião, no hotel Sofitel, em São Paulo, entre as empresas em 3 de agosto de 1999, seis dias antes do aumento, como elemento adicional (*plus*) de que o ajuste havia sido acertado previamente.

Além disso, a SEAE, no debate em face dos argumentos apresentados pelas empresas aéreas, enfrentou matérias instigantes dos aspectos concorrenciais e regulatórios do setor.

A primeira questão dizia respeito à incompetência do sistema de concorrência para analisar o caso, uma vez que o setor aéreo não estaria sujeito a uma disciplina concorrencial. Argumentavam ainda as companhias que a disciplina aplicável ao setor está regulada de forma *extensa* e *profunda* pelo Código Brasileiro de Aeronáutica, razão pela qual as regras concorrenciais não teriam aplicação.

A SEAE fez uma análise do conflito de leis tanto do ponto de vista temporal como material, justificando a prevalência da Lei 8.884/1994 em razão de sua especialidade e ulterioridade. O mais interessante nesse ponto, no entanto, foi a análise de cunho jurídico-econômico, salientando a Secretaria que a edição do CBA se deu em um tempo de economia fechada, em que não havia um foco de preocupação concorrencial. Ao tempo da análise, contemporânea da Lei 8.884/1994, o cenário é completamente diferente.[77]

Além disso, em outro aspecto de índole econômica, foi enfatizado que não há razão para que as regras de concorrência ao setor não sejam aplicadas. Ou seja, não se cuida de monopólio natural, em que dificuldades e restrições

77. Ilustrativo parágrafo do processo administrativo afirma que "o CBA foi promulgado numa época de economia fechada, dos monopólios estatais, dos mercados regulados e dos preços controlados. A preocupação com a concorrência era marginal e difusa. Obstar a aplicação da Lei de Defesa da Concorrência, que foi publicada para regulamentar o mercado de uma economia aberta, representa um retrocesso" (BRASÍLIA. Secretaria de Acompanhamento Econômico do Ministério da Fazenda. Parecer n. 363/2001/MF/SEAE/COGDF-DF. Brasília, 11 de setembro de 2001).

inerentes ao negócio praticamente impedem a competição. O setor aéreo, ainda que especial, não constitui um monopólio natural ou de regulação total.

E, de fato, o DAC nunca teve qualquer iniciativa para a aplicação de regras concorrenciais ao setor. Tal departamento nunca exerceu tal autoridade.[78] Assim, o art. 15 da Lei 8.884/1994 tem total aplicação ao setor.

Em outro argumento, a SEAE rebateu as alegações das companhias aéreas de que o eventual aumento não resultou em lucros para o setor. Segundo a SEAE, em uma análise com ênfase jurídica, o acordo, a conduta uniforme, não precisa vir associada a um resultado benéfico. A infração está vinculada simplesmente à existência do acordo, à intenção de prejudicar e à sua prova.

Tal análise, embora rigorosa no caso, encontra hoje severos opositores. Em uma análise econômica centrada na eficiência, tal como proposta na primeira parte do trabalho, a investigação estaria concentrada nos efeitos do acordo. Se houve benefícios - ou redução de prejuízos, sob outra perspectiva - para as empresas e tais benefícios foram compartilhados com os consumidores, poder-se-ia admitir a atuação paralela. O que importaria seria a maxi-

78. Em outro trecho do processo administrativo há a interessante passagem: "[...] segundo a teoria do ilustre professor Calixto Salomão Filho, o poder regulamentar exercido pelo DAC não pode ser considerado *pervasive*. Como tal, não afasta as competências dos órgãos de Defesa da Concorrência em matérias de sua alçada. Em que pese a *expertise* técnica do DAC, esse órgão jamais efetuou a análise de matérias afetas ao Direito da Concorrência. A regulação governamental, por outro lado, não exclui os preceitos concorrenciais. A experiência recente vem mostrando que a competição é seguramente a melhor maneira de produzir indústrias dinâmicas e inovadoras, capazes de atender às necessidades dos consumidores e competir em mercados globalizados. Entretanto, em alguns casos, faz-se necessário corrigir falhas de mercado, e a regulação econômica apresenta-se como a melhor maneira de servir a interesses públicos mais amplos. Nessas situações, devem ser propostas regras para melhorar, e não substituir, o livre funcionamento dos mercados em ambientes competitivos. A regulação procura simular os efeitos da concorrência, visando promover e incentivar a prestação dos serviços com qualidade e a custos cada vez menores. Assim, mesmo em mercados sujeitos à regulação estatal, os princípios da livre-iniciativa e da livre concorrência devem não somente estar presentes, mas serem constantemente desenvolvidos e aprimorados. Por fim, nunca é demais lembrar, a livre concorrência figura como princípio constitucional da atividade econômica. Quaisquer empreendimentos da área econômica devem tê-la como preceito norteador. Prescindir de sua consideração representaria uma violação dos preceitos expressos na carta magna" (BRASÍLIA. Secretaria de Acompanhamento Econômico do Ministério da Fazenda. Parecer n. 363/2001/MF/SEAE/COGDF-DF. Brasília, 11 de setembro de 2001).

mização de efeitos benéficos, e não a conduta em si, muito menos a intenção de prejudicar.

Outro aspecto de interessante debate foi que o aumento – ou a redução de descontos, por outro ângulo – estaria de acordo com os limites fixados pelo DAC. A análise da SEAE partiu do ponto anterior, salientando que não se julga a forma de reajuste, se foi aumento real de tarifas ou redução de descontos, mas tão somente o acordo paralelo de condutas. Se as empresas alterassem os preços via atuação empresarial regular, não haveria violação concorrencial. O acordo em si é que é prejudicial. Nesse sentido, pouco importariam os limites fixados pelo DAC. De novo, tal aspecto ressalta a despreocupação com o resultado.

Quanto ao aspecto anterior, é possível ainda observar, sob o ponto de vista econômico, que a realidade de mercado já não estava tão atrelada às definições de tarifas estabelecidas pelo DAC. Como se viu no item 4.3.4, nesse momento o DAC já quase não exercia mais o controle tarifário. O setor já atuava com liberdade tarifária, o que permitia a observância das regras de concorrência. Ilustrativo é que o processo administrativo evidencia justamente esse período de transição, a passagem da regulação interventiva para a regulação concorrencial, com liberdade tarifária. É a sinalização de mudança no setor.

A SEAE fez também, em outro ponto, sugestiva análise do mercado aéreo para descaracterizar o argumento da Transbrasil de que a alta concentração no setor justificaria a conduta adotada. Segundo a SEAE, não há qualquer justificativa para a atuação paralela baseada nas dificuldades do setor. Não há vinculação direta de causa e efeito entre as dificuldades gerais do setor e o acordo.[79] Estaria também descartada a solução de *cartel de crise* para o setor em função de eventual crise estrutural. Na análise da SEAE, o setor viveria uma crise conjuntural.[80] Sustentou a Secretaria as ótimas possibilidades de boa rentabilidade

79. Neste ponto, por exemplo, a SEAE demonstra a total desvinculação dos aumentos tarifários (autorizados pelo DAC) e a desvalorização cambial. Se houvesse uma relação forte, à desvalorização cambial seguir-se-ia imediatamente o reajuste de tarifas. Não foi isso que aconteceu. Enquanto a desvalorização cambial teve curso em janeiro, o aumento tarifário só ocorreu em agosto.

80. A análise da SEAE: "É importante constatar que a própria defesa considera que a crise do setor é conjuntural e não estrutural. Torna-se, portanto, desnecessário provar que a sobrevivência do setor não se encontra estruturalmente ameaçada. Entretanto, mesmo que estivesse, o cartel de crise não seria a única solução possível para casos como esse. De acordo com o texto citado pela própria defesa, existem outras opções para evitar uma crise estrutural – livre mercado, intervenção estatal e, finalmente, cartel de crise. Todas certamente têm um custo social embutido no curto ou no longo prazo" (BRASÍLIA. Secretaria de Acompanhamento

no mercado aéreo brasileiro, de ampliação da base de consumidores, ainda que a distribuição de renda no Brasil seja extremamente desigual. Nesse ponto, a SEAE utilizou como referência o exemplo da Gol e a revolução de preços e serviços que a empresa trouxe ao setor.

A Secretaria descartou, até mesmo, a possibilidade de que o aumento teria sido resultado de incremento equivalente de custos para as empresas. De fato, ainda que existam custos semelhantes, de combustíveis e tarifas aeroportuárias, por exemplo, o mercado é essencialmente dinâmico, sendo bastante improvável uma incidência uniforme de custos.

Em outra linha de avaliação, a SEAE demonstra que o mercado relevante em estudo – a ponte aérea Santos Dumont–Congonhas – possui pouca elasticidade. É dominada em boa parte por executivos que se transladam diariamente do Rio de Janeiro para São Paulo e vice-versa. Além disso, não era significativa a competição das empresas em razão dos serviços de bordo e programas de milhagem. Havia certa equivalência na competição fora do preço. Assim, o mercado era cativo para harmonização tarifária. Havia um ambiente próprio para a instalação do paralelismo de conduta.

A SEAE ainda discutiu o uso da Airline Tariff Publishing Company (ATPCO)[81] como mecanismo para troca de informações e harmonização das condutas. O sistema é uma poderosa ferramenta de comunicação, eficiente para o estabelecimento de tarifas, rotas e conexões. No entanto, ao mesmo tempo em que o sistema proporciona ganhos de eficiência para as companhias e para os clientes, permite a integração de comunicação que pode levar a táticas anticompetitivas.

Nesse ponto, a SEAE fez uma análise do caso ATPCO nos Estados Unidos, comentado no item 3.2.5. A referência foi importante para mostrar a utilização do sistema como forma de conduta colusiva. Ou seja, como as informações trafegavam com liberdade pelo sistema, sem qualquer tipo de restrição, as companhias faziam notas de rodapé com informações adicionais sobre tarifas, rotas e assentos.

Econômico do Ministério da Fazenda. Parecer n. 363/2001/MF/SEAE/COGDF-DF. Brasília, 11 de setembro de 2001).

81. Como explicado acima, no item 3.2.5, o Airline Tariff Publishing Company (ATPCO) é um sistema comum de base de dados, com sede em Washington, responsável pelo armazenamento de informações relacionadas a número de assentos, reservas, vendas e preços de passagens aéreas. Por meio do ATPCO, companhias aéreas do mundo inteiro podem disponibilizar informações sobre reservas e tarifas *on-line* no sistema, possibilitando o acesso a esses dados a seus concorrentes.

Assim, se uma companhia tinha interesse em elevar a tarifa em determinado trecho, mas estava receosa de perder participação naquele específico mercado, a empresa lançava uma nota com a previsão de aumento de tarifa. Se as demais empresas seguissem o mesmo comportamento, anunciando previamente o aumento, ele era efetivado. Tratava-se de um caso clássico de colusão tácita. O acordo era muito eficiente e foi muito utilizado nos Estados Unidos no final da década de 1980.

A Secretaria sustentou, então, tal como nos Estados Unidos, que as empresas brasileiras usavam o sistema da ATPCO ou pelo menos tinham total conhecimento do funcionamento do sistema. Além disso, descartou a possibilidade de que os aumentos na ponte aérea Rio de Janeiro–São Paulo tivessem ocorrido pelo fenômeno de liderança de preços.

Há, de fato, uma linha muito tênue entre a liderança de preços e a conduta concertada, ainda mais com os recursos tecnológicos e informáticos atuais. No entanto, a SEAE sustentou que o fenômeno de liderança de preços deve estar associado à atuação *independente* das empresas. Quando se verifica algum tipo de concertamento, de estratégia comum, a liderança de preços não ocorre, as empresas não atuam de forma autônoma e o mercado funciona artificialmente.[82]

O uso da ATPCO na ponte aérea permitia ampla flexibilidade às companhias. Com frequência, as agências de passagens e os consumidores não tinham acesso às informações do sistema. A informação só circulava entre as empresas. Havia ainda a possibilidade de cancelamento de tarifas ou de alteração de datas de vigência, tudo feito internamente, o que demonstrava o potencial efeito anticompetitivo do sistema, tal como no processo americano.

82. "Uma importante variável para distinguir essa sutil fronteira separando condutas lícitas das ilícitas é o mercado. Caso a firma líder tenha efetuado a comunicação, o anúncio, por meio de mecanismos normais de mercado, efetivamente possibilitando a compra por parte dos consumidores, teoricamente, a prática pode ser considerada legítima do ponto de vista da livre concorrência; caso contrário, provavelmente não. Assim, a caracterização de uma liderança de preços desprovida de questionamento acerca de sua licitude pressupõe uma efetiva disponibilização para todos os agentes do mercado do preço anunciado pela líder. Portanto a licitude de conduta em mercados oligopolizados sujeitos à rápida troca de informações entre agentes está relacionada à obtenção de informações no mercado e a elaboração de decisões de forma independente. Por independente entendem-se decisões utilizando única e exclusivamente as informações que lhes são disponíveis por meio do mercado, e, portanto, acessíveis a todos" (BRASÍLIA. Secretaria de Acompanhamento Econômico do Ministério da Fazenda. Parecer n. 363/2001/MF/SEAE/COGDF-DF. Brasília, 11 de setembro de 2001).

Assim, segundo a SEAE, os processos naturais do mercado, de ajuste de preços e resposta dos consumidores foram afetados pelo sistema.[83] O equilíbrio de preços não era natural - dentro das possibilidades do mercado (liderança de preços) - mas artificial. O sistema da ATPCO era fundamental para a prática colusiva.

E a Secretaria argumenta que as empresas, de fato, utilizavam o sistema de forma nociva, descaracterizando a liderança da Varig no mercado de aviação civil à época, criando um mercado artificial - longe da reação dos consumidores -, sendo o mecanismo o instrumento mais importante para a colusão tarifária na ponte aérea.

O trabalho de investigação, consubstanciado na argumentação da SEAE, com destaque para a reunião das companhias acontecida em São Paulo seis dias antes do aumento paralelo e o uso da ATPCO, foi decisivo para o julgamento condenatório do CADE. Ainda assim, o julgamento foi controvertido, com três votos favoráveis à condenação e dois contrários.[84]

De fato, a definição do comportamento de colusão (ou mesmo cartel) é muito difícil para as autoridades antitruste. A distinção entre a ação não cooperativa e a atuação coordenada é muito tênue, como sinaliza a teoria dos jogos. Normalmente, procura-se, na investigação, qualquer elemento de prova ou circunstância que evidencie o acordo, ainda que tácito, de forma a descaracterizar a formação de preços de maneira independente, tudo em razão da estratégia das empresas.

Nessa linha, a voto de condenação do Conselheiro Roberto Castellanos Pfeiffer[85] demonstrou que, adicionalmente aos indícios de acordo, as compa-

83. "Observa-se, portanto, o quanto as incumbentes buscam evitar o teste do mercado, a reação dos consumidores. As empresas objetivam maximizar a comunicação tarifária entre os concorrentes, minimizando-a perante os usuários. Trata-se de uma atitude racional. A resposta dos consumidores representa uma situação de risco para a primeira companhia a efetuar o aumento, já que os usuários podem desviar sua demanda em direção a outras empresas. O preço fixado pela líder e acompanhado pelas demais empresas no menor tempo possível, sem conhecimento dos consumidores, é a situação mais cômoda e lucrativa possível, pois elimina o risco de desvios de demanda, diminuindo a probabilidade de não acompanhamento" (BRASÍLIA. Secretaria de Acompanhamento Econômico do Ministério da Fazenda. Parecer n. 363/2001/MF/SEAE/COGDF-DF. Brasília, 11 de setembro de 2001).

84. Ao todo, foram três votos pela condenação (PRADO, 2004; SCALLOPE, 2004; e PFEIFFER, 2004) contra dois votos decidindo pelo arquivamento do processo (ANDRADE, 2004; FARINA, 2004).

85. PFEIFFER, Roberto Augusto Castellanos. *Voto-vista do conselheiro*. Processo administrativo n. 08012.000677/1999-70, 2004.

nhias TAM, Vasp e Transbrasil poderiam, se estivessem atuando de forma independente, ter adotado outras condutas, e não simplesmente ter seguido a Varig, que nem sequer poderia, naquela oportunidade, ser considerada a líder de preços, dada a sua conhecida crise interna.

Segundo o Conselheiro Pfeiffer, as empresas tinham outras saídas racionais, até mesmo estratégias para a captação de clientes da Varig, que acabara de aumentar as tarifas. No contexto de uniformidade do serviço, com baixa diversidade de caracteres na ponte aérea, a estratégia de manutenção da tarifa, sem a redução do desconto introduzido pela Varig, era uma estratégia racional e ainda mais adequada ao contexto competitivo das companhias, de forma a realçar, na teoria dos jogos, uma conduta não cooperativa.

Essa ótica de análise é pertinente. Associado aos indícios de acordo, se as companhias possuem alternativas de comportamento, sob o ponto de vista da lógica econômica, o ilícito antitruste resulta bem caracterizado.

Em outra perspectiva, o voto de arquivamento do processo administrativo da Conselheira Elizabeth Farina[86] – bem como o do Conselheiro Thompson Andrade[87] – segue a linha de não considerar os indícios suficientes para a comprovação da infração. No entanto, a consideração mais interessante é a de que as evidências de comportamento de preços não permitiam rejeitar a hipótese de interdependência estratégica não cooperativa entre as rivais.

Embora ressalvando problemas de estimação, a Conselheira Farina registra estudo[88] de pesquisadores da Fundação Getulio Vargas e do NECTAR que procura investigar o possível conluio por meio de modelagem empírica, aproveitando-se da abordagem da Nova Organização Industrial. Ou seja, o debate aqui não se concentrou nas evidências de comunicação entre as empresas, tampouco nas alternativas racionais de conduta delas, mas em uma estimação do comportamento de preços em razão de modelo econométrico, captando uma série histórica de tarifas.

Com base na estimação de comportamento feita (parâmetro de conduta), o estudo realça que não se pode destacar que a estratégia de preços tenha seguido uma conduta não cooperativa, razão pela qual a dúvida seria suficien-

86. FARINA, Elizabeth Maria Mercier Querido. *Voto-vista do conselheiro*. Processo administrativo n. 08012.000677/1999-70, 2004.

87. ANDRADE, Thompson. *Voto do conselheiro-relator*. Processo administrativo n. 08012.000677/1999-70, 2004.

88. TUROLLA, Frederico Araújo; LOVADINE, Débora; OLIVEIRA, Alessandro Vinícius Marques de. Competição, colusão e antitruste: estimação da conduta competitiva de companhias aéreas. *Revista Brasileira de Economia*, Rio de Janeiro, v. 60, n. 4, p. 425-459, out.-dez. 2006.

te para a não condenação das companhias, tal como decidiu a Conselheira Farina.

No caso da colusão, embora a avaliação econométrica prescinda de uma investigação de indícios de comunicação, como todo modelo, seus resultados também estão sujeitos às limitações dos pressupostos do modelo e da estimação, podendo criar um viés favorável às companhias. Nesse sentido, o estudo deve funcionar como um elemento de investigação adicional, e nunca como parâmetro definitivo para a decisão.

Trata-se, portanto, de um caso-modelo de referência para o estudo da regulação e do antitruste no setor aéreo no Brasil. Sinaliza, ainda, a etapa de transição da regulação interventiva, de controle econômico rígido sobre as companhias aéreas, para a regulação concorrencial, em razão da liberdade tarifária. E revela, por último, a competência do CADE para investigar condutas e também estruturas no setor aéreo.[89]

4.6 Conclusões parciais: as entradas da Gol e da Azul, as "quebras" da Transbrasil e da Vasp, o caso Varig e as recentes fusões TAM/LAN, Gol/Webjet e Azul/Trip – cenário e desafios do setor no Brasil

Nos itens anteriores (4.2, 4.3 e 4.4) delineou-se o panorama da regulação aérea no Brasil. Enfatizou-se a atuação do DAC, o suporte legal do Código Brasileiro de Aeronáutica (Lei 7.565, de 19 de dezembro de 1986), somados aos demais normativos de regulação, e o cenário atual com as disposições contidas na lei de criação da ANAC.

Além disso, foram abordadas as dificuldades da interação da regulação com a concorrência, ressaltadas pelos casos analisados pela SEAE (item 4.5.1). Neste tópico, uma perspectiva prática ajuda a compreender ainda mais o estágio atual de interação entre regulação e concorrência no setor aéreo e as dificuldades inerentes ao processo, não se olvidando da comparação com o setor aéreo norte-americano.

Duas questões pontuam o debate do tópico: Quais crises podem ser identificadas no setor aéreo brasileiro no atual momento? E qual a responsabilidade do arcabouço regulatório e concorrencial para as possíveis dificuldades do setor?

89. O avanço institucional da relação CADE e ANAC, de forma a dar concretude ao art. 6.º da Lei 11.182/2005, já referenciado acima, foi consolidado por um "Acordo de Cooperação Técnica", celebrado entre o ANAC e o CADE, no final de 2009. Tal acordo confere segurança e estabilidade legal ao setor, além de consolidar um ambiente institucional que será a base das análises antitruste mais recentes.

Naturalmente, quanto à primeira questão, existem problemas conjunturais e estruturais do setor. Há uma crise conjuntural, sabidamente cíclica, porque o setor aéreo no Brasil, interligado ao mercado aéreo internacional e extremamente suscetível aos problemas econômicos internos, está longe de alcançar qualquer tipo de imunidade. Assim, sofreu severamente e ainda sofre - já em menor nível - com o cenário negativo decorrente do ataque terrorista de 11 de setembro de 2001: restrições de demanda, alterações de rotas internacionais, além de custos adicionais com controle e segurança.

Externamente, sofre ainda com o preço do petróleo, elemento básico de custo de qualquer companhia aérea, e que vem sofrendo flutuações sucessivas nos últimos anos, com recorde do preço de venda do barril de petróleo nos mercados internacionais, efeito direto do ataque terrorista e dos consequentes conflitos no Oriente Médio.

O setor também sofre internamente e por razões diversas: sob o ponto de vista conjuntural, há dificuldades com a política cambial, além dos recentes casos de má gerência e técnica administrativa. Do ponto de vista estrutural, ressalte-se a pouca magnitude e consistência do mercado interno brasileiro, mesmo com o crescimento do setor nos últimos anos; e, por fim, mas não menos importante, visíveis inadequações do aparato regulatório, combinadas com os gargalos de infraestrutura (este último problema identificado, tratado na terceira parte do trabalho, procura responder à segunda pergunta do tópico, evidenciando as interações entre regulação e infraestrutura).

Refletindo as dificuldades internas, a política cambial traz o problema da volatilidade da moeda americana diante do real, constituindo um fator de instabilidade para as empresas aéreas. A maior parte das companhias, como é o caso da Gol e, em particular, da Azul, a mais nova participante do setor, constitui a sua frota com base em contratos de *leasing* vinculados ao dólar. A alta volatilidade da moeda americana cria um cenário instável, que exige atenção, adaptação e dinamismo empresarial.

A apreciação do real pode em algum momento beneficiar as companhias aéreas com dívidas vinculadas ao dólar. Mas como a política cambial no Brasil não é consistente,[90] sofrendo regularmente com choques e alterações bruscas, as empresas não podem estabelecer um planejamento de longo prazo. Nesse ponto, o setor ainda funciona com uma política de curto prazo.

90. O problema não é a adoção de uma política de câmbio flutuante pelo Banco Central do Brasil, mas a inconsistência dessa política em função de choques internos e externos de credibilidade, o que faz que a volatilidade seja muita intensa, trazendo insegurança ao setor.

O segundo aspecto – a pouca magnitude do mercado interno brasileiro – foi abordado no paradigmático caso da ponte aérea analisado pela SEAE e pelo CADE. Trata-se, em verdade, de um problema estrutural, de base macroeconômica, que dificulta a ampliação do mercado consumidor.

O crescimento econômico sustentável e consistente por um longo período é fator diretamente vinculado ao crescimento da demanda no setor aéreo. Há uma relação direta que se explica pela elevação dos negócios e do turismo. De qualquer forma, o gargalo da demanda não pode ser entendido como elemento isolado ou de mão única. O mercado funciona em mão dupla. Assim, inovações específicas no setor, como é o caso do sistema centro–raio nos Estados Unidos, e novas perspectivas empresariais, como são as companhias de baixo custo/baixa tarifa, servem como exemplo das táticas de ampliação do mercado criadas pelas próprias empresas.

O terceiro elemento, má gerência das companhias aéreas, é um dos principais fatores responsáveis pelas "falências" da Vasp e Transbrasil. Sem dúvida, a quebra no setor aéreo, levando à renovação das companhias, é resultado de uma comunhão de fatores, mas é inegável que o pouco dinamismo das administrações dessas empresas transparece como elemento de destaque.

No cenário brasileiro, Vasp e Transbrasil sofreram com problemas regulatórios no passado (como o controle dos preços das passagens aéreas), tiveram dificuldades com as bruscas alterações cambiais, com a alta do preço do petróleo e foram fortemente atingidas pelo cenário externo negativo. Mas, sobretudo, foram à bancarrota em razão dos equívocos administrativos que se revelaram nas dificuldades de gerência das dívidas empresariais (*leasing* das aeronaves), fiscais e trabalhistas, da pouca habilidade no relacionamento com os funcionários e na ineficiência de adaptação às inovações do setor, realçadas pela entrada da GOL naquela oportunidade.

Tais traços de inabilidade ficam evidentes na Vasp, em especial pela estrutura ineficiente e *familiar* adotada no período pós-privatização. Processo parecido também ocorreu com a Varig, em decorrência de sua estrutura acionária e do rígido controle empregado pela Fundação Ruben Berta, sua principal controladora.

O quarto fator que cria dificuldades para o setor, moldando sua crise, é, inegavelmente, o aparato regulatório e seus gargalos. Como se afirmou acima (item 4.5.1), só mais recentemente parece se consolidar uma postura regulatória da ANAC, coordenada pela SAC/PR, além de se definir uma Política Nacional de Aviação Civil (PNAC), o que contribui para a aplicação das regras de concorrência, aspecto discutido pela SEAE.

De qualquer forma, embora esteja funcionando o regime de liberdade de concessão para a entrada de novas companhias, ainda é possível encontrar certa indefinição no panorama regulatório, sugerindo uma rerregulação que cria dificuldades para a concorrência de novas empresas, agravando as barreiras naturais do setor. Os aspectos já referidos, e que serão aprofundados adiante, de acesso aos portões de embarque, aos horários de operação de pouso e decolagem, e de abertura do setor para a presença mais efetiva de capital estrangeiro – tais elementos se repetem no setor aéreo americano – são ainda evidências das dificuldades regulatórias.

Merece nova referência um antigo problema resultado das indefinições regulatórias e concorrenciais – além das dificuldades macroeconômicas –, que foi o congelamento das tarifas aéreas durante alguns períodos entre os anos de 1985 até 1992, ou seja, no transcurso dos planos econômicos (em especial, dos planos Cruzado, Verão e Collor I). O gravame regulatório, de tremendo impacto, criou inegáveis distorções no setor, além de volumoso prejuízo financeiro. O custo regulatório, ainda não totalmente apurado, será altíssimo.

O citado Recurso Especial 628.806-DF, do Superior Tribunal de Justiça, favorecendo a Varig, na linha dos casos da Transbrasil e da Vasp, é emblemático.[91] O acórdão reconheceu as alegações da Varig de que o congelamento de preços alterou significativamente o equilíbrio financeiro do contrato de

91. "Foi publicado no *Diário da Justiça* de ontem, 21, o acórdão que traz o posicionamento do Superior Tribunal de Justiça (STJ) sobre o *caso Varig*. De acordo com a decisão publicada, a Viação Aérea Rio-Grandense (Varig) tem o direito de receber uma indenização de cerca de 3 bilhões de reais. A União tem de 10 a 30 dias para recorrer. O presidente do STJ, Ministro Edson Vidigal, vai tentar convencer o Governo a realizar um acordo com as companhias aéreas como forma de equacionar o passivo jurídico que tramita nos tribunais, já que TAM e Vasp estão na Justiça pelo mesmo motivo que levou a Varig a ganhar a disputa – o congelamento de preços das passagens aéreas entre 1985 e 1992. O ministro recebeu ontem uma preliminar das propostas das três empresas para a realização do acordo [...]. A ação foi julgada procedente pela 17.ª Vara da Justiça Federal, em Brasília (DF), e a União, condenada a pagar *R$ 2.236.654.126,92* (dois bilhões, duzentos e trinta e seis milhões, seiscentos e cinquenta e quatro mil, cento e vinte e seis reais e noventa e dois centavos). Nesse valor, já estariam incluídos os expurgos inflacionários, conforme o valor encontrado pelo perito oficial, com incidência de correção monetária a partir da data do laudo pericial e juros de mora de 1% ao mês. A condenação foi mantida pelo Tribunal Regional Federal da 1.ª Região (com sede em Brasília)" (Disponível em: <www.stj.gov.br>. Acesso em: 22 fev. 2005).

concessão de transporte aéreo, acarretando custos desproporcionais para a companhia.

O caso é de suma relevância, como mais um precedente e um marco no entendimento jurisdicional sobre os equívocos regulatórios do Estado. Ainda que se admitisse à época um sistema controlado de tarifas, imposto pela política de contenção de preços, não se pode daí concluir que qualquer intervenção do Estado fosse legítima. Um congelamento de preços de tal proporção, em um mercado tão sensível, levaria certamente a sérias dificuldades. Portanto, sob o ponto de vista jurídico-econômico, o pedido de indenização encontra sólida sustentação.

As considerações sobre a demanda judicial envolvendo a Varig contra a União já nos remetem a outra janela de discussão, que é justamente o estado falimentar da mais importante companhia brasileira e a sua permanência no setor.

A questão da recuperação judicial da Varig envolveu as possíveis escolhas de ação do Estado brasileiro diante do caso. Constitui, em verdade, uma sinalização para o futuro do setor e para uma nova proposta de regulação. No processo de recuperação judicial, a Varig encontrava-se tecnicamente falida, ainda que fosse uma companhia rentável sob a perspectiva de uma apuração econômica mensal. Sua dívida girava em torno de R$ 6,5 bilhões, o que incluía débitos com a Infraero, gastos com combustíveis, dívidas previdenciárias e pagamentos de aeronaves, entre outros.

O Estado brasileiro é o principal credor da Varig. Entre inúmeras propostas, a ação do Estado brasileiro girou sobre duas tendências principais: uma intervenção estatal aguda, com a visível mão pública, via aporte financeiro, ou uma solução de mercado, com uma possível fusão ou capitalização privada.

A resposta regulatória e saneadora mais ousada foi apostar na solução de mercado, em uma solução privada e de competição, ainda que com *supervisão* estatal. Daí a participação da Gol.[92]

No cenário instável e indeciso da ação estatal alguns sinais são positivos. Nesse sentido, um sinal de reforma regulatória saudável, ainda que sujeita a intenso debate, é o já citado art. 199 da Nova Lei de Falências (Lei 11.101, de 9 de fevereiro de 2005).[93] Abriu-se com tal artigo a possibilidade, diante de um quadro falimentar, de uma solução privada e concertada dos credores.

92. A fusão definitiva da empresa foi aprovada pelo CADE em 2008.

93. Para o entendimento completo da nova sistemática, a leitura do art. 199 é feita juntamente com a leitura do art. 198: "Art. 198. Os devedores proibidos de requerer concordata nos termos da legislação específica em vigor na data da publicação desta Lei ficam proibidos de requerer recuperação judicial ou extrajudicial

Diante desse complexo cenário, e ainda que o mercado viva uma *permanente* crise, o surgimento da Gol[94] e da Azul[95] são sintomáticos das potencialidades do setor e das inovações empresariais.[96]

Seguindo a linhagem americana das companhias Southwest, Independence Air, JetBlue, Frontier e America West, e também o caminho adotado por seguidas companhias na Europa, tais companhias trouxeram para o mercado brasileiro - e para a América Latina - o conceito de baixo custo, baixa tarifa, acompanhado de uma estrutura ousada e inovadora, que se destaca por aeronaves eficientes, rotas inteligentes e ampliadas, total integração com

nos termos desta Lei. Art. 199. Não se aplica o disposto no art. 198 desta Lei às sociedades a que se refere o art. 187 da Lei n. 7.565, de 19 de dezembro de 1986 (sociedades aéreas). Parágrafo único. Na recuperação judicial e na falência das sociedades de que trata o *caput* deste artigo, em nenhuma hipótese ficará suspenso o exercício de direitos derivados de contratos de arrendamento mercantil de aeronaves ou de suas partes".

94. Deve-se ressaltar que esse fenômeno de ingresso de novos atores no mercado de aviação civil só foi possível devido aos importantes avanços implementados a partir de 1992, relativos à eliminação de barreiras institucionais - regulatórias. Destacam-se, mais recentemente, a Portaria 692/DGAC, de 20 de outubro de 1999, e a Portaria 569/GC5, de 6 de setembro de 2000, de relevância crucial para eliminação das barreiras à entrada. Essas portarias foram responsáveis pela simplificação e desburocratização do processo de análise e aprovação de novas linhas aéreas regulares ou alterações de linhas aéreas existentes, assim como pela eliminação das empresas aéreas desse processo de análise. Entre as importantes barreiras regulatórias que foram eliminadas por essas portarias, podemos destacar: 1) participação das empresas concessionárias no processo de análise para a aprovação de novas linhas, por meio da Comissão de Linhas Aéreas; 2) restrição para que cada empresa de transporte aéreo regular possa alocar para as linhas aéreas especiais o máximo de 35% do total de "assentos quilômetros" por ela efetivamente ofertados, no mercado doméstico; 3) restrição para a utilização de aeronaves de até 50 assentos nas linhas aéreas que operam na maior parte das linhas aéreas especiais; 4) restrição para que cada empresa aérea possa deter o limite máximo de 50% da oferta de assentos no mercado doméstico. As restrições eliminadas criavam obstáculos à entrada de novas empresas no mercado, em especial aquelas que objetivavam a atuação nas linhas aéreas entre as principais capitais do País.

95. Cf. BETTINI, Humberto F.; OLIVEIRA, Alessandro Vinícius Marques de. Op. cit., p. 36-40.

96. Cf. OLIVEIRA, Alessandro Vinícius Marques de. *An empirical model of low cost carrier entry*: the entry patterns of Gol Airlines. Documento de Trabalho n. 2, Núcleo de Estudos de Competição e Regulação do Transporte Aéreo (NECTAR), São José dos Campos, 2005. Disponível em: <www.nectar.ita.br>. Acesso em: 5 ago. 2007.

a internet – a compra de passagens aéreas por meio eletrônico é fortemente incentivada –, além de campanhas promocionais[97] nunca antes vistas no panorama aéreo brasileiro.[98]

As experiências da Gol e da Azul têm sido desafiadoras. Com estruturas enxutas, inteligência e criatividade operacional, as empresas consolidaram posição no mercado aéreo doméstico. Com os problemas da Vasp e da Transbrasil, além das dificuldades da Varig, a Gol em particular – a primeira empresa tipicamente nascida no período pós-desregulação – tornou-se a se-

97. Indispensável a menção ao caso analisado pelo CADE (Averiguação Preliminar 08001.006298/2004-33), cuja análise enfrentou possível prática anticompetitiva da GOL, com a campanha promocional "Viaje por R$ 50,00", ocorrida em 2004. A suposta infração por preço predatório não ficou caracterizada. Para mais detalhes sobre o caso, cf.: RAGAZZO, Carlos Emmanuel Joppert; MARQUES DA SILVA, Rutelly. "Viaje por R$50,00": promoção ou preço predatório? In: MATTOS, César (coord.). *A revolução do antitruste no Brasil*: a teoria econômica aplicada a casos concretos. São Paulo: Singular, 2008, p. 525-556.

98. Todos os mercados estão vivendo a mesma revolução, como se vê desta nota coletada da revista *The Economist* (disponível em: <www.economist.com>. Acesso em: 23 maio 2005): "If any country is long overdue for low-cost air travel, it is Mexico. With just over 100m people, a large, growing middle-class, and vast distances to travel, the country is, says Keith McMullan of Aviation Economics, a consultancy, an 'absolutely ideal market'. Yet the concept has hardly got off the runway – a tribute to too many years of government over-regulation of Mexican aviation. Until now, that is. The most obvious sign that change is in the air is the government's recent announcement that, after years of dithering, it is to sell off the country's two main airlines, Aeroméxico and Mexicana. Both are owned by Cintra, a holding company created by the government in 1995 (and still 60% state-owned) to rescue the airlines from bankruptcy after the collapse of the peso. Since then, the two have had a near-duopoly in Mexico's skies, keeping prices high and restricting access to the market. Bucking the global trend, Cintra even made a modest profit in 2004 [...]. But it is not just the gringos who have big ambitions for Mexico's low-fare market. Many Mexican businessmen have long reflected on the success of the Brazilian low-cost carrier, GOL, which now has over 23% of its own internal domestic market. Mexican operators want to replicate GOL's prowess in competing with the bus operators. In Mexico, which has no passenger-train network, most domestic travel is done by bus. Journeys can be long, arduous and often quite expensive. Already, one Mexican low-cost airline, Azteca, has entered this market, although it has not done nearly as well as GOL. Protego and A Volar, two new airlines, are said to be going through the regulatory hoops, and may announce definite plans for their operations later this year. All in all, the consumer, not the government, is now dictating the pace of change, and it will soon be cheaper to fly down Mexico way".

gunda empresa aérea do País, respondendo por cerca de 40% dos passageiros transportados, segundo dados obtidos quando da redação deste tópico, constituindo - quase - um duopólio com a TAM.

De qualquer forma, as iniciativas da Gol e da Azul - o que se pode chamar de verdadeira aposta de competição - demonstram que o mercado aéreo é extremamente dinâmico e está pleno de oportunidades.

No caso da Azul, mais recente, a empresa tem obtido rentabilidade positiva e constante, conquistando um novo público usuário, ampliando o mercado consumidor regional e descentralizado, com rotas diretas e baixas tarifas, chegando, em alguns momentos, a entrar em competição direta com o transporte rodoviário, renovando o que já havia acontecido com a Gol.[99]

Além disso, as propostas da Gol e da Azul têm sido consideradas pela imprensa especializada estrangeira como significativos exemplos do sucesso das companhias de baixo custo e baixa tarifa.

Nesse cenário, desafiando a interação entre regulação e concorrência no setor doméstico, episódios recentes, de 2010 para cá, ainda evidenciam que o mercado aéreo continua sensivelmente em alteração, perseguindo alguma estabilidade, destacando-se os casos de concentração da TAM/LAN, da Gol/Webjet e da Azul/Trip.

Os projetos visivelmente são diversos na tentativa de um novo arranjo das companhias no espaço doméstico. No entanto, revelam aquilo que a terceira parte do trabalho aposta como agenda de pesquisa para o setor: a permanência da desregulação econômica e os gargalos estruturais do setor.

A interação entre CADE e ANAC - cujos casos iniciais relatados, ainda quando da extinção do DAC, revelavam alguma turbulência - deu-se de forma harmônica e complementar, o que evidencia um padrão de estabilidade para o setor. No entanto, os desafios regulatórios e de infraestrutura, redundando em eventuais problemas concorrenciais decorrentes das fusões, foram a tônica das decisões antitruste e dos respectivos Termos de Compromisso de Desempenho (TCD).

Assim, no *caso TAM/LAN*, é visível uma concentração complementar. A sinergia da fusão tem o objetivo de permitir à TAM aproveitar o mercado latino-americano, fortemente desenvolvido pela LAN, e estabelecer uma robusta ligação do mercado brasileiro com o restante do mercado latino-

99. Cf. TUROLLA, Frederico Araújo; VASSALLO, Moisés Diniz; OLIVEIRA, Alessandro Vinícius Marques de. *Is there competition between coaches and airlines in Brazil?* Documento de Trabalho n. 9, Núcleo de Estudos de Competição e Regulação do Transporte Aéreo (NECTAR), São José dos Campos, 2005. Disponível em: <www.nectar.ita.br>. Acesso em: 5 ago. 2007.

-americano, além de uma nova porta de saída para os consumidores brasileiros, o Pacífico. No caso da LAN, o interesse é aproveitar intensamente o mercado brasileiro, o setor doméstico, pela sua grandeza e dimensões territoriais, que é mais desenvolvido entre os países latino-americanos. É notória, portanto, uma atuação complementar, de crescimento externo para a TAM, como forma de manutenção da sua posição interna.

Nesse sentido, do ponto de vista concorrencial interno, houve poucas preocupações concorrenciais, que ainda assim se concentraram na infraestrutura, na permuta de dois pares diários de *slots* em voos diretos na rota São Paulo–Santiago–São Paulo, cuja fusão revelou eventuais prejuízos, além da opção por uma das alianças globais, no prazo de 22 meses da decisão antitruste.[100]

No *caso Gol/Webjet*, algumas questões de concorrência interna já foram mais controvertidas. Em tempo recente, a Webjet já não conseguia se sustentar com rentabilidade positiva, fracasso parcial de seu drástico modelo de baixo custo e de uma competição acirrada com a TAM e a Gol. A concentração, portanto, revela-se uma solução parcial de mercado para a empresa. Além disso, para a Gol, a Webjet resultava concorrente em algumas rotas diretas. Ou seja, a fusão evidenciava sim uma parcial concentração horizontal. Dessa forma, a concentração para a Gol – além do aproveitamento do estoque de aeronaves e funcionários – proporcionava um ativo valioso representado por *slots* em aeroportos centrais, como o Santos Dumont (RJ), eliminando um concorrente direto em algumas rotas.[101] Revela-se, portanto, uma aquisição com a tentativa de consolidação da fatia interna de mercado. Nessa linha, a concorrência aqui tem matizes diferenciados da LATAM.

100. Ato de Concentração 08012.009497/2010-84. Voto do Conselheiro-relator Olavo Zago Chinaglia, de 14 de dezembro de 2011. A decisão do Tribunal de Defesa de la Libre Competencia, no Chile, proferida antes da decisão brasileira, em 21.09.2011, sinalizou igualmente problemas de infraestrutura e da aliança global (Resolución 37/2011).

101. Do modelo de fusão podem decorrer igualmente efeitos perversos, em particular no curto prazo. Cabe aqui eventual discussão sobre se o CADE também deveria se preocupar com aspectos paralelos da concentração, também relevantes, que não sejam diretamente as questões concorrenciais, como a preservação de empregos. Não me parece que o papel constitucional do órgão antitruste seja condicionado a levar todos os aspectos em consideração. De qualquer forma, a notícia seguinte é ilustrativa da polêmica: BARBOSA, Mariana. Gol anuncia o fim da Webjet e demite 850 funcionários. *Folha de S. Paulo*, 24 nov. 2012, Mercado, B9.

Assim, a decisão antitruste (respaldada pelo Termo de Compromisso de Desempenho),[102] embora permitindo a fusão, impôs condições à Gol para utilização de *slots* no aeroporto Santos Dumont (RJ), condicionando-a a uma eficiência mínima de 85%, ou eventual devolução de *slots* não utilizados (abaixo do índice) à ANAC. Embora a restrição à Gol tenha atingido tão somente o uso de *slots* no aeroporto Santos Dumont, na decisão houve ainda um intenso trabalho de análise do setor, inclusive sinalizando as dificuldades de infraestrutura, e de regulação pertinente, que podem provocar problemas concorrenciais.

Por fim, a fusão Azul/Trip, a mais recente,[103] busca reforçar uma sinergia no mercado interno, com o fortalecimento de uma terceira concorrente capaz de fazer frente às lideres TAM e Gol. Assim, embora a concentração revele alguma sobreposição horizontal de rotas, é também relevante que ambas as companhias têm uma forte atuação regional, complementar aos principais troncos de ligação do País, como São Paulo e Brasília, por exemplo. E o fortalecimento de rotas regionais complementares – além do retorno de ligações diretas entre aeroportos de médio tráfego, como Belo Horizonte, Recife e Salvador – pode-se traduzir em efetiva capacidade de competição da empresa fusionada, permitindo rivalizar com as lideres, com significativos benefícios aos consumidores.

Assim, a decisão antitruste,[104] também respaldada por um Termo de Compromisso de Desempenho, considerou a fusão pró-competitiva, condicionando a Trip a encerrar o *code share* que a companhia mantinha com a TAM (nessa visível atuação complementar), uma vez que agora a Azul/Trip se consolida como uma efetiva concorrente da líder do mercado. Além disso, impôs também a condição de utilização de 85% dos *slots* no aeroporto Santos Dumont, razão da limitação de infraestrutura do aeroporto.

A entrada de novas companhias e a onda de concentrações é a saída para o setor aéreo brasileiro? Impossível estabelecer resposta conclusiva para um mercado tão sensível e sujeito a tantas variáveis, em especial os gargalos de infraestrutura.

102. Ato de Concentração 08012.008378/2011-95. Voto do Conselheiro-relator Ricardo Ruiz, de 10 de outubro de 2012.

103. Um dos últimos casos de concentração decididos com base na Lei 8.884/1994. Novas concentrações no setor já irão desafiar a nova Lei de Proteção à Concorrência (Lei 12.529/2011).

104. Ato de Concentração 08700.004155/2012-81. O Conselheiro-relator para o caso é também Ricardo Ruiz. Como documento do caso, cf. o Parecer Técnico 252, da Superintendência-Geral, de 22 de novembro de 2012.

No entanto, há, decididamente, um caminho a trilhar. O mercado americano, por exemplo, sinaliza algumas preocupações sob o ponto de vista do consumidor. Há reclamações quanto à redução drástica dos serviços de bordo, à falta de pontualidade dos voos, à simplicidade do serviço ofertado de maneira geral. De qualquer forma, não se viu forte discussão sobre a segurança das aeronaves, este, sim, um ponto essencial.

A escolha cabe, assim, ao consumidor. Com uma regulação mais ágil e inteligente, a disputa entre os diferentes serviços só está começando: centro-raio *versus* ponto a ponto e companhias tradicionais *versus* companhias de baixo custo, baixa tarifa. Sob a índole da competição, o consumidor só tem a ganhar. E cabe ao mercado brasileiro aproveitar e contextualizar a experiência americana e encontrar seu próprio caminho. A terceira parte do trabalho irá aprofundar esse caminho, refletindo-o em face da desregulação americana.

TERCEIRA PARTE

CAPÍTULO 5

ASPECTOS RELEVANTES DA DESREGULAÇÃO DO MERCADO AÉREO BRASILEIRO DE PASSAGEIROS EM CONFRONTO COM A DESREGULAÇÃO AMERICANA

5.1 Número de companhias concessionárias (*incumbents firms*) e concorrência no mercado

O período pós-desregulação no mercado doméstico americano representou a expressiva entrada de novas companhias aéreas, em especial no início da década de 1980. Somente em 1984 ingressaram no setor 15 novas empresas. No entanto, na linha da análise do item 3.2.4, a maior parte dessas companhias não permaneceu no mercado. Esta primeira leva de empresas saiu do mercado ou foi absorvida em um frenético processo de fusões entre 1985 e 1987, quando mais de 40 companhias deixaram de existir. O gráfico a seguir[1] demonstra esse ciclo de entradas, saídas e falências das companhias no mercado americano:

1. O gráfico utilizado baseia-se no trabalho de BORENSTEIN, Severin; ROSE, Nancy. Op. cit.

Gráfico 10 – Entradas, saídas e falências no mercado doméstico norte--americano

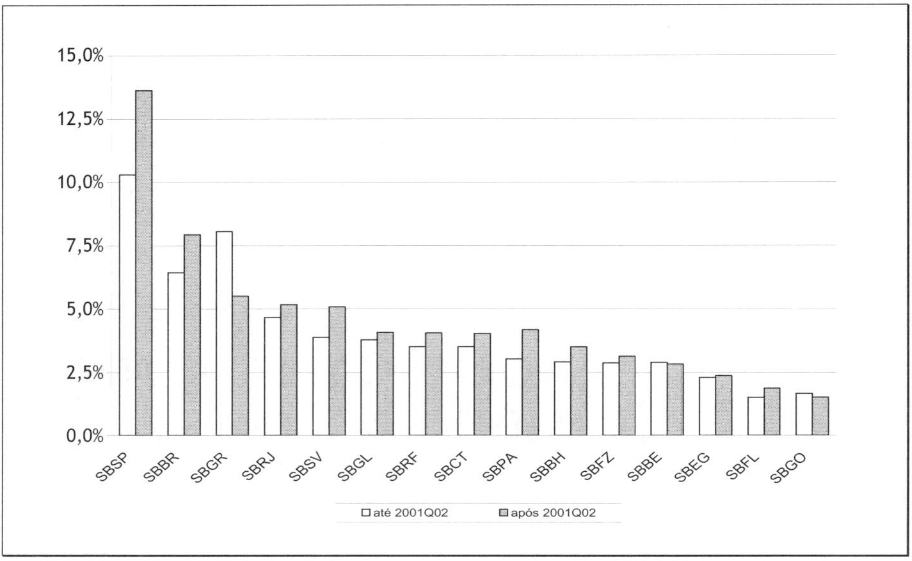

Outra leva de novas empresas ocorreu em meados de 1990, quando só em 1994 dez empresas ingressaram no setor. O segundo ciclo de entrada pós--desregulação ficou simbolizado por novas propostas de empresas de baixo custo. Muitas delas não vingaram, deixando rapidamente o mercado. Esse período também registrou as controvertidas ações das empresas tradicionais (*legacy carriers*) contra as entrantes de baixo custo, com reduções abruptas de preços e acusações de práticas predatórias. O *caso American Airlines* (item 3.4) simboliza o questionamento antitruste.

Uma última onda de novas entrantes, já em menor ritmo, se deu no início de 2000, com o aparecimento de seis novas companhias. Há aqui outro teste do mercado por meio de novas companhias de baixo custo, deixando ainda mais em evidência as dificuldades financeiras das empresas tradicionais.

A linha de falências no setor permaneceu constante durante todo o período, comprovando que a maior parte das novas entrantes, no teste de viabilidade econômica e adaptação ao mercado, simplesmente não suportou os custos e abandonou o mercado ou foi adquirida pelas empresas tradicionais, em um processo de concentração.

Na onda de falências e fusões da década de 1980 até a de 2000, três grandes companhias (*legacy carriers*) deixaram o mercado: a Braniff em 1982; a tradicional Pan Am (Pan American Airways) em 1991; e a TWA (Trans World Airlines), adquirida pela American Airlines em 2001. Foram companhias que não conseguiram se adaptar à nova dinâmica de competição no período pós--desregulação, acomodadas ao setor da fase de regulação econômica.

Embora a desregulação econômica tenha gerado visível oscilação no número de companhias, desautorizando parcialmente a teoria de contestabilidade do setor, o mais significativo resultou na competição, que foi incentivada na maior parte das rotas domésticas, mesmo que em algumas dessas rotas o número de concorrentes não tenha crescido.

O efeito contrário à competição, nessa fase pós-desregulação, foi o fortalecimento do poder de mercado das companhias tradicionais nos aeroportos centrais, impedindo o estabelecimento de novas empresas. Em uma avaliação de custo-benefício, a redução tarifária, ainda assim, compensa o desenvolvimento de poder de mercado nos aeroportos centrais.

Levando em consideração o nosso contexto econômico, o mercado doméstico brasileiro viveu um processo semelhante. O número de companhias no setor sofreu significativo impacto com o processo de flexibilização do início da década de 1990, logo após a Primeira Rodada de Liberalização. Com o término da aviação regional e de seus respectivos monopólios, novas empresas foram criadas para participar do mercado nacional. O número de entrantes, somando-se às antigas participantes, superou 21 companhias em 1998-1999. Houve redução após o choque cambial de 1999. O gráfico a seguir demonstra esses episódios de entrada no mercado doméstico brasileiro:

Gráfico 11 - Episódios de entrada no mercado doméstico brasileiro

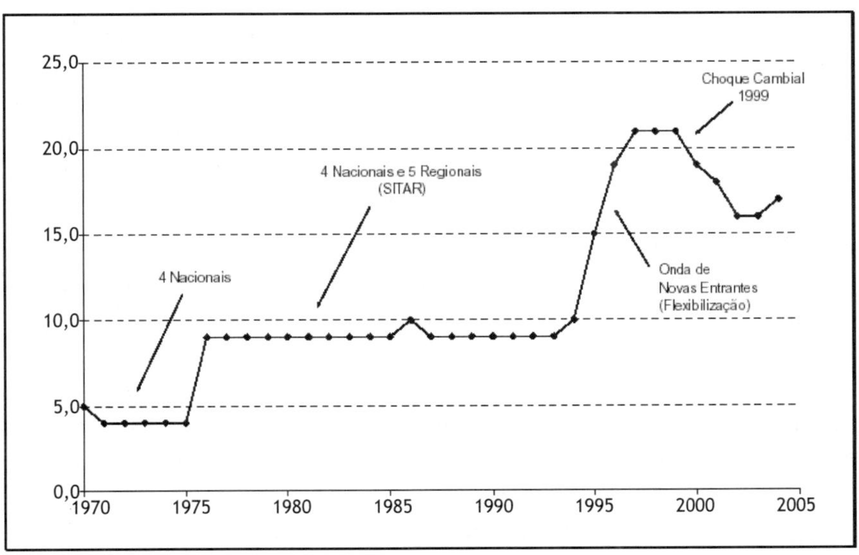

Fonte: OLIVEIRA, Alessandro Vinícius Marques de. *Performance dos regulados e eficácia do regulador*, cit.

No caso brasileiro, no entanto, essa "onda de novas entrantes" não proporcionou efetiva concorrência às tradicionais empresas do setor. Em razão das dificuldades de se estabelecerem como empresas nacionais, as novas companhias constituíram novos nichos regionais, cujos casos exemplares são o da Total no interior do Sudeste, o da Trip[2] no Sudeste, centro-oeste e norte, e o da Rico, no Norte do País. Essas novas entrantes constituíram o que se chama "franja do mercado", na interpretação de Alessandro Oliveira, sem efetiva relevância em âmbito nacional.

Os únicos casos de contestabilidade nacional foram a TAM, oriunda do período do SITAR, a Gol, em 2001, com um projeto de baixo custo e baixa tarifa e, mais recentemente, com um modelo parecido, a Azul. O caso TAM evidencia que, além de aproveitar as brechas abertas pela desregulação, uma companhia já certificada e em operação, tendo incorrido na maior parte dos custos enterrados do setor, pode ter mais facilidades na concorrência nacional. Os exemplos da Gol (item 4.6) e da Azul, também aproveitando brechas da desregulação, vinculam-se a um novo desenho de companhias do setor.

O mercado doméstico brasileiro, em comparação com o americano, também desenvolveu a concentração de voos em aeroportos centrais, gerando significativa economia na gerência da malha aérea e na utilização das aeronaves, com reflexo na redução das tarifas, mas igualmente elevados prejuízos decorrentes do intenso uso da infraestrutura.

5.2 A nova estratégia das empresas aéreas e o dinamismo do mercado: o uso dos aeroportos centrais (*hubs*)[3]

No item 3.3 realçou-se a significativa importância no desenvolvimento do sistema centro-raio para a indústria aérea. O uso de aeroportos centrais estabeleceu novo salto no dinamismo do setor, revolucionando a maneira de as cidades serem conectadas.

O uso de aeroportos centrais pelas companhias aéreas permitiu multiplicar o número de frequências e destinos, além de estabelecer um efeito positivo na média dos preços das passagens aéreas.

O efeito nos preços decorre da seguinte combinação: (i) em primeiro lugar, a diluição dos custos das companhias porque a elevação do número de voos, resultado do maior número de frequências e conexões, se traduz em

2. Já agora fusionada com a Azul, em nova dinâmica de contestação do mercado nacional.
3. No Anexo deste trabalho, há fotos de satélite do software Google Earth comparando a estrutura dos principais *hubs* americanos e brasileiros.

aeronaves mais cheias (cresce o *load factor*), o que permite, naturalmente, a divisão de custos entre uma base maior de passageiros; (ii) e, em consequência do primeiro fator, possibilita uma economia de "múltiplos subsídios", uma vez que as conexões permitem que um passageiro, ainda que em trajeto diverso, "participe no pagamento" da passagem de outro passageiro.

Naturalmente, o processo de subsídios múltiplos é complexo, funcionando no emaranhado de conexões e na dispersão tarifária desenvolvida por cada companhia, mas o raciocínio poderia ser assim simplificado[4] e ilustrado:[5] considerando a hipótese da inexistência do sistema de aeroportos centrais (o que não ocorre hoje), uma companhia aérea no Brasil explorando a rota Porto Alegre–Salvador oferece, no máximo, *duas frequências diárias*, sem conexão, ligando ambas as capitais, levando em consideração as demandas locais, de forma a manter uma rentabilidade mínima por voo. O preço da passagem seria hoje cerca de R$ 2.000,00 (exemplo próximo) no voo direto existente (ida e volta).

No sistema de aeroportos centrais de conexão, com uma conexão em um aeroporto de concentração e distribuição do tráfego, São Paulo, por exemplo, o número de frequências aumenta substancialmente, chegando quase a *20 frequências diárias*, e a tarifa é reduzida, via múltiplos subsídios, em quase *30%*, sendo possível encontrar a mesma rota, com a conexão em São Paulo, por cerca de R$ 1.400,00 (ida e volta), por exemplo.

Por meio deste sucinto exercício é possível imaginar a força do sistema centro–raio na dinâmica do setor, decorrendo daí que boa parte das estratégias das companhias gire em torno do incremento da forma de distribuição

4. A simplificação reduz o alcance dos dados ofertados no exemplo. Além do mais, é preciso levar em consideração que ambos os sistemas, em regra, não funcionam ao mesmo tempo em cada companhia, razão pela qual é possível algum viés que comprometa a análise instantânea, sendo preferível uma comparação intertemporal de tarifas. De qualquer forma, o exemplo é útil para realçar os mecanismos de ação do sistema *hub-and-spoke*.

5. O exemplo que ilustra o raciocínio foi realizado, em parte, com consulta *on-line* ao sítio da companhia TAM na internet (Disponível em: <www.tam.com.br>. Acesso em: 7 março 2013). Os preços foram colhidos nesta consulta. Situação semelhante também ocorre com a companhia Gol, cujo modelo de dispersão tarifária e uso de aeroportos centrais se aproxima da TAM. A radiografia captada nesse exemplo pode se repetir várias vezes ao dia, em horários e rotas diferentes. Saliente-se que a diferença no valor das tarifas também pode ter interferência dos horários dos voos e dos momentos de maior demanda. Mesmo assim, haverá uma diferença tarifária importante.

do tráfego. Em um regime de liberdade tarifária e de maior competição, as empresas são incentivadas a desenvolver engenharias de tráfego objetivando diluir custos, expandindo a demanda, com efeitos parcialmente benéficos aos consumidores.

No entanto, reportando-se ao item 3.3, a nova dinâmica do setor aéreo desregulado permite que algumas companhias exerçam efetivo poder de mercado nos aeroportos centrais.[6] Com a infraestrutura limitada, companhias tradicionais tendem a estabelecer o controle para a entrada de outras empresas nos aeroportos centrais, tudo em razão da indispensável estrutura de um aeroporto central para cada companhia, de maneira a dispersar sua malha aérea.

Esse poder de mercado nos aeroportos centrais está invariavelmente associado ao controle dos balcões de atendimento e registro, dos portões de estacionamento e de embarque e desembarque, bem como dos horários de operação de pouso e decolagem. O maior problema aqui reside na inexistência de um regime estável e competitivo – e com controle temporal – dos direitos de uso de tais elementos da infraestrutura. No caso brasileiro, o ponto será aprofundado no item 6.4.

No que se refere à comparação entre a desregulação do setor aéreo nos Estados Unidos e no Brasil, vê-se que o padrão de ação das companhias se repete. Ou seja, as empresas brasileiras, ainda que sujeitas a uma desregulação tarifária gradativa, quando em um regime de liberdade total, seguem a racionalidade econômica das companhias aéreas americanas. Assim, na experiência de poucos anos do regime de liberdade tarifária total, em especial a partir de 2001-2002, após a Terceira Rodada de Liberalização, o setor no Brasil se dirigiu racionalmente para o incremento do sistema centro-raio.

Conectando esta parte conclusiva do trabalho com a metodologia, discutida nos capítulos iniciais, é possível compreender que o desenvolvimento do sistema centro-raio é a aplicação direta dos padrões de racionalidade individual no plano das estratégias empresariais. Se o teste é o consumidor (maior demanda), na avaliação custo-benefício do sistema, a racionalidade do negócio e suas inovações começam nos fornecedores do serviço.

Todavia, é indispensável que tais inovações, na lógica econômica, quando acarretarem prejuízos (ou novos custos), sejam monitoradas e controladas pela regulação residual do setor.

6. Cf. BORENSTEIN, Severin. Hubs and high fares, cit., p. 344-365.

5.3 Liberação total dos preços das passagens aéreas: Estados Unidos e Brasil

Na comparação entre Estados Unidos e Brasil quanto à liberação total dos preços das passagens aéreas, tal como evidencia o item 4.4.4, a desregulação brasileira foi gradual, seguindo uma estratégia adotada pela política europeia de desregulação do setor aéreo.

Optou-se por uma política diversa da desregulação americana, uma vez que os Estados Unidos decidiram por liberalizar radicalmente o controle de preços, tendo em vista o consenso que se formou contrário à manutenção da regulação tarifária. As pesquisas dos mercados intraestatais parcialmente desregulados (item 3.2.2) em contraste com os mercados regulados foram decisivas nesse aspecto. Em razão da inexistência de mercados regionais parcialmente desregulados no Brasil, estudos semelhantes não fizeram parte do período antecedente à desregulação.

Além disso, havia aqui a cautela em face de um cenário de "guerra de preços", levando a uma competição ruinosa no mercado. Na comparação, observa-se que, de fato, o mercado norte-americano se comportou com disputas acirradas por tarifas, com uma redução sensível dos preços, logo após a desregulação de 1978, em especial nas rotas longas. A contestação inicial do setor por novas companhias, já no início da década de 1980, trouxe ainda mais acirramento na disputa por preço.

No entanto, o cenário macroeconômico instável restringiu a permanência da guerra de preços, havendo natural acomodação do setor, até mesmo com o processo de falências e fusões. De qualquer forma, ainda que com oscilações, houve redução das tarifas médias no consenso da literatura do setor (item 3.2.3), e a redução tarifária foi favorável aos consumidores, no balanço atual de custos e benefícios, com o notável incremento da demanda.

No Brasil, o fenômeno da "guerra de preços", ainda que postergado pelas rodadas de liberalização, teve curso entre 1998-1999, com sensível redução das tarifas, processo só abortado pelos efeitos negativos da desvalorização cambial do início de 1999. De qualquer forma, repetindo a desregulação americana, era previsível que, em determinado momento, se detectasse uma disputa mais acirrada de preços, saindo o setor de anos de regulação econômica. Era um teste aguardado.

E o setor, ao longo da década de 2000, continuou vivendo períodos de táticas tarifárias promocionais, algumas de marketing agressivo, como as da Gol e da Azul, até mesmo com implicações concorrenciais. Outro efeito foi a natural dispersão tarifária (*yield management*), a organização da estrutura de preços em função dos horários de voos, picos de demanda, características dos passageiros etc. Certamente essa foi uma das principais reivindicações das companhias aéreas no processo de desregulação econômica.

Também em comparação com a desregulação norte-americana, o original estudo de Alessandro Oliveira e Lucia Helena Salgado[7] faz descobertas semelhantes quanto à liberalização tarifária e o bem-estar econômico do setor.

Levando em consideração as críticas sobre a análise de custo-benefício da regulação (item 2.4.1), no caso particular os problemas de assimetria de informações entre o DAC (quem coleta os dados de custos) e as companhias reguladas (quem repassa as informações de custos), o estudo conseguiu detectar benefícios importantes resultantes do processo de desregulação, computados por meio de bem-estar econômico líquido.

O estudo permitiu três resultados significativos:

(i) em uma comparação entre cenários possíveis de regulação econômica em face do regime liberalizante foi possível constatar perdas consideráveis para os consumidores em detrimento das companhias aéreas, gerando um *peso morto*, acarretado pela regulação, de até R$ 3,8 bilhões ao longo de dez anos, o que equivaleria a um adicional de preços de 11% por passageiro transportado na etapa média;

(ii) evidências importantes de que a desregulação econômica gerou também benefícios para as companhias aéreas, no período de 1992-1997, o que fez reduzir um *peso morto* regulatório não repassado aos consumidores e que se traduzia em ineficiência da indústria (aqui há a ideia de um bem-estar econômico agregado); e que

(iii) os choques macroeconômicos, afetando o PIB e a taxa de câmbio, podem ter papel mais relevante no desempenho do setor do que as políticas regulatórias, sendo, portanto, indispensável separar os fatores macroeconômicos dos fatores microeconômicas para a determinação correta do impacto das políticas regulatórias.

O Gráfico 12, importado do trabalho, demonstra o "*mark-up* preço-custo" – definido como MPC = (preço médio – custo médio)/custo médio – verificado no setor entre 1972-2004, tendo como fonte o *Anuário Estatístico do Departamento de Aviação Civil.*

O gráfico evidencia a associação entre os ciclos de crescimento/declínio do setor aéreo e os períodos de crescimento econômico geral/choques econômicos – o ciclo oscilando entre o período do "milagre econômico" durante a década de 1970, os planos econômicos no final da década de 1980, a estabiliza-

7. Cf. OLIVEIRA, Alessandro Vinícius Marques de; SALGADO E SILVA, Lucia Helena. Op. cit.

ção monetária pós-1994, com o "Plano Real" e, finalmente, o choque cambial de 1999.

Gráfico 12 - Ciclos do MPC no transporte aéreo doméstico

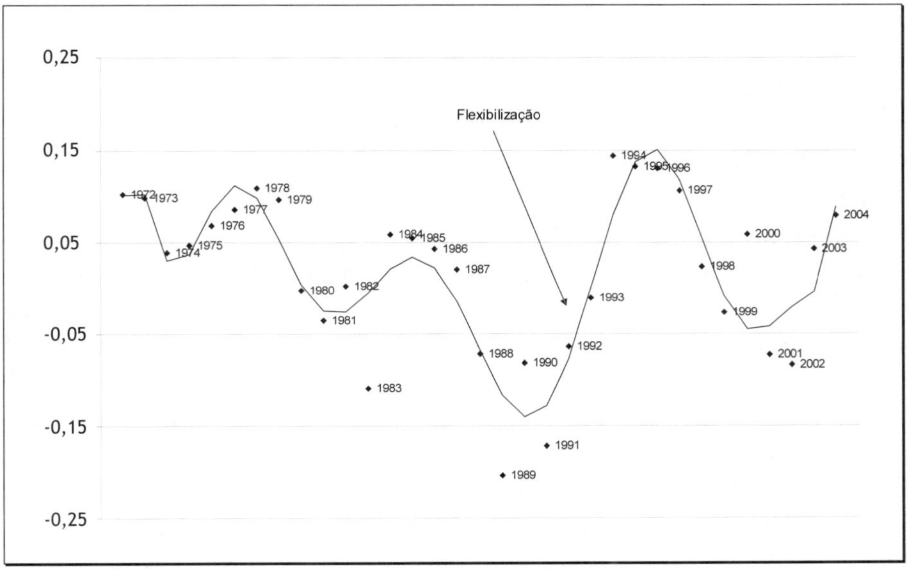

Também demonstra o crescimento do setor entre 1992-1997, realçando que parte desse ciclo de crescimento foi resultado da política de desregulação, beneficiando não só os consumidores, (i) com a redução das transferências dos consumidores para as empresas aéreas, bem como os produtores, (ii)com a diminuição das ineficiências regulatórias da indústria.

Além disso, em comparação com a desregulação norte-americana, com destaque para a interpretação de Stephen Dempsey e a competição ruinosa (item 2.4.2.3), a oscilação do ciclo de crescimento do setor aéreo no Brasil não seguiu o parâmetro americano, de *cristas* de crescimento menores e mais curtas e *vales* de prejuízo cada vez mais profundos. A política desregulatória, somada ao bom desenvolvimento econômico geral pós-1994, proporcionou o mais alto crescimento do setor nessa trajetória de 1972 até 2004. E o retorno do crescimento no período pós-2003 revelou uma *crista* ainda maior.[8] O

8. No que diz respeito às tarifas aéreas monitoradas, a ANAC, em seu Relatório de Tarifas Aéreas Domésticas mais recente, já em 2013, constata uma redução de 41,69% das tarifas nos últimos dez anos (2002-2013). Cf. também os recentes estudos constantes do setor, sistematizados para o Seminário "10 anos de Liber-

obstáculo aqui será não a competição destrutiva, tal como argumenta Stephen Dempsey, mas a ampliação da infraestrutura aeroportuária.

5.4 Medidas de apoio estatal às companhias aéreas nacionais: o problema da falência

A comparação entre as desregulações americana e brasileira no que se refere à ajuda estatal para as companhias aéreas relaciona-se com eventuais distorções competitivas que decorrem da interferência estatal. O problema resulta mais agudo quando há falências de empresas aéreas.

Segundo Rigas Doganis,[9] há três razões significativas para a concessão da ajuda financeira: (i) em primeiro lugar, a ajuda financeira estatal funcionaria como uma "recompensa" às companhias aéreas tanto públicas quanto privadas em razão da regulação econômica equivocada no passado, período no qual as empresas tiveram perdas econômicas em razão da interferência estatal; (ii) em segundo lugar, no que se refere às companhias aéreas públicas, a ajuda financeira tem lugar quando as empresas estão subcapitalizadas, o que pode resultar em graves problemas em períodos de crise no setor; (iii) em terceiro lugar, o apoio estatal pode estar vinculado aos processos de pré-falência, em uma tentativa de salvar a companhia aérea e, com isso, seus ativos, ou mesmo, no caso das companhias públicas, de prepará-las para um processo de privatização.

Nos casos americano e brasileiro, levando em consideração que as concorrentes são todas privadas, eventual ajuda financeira se restringe às hipóteses (i) e (ii).

Uma vertente da hipótese (i), não exatamente por reconhecimento da equivocada ação estatal, mas em virtude de choques exógenos ao setor, como foi o ataque terrorista de 11 de setembro de 2001, também deu origem à substancial ajuda financeira do Estado.

Embora em 2001 as empresas americanas já estivessem em período de declínio financeiro, no ciclo negativo do setor, o ataque terrorista potencializou os efeitos negativos, razão de perdas ainda mais fortes. Daí que a ajuda estatal se justificou, em especial no caso americano, não só como uma ideia

---

dade Tarifária no Transporte Aéreo Brasileiro", no seguinte sítio: <http://www.anac.gov.br/Noticia.aspx?ttCD_CHAVE=812&slCD_ORIGEM=29. O Anexo do trabalho traz estatísticas atualizadas do transporte aéreo doméstico, em documentos elaborados pela ANAC e Infraero.

9. Cf. DOGANIS, Rigas. *Airlines business*, cit., p. 248-251.

de permanência das companhias aéreas, mas como sustentação do próprio setor.[10] Nesse sentido, a medida de ajuda não foi vista como anticompetitiva.

As hipóteses (i) e (ii) têm andado juntas tanto na desregulação americana como na brasileira. O passado de regulação econômica, embora caracterizado como de proteção às empresas, sinalizando captura, também deixou um rastro de interferência estatal que gerou distorções econômicas. O exemplo brasileiro é o mais significativo, quando a regulação estava associada a uma política de estabilização monetária (item 4.3.2).

De qualquer forma, a ajuda estatal só deveria acontecer em casos excepcionais, em um cálculo rigoroso de custo-benefício. O ataque de 11 de setembro de 2001 é o exemplo limite. Mesmo levando em consideração as instabilidades do setor, a solução de mercado é a melhor alternativa para o funcionamento da indústria.[11]

Os casos de falência nos Estados Unidos não geraram problemas importantes para o setor. As companhias aéreas rapidamente se adaptaram, mantendo em funcionamento as rotas abandonadas pelas companhias falidas (item 3.2.4). O choque de gestão de companhias de baixo custo tem permitido às companhias tradicionais (*incumbents firms*) desenvolver novas estratégias de sobrevivência e competição, privilegiando soluções de mercado. Isso acontece mesmo com as companhias americanas que passaram pelo processo do *Chapter 11*, a Lei de Falências norte-americana.

Na desregulação brasileira, os paralelos entre o *caso Panair* e o *caso Varig* fazem reviver algum tipo de ajuda estatal, ação que normalmente distorce a competição, conflitando com as ideias de desregulação econômica. A aposta em uma solução de mercado é aquela que, em uma avaliação de médio prazo,

10. Um exemplo sintomático: "[...] as companhias seguradoras internacionais, imediatamente após os atentados, passaram a cobrar prêmios extorsivos na renovação dos contratos de seguro firmados com as companhias aéreas, bem como a limitar o valor das indenizações, restringindo-as ao intervalo entre US$ 50 milhões e US$ 150 milhões. Os principais países participantes da aviação comercial mundial, como os EUA e os países da União Europeia, passaram a exigir a cobertura de seguros para reparação de danos a terceiros no solo superiores a US$ 1 bilhão, sob pena de impedir as companhias aéreas que não contassem com esses seguros de sobrevoar e pousar em seus territórios [...] os governos dos países atuantes na aviação comercial mundial se viram compelidos a assumir os riscos e a indenização para reparação de danos a terceiros em solo, decorrentes de atos terroristas a aeronaves de companhias aéreas de seus países" (RODRIGUES, Rodrigo Augusto. Op. cit., p. 138-139).

11. Cf. DOGANIS, Rigas. *Airlines business*, cit., em especial o último capítulo ("Strategies for survival in the twenty-first century"), p. 258-291.

resultará em maiores benefícios do ponto de vista do bem-estar econômico. A fusão Gol/Webjet parece apostar na solução de mercado, cujos eventuais efeitos positivos devem constituir nova agenda de pesquisa.

5.5 O novo mercado: as companhias de baixo custo, baixa tarifa (*low-cost, low-fare*)

Na comparação entre as desregulações americana e brasileira, outra inovação do setor foi o desenvolvimento do modelo de companhia aérea de baixo custo, baixa tarifa (*low-cost, low-fare*). Naturalmente, a inovação se difundiu por todos os mercados,[12] mas as entradas da Gol e da Azul no mercado brasileiro permitem ilustrativa comparação em relação às alternativas domésticas americanas.

Segundo Rigas Doganis, a revolução de baixo custo (*the low-cost revolution*) é a inovação mais importante da desregulação, ainda mais importante do que o desenvolvimento do sistema centro–raio.[13] De fato, o efeito econômico e competitivo das companhias de baixo custo pode ser ainda mais substancial. Além disso, o modelo de baixo custo estabeleceu novo parâmetro de competição para o setor, devendo consolidar-se na estrutura da indústria.[14]

12. Os casos europeus mais importantes são o da Ryanair e da EasyJet. No entanto, o mercado de baixo custo na Europa, antes centralizado na Grã-Bretanha, vive nova onda de entrantes, espalhando o modelo por todas as regiões. Em alguns casos são as companhias tradicionais que criam subsidiárias de baixo custo, cujo exemplo é a *bmibaby* (da British Midland). Em outros, companhias tradicionais se transformam em companhias de baixo custo, cujo exemplo é a Air Berlin.
13. Cf. DOGANIS, Rigas. *Airlines business*, cit., capítulo "The low-cost revolution", p. 147-195.
14. "Despite the challenges faced, the low-cost model appears to be sustainable in Europe as it has been in the United States. It has a different and substantially lower cost structure than the conventional network model, because the latter imposes higher costs on those who operate network systems. While network airlines can reduce their unit costs further, they cannot match those of the low-cost airlines on short-haul routes. The charter airlines will compete for a part of their own traditional markets with low-cost carriers, but will increasingly generate most of their business from the denser, short-haul, inclusive-tour markets and from long-haul routes. Within Europe, in North America and in the most major regions, low-cost airlines will become the dominant carriers in domestic and short-haul markets. They are not a passing phase. They are here to stay and they will dominate most of the market they enter" (DOGANIS, Rigas. *Airlines business*, cit., capítulo "The low-cost revolution", p. 195).

O modelo de baixo custo tem como referência a companhia americana Southwest. O modelo (produto) possui as seguintes características, com algumas variações: tarifas baixas, sem restrição, ponto a ponto e sem conexões; as passagens são vendidas diretamente, por meio da internet e outros meios eletrônicos; não há programa de milhagem; as aeronaves possuem somente uma classe, sem definição de assentos, com serviço de bordo restrito a lanches e bebidas; e as frequências dos voos são altas, com elevada ocupação e ótima pontualidade.

Quanto à estrutura das operações, utiliza-se uma só aeronave (Boeing 737, por exemplo), com pequenas variações; o uso da aeronave é intenso (mais de 11 horas/dia); as distâncias em cada trajeto são pequenas (média de 500 km em 1994), mas estão crescendo (média de 800 km em 2003); há preferência por aeroportos secundários e não congestionados; os funcionários são altamente produtivos, havendo divisão de lucros e outros incentivos; e o crescimento tem sido de 10% ao ano, com picos de 15%.

O modelo proporciona uma redução de custos que chega a 50% em relação às companhias tradicionais. É um diferencial muito significativo, que estabeleceu novo patamar de competição.

No mercado doméstico de aviação no Brasil, a entrada da Gol em 2001 permitiu uma ilustrativa comparação com o mercado americano. Duas são as questões comparativas mais interessantes: (i) se a Gol reproduz o modelo da Southwest Airlines no Brasil; (ii) e se houve uma reação tarifária significativa das companhias tradicionais no mercado doméstico brasileiro, tal como ocorreu no americano, acusando uma competição mais acirrada.

O estudo de Alessandro Oliveira[15] demonstra que a Gol, no início, reproduziu, com pequenas variações, o modelo da Southwest não só em relação às características do produto, mas também em razão da estrutura das operações. Em 2001, ano de entrada da Gol, as rotas operadas pela empresa eram de pequena distância, ponto a ponto, com a utilização intensa das aeronaves e pouco tempo de solo.

No entanto, a partir de 2002, o estudo mostra que a Gol começou a se desviar para outro paradigma de baixo custo,[16] associado a outra empresa

15. Patterns of low cost carrier entry: evidence from Brazil. In: LEE, Darin. Op. cit., p. 297-328.

16. A literatura do setor, segundo Alessandro Oliveira, sugere alguns modelos de companhias de baixo custo derivadas da Southwest, permitindo a comparação proposta e o desenvolvimento do mercado. (i) Um modelo alternativo é o da AirTranFrontier, que foca o mercado de negócios usando operações diversificadas que se apoiam em conexões mais convenientes, atendendo mais mercados, com

americana, a Jetblue Airways. A diferenciação do produto quanto à venda eletrônica de passagens e serviços de bordo simplificado continuou, mas a estrutura de rotas da Gol se modificou, com rotas mais longas e com conexões, associando o modelo de baixo custo a aeroportos centrais de conexão.

Essa migração de modelo de baixo custo da Gol permite uma avaliação sugestiva das inovações do mercado pós-desregulação. A intensificação da desregulação permitiu o estabelecimento do modelo de baixo custo na indústria. No entanto, o modelo no Brasil seguiu, invariavelmente, para uma disputa mais efetiva em face das empresas tradicionais.

A explicação parece clara: o cenário macroeconômico instável, a baixa renda *per capita* e, em especial, a concentração de renda impediram a Gol de arriscar ainda mais na diversificação de destinos, criando novas demandas e ampliando o modelo com uma estrutura de rotas ponto a ponto. Outra restrição específica é a inexistência de aeroportos secundários eficientes em cidades médias. A existência de aeroportos secundários está restrita às principais cidades brasileiras, endossando o cenário de concentração de renda.[17]

Na segunda questão, o modelo de baixo custo da Gol – estimulado ainda mais pela migração para os aeroportos centrais e rotas longas com conexão – deu ensejo a uma reação tarifária significativa das companhias tradicionais, com evidência para as rotas mais curtas, nas quais há um aumento na proporção do número de assentos disponíveis.[18]

---

uma estrutura tarifária mais complexa, chegando a ter uma classe executiva; (ii) um segundo modelo é o da JetBlue, que está vinculado às rotas ponto a ponto mais longas (normalmente mais de 1.500 km); (iii) o terceiro modelo é o da Ryanair, na Europa, que atua em aeroportos periféricos, não congestionados, e com foco exclusivo nos passageiros de turismo. Esse modelo é exatamente oposto ao da Frontier.

17. "Undoubtedly, Brazil's macroeconomic instability, lower per capita income and high wealth concentration can be regarded as major sources of Gol's lack of success in attracting the non-traveling public. Also, the country's high interest rates, which increase the risk of enterprise, probably forced Gol not to venture providing service to new domestic destinations where new demand could be create, but to focus only on already existing routes. Another relevant restriction is the lack of infrastructure for typical LCC operations in other cities than major conurbations in Brazil (suitable secondary airports, for example)" (OLIVEIRA, Alessandro Vinícius Marques de. Patterns of low cost carrier entry: evidence from Brazil. In: LEE, Darin. Op. cit., p. 304).

18. Cf. OLIVEIRA, Alessandro Vinícius Marques de. *Localized competitive advantage and price reactions to entry*: full-service vs. low-cost airlines in the Brazilian market. Documento de Trabalho n. 10, Núcleo de Estudos de Competição e Regula-

No contexto brasileiro, com a caracterização recente do duopólio no mercado doméstico, o funcionamento do modelo de baixo custo é uma experiência ainda mais positiva. O modelo permitiu acirrar a competição no mercado, criando – até agora – uma barreira estrutural para os efeitos nocivos do duopólio. A inovação do *baixo custo* trouxe um importante bem-estar econômico, razão direta da desregulação econômica.

ção do Transporte Aéreo (NECTAR), São José dos Campos, 2005. Disponível em: <www.nectar.ita.br>. Acesso em: 5 ago. 2007.

CAPÍTULO 6

IMPLICAÇÕES CONCORRENCIAIS DO PROCESSO DE DESREGULAÇÃO NO BRASIL

6.1 Avaliação do impacto concorrencial: concentração e competição oligopolística

A desregulação brasileira reviveu o processo americano, com a entrada de novos participantes no período inicial e, posteriormente, com a reconcentração do setor (item 5.1). No caso brasileiro, a maior parte das entrantes ocupou a franja de mercado, não tendo passado a integrar o grupo de companhias nacionais com participação mais significativa no mercado.

É possível caracterizar que o setor viveu duas fases de competição oligopolística: uma antes da desregulação e outra depois. A primeira, entre 1970 e 1980, ficou marcada pelo triunvirato Varig-Cruzeiro, Vasp e Transbrasil. De fato, as "quatro companhias nacionais" se organizavam em três grandes empresas, em razão do grupo empresarial Varig-Cruzeiro. A segunda fase, depois de 2000, foi caracterizada pelo triunvirato TAM, Varig e Gol.

Houve um período de exceção, com as quatro maiores companhias coexistindo, exatamente após a segunda rodada de liberalização, com a concorrência efetiva entre Varig, TAM, Vasp e Transbrasil (1999) e, depois, entre Varig, TAM, Vasp e Gol (2001). As saídas da Transbrasil e da Vasp levaram o setor ao segundo triunvirato e, recentemente, com a crise da Varig, à formação do duopólio TAM-Gol, com a possível contestação efetiva da Azul/Trip. O número de competidores efetivos pode ser visualizado no gráfico a seguir:[1]

Gráfico 13 - Número de competidores efetivos (1/HHI)

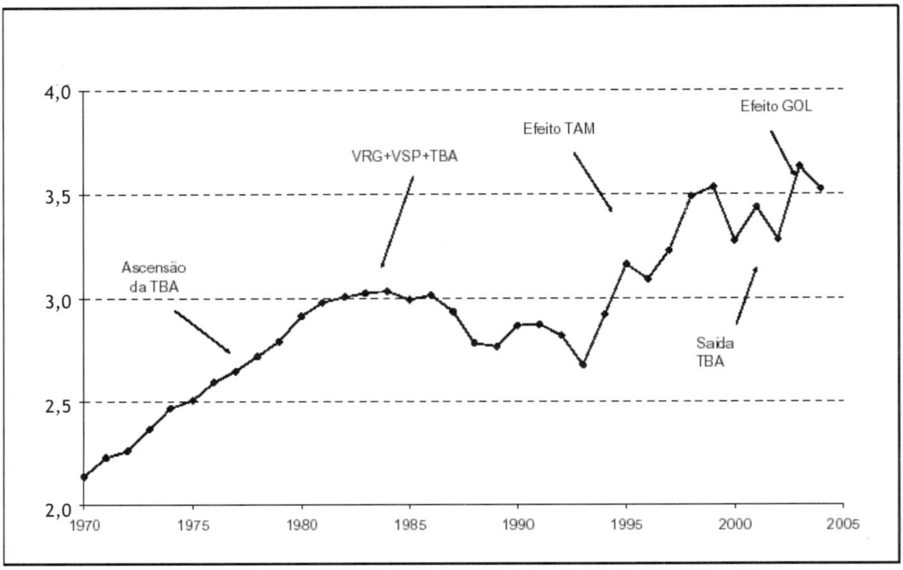

O resultado da desregulação quanto ao número de concorrentes é positivo. De fato, somente depois da segunda fase de liberalização formou-se uma competição efetiva com quatro empresas nacionais. No âmbito doméstico, nunca houve concorrência explícita com quatro grupos de companhias independentes. Além disso, o cenário competitivo deu origem ao *caso Ponte Aérea* de 1999 (item 4.5.2). E isso aconteceu no período pós-desregulação.

Ocorre que a permanência de quatro companhias nacionais foi sensivelmente comprometida pelo impacto do cenário macroeconômico, em especial pelos choques cambiais. O choque cambial de 1999, depois das turbulências de 2001-2002, somando-se a fatores internos e externos (item 4.4.3), levou à derrocada da Transbrasil e da Vasp, concorrentes do passado regulatório. O próprio cenário negativo de 2002, atingindo fortemente a Varig, levou o setor à formação do *code share* TAM/Varig durante o período 2003-2005.

Em 2007, o setor se concentrou ainda mais com a definitiva caracterização do *duopólio* TAM/Gol, em razão da redução da participação da Varig e, re-

1. Fonte: OLIVEIRA, Alessandro Vinícius Marques de. *Performance dos regulados e eficácia do regulador*, cit., p. 19.

centemente, com a aquisição da Varig pela Gol. Nos últimos anos, o diferencial ficou por conta da entrada em operação da Azul e a participação mais efetiva da Avianca, uma dessas características companhias aéreas de franja.

O HHI do setor, em âmbito de companhias nacionais,[2] esteve em torno de 4.500 em 1970, girou em torno de 4.000 a 3.500 entre as décadas de 1970 e 1980 e chegou ao índice mais baixo (inferior a 3.000), revelando uma indústria mais competitiva, entre 1999 a 2001. O HHI atual retorna ao período da década de 1980 em razão do duopólio formado, mas sofreu redução em razão das entrantes mais recentes. De qualquer forma, os processos de concentração já mencionados tendem a elevar novamente o índice.

No entanto, se a desregulação econômica foi em parte decisiva para o crescimento da concorrência, com impacto positivo, o mesmo não se pode dizer de sua interferência para a definição da estrutura atual do setor. A resposta, como se enfatizou, está no cenário macroeconômico.

Portanto, a desregulação econômica não é a vilã do processo de concentração. Fatores macroeconômicos positivos associados a bons projetos domésticos (o que inclui capital inicial e fontes de financiamento, como é o caso da Azul) podem devolver ao setor quatro companhias nacionais competitivas, por exemplo. Há mercado potencial para isso. A liberdade econômica, com controle concorrencial, só ajudaria na constituição desse ambiente competitivo.

6.2 Aspectos dos aeroportos centrais no Brasil: a concentração em São Paulo e em Brasília

A ideia aqui já foi parcialmente explorada em item introdutório do trabalho (item 1.3). O desenvolvimento do sistema centro–raio no Brasil, a par dos aspectos positivos (item 3.3), acarretou problemas adicionais no Brasil. A desregulação econômica - somando-se à inovação centro–raio - estimulou as companhias a concentrarem o tráfego aéreo em aeroportos centrais estrategicamente localizados para a dispersão da malha.

No entanto, a localização geográfica, embora muito importante, não foi o único critério para a escolha dos aeroportos de conexão. No Brasil, concentração de renda talvez tenha sido um aspecto ainda mais essencial. Daí, naturalmente, a concentração do tráfego aéreo em São Paulo, no aeroporto de Congonhas, estabelecendo a conexão Sul/Nordeste/Centro-oeste, e também em Brasília, com as conexões Norte/Nordeste.

2. Nos EUA o índice é de 0,0942, conforme cálculos próprios a partir de dados disponíveis no sítio <www.transtat.gov>.

Nosso problema adicional é muito complexo. Ainda que o setor aéreo americano tenha significativos problemas de tráfego aéreo congestionado, tal o volume de tráfego, a malha aérea está dispersa pelo território americano, com aeroportos de conexão localizados em pontos diferentes do Meio-leste e Meio-oeste (em cidades como Chicago, Atlanta, Miami, Houston, Dallas etc.), estabelecendo a ligação entre as costas leste e oeste.

O cenário de dispersão da localização de *hubs* está intimamente vinculado à dispersão da renda, possibilitando o funcionamento de aeroportos em cidades que geram sozinhas importante tráfego adicional. As vantagens dos *hubs* ficam patentes não só pelo efeito multiplicador das conexões, mas também pelo tráfego adicional gerado nas cidades onde os aeroportos estão localizados. Os exemplos significativos desse argumento são os aeroportos de Atlanta e Chicago, nos Estados Unidos. Os dois principais aeroportos americanos em tráfego aéreo estão localizados em cidades que são polos industriais/comerciais muito importantes.

No caso brasileiro, a localização de aeroportos centrais leva consigo a má concentração de renda do País. Por isso, a escolha de São Paulo, centro industrial/negocial, e Brasília, centro político. O aeroporto de Congonhas potencializa o efeito concentrador, na dinâmica do setor, por ser um aeroporto localizado na área urbana da capital paulista, agregando a comodidade de acesso.

É ilustrativo que na política do setor, conduzida recentemente pelo DAC/Infraero, aeroportos urbanos de outras cidades importantes, como Rio de Janeiro (Santos Dumont) e Belo Horizonte (Pampulha), tenham sido desconcentrados em favor dos aeroportos com capacidade outrora ociosa localizados nas regiões metropolitanas dessas cidades – Galeão e Confins.

Em São Paulo deu-se exatamente o oposto, com a intensificação do tráfego em Congonhas.

Deve-se levar em consideração que o aeroporto de Guarulhos já está perto de sua capacidade nominal/ano, criando dificuldades para tal desconcentração. Mas o funcionamento do aeroporto de Congonhas como *hub* nacional foi o estímulo indispensável para a não desconcentração.

A concentração do tráfego acima dos limites de capacidade do aeroporto traz – além dos problemas específicos de segurança em Congonhas – inevitáveis gargalos para a dispersão da malha, com atrasos frequentes, gerando efeito cascata, *overbooking*, extravio de bagagens etc. O saldo positivo do sistema centro–raio, em grande parte centralizado na redução tarifária e na frequência dos voos, sofre bastante quando seus efeitos negativos – antes problemas importantes mas residuais – são potencializados.

Em um ponto extremo, de atrasos generalizados, com colapso permanente, quase todos os benefícios do sistema centro–raio se perdem. Há aqui, por via transversa, uma tragédia dos comuns que afeta sobremaneira o bem-estar econômico de todos os participantes do setor.

No processo de concentração excessiva, há também severas implicações concorrenciais. Outro efeito negativo do sistema centro–raio, que é a constituição do poder de mercado para as companhias dominantes dos aeroportos de conexão, naturalmente cresce com a centralização em um só aeroporto. O acesso aos elementos de infraestrutura se torna ainda mais disputado, com visível ação restritiva das empresas dominantes.

Portanto, a tarefa de solucionar tal concentração no caso brasileiro é muito árdua. Ultrapassando a discussão sobre segurança, eventual desconcentração não pode estar dissociada do poder aquisitivo. No Brasil, a demanda aérea está vinculada à renda, sendo muito sensível a esse fator. O importante estímulo da aviação regional não deve retornar intensamente ao passado regulatório, o que equivale a dizer que a instituição de suplementos/adicionais tarifários pode gerar, no decorrer do tempo, efetiva distorção no setor. Assim, os efeitos prejudiciais podem superar os benefícios. Mecanismos de mercado podem se revelar mais benéficos.

Além disso, a redefinição da malha aérea, desconcentrando o aeroporto de Congonhas, deve levar em consideração o sistema centro–raio, permitindo que as empresas, no limite da capacidade dos demais aeroportos, continuem a desenvolver o sistema de conexão. Uma aposta contrária, com regressão intensa ao sistema ponto a ponto, levaria o setor a uma perda significativa de bem-estar econômico. Com custos maiores, e diante do contexto de duopólio, uma abrupta redefinição da malha teria negativas implicações concorrenciais.

Levando em consideração o cenário apresentado, o crescimento da demanda, a necessidade de permanência e o incremento da competição no setor, e partindo da comparação norte-americana, serão investigados, nos três itens seguintes, algumas alternativas para os problemas de infraestrutura,[3] assim focalizadas: (i) a expansão de aeroportos, os eventuais problemas decorrentes e a alternativa da estipulação de uma taxa de congestionamento; (ii) a con-

3. Em 2011, a *Folha de S. Paulo* trouxe extensa reportagem, em caderno especial, sobre a urgente iniciativa de investimento em infraestrutura e logística aeroportuária, revivendo o caos aéreo de 2006, cujo sugestivo título era o seguinte: "Fim do vexame aéreo? 2014 virou a data-limite para a modernização aeroportuária adiada por décadas. A aviação civil cresce 12% ao ano no país, e a ampliação de aeroportos precisa ir muito além da Copa". *Folha de S. Paulo*, Especial Aeroportos 2014, 10 jul. 2011.

cessão de aeroportos à iniciativa privada, com estímulo à concorrência entre infraestruturas; (iii) os mecanismos de mercado para alocação de horários de operação de voos.

Será demonstrada, assim, não só uma possibilidade de competição entre os aeroportos, como elemento de desconcentração, mas também a concorrência para acesso aos importantes elementos da infraestrutura.

6.3 Os problemas decorrentes da infraestrutura aeroportuária: a expansão dos aeroportos e a "taxa" de congestionamento

Entre as alternativas possíveis para a solução dos problemas decorrentes da congestionada e escassa infraestrutura aeroportuária está a expansão dos aeroportos. A expansão de aeroportos traz não só a ideia de ampliação da capacidade de aeroportos congestionados, mas também da continuidade do desenvolvimento do sistema de conexão (*hub-and-spoke system*), tratando-se da ampliação de aeroportos centrais.

Naturalmente, a expansão de aeroportos é uma alternativa empregada também nos Estados Unidos, tendo em vista a capacidade disponível/utilizada de importantes aeroportos de conexão no território americano. O que nos mostra o debate nos Estados Unidos é que a simples ideia de expansão, em alguns casos, talvez não seja a melhor resposta para a redução do congestionamento em aeroportos centrais, em uma linha de ponderação em face de outros mecanismos econômicos.

O debate é importante em razão dos problemas de infraestrutura no Brasil, uma vez que a expansão do aeroporto de Guarulhos em São Paulo – que poderia funcionar efetivamente como aeroporto de conexão – é uma das primeiras soluções para o congestionamento da malha aérea. A pergunta central é: quais são as melhores alternativas econômicas para conciliar o crescimento da demanda (em parte resultado da desregulação econômica) e os recursos limitados de infraestrutura?

O trabalho de Jeffrey Cohen e Cletus Coughlin[4] é muito ilustrativo na articulação de mecanismos econômicos na solução do problema proposto. A ideia básica é a seguinte: em determinado aeroporto, a externalidade negativa congestionamento e eventuais soluções para o problema podem ser avaliadas por meio de uma análise de curvas de custo e de benefício marginais. Assim,

4. Cf. COHEN, Jeffrey P.; COUGHLIN, Cletus C. Congestion at airports: the economics of airport expansions. *Federal Reserve Bank of St. Louis Review*, v. 85, n. 3, p. 9-25, May-June 2003.

como se vê do gráfico abaixo,[5] o benefício marginal (MB) de voar cresce à medida que há uma redução do valor das passagens, proporcionando, portanto, maior número de viagens. No entanto, se o custo de oportunidade de viajar cresce em razão do valor da passagem, originam-se aí, em dado momento, externalidades negativas, que são os custos privados e sociais do maior fluxo de passageiros em determinando aeroporto.

No trabalho citado, assume-se que, sendo a infraestrutura limitada, o maior número de passageiros se traduz em maior número de voos, elemento crucial para congestionamentos. Além disso, o maior número de pessoas exerce pressão adicional na utilização de todos os demais elementos de infraestrutura, balcões de atendimento e registro (*check-in*), esteiras de rolagem para bagagens, áreas de embarque e desembarque etc.

Gráfico 14 – Ponto ótimo para a estipulação de uma taxa de congestionamento

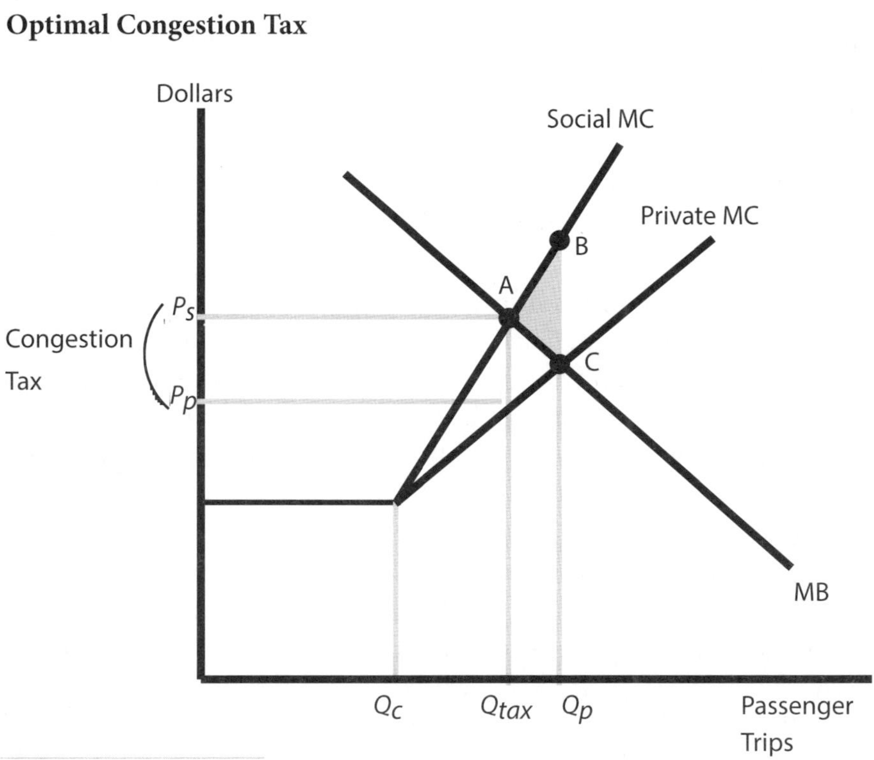

5. Cf. COHEN, Jeffrey P.; COUGHLIN, Cletus C. Congestion at airports: the economics of airport expansions. *Federal Reserve Bank of St. Louis Review*, v. 85, n. 3, p. 11, May-June 2003.

Nessa linha, há um momento (Qc) em que a utilização mais intensa da infraestrutura resulta em congestionamento, com custos privados e sociais. Mas as curvas marginais de custo privado (*private MC*) e social (*social MC*) não seguem a mesma trajetória. Ocorre que há custos que não são internalizados por cada passageiro que utiliza o aeroporto.

Assim, cada passageiro só tem em conta os custos de congestionamento/atrasos inerentes à sua própria viagem (daí as soluções particulares, como chegar mais cedo ao aeroporto, optar por horários fora do pico, escolher outro meio de transporte etc.). De qualquer forma, a maior parte opta por continuar utilizando o transporte aéreo, até o ponto (Qp) em que a curva de benefício marginal intercepta a curva ascendente de custo marginal privado. É o ponto ótimo sob o ponto de vista privado.

No entanto, da conduta privada decorre um custo social não internalizado. Os atrasos individuais, quando tomados coletivamente, geram custos sociais, prejudicando todos os passageiros, o que se reflete na curva de custo marginal social. E, em razão das conexões entre os aeroportos, congestionamentos/atrasos em um aeroporto geram efeitos negativos em outros aeroportos. Uma forma de tratar o problema é levar em conta o custo marginal social, estipular um preço (*congestion tax*)[6] que faça os passageiros internalizarem a diferença entre o custo privado e o custo social, cujo ponto ótimo é traduzido por Qtax, ponto no qual há a interseção da curva de benefício marginal com a de custo marginal social.

O benefício para o aeroporto/sistema é o triângulo ABC, justamente a diferença entre os custos marginal privado em C e marginal social em B. O preço pago para a internalização do custo é refletido na diferença entre Pp e Ps, acarretando, portanto, a redução no número de passageiros e no equilíbrio entre passageiros (utilização da infraestrutura) e o congestionamento socialmente aceitável.

A imposição de um preço pelo congestionamento, no entanto, não é a única solução. Outra solução é justamente a expansão do aeroporto, criando, assim, infraestrutura adicional. O problema aqui reside em saber como irá se comportar o aeroporto após a expansão se a infraestrutura adicional construí-

6. A "taxa de congestionamento" não teria natureza jurídica tributária, uma vez que não funcionaria como espécie de tributo. Na proposta, não há serviço público específico e divisível colocado à disposição dos passageiros. Constitui-se verdadeiramente um "preço público", tal qual o faixa-azul para estacionar, sem as restrições tributárias, como instrumento de regulação econômica de recursos escassos.

da for rapidamente absorvida ou não por novos passageiros. O gráfico a seguir segue a análise anterior:[7]

Gráfico 15 - Custo marginal social e privado antes e depois da expansão aeroportuária

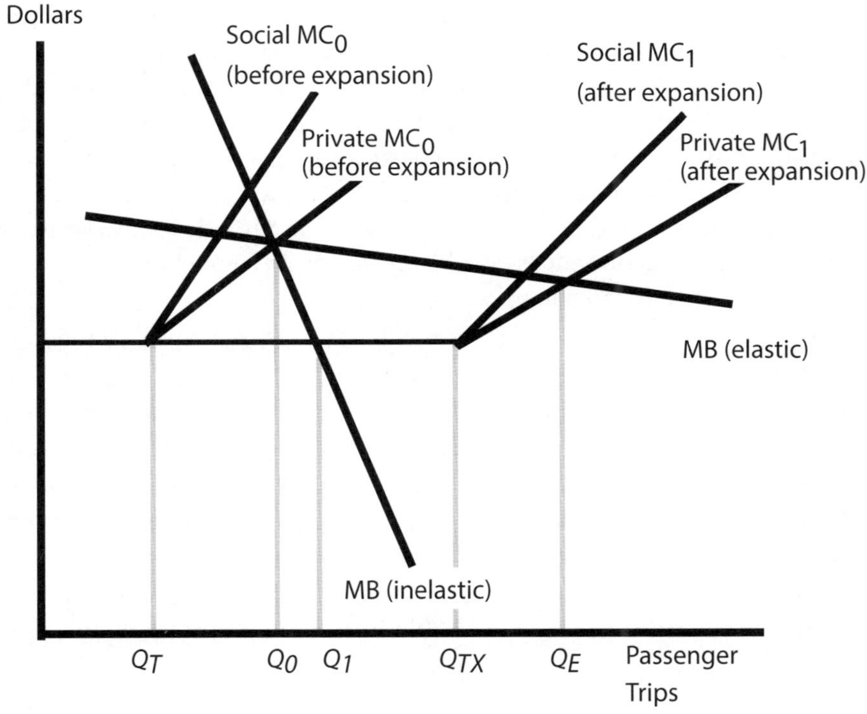

Com a expansão do aeroporto, para aumentar sua capacidade, o ponto de congestionamento passa de Qt para Qtx. E os cenários possíveis se articulam não só com o tamanho da expansão, mas também com a elasticidade da demanda pelo transporte aéreo: (i) se a demanda é relativamente inelástica, a nova demanda criada pela expansão do aeroporto leva o número de passageiros para o ponto Qi, ou seja, antes do ponto de início de congestionamento criado pela expansão do aeroporto; (ii) no entanto, se a demanda é

7. Cf. COHEN, Jeffrey P.; COUGHLIN, Cletus C. Op. cit., p. 12.

relativamente elástica, o congestionamento retornaria depois de algum tempo, traduzindo-se no novo ponto Qe, ainda que com um número muito maior de passageiros transportados.

A elasticidade da demanda está vinculada à resposta dos passageiros ao custo das viagens aéreas, bem como ao aumento geral de renda. Se a resposta é baixa, a demanda é relativamente inelástica, como na hipótese (i). Se a resposta é alta, a demanda é relativamente elástica, como na hipótese (ii).

O estudo pondera, ainda, que outros benefícios e custos são gerados pela expansão de determinado aeroporto: há benefícios específicos para a própria rede de conexão, permitindo novas composições da malha aérea; há benefícios econômicos na região de localização do aeroporto em expansão, agregando novos serviços; e há também custos em decorrência das desapropriações para a expansão e custos ambientais, como a destruição de áreas naturais ou semi-naturais e o ruído adicional criado pelo crescimento do aeroporto. No estudo, propõe-se, assim, um modelo de custo-benefício, procurando mensurar todos eventuais elementos econômicos envolvidos, de forma a concluir qual é a melhor opção pública de ação contra o congestionamento.

Nesse sentido, em uma resposta simplificada, se o problema do congestionamento é mais pronunciado do que as externalidades de conexão, ou seja, se os atrasos ficam restritos a determinado aeroporto, talvez a solução mais efetiva seja a imposição da taxa de congestionamento. Mas, se o congestionamento gera efeitos negativos importantes quanto à conexão dos voos (tratando-se, por exemplo, de um aeroporto central), é possível que a expansão do aeroporto seja a solução mais interessante, com efeitos positivos para todo o sistema.

A análise de custo-benefício permite-nos algumas ideias sobre o caso brasileiro e a eventual expansão de Guarulhos. Contudo, a solução, sob o ponto de vista econômico, é muito complexa.

Por um lado, a expansão do aeroporto de Guarulhos – já atingindo hoje quase a sua capacidade nominal de 17 milhões de passageiros/ano – deve ser rapidamente absorvida pela transferência de voos de outros aeroportos (Congonhas) e pela relativa elasticidade da demanda (suscetível às tarifas e à renda), hoje em elevado crescimento, caindo na hipótese (ii). Por outro lado, a expansão em um aeroporto central é indispensável para melhorar a distribuição do tráfego aéreo, o que geraria um benefício pela redução do congestionamento global.

Por sua vez, levando em consideração a manutenção do sistema centro–raio, a configuração de conexão em um aeroporto central tende a manter as tarifas competitivas, o que pode gerar demanda adicional, antecipando novos congestionamentos.

A estipulação de uma taxa de congestionamento é uma solução possível.[8] No entanto, em um período de demanda em elevação, um *sobrepreço* regulatório de efeito localizado não se revela a melhor resposta. De qualquer forma, a ampliação da infraestrutura requer tempo, perdida que foi a sintonia entre a desregulação econômica e a regulação de infraestrutura. Em uma perspectiva de curto prazo, tal qual a crise energética de 2001, a imposição de um sobrepreço talvez seja uma resposta. Como a demanda é sensível, haveria necessariamente uma retração, o que pode ocorrer também com uma redistribuição da malha. Embora essenciais, tais medidas levarão a uma redução no crescimento do setor (e o comprometimento na ideia de universalidade de passageiros).

A alternativa de expansão/taxa de congestionamento leva-nos também a outra proposta de caráter complementar que se traduz em uma eventual concorrência entre os aeroportos.

6.4 A desregulação da infraestrutura aeroportuária: concorrência entre aeroportos?

Como medida complementar, existe a possibilidade da concorrência entre os aeroportos. Sob a perspectiva jurídico-econômica, tal como estudado no item 4.4.1, não há óbice em que a infraestrutura aeroportuária seja concedida a um particular (art. 21, XII, *c*, da Constituição Federal), de maneira que a iniciativa privada explore a estrutura, observando a regulação técnica/segurança, e tente atrair tráfego para o seu aeroporto, com benefícios da desconcentração da malha aérea. Esta é a linha do atual cenário de concessão dos aeroportos.[9]

8. A imposição da taxa de congestionamento também necessita de uma avaliação de concorrência no aeroporto: "The arguments for congestion pricing made by Morrison and Winston are similar to studies from road-pricing literature discussed by Small (1992), where there are many users of the public infrastructure. But in the case of most airports, many of the airport users (i.e., airlines) have market power, which differs from the road-pricing case. Brueckner (2002a) shows that when an airport is dominated by a single monopolist airline, the congestion effects are completely internalized by the airline, thus providing no role for congestion price. In competitive situations, even when the number of competitors is two, the airlines do not internalize the congestion that they impose on each other. Thus, there would be a role for congestion pricing, where the toll varies inversely with the carrier's flight share" (COHEN, Jeffrey P.; COUGHLIN, Cletus C. Op. cit., p. 22).
9. A discussão sobre a possibilidade de concorrência entre aeroportos também se relaciona com a tentativa de novo desenvolvimento da aviação regional, embora o tema seja bastante polêmico. Veja que o debate está na pauta do Governo Federal:

Ocorre que, geralmente, a infraestrutura aeroportuária é do ente da Federação que emprega recursos em sua construção. Na maior parte dos casos, tal o grau de investimento, a infraestrutura pertence à União ou aos Estados. É possível, portanto, concedê-la a um particular para administração. No contexto, a Infraero funciona só como a empresa pública criada pela União para administrar os aeroportos a ela destinados. Ou seja, é possível uma competição entre particulares e a Infraero.

A concorrência, no entanto, sob a perspectiva econômica, encontra obstáculos importantes. O estudo de Peter Forsyth[10] levanta algumas restrições à competição entre aeroportos:

(i) aeroportos próximos uns dos outros em grandes regiões metropolitanas (como Londres, Paris e New York) tendem a funcionar como oligopólios, limitando a competição;

(ii) há barreiras à entrada e economias de escala, tornando difícil um novo aeroporto competir com aeroportos já existentes;

(iii) excesso de demanda e congestionamento em aeroportos centrais, características que, a princípio, estimulariam a concorrência, não têm se traduzido em elementos competitivos, em função da dificuldade de concorrência entre aeroportos periféricos e aeroportos centrais, segundo o estudo;

(iv) custos perdidos (*sunk costs*) de infraestrutura não impedem a competição mas geralmente a limitam em função do tempo para a recuperação dos custos;

(v) os possíveis ambientes regulatórios a que estão submetidos os diferentes aeroportos podem impedir a competição em função do controle de preços, por exemplo;

(vi) aeroportos subsidiados pelo Estado tendem também a distorcer a competição.

De fato, a concorrência entre grandes infraestruturas é complexa. Segundo Peter Forsyth,[11] a competição é mais efetiva entre aeroportos regionais/periféricos no segmento de passageiros a turismo ou a negócios por companhias de baixo custo. A concorrência entre aeroportos periféricos e centrais

"Plano para aviação regional prevê aeroportos 'grudados'". *Folha de S. Paulo*, 31 dez 2012, A16 Folhainvest.

10. Cf. Airport competition: regulatory issues and policy implications. In: LEE, Darin. *Competition policy and antitrust.* Op. cit., p. 347-368.

11. Airport competition: regulatory issues and policy implications. In: LEE, Darin. Op. cit., p. 353-558.

tende a ser de moderada a fraca, mesmo na disputa por passageiros a turismo. E a concorrência entre aeroportos centrais só ocorre em razão da conexão de voos, sendo fraca com relação aos passageiros de longa distância a negócios e também nas operações das empresas tradicionais.

Embora as alternativas concorrenciais sejam limitadas, há brechas para uma concorrência efetiva em aeroportos específicos da infraestrutura brasileira. A concorrência em aeroportos periféricos não é viável, já que no Brasil eles têm importância muito restrita. Entre aeroportos centrais (como Guarulhos, Galeão e Brasília), o que pode existir é uma tentativa de atrair demanda na forma de competição pelo tráfego de conexão e pelas rotas internacionais, especialmente se houver diferenciação no preço da infraestrutura após os processos de concessão. Nesse sentido, outra competição possível seria, em aeroportos no Nordeste, pelo tráfego internacional, especialmente de passageiros a turismo.

O que se revela viável – tendo em vista a desconcentração do tráfego e a ampliação da demanda – é a competição entre aeroportos centrais e aeroportos periféricos, especialmente na região metropolitana de São Paulo. O principal obstáculo aqui é a eficiente conexão do aeroporto periférico/regional (Viracopos e Jundiaí, por exemplo) com a região central da cidade de São Paulo. Os custos da ligação intermodal são elevados, mas, uma vez ultrapassados (por mecanismos de parceria público-privada), seria possível estimular uma concorrência entre tais aeroportos, em especial por preços diferenciados no uso da infraestrutura por companhias de baixo custo.

Inexistindo óbice legal,[12] indispensável seria formatar um ambiente regulatório sem distorção com subsídios ou controle estatal (itens v e vi), estabelecer contratos de concessão eficientes para a administração dos aeroportos pela iniciativa privada, objetivando compatibilizar custos privados e públicos (itens ii e iv), e, por fim, de novo no ambiente regulatório, criar regras de incentivo

12. Há dois dispositivos específicos da Lei 11.182/2005 que permitem uma flexibilização na administração da infraestrutura aeroportuária. O art. 3.º, inciso II, que estipula: "A ANAC, no exercício de suas competências, deverá observar e implementar orientações, diretrizes e políticas estabelecidas pelo Conselho de Aviação Civil – CONAC, especialmente no que se refere a: o estabelecimento do modelo de concessão de infraestrutura aeroportuária, a ser submetido ao Presidente da República"; e o art. 8.º, inciso XXV: "Cabe à ANAC adotar as medidas necessárias para o atendimento do interesse público e para o desenvolvimento e fomento da aviação civil, da infraestrutura aeronáutica e aeroportuária do País, atuando com independência, legalidade, impessoalidade e publicidade, competindo-lhe: estabelecer o regime tarifário da exploração da infraestrutura aeroportuária, no todo ou em parte".

para a concorrência entre as infraestruturas, com foco na flexibilidade de preços (itens i e iii), monitorando práticas anticompetitivas.

Uma experiência localizada mas importante é o aeroporto de Porto Seguro, na Bahia.[13] O aeroporto pertence ao Estado, mas sua administração foi concedida a uma empresa privada. O aeroporto recebeu investimentos - com a ampliação do terminal e da pista -, atraindo voos internacionais, e duplicou o número de passageiros desde 1999, sendo hoje o mais movimentado do Nordeste fora das capitais. É uma experiência restrita, vinculada fortemente aos passageiros a turismo, mas que pode orientar uma política pública de desregulação pontual da infraestrutura.

Contudo, o sinal mais importante do debate sobre a desregulação de infraestrutura é que a ANAC/Infraero, coordenadas pelo CONAC, desenvolvam iniciativas de mercado na administração dos aeroportos. Por exemplo, é importante mensurar, por mecanismos de preços, os valores atribuídos aos principais elementos da infraestrutura, como os horários de operação de voos. O uso dessa importante infraestrutura varia de aeroporto para aeroporto e nos diferentes horários (*hotrans*). Para estímulo à concorrência, até mesmo na alocação dos *slots*, mecanismos de preços seriam eficientes.

6.5 A alocação de horários de operação de voos (*slots*): novo obstáculo concorrencial

A literatura americana[14] aponta para a correlação existente entre poder de mercado (em razão do domínio pelas companhias tradicionais das facilidades de infraestrutura, como portões de embarque e desembarque, balcões de atendimento e registro e, em especial, os horários de operação de voos e os pares de pouso e decolagem em cada aeroporto) e restrição à concorrência.

Nesse sentido, o estudo de Monica Hartmann[15] salienta que não só o acesso aos horários de operação é importante, mas também às demais facilidades de infraestrutura. O aumento de competitividade só pode ocorrer com o acesso integral à infraestrutura (*airport facilities*). Nesse ponto reside uma das principais críticas das companhias de baixo custo para ingressar no setor.

13. Cf. Cucolo, Eduardo. BA tem o maior aeroporto privatizado do país. *G1 - Portal de Notícias da Globo.* Disponível em: <http://g1.globo.com/Noticias/0,,MUI77861-5599,00.html>. Acesso em: 10 ago. 2007.
14. Cf. Access to aiport facilities: its impact on market competition. In: LEE, Darin. Op. cit., p. 369-384.
15. Idem, ibidem, p. 370-371.

Segundo o estudo, nos Estados Unidos há três tipos diferentes de contratos que estipulam os termos e as condições de uso integral da infraestrutura aeroportuária.

O primeiro contrato é chamado de acordo de compensação (*compensatory agreement*), no qual as companhias só são cobradas pela "infraestrutura" que efetivamente usam. Os aeroportos assumem os riscos de eventual queda na demanda, com reflexos na receita. O segundo contrato é chamado de acordo residual (*residual agreement*), no qual as companhias assumem os riscos da utilização da infraestrutura. Se houver queda na demanda, as companhias aéreas suportam os riscos. O terceiro contrato é um acordo híbrido (*hybrid agreement*), contendo elementos de ambos os contratos anteriores. Aqui tanto as companhias aéreas quanto os aeroportos dividem os riscos do negócio.

O tempo de controle das facilidades de infraestrutura – e a eventual restrição à concorrência – decorre do tipo de contrato firmado. No acordo residual, as companhias assinam contratos longos, em média de 28 anos. Como os riscos correm por conta das empresas aéreas, a maior parte desses contratos incluem ainda uma cláusula de interesse majoritário (*majority-in-interest* – MII), cujos termos permitem às companhias votar contra a ampliação do aeroporto ou a entrada de concorrentes. No acordo compensatório, como o risco é todo assumido pelo aeroporto, os contratos são mais curtos – em média de 17 anos – e a maior parte dos acordos não possui cláusulas de interesse majoritário. O acordo híbrido, com regras intermediárias, tem sido o contrato mais adotado, segundo o estudo.

O aprimoramento desse sistema contratual – cujo exemplo é o contrato híbrido – visa combinar proteção às empresas tradicionais com incentivo à competição. De qualquer forma, contratos tão longos certamente estabelecem significativas barreiras à entrada de novas empresas.

No Brasil, não há o estabelecimento de tais contratos. No passado, como no *caso Panair* (item 4.2.1.1), o sistema funcionava pela indicação estatal, com a regulação econômica abrangendo os detalhes de infraestrutura. No período inicial de desregulação, houve um vazio regulatório quanto ao acesso à infraestrutura. Uma companhia aérea podia ser criada livremente, mas precisava "esperar" brechas disponíveis no uso da infraestrutura para operar em determinado aeroporto ou mesmo para crescer (o plano de malha aérea ficava a depender dessas aberturas). O uso da infraestrutura, então, seguia uma disputa política.

A Resolução 2 da ANAC, de 3 de julho de 2006, procura colocar ordem no acesso a esse importante elemento da infraestrutura, sendo o primeiro normativo a estabelecer critérios de alocação de horários de operação de voos. No item introdutório 1.3, algumas críticas já foram feitas à resolução. A resolução indica um caminho correto, baseado em processo licitatório para alocação dos horários quando disponíveis, mas o processo pode ser aperfeiçoado. E estudos eventuais estão na pauta da ANAC.[16]

Ocorre que, embora a resolução não estabeleça tempo de uso da infraestrutura para cada empresa, tal como o contrato americano, o normativo congelou os horários existentes, atribuindo-os às companhias aéreas já atuantes (art. 37 da Resolução 2). Os *slots* só se tornam disponíveis para novas empresas quando há irregularidade na operação ou desistência de utilização por um período superior a 30 dias (art. 4.º).

A regra tem um viés de proteção importante, mas deveria também contemplar dispositivo para a formação de um grupo de horários disponíveis, como um banco de *slots*, constituindo uma pequena fração dos *slots* alocados. Essa pequena fração funcionaria como estímulo à entrada de novos competidores, quando possível, sem afetar a operação das empresas atuantes (*incumbents firms*). O banco de *slots* poderia ser formado não só com a desistência de *slots*, mas também com outros pares importantes, escolhidos e reservados à licitação para as novas companhias.

A regra de congelamento se torna ainda mais restritiva quando o acesso aos horários disponíveis estabelece um rodízio amplamente favorável às concessionárias já atuantes, 4/5 contra 1/5 para as concessionárias entrantes (art. 3.º da Resolução 2). O incentivo à competição é pequeno.

16. Notícia do sítio da própria ANAC (acesso em: 8 mar 2013) dá conta do seguinte, na linha de alteração da Resolução 2/2006 e em consonância com as diretrizes políticas constantes do "Programa de Investimentos em Logística: Aeroportos" do Governo Federal: "A nova resolução (ainda não vigente) da ANAC traz diversas inovações regulatórias frente à resolução vigente (Resolução n. 2/2006) da Agência. Entre as principais mudanças propostas estão: a inclusão da pontualidade como parâmetro de verificação da eficiência na utilização dos *slots*, o que facilita a retirada dos *slots* mal utilizados e penaliza as empresas que não utilizarem adequadamente a infraestrutura; a possibilidade de definição de parâmetros de regularidade e pontualidade adequados às características de cada aeroporto, o que permite exigências maiores das empresas aéreas em aeroportos mais relevantes, como o Aeroporto de Congonhas, e o estabelecimento de temporadas para o monitoramento da utilização dos *slots* nos aeroportos, de forma a conferir a certeza da penalização pelo uso ineficiente da infraestrutura, com respeito à previsibilidade das operações. Além disso, os critérios utilizados para redistribuição dos *slots* retirados das empresas também serão alterados, de forma a incentivar a entrada de empresas que atualmente não têm acesso ao aeroporto ou daquelas que nele têm operação incipiente e pretendem ampliar sua operação no local".

Outra regra significativa é a possibilidade de troca de *slots* entre as concessionárias mediante a autorização da ANAC, com visíveis benefícios econômicos (art. 38 da Resolução 2). No entanto, a resolução proíbe a comercialização dos *slots*, sob pena de revogação da alocação.

Partindo para a criação de um banco de *slots*, com atribuição de valor a esta facilidade (ou seja, os pares de pouso e decolagem em horários de pico teriam valor superior a horários de baixa demanda, inclusive com repercussão nos preços aeroportuários), a possibilidade da criação de um mercado de *slots* é o passo seguinte.[17]

A proibição, assim, poderia ser repensada. Sem entrave legal,[18] a comercialização de *slots*, sob a monitoração efetiva da ANAC, poderia conferir maior eficiência ao setor, abrindo uma alternativa para a entrada de novas companhias.

Por fim, no sentido do contexto americano, o acesso aos *slots* não é suficiente. As demais facilidades devem estar associadas. Somente o acesso ao conjunto integral de elementos de infraestrutura pode garantir espaço às novas companhias entrantes e aumento de competição no setor.

17. Nesse sentido, cf. SILVA, Leandro Novais e. O mercado de "slots" e a concessão de aeroportos à iniciativa privada: caminhos possíveis para o setor aéreo. *Revista de Literatura de Transportes*, v. 4, n. 1, p. 49-80, 2010.

18. O debate sobre um mercado de *slots* é sabidamente tema polêmico. A própria alienação judicial de *slots* de companhia aérea em recuperação judicial já foi analisado pelo Superior Tribunal de Justiça, com decisão favorável à ANAC e contra a alienação (AgRg na Suspensão de Liminar e de Sentença 1.161/SP, Relator Ministro Presidente do STJ, *DJ* de 14.04.2010), cuja ementa diz o seguinte, revelando um certo ranço regulatório: "A eventual alienação judicial de *slots* juntamente com parte da empresa Pantanal Linhas Aéreas S.A., em recuperação judicial, pode causar grave lesão à ordem e à economia públicas, afetando negativamente a competência da ANAC, a quem cabe gerir o transporte aéreo privado mediante o controle de linhas, horários de decolagem e de pouso, preços de passagens e outros, evitando monopólios e abusos de empresas e sempre preservando os direitos dos usuários do serviço de transporte aéreo".

CAPÍTULO 7

PLANO DE VOO: REFORMAS REGULATÓRIAS PARA O TRANSPORTE AÉREO

7.1 Indicações para uma reconfiguração regulatória: qual universalização?

O ponto retoma a reconfiguração regulatória sugerida no item 4.2.4. A comparação da desregulação norte-americana com o cenário brasileiro nos deixa muitas evidências de que a desregulação econômica foi benéfica para o setor, incluindo aí Estado, companhias aéreas, funcionários, consumidores, maximizando bem-estar econômico (na vertente *welfarista*). O consenso político-econômico constituído para a desregulação se revela hoje muito complexo para um retorno regulatório, na linha da experiência americana.

Há problemas importantes tanto na desregulação econômica como na regulação de infraestrutura que exigem, de fato, uma reconfiguração regulatória. Mas a reconfiguração continua apostando que o cenário de liberdade é o que permite ao setor maiores ganhos, em quantidade e qualidade, de bem-estar econômico. Por óbvio, a regulação técnica/segurança deve continuar rígida e severa.

Embora se tenha detectado uma sinalização rerregulatória (2003), o setor vive, de fato, uma *instabilidade regulatória*, efeito potencializado pela crise da infraestrutura. Normalmente, o contexto de dificuldades e de incertezas indica retorno regulatório. Ainda que o setor exija medidas interventivas circunstanciais, com algum tipo de regulação discricionária, no longo prazo a aposta deveria ser pela manutenção do regime de liberdade econômica.

Nessa linha, uma ideia núcleo da reconfiguração seria a harmonização legal. O texto da Lei 7.565/1986, como analisado no trabalho, é extenso e ultrapassado, distante do novo cenário de funcionamento do transporte aéreo. Além disso, há evidentes conflitos com a Lei 11.182/2005.

A Lei 11.182/2005 mantém a perspectiva de liberdade no setor, o que é positivo. Mas é indispensável uma harmonização legal que crie parâmetros estáveis e conhecidos. Um balizamento legal ajudaria na reforma e na constituição de um corpo regulatório coeso, sobretudo na regulação econômica da rotina do setor.

Do ponto de vista institucional, a criação da ANAC (com os critérios de independência administrativa, autonomia financeira, ausência de subordinação hierárquica e mandato fixo de seus dirigentes), além da coordenação da Secretaria de Aviação Civil da Presidência da República, como aposta de longo prazo, é importante para um contexto de estabilidade e previsibilidade. Mas a estabilidade regulatória só acontece em razão de absoluto rigor técnico e consistência decisória.

Ainda no aspecto institucional, procura-se ainda uma estrutura setorial bem coordenada entre as entidades e órgãos que regulam o setor. A instabilidade regulatória também é resultado da inexistência de coordenação no setor. O painel bem claro de atribuições é este: as políticas e diretrizes essenciais devem ser estabelecidas pelo CONAC e pela SAC/PR; a regulação diária e executiva é papel da ANAC; a Infraero é, tão só, a empresa pública que administra os aeroportos; e ao Ministério da Aeronáutica ainda cabe o comando do controle do espaço aéreo.

Com a clareza dessa estrutura legal e institucional, é possível retomar as cinco indicações para a reconfiguração (des)regulatória. Na linha do trabalho de Alessandro Oliveira,[1] o setor deveria:

(i) manter o *livre acesso*, com a liberdade de entrada e saída no setor, com a observância dos requisitos técnicos e de segurança e regras para reduzir a interrupção no provimento do serviço. A saída de companhias aéreas do setor é positiva, aplicando-se a nova Lei de Falências, de forma a minorar os efeitos negativos de curto prazo. A maior participação do capital estrangeiro é um estímulo importante à maior competitividade;

1. OLIVEIRA, Alessandro Vinícius Marques de. *Performance dos regulados e eficácia do regulador*, cit., p. 36-40.

(ii) garantir a *livre mobilidade*, com a possibilidade de que as empresas certificadas atuem em qualquer mercado, nos limites de capacidade e infraestrutura. Os estudos de viabilidade econômica deveriam ser abolidos, permitindo que as próprias companhias testem novos mercados, ampliando a demanda;

(iii) manter a *liberdade de estratégia*, incluindo não só a liberdade de preços, mas o ajuste de todas as demais variáveis de funcionamento das companhias aéreas, como frequências, conexões, aeronaves e alianças, variáveis sujeitas naturalmente à regulação técnica e à política antitruste;

(iv) definir atribuições para o *controle antitruste*, estabelecendo claramente a articulação institucional entre a ANAC e os órgãos do Sistema Brasileiro de Defesa da Concorrência, com o monitoramento contínuo do setor.

(v) garantir a *eficiência econômica* do acesso às infraestruturas aeroportuárias, incentivando também um processo de flexibilização, com os mecanismos de mercado sugeridos no trabalho, "taxa" de congestionamento, concorrência de aeroportos e aperfeiçoamento da alocação de horários de operação de voos e de outras facilidades de infraestrutura.

As indicações de reconfiguração regulatória, em especial a ideia de aproximação entre a desregulação econômica e a (des)regulação de infraestrutura, move-nos para a política pública possível para o setor. Por isso, a pergunta do item: qual *universalidade* se pode alcançar por meio da reconfiguração regulatória proposta?

A ideia *desejável* é alcançar a *universalidade* no número de passageiros (ampliando-se o número de consumidores) e também a *universalidade* de cidades atendidas pelo transporte (amplia-se a cobertura do sistema). Em parte a ampliação da cobertura quer dizer número maior de passageiros. Mas só em parte. Nos últimos anos, a ampliação do número de consumidores, resultado da desregulação e do crescimento econômico, se fez com o fortalecimento do sistema centro–raio, privilegiando aeroportos centrais. Além disso, a concentração de renda fortaleceu o modelo. Há aqui um visível *trade-off*.

Nessa escolha, uma política pública *desejada*, cumprindo a função social preconizada no art. 170 da Constituição Federal e ancorada na reconfiguração regulatória proposta, é a manutenção dos benefícios advindos da desregulação econômica (continuidade da universalização de passageiros), minorando eventuais custos (congestionamentos, atrasos, poder de mercado etc.), com a paralela reampliação do número de cidades atendidas pelo transporte aéreo (universalidade de cobertura), objetivo a ser atendido essencialmente por meio de mecanismos de mercado.

A política de (des)regulação proposta é a sintonia possível neste *trade-off*, maximizando e distribuindo bem-estar econômico, de maneira a respeitar o modelo teórico apresentado na primeira parte do trabalho.

7.2 Solução de mercado: a aposta na estabilidade no longo prazo

Relembrando a epígrafe do trabalho, citação de Michael Levine,[2] "a escolha é sempre entre *mercados imperfeitos* e *imperfeita regulação*". A desregulação econômica deu origem a um mercado também imperfeito, com muitos problemas, mas, no teste de mais 30 anos nos Estados Unidos e de 20 anos no Brasil, os benefícios superaram os prejuízos.

Existem ainda inúmeras incertezas quanto ao melhor desenho para o setor.[3] A história da desregulação não é a final (item 4.2.4). O que se sabe é que se trata de setor instável, em que choques macroeconômicos têm participação ativa no sucesso da indústria, e que a rentabilidade é pequena, sendo penosa a sobrevivência das companhias aéreas. Além disso, crises pontuais, embora importantes, podem levar facilmente a obscurecer todos os avanços da desregulação econômica. O retorno de uma regulação discricionária é o pior caminho para o setor.

E, ainda assim, todo esse decantado cenário andou melhor com a desregulação econômica. E se o teste foi positivo, a avaliação do passado nos permite defender a solução de mercado como uma aposta de estabilidade no longo prazo.

Se o cenário macroeconômico é naturalmente oscilante e por vezes incontrolável, a política regulatória pode ser controlada e previsível. E a participação da regulação pode ser decisiva na estabilidade do setor.

As sugeridas medidas de reconfiguração regulatória indicam um caminho a trilhar. E se o caminho for o do arranjo institucional, da harmonização legal, prosseguindo consistentemente no ambiente de liberdade econômica, a aposta na estabilidade no longo prazo tem muitas chances de se concretizar.

2. LEVINE, Michael E.. Why weren't the airlines reregulated?, cit., p. 21.
3. Alessandro Oliveira pontua a raridade de estudos sobre a sustentabilidade no longo prazo dos mercados aéreos. Na literatura nacional, tais estudos são inexistentes. (OLIVEIRA, Alessandro Vinícius Marques de. *Performance dos regulados e eficácia do regulador*, cit., p. 33.

CONCLUSÃO

O problema proposto para o trabalho está respondido. E a hipótese levantada foi verificada e testada. Com a pesquisa, o que era intuitivo tornou-se concreto. Nos passos essenciais, a desregulação da aviação doméstica brasileira seguiu a experiência americana. Se não houve efetiva aproximação teórica do modelo americano como motivador da desregulação no Brasil - a flexibilização no Brasil seguiu antes a onda liberal do final dos anos 1980 e começo de 1990 e se deu por meio de rodadas de liberalização -, os resultados do processo, respeitando os contextos econômicos, foram muito semelhantes.

Nesse sentido, é importante enfatizar as principais conclusões e propostas do trabalho:

- Em ambos os países, a desregulação econômica trouxe benefícios significativos para os consumidores, com a redução do preço das passagens, mais que compensando eventuais prejuízos decorrentes do maior número de conexões, do atraso e congestionamentos em aeroportos, do extravio de bagagens, do *overbooking* etc.
- Em ambos os países, a desregulação econômica proporcionou diretamente duas grandes inovações, entre outras: a) o sistema centro-raio, revolucionando a forma de conexão de voos, com a operação em aeroportos centrais; e b) a consolidação do modelo de baixo custo, baixa tarifa, forma de atuação das empresas aéreas estimulada diretamente pela liberalização tarifária.
- Em ambos os países, a desregulação econômica - associada a cenários macroeconômicos positivos - permitiu aumentar significativamente o número de passageiros, colocando sob pressão a infraestrutura aeroportuária. Em especial no Brasil, a falta de sintonia entre a desregulação econômica e a permanência da estrita regulação de infraestrutura, monopolizada pelo Estado, sem plano adequado de investimentos, é a causa principal dos problemas estruturais do setor, com atrasos e congestionamentos generalizados.

- Uma das propostas sugeridas foi a estipulação de uma "taxa de congestionamento". Trata-se de solução jurídico-econômica para que os passageiros internalizem parte dos custos causados pelos congestionamentos, de forma a controlar a demanda. A "taxa" poderia ser utilizada por breves períodos nos aeroportos mais problemáticos. É inegável que a taxa retardaria o crescimento econômico do setor aéreo. No entanto, em períodos de colapso generalizado, a "taxa" poderia ser uma solução temporária, enquanto se espera por opções mais consistentes de expansão aeroportuária.
- Em outra ponta, propõe-se uma efetiva flexibilização dos preços aeroportuários, de forma a permitir também concorrência entre os aeroportos. Não há qualquer impedimento constitucional para que a infraestrutura seja concedida à iniciativa privada para exploração, permitindo concorrência, quando possível, em relação à Infraero. A concorrência entre aeroportos é tema complexo, de difícil concretização, mas a teoria econômica sinaliza que é possível a competição entre aeroportos centrais e periféricos (exemplo do Estado de São Paulo) e também entre os aeroportos centrais (com o deslocamento de tráfego aéreo para o Galeão, no Rio de Janeiro, e Confins, em Belo Horizonte). De qualquer forma, estratégias de mercado, de maneira a conhecer os verdadeiros preços para o uso da infraestrutura aeroportuária, já seriam um passo significativo.
- No enfoque da desregulação de infraestrutura também se propõe o uso de mecanismos de mercado para a alocação de horários de operação de pousos e decolagens nos aeroportos (*slots*). Nesse sentido, a Resolução 2 da ANAC, embora no caminho correto, ainda se revela frágil. É possível criar um mecanismo de *slots* reservados – em pequeno percentual – para novas entrantes no mercado, de forma a incentivar a competição. Além disso, é possível também criar um balcão de *slots*, permitindo, com o controle da ANAC, o mercado de transferência de horários de operação, tornando o sistema mais eficiente sob o ponto de vista econômico.
- Os elementos da desregulação econômica devem permanecer com uma estrutura jurídica ainda mais clara e consistente. Os elementos essenciais são, na linha do trabalho de Alessandro Oliveira: a) a manutenção do *livre acesso*; b) a garantia da *livre mobilidade*; c) a manutenção da *liberdade de estratégia*; d) a definição do *controle antitruste*; e e) a busca da *eficiência econômica* no uso da infraestrutura aeroportuária. Nesse sentido, é indispensável a atualização do CBA criando uma estrutura le-

gal enxuta e transparente do setor. A Lei da ANAC trilha esse caminho, mas não é ainda o marco legal definitivo do setor.

- Por fim, a universalização do serviço aéreo permite perseguir duas políticas públicas não totalmente integradas: a *universalidade de passageiros* e a *universalidade de cidades atendidas*. A desregulação econômica incentivou a concentração em grandes centros, mas com redução dos preços das passagens aéreas, potencializando a demanda. É possível permanecer com tal estrutura, criando, no entanto, por meio de mecanismos de mercado (como a flexibilização tarifária dos aeroportos), estímulos para a revitalização da aviação regional, de forma a perseguir igualmente uma política de integração do país.[4]

Vale ainda salientar que o estudo do caso americano não está associado a nenhum simples transplante de ideias para o mercado aéreo brasileiro. Como se deixou enfatizar ao longo do trabalho, há total desproporção nos mercados aéreos estudados. Há, por óbvio, peculiaridades em cada país e gritantes distinções entre os mercados. No entanto, há uma essência de funcionamento que pode ser pesquisada, e esse foi o objetivo primordial do trabalho.

O componente teórico da Análise Econômica do Direito, na linha *welfarista* de maximização do bem-estar, permitiu-nos o balizamento dos sucessos e fracassos da desregulação. Em uma avaliação de custo-benefício, comparando a desregulação americana e a brasileira, comprovou-se que ambos os processos proporcionaram resultados líquidos positivos.

Nos estudos de regulação e de concorrência, matérias núcleos do Direito Econômico contemporâneo, a ótica da Análise Econômica do Direito, tal como exposta, favorece a compreensão de como a estrutura legal condiciona o mercado e de como o mercado provoca e impõe alterações no ambiente legal.

A história da desregulação e da concorrência nos mercados domésticos de aviação nos Estados Unidos e no Brasil é a história do caminho trilhado entre direito de um lado e a economia do outro, e da interface entre um e outro. Somente a boa compreensão desse processo de simultânea influência nos permitiu apresentar algumas propostas para o setor no Brasil. Não há certeza de sucesso das medidas, como não havia no início da desregulação. No entanto,

4. As ideias de universalização do serviço aéreo também são discutidas em OLIVEIRA, Alessandro Vinícius Marques de. *Regulação de oferta no transporte aéreo*: do comportamento de operadores em mercados liberalizados aos atritos que emergem da interface público-privado. Documento de Trabalho n. 24, Núcleo de Estudos de Competição e Regulação e do Transporte Aéreo (NECTAR). São José dos Campos, 2006. Disponível em: <nectar.ita.br>. Acesso em: 24 set. 2007.

o laboratório de pesquisa é hoje mais consistente do que no passado. Esta é a nossa única garantia.

O mercado brasileiro passa por uma brutal transformação. Há a saída de companhias importantes, a entrada de novos atores e a recente onda de concentração. Há o choque entre a desregulação econômica e a regulação de infraestrutura, causa essencial da dificuldade atual do setor. Não se sabe o caminho que a indústria aérea trilhará.

No entanto, a resposta do trabalho, com base no modelo americano e na perspectiva da Análise Econômica do Direito, é que o ambiente de liberdade econômica e de concorrência é, entre os possíveis, o melhor cenário para o setor. A aposta científica está feita.

BIBLIOGRAFIA

AGÊNCIA EFE. *UE ratifica acordo de "céus abertos" com os Estados Unidos*. Disponível em: <http://noticias.uol.com.br/economia/ultnot/efe/2007/03/22/ult1767u89116.jhtm>. Acesso em: 22 mar. 2007.

AIRLINE MERGERS AND ALLIANCES. *OECD Journal of Competition Law and Policy*, Paris, v. 2, n. 2, p. 127-225, 2000.

AMORA, Dimmi; CRUZ, Valdo. Derrotados criticam modelo do 1.º leilão. *Folha de S. Paulo*, 1.º abr. 2012, Dinheiro, B4.

ANDRADE, Thompson. *Voto do conselheiro-relator*: processo administrativo n. 08012.000677/1999-70, 2004.

ARIDA, Persio. A pesquisa em direito e em economia: em torno da historicidade da norma. *Revista de Direito da GV*, São Paulo, v. 1, n. 1, p. 11-22, maio 2005.

ARISTÓTELES. *Econômicos*: obras completas. São Paulo: Martins Fontes, 2011.

ARROW, Kenneth J. *Social choice and individual values*. New Haven: Cowles Foundation for Research in Economics at Yale University, 1963.

BAILEY, Elizabeth E. Aviation policy: past and present. *Southern Economic Journal*, n. 69, p. 12-20, 2002.

BAILEY, Elizabeth E.; GRAHAM, David R.; KAPLAN, Daniel R. *Deregulating the airlines*. Cambridge: The MIT Press, 1985.

BALDWIN, Robert et al. *A reader on regulation*. Oxford: Oxford University Press, 1998.

BARBOSA, Mariana. Gol põe fim à marca Webjet e demite 850 funcionários. *Folha de S. Paulo*. Mercado, B9, 24 nov. 2012.

BECKER, Gary S. *The economic approach to human behavior*. Chicago: University of Chicago Press, 1978.

BETTINI, Humberto F.; OLIVEIRA, Alessandro Vinícius Marques de. Caso: Azul Linhas Aéreas. *GV Executivo*, v. 8, p. 36-40, 2009.

BETTINI, Humberto F.; OLIVEIRA, Alessandro Vinícius Marques de. Transporte aéreo regional: entre economias de densidade e custos de transação. *Revista de Literatura de Transportes*, v. 5, n. 4, p. 171-187, 2011.

BNDES. Aspectos de competitividade do setor aéreo (Modal Aéreo II). *Informe Infra-Estrutura*, Rio de Janeiro, n. 42, p. 1-8, mar. 2001.

_____. Aspectos de competitividade do setor aéreo (Modal Aéreo III). *Informe Infra-Estrutura*, Rio de Janeiro, n. 46, p. 1-8, ago. 2001.

_____. Aspectos de competitividade do setor aéreo (Modal Aéreo IV). *Informe Infra-Estrutura*, Rio de Janeiro, n. 50, p. 1-9, nov. 2001.

BOLOGNA, Marco Antônio. *Roda Viva*. São Paulo, nov. 2006. Entrevista.

BORENSTEIN, Severin. Airline mergers, airport dominance, and market power. *American Economic Review Papers and Proceedings*, n. 80, p. 400--404, 1990.

_____. *Hub dominance and pricing*: testimony before the transportation research board, 21 Jan. 1999. Disponível em: <http://faculty.haas.berkeley.edu/borenste/trb99.pdf>.

_____. Hubs and high fares: dominance and market power in the U.S. airline industry. *The Rand Journal of Economics*, v. 20, n. 3, p. 344-365, 1989.

_____. The evolution of U.S. airline competition. *The Journal of Economic Perspectives*, v. 6, n. 2, p. 45-73, Spring 1992.

BORENSTEIN, Severin; ROSE, Nancy. How airline markets work, or do they?: regulatory reform in the airline industry? *Preliminary Draft*. Disponível em: <www.kellogg.northwestern.edu/mgmtstrategy/deptinfo/seminars/borenstein110806.pdf>. Acesso em: 15 jan. 2007.

BORK, Robert. *The antitrust paradox*: a policy at war with itself. New York: Free Press, 1993.

BRASÍLIA. Secretaria de Acompanhamento Econômico do Ministério da Fazenda. Parecer n. 06058/2002/DF. Brasília, 10 de outubro de 2002.

_____. Secretaria de Acompanhamento Econômico do Ministério da Fazenda. Parecer n. 200/2002/COGDC/SEAE/MF. Brasília, 21 de outubro de 2002.

_____. Secretaria de Acompanhamento Econômico do Ministério da Fazenda. Parecer n. 363/2001/MF/SEAE/COGDF-DF. Brasília, 11 de setembro de 2001.

BREYER, Stephen. *Breaking the vicious circle*: toward effective risk regulation. Cambridge: Harvard University Press, 1993.

_____. *Economic reasoning and judicial review*. Washington, DC: AEI – Brookings Joint Center for Regulatory Studies, 2003.

_____. *Regulation and its reform*. Cambridge: Harvard University Press, 1982.

BUCHANAN, James McGill; TULLOCK, Gordon. *The calculus of consent*: logical foundations of constitutional democracy. Indianapolis: Liberty Fund, 1999. v. 3 (col. The Collected Works of James M. Buchanan).

CALABRESI, Guido. Some thoughts on risk distribution and the law of torts. *Yale Law Journal*, v. 70, n. 4, p. 499-553, March 1961.

CASTRO, Newton; LAMY, Philippe. *Desregulamentação do setor transporte*: o subsetor transporte aéreo de passageiros. Brasília: IPEA, Texto para Discussão n. 319, out. 1993.

CHIASSONI, Pierluigi. *Law and economics*: l'analisi economica del diritto negli Stati Uniti. Torino: Giappichelli, 1992.

CHINAGLIA. Olavo Zago. *Voto do conselheiro-relator*. Ato de Concentração n. 08012.009497/2010-84.

COASE, Ronald. The federal communications commission. *Journal of Law and Economics*, v. 2, p. 1-40, 1959.

_____. The problem of social cost. *Journal of Law and Economics*, v. 3, p. 1-44, 1960.

COELHO, Cristiane de Oliveira. A análise econômica do direito enquanto ciência: uma explicação de seu êxito sob a perspectiva da história do pensamento econômico. *Berkeley Program in Law & Economics*. Berkeley: Latin American and Caribbean Law and Economics Association (ALACDE), annual papers, 2007.

COHEN, Jeffrey P.; COUGHLIN, Cletus C. Congestion at airports: the economics of airport expansions. *Federal Reserve Bank of St. Louis Review*, v. 85, n. 3, p. 9-25, May-June 2003.

COOTER, Robert; ULEN, Thomas. *Law & economics*. Addison Wesley: Longman, 2005.

CUCOLO, Eduardo. BA tem o maior aeroporto privatizado do país. *G1 - Portal de Notícias da Globo*. Disponível em: <http://g1.globo.com/Noticias/0,,MUI77861-5599,00.html>. Acesso em: 10 ago. 2007.

DANTAS, Iuri. Cartel ataca também nos pequenos negócios. *Folha de S. Paulo*. Dinheiro, B4, 11 mar. 2007.

DAWKINS, Richard. *O gene egoísta*. Belo Horizonte: Ed. Itatiaia, 2001.

DEMPSEY, Paul Stephen. *A crise financeira da aviação comercial*. Palestra na Amcham de Belo Horizonte em 21 mar. 2007. Institute of Air & Space Law, McGill University (arquivo em PowerPoint).

DEMSETZ, H. Why regulate utilities? *Journal of Law and Economics*, v. 11, n. 1, 1968.

DOGANIS, Rigas. *Airlines business*. New York: Routledge, 2005.

_____. *Flying off course:* the economics of international airlines. New York: Routledge, 2002.

DOUGLAS, George W.; MILLER III, James C. The CAB's domestic passenger fare investigation. *The Bell Journal of Economics and Management Science*, v. 5, n. 1, p. 205-222, Spring 1974.

DUPAS, Gilberto. *O mito do progresso*. São Paulo: Ed. Unesp, 2006.

DUPONT-ELLERAY, Michel. La politique communautaire de l'aviation civile, de la libéralisation du transport aérien au ciel unique européen. *Revue Française de Droit Aérien*, Paris, n. 4, p. 351-373, 2004.

DWORKIN, Ronald. *A virtude soberana:* a teoria e a prática da igualdade. São Paulo: Martins Fontes, 2005.

_____. Is wealth a value? *Journal of Legal Studies*, v. 9, n. 2, p. 191-226, March 1980.

_____. Why efficiency? A response to professors Calabresi and Posner. *Hofstra Law Review*, v. 8, p. 563-590, 1980.

ESPÍRITO SANTO JR., Respicio Antônio do; CORREIA, Fábio Cardoso. O capital estrangeiro nas empresas aéreas brasileiras. *Revista de Informação Legislativa*, Brasília, ano 43, n. 171, p. 233-257, jul.-set. 2006.

FARIA, José Eduardo. Política industrial e direito antitruste: a experiência brasileira e seu sentido atual. *Revista de Direito Público da Economia – RDPE*, Belo Horizonte, ano 10, n. 37, p. 109-149, jan.-mar. 2012.

FARINA, Elizabeth Maria Mercier Querido. *Voto-vista do conselheiro*. Processo administrativo n. 08012.000677/1999-70, 2004.

FERREIRA, Natália Santos; OLIVEIRA, Alessandro Vinícius Marques de. *Discussão das abordagens teóricas na investigação de práticas de concorrência predatória no transporte aéreo*. Documento de Trabalho n. 20, Núcleo de Estudos de Competição e Regulação do Transporte Aéreo (NECTAR), São José dos Campos, 2006. Disponível em: <www.nectar.ita.br>. Acesso em: 24 set. 2007.

FLORENZANO, Vincenzo Demetrio. *Sistema financeiro e responsabilidade social:* uma proposta de regulação fundada na teoria da justiça e na análise econômica do direito. São Paulo: Textonovo, 2004.

FOLHA DE S. PAULO. Disputa sem rota, Editoriais, A2, 24 jun. 2006.

FONSECA, João Bosco Leopoldino da. *Direito econômico*. Rio de Janeiro: Forense, 2005.

_____. *Lei de proteção da concorrência*. Rio de Janeiro: Forense, 2007.

FORGIONI, Paula A. *Os fundamentos do antitruste*. São Paulo: Ed. Revista dos Tribunais, 2005.

FRIED, Charles. *Modern liberty and the limits of government*. New York: W.W. Norton & Company, 2007.

FRIEDMAN, Milton. *The methodology of positive economics*: essays in positive economics. Chicago: University of Chicago Press, 1953.

FRIEDMAN, Thomas L. *The world is flat*: a brief history of the twenty-first century. New York: Farrar, Straus e Giroux, 2005.

FUTURE TRAVELLER TRIBES. *Report for travel industry*: Henley Centre HeadlightVision in partnership with Amadeus. Disponível em: <www.amadeus.com/travellertribes>. Acesso em: 18 mar. 2007.

GIACOMUZZI, José Guilherme. As raízes do realismo americano: breve esboço acerca de dicotomias, ideologia, e pureza no direito dos USA. *Revista de Direito Administrativo*, v. 239, p. 359-388, jan.-mar. 2005.

GIAMBIAGI, Fábio. *Brasil – raízes do atraso*: paternalismo *versus* produtividade. Rio de Janeiro: Elsevier, 2007.

GIANNETTI, Eduardo. *O valor do amanhã*. São Paulo: Companhia das Letras, 2005.

GIANNETTI DA FONSECA, Eduardo. *Vícios privados, benefícios públicos?* A ética na riqueza das nações. São Paulo: Companhia das Letras, 1993.

GOLDBERG, Daniel. *Poder de compra e política antitruste*. São Paulo: Singular, 2006.

GONÇALVES DA SILVA, Marcos Fernandes. *Ética e economia*: impactos na política, no direito e nas organizações. Rio de Janeiro: Elsevier, 2007.

GONENC, Rauf; NICOLETTI, Giuseppe. *Regulation, market structure and performance in air passenger transportation*. OECD Economics Department Working Papers, n. 254, 2000.

GOWRISANKARAN, Gautam. Competition and regulation in the airline industry. *FRBSF Economic Letter*, San Francisco, n. 2002-2001, Jan. 18th 2002.

GUIMARÃES, Eduardo Augusto; SALGADO, Lucia Helena. *A regulação do mercado de aviação civil no Brasil*. Rio de Janeiro: IPEA (Notas Técnicas 2), página inicial e final, out. 2003.

HAHN, Robert W. (ed.). *High-stakes antitrust*: the last hurrah. Washington, DC: AEI – Brookings Joint Center for Regulatory Studies, 2003.

_____. *In defense of the economic analysis of regulation*. Washington, DC: AEI – Brookings Joint Center for Regulatory Studies, 2005.

HANDLER, Milton et al. *Trade regulation*. New York: The Foundation Press, 1997.

HARDIN, Garret. The tragedy of the commons. *Science*, v. 162, p. 1.243-1.248, Dec. 1968.

HAUSMAN, Daniel; McPHERSON, Michael. *Economic analysis, moral philosophy and public police*. New York: Cambridge University Press, 2006.

HEAP, Shaun Hargreaves et al. *The theory of choice*: a critical guide. Oxford: Blackwell Publishers, 1994.

HOBSBAWN, Eric. *Sobre história*. São Paulo: Companhia das Letras, 2005. v. I e II.

HOFFMAN, Paul. *Asas da loucura*: a extraordinária vida de Santos-Dumont. Rio de Janeiro: Objetiva, 2004.

HORWITZ, Morton J. *The transformation of American law*: 1780-1860. Massachusetts: Harvard University Press, 1977.

_____. *The transformation of American law*: 1780-1860. *The transformation of American law*: 1870-1960 (the crisis of legal orthodoxy). New York: Oxford University Press, 1977.

HOVENKAMP, Herbert. *Federal antitrust policy*: the law of competition and its practice. Iowa: Thomson West, 1994.

HUNT, E. K. *História do pensamento econômico*: uma perspectiva crítica. Rio de Janeiro: Elsevier, 2005.

JORDAN, William A. *Airline regulation in America*: effects and imperfections. Baltimore: John Hopkins Press, 1970.

KAHN, Alfred. E. *Lessons from deregulation*: telecommunications and airlines after the crunch. Washington, DC: AEI – Brookings Joint Center for Regulatory Studies, 2004.

_____. Surprises of airline deregulation. *The American Economic Review*, v. 78, n. 2, p. 316-322, May 1988.

_____. *The economics of regulation*: principles and institutions. Cambridge: The MIT Press, 1988.

KAPLOW, Louis; SHAVELL, Steven. Fairness versus welfare: notes on the Pareto principle, preferences, and the distributive justice. *National Bureau of Economic Research*. Working paper, n. 9.622, Apr. 2003. Disponível em: <http://www.nber.org/papers/w9622>. Acesso em: 23 jan. 2007.

KOMESAR, Neil K. *Imperfect alternatives*: choosing institutions in law, economics, and public policy. Chicago: University of Chicago Press, 1997.

KUTTNER, Robert. *Tudo à venda*: as virtudes e os limites do mercado. São Paulo: Companhia das Letras, 1998.

LAYARD, Richard. *Happiness*: lessons from a new science. New York: Penguin, 2005.

LEE, Darin. *Competition policy and antitrust*: advances in airline economics. Oxford: Elsevier, 2006.

LEVI, Edward H. *An introduction to legal reasoning*. Chicago: University of Chicago Press, 1949.

LEVINE, Michael E. Is regulation necessary? California air transportation and national regulatory policy? *The Yale Law Journal*, v. 74, n. 8, p. 1.416-1.447, jul. 1965.

_____. Regulation capture. *New Palgrave Dictionary of Economics and the Law*. v. 3, p. 267-271.

_____. Why weren't the airlines reregulated? *New York University Law and Economics Working Papers*, paper 54, 2006.

LIMA LOPES, José Reinaldo de. Raciocínio jurídico e economia. *Revista de Direito Público da Economia*, Belo Horizonte, n. 8, p. 137-170, out.-dez. 2004.

LINHARES, Juliana; DE MARTINO, Victor. A tortura do apagão aéreo. *Veja*, Brasil, p. 54-58, 28 mar. 2007.

MADISON, James; HAMILTON, Alexander; JAY, John. *Os artigos federalistas*. Rio de Janeiro: Nova Fronteira, 1993.

MANDEVILLE, Bernard. *La fábula de las abejas*: o los vicios privados hacen la prosperidad pública. México: Fondo de Cultura Económica, 2001.

MANKIW, N. Gregory. *Introdução à economia*: edição compacta. São Paulo: Pioneira/Thompson Learning, 2005.

MATTOS, Paulo et al. (org.). *Regulação econômica e democracia*: o debate norte-americano. São Paulo: Ed. 34, 2004.

McCRAW, Thomas K. *Prophet of innovation*: Joseph Schumpeter and creative destruction. New York: Belknap Press, 2007.

_____. *Prophets of regulation*. New York: Belknap Press, 1984.

McMAHON, Darin M. *Felicidade*: uma história. São Paulo: Globo, 2006.

MERCADO PACHECO, Pedro. *El análisis económico del derecho*: una reconstrucción teórica. Madri: Centro de Estudios Constitucionales, 1994.

MERCURO, Nicholas; MEDEMA; Steven G. *Economics and the law:* from Posner to Post-Modernism. New Jersey: Princeton University Press, 1999.

MINISTÈRE DE L'ÉCONOMIE ET DES FINANCES. *Libéralisation et régulation*: le transport aérien, n. 76, 1er au 15 Déc. 1995.

MORRISON, Steven et al. Causes and consequences of airline fare wars. *Brookings Papers on Economic Activity - Microeconomics*, v. 1996, p. 85-131, 1996.

MORRISON, Steven; WINSTON, Clifford. *The evolution of the airline industry.* Washington, DC: AEI - Brookings Joint Center for Regulatory Studies, 1995.

NECTAR. *Estudos de competição e regulação do transporte aéreo*. São José dos Campos, 2006. Disponível em: <www.nectar.ita.br>. Acesso em: 24 set. 2007.

NUSDEO, Ana Maria de Oliveira. *Defesa da concorrência e globalização econômica*: o controle da concentração de empresas. São Paulo: Malheiros, 2002.

OECD. Competition policy and international airport services. *OECD Journal of Competition Law and Policy*, Paris, v. 2, n. 2, p. 227-262, 2000.

OLIVEIRA, Alessandro. Caos aéreo. *O Estado de S. Paulo*. Espaço Aberto, A2, 6 jul. 2007.

OLIVEIRA, Alessandro Vinícius Marques de. *An empirical model of low cost carrier entry*: the entry patterns of Gol Airlines. Documento de Trabalho n. 2, Núcleo de Estudos de Competição e Regulação do Transporte Aéreo (NECTAR), São José dos Campos, 2005. Disponível em: <www.nectar.ita.br>. Acesso em: 5 ago. 2007.

______. *Liberalização econômica e universalização do acesso no transporte aéreo*: é possível conciliar livre mercado com metas sociais e ainda evitar gargalos de infraestrutura. Documento de Trabalho n. 14, Núcleo de Estudos de Competição e Regulação do Transporte Aéreo (NECTAR), São José dos Campos, 2006. Disponível em: <www.nectar.ita.br>. Acesso em: 5 ago. 2007.

______. *Localized competitive advantage and price reactions to entry*: full-service vs. low-cost airlines in the Brazilian market. Documento de Trabalho n. 10, Núcleo de Estudos de Competição e Regulação do Transporte Aéreo (NECTAR), São José dos Campos, 2005. Disponível em: <www.nectar.ita.br>. Acesso em: 5 ago. 2007.

_____. *Performance dos regulados e eficácia do regulador*: uma avaliação das políticas regulatórias do transporte aéreo e dos desafios para o futuro. Documento de Trabalho n. 7, Núcleo de Estudos de Competição e Regulação do Transporte Aéreo (NECTAR), São José dos Campos, 2005. Disponível em: <www.nectar.ita.br>. Acesso em: 5 ago. 2007.

_____. *Regulação de oferta no transporte aéreo*: do comportamento de operadores em mercados liberalizados aos atritos que emergem da interface público-privado. Documento de Trabalho n. 24, Núcleo de Estudos de Competição e Regulação do Transporte Aéreo (NECTAR), São José dos Campos, 2006. Disponível em: <www.nectar.ita.br>. Acesso em: 24 set. 2007.

OLIVEIRA, Alessandro Vinícius Marques de; SALGADO E SILVA, Lucia Helena. *Reforma regulatória e bem-estar no transporte aéreo brasileiro*: e se a flexibilização dos anos 1990 não tivesse ocorrido? Documento de Trabalho n. 13, Núcleo de Estudos de Competição e Regulação do Transporte Aéreo (NECTAR), São José dos Campos, 2006. Disponível em: <www.nectar.ita.br>. Acesso em: 5 ago. 2007.

OLIVEIRA, Nythamar de. *Rawls*. Rio de Janeiro: Zahar, 2003.

OSSE, José Sergio. Delta Airlines sai de concordata após 19 meses e cortes de US$ 3 bilhões. *Valor Econômico*, 30 abr. 2007. Disponível em: <http://noticias.uol.com.br/economia/ultnot/valor/2007/04/30/ult1913u68432.jhtm>.

OSTROM, Elinor. *Governing the commons:* the evolution of institution for collective action. New York: Cambridge University Press, 1991.

PANZAR, John C. Regulation, deregulation and economic efficiency: the case of the CAB. *The American Economic Review*, v. 70, n. 2, p. 311-316, May 1980.

PASIN, Jorge Antônio Bozoti; LACERDA, Sander Magalhães. A reestruturação do setor aéreo e as alternativas de política para a aviação comercial no Brasil. *Revista do BNDES*, Rio de Janeiro, v. 10, n. 19, p. 217-240, jun. 2003.

PAULANI, Leda. *Modernidade e discurso econômico*. São Paulo: Boitempo, 2005.

PELTZMAN, Sam; WINSTON, Clifford (ed.). *Deregulation of network industries*: what's next? Washington, DC: AEI – Brookings Joint Center for Regulatory Studies, 2000.

PESSOA, Fernando. *A economia em pessoa*: verbetes contemporâneos. Organização, prefácio e notas de Gustavo H. B. Franco. Rio de Janeiro: Reler, 2006.

PFEIFFER, Roberto Augusto Castellanos. *Voto-vista do conselheiro*. Processo administrativo n. 08012.000677/1999-70, 2004.

PINDYCK, Robert S.; RUBINFELD, Daniel L. *Microeconomia*. 4. ed. São Paulo: Makron Books, 1999.

PINHEIRO, Armando Castelar; SADDI, Jairo. *Direito, economia e mercados*. Rio de Janeiro: Elsevier, 2005.

PINTO, Marco Aurélio Cabral; CARPENA, Luciane Costa; MESQUITA, Tatiana Castro. A incerteza no mercado de transporte aéreo norte--americano: o caso da Continental Airlines. *Revista do BNDES*, Rio de Janeiro, v. 13, n. 25, p. 299-341, jun. 2006.

POSNER, Richard A. *Antitrust law:* an economic perspective. Chicago: University of Chicago Press, 1976.

_____. *Economic analysis of law.* Boston: Little, Brown and Company, 1992.

_____. *Economic analysis of law*. 8. ed. Chicago: Aspen Casebook Series, 2011.

_____. *El análisis económico del derecho.* México: Fondo de Cultura Económica, 1998.

_____. Law and economics in common-law, civil law and developing nations. *Ratio Juris*, v. 17, p. 66-79, March. 2004.

_____. Law and economics is moral. *Valparaiso University Law Review*, v. 24, p. 163-173, 1990.

_____. Some uses and abuses of economics in law. *The University of Chicago Law Review*, v. 46, n. 2, p. 281-306, 1979.

_____. Taxation by regulation. *The Bell Journal of Economics and Management Science*, v. 2, n. 1, p. 22-50, Spring 1971.

_____. Utilitarianism, economics and legal theory. *The Journal of Legal Studies*, v. VIII, n. 1, p. 103-140, Jan. 1979.

_____. Wealth maximization revisited. *Journal of Law, Ethics & Public Police*, v. 2, p. 85-105, 1985.

PRADO, Luiz Carlos Thadeu. *Voto-vista do conselheiro*. Processo administrativo n. 08012.000677/1999-70, 2004.

PRADO, Maeli. Busca de lucro reduz cobertura aérea do país. *Folha de S. Paulo*. Dinheiro, B1, 11 fev. 2007.

PRADO, Maeli; LAGE, Janaína.Varig revê drama da Panair 41 anos depois. *Folha de S. Paulo*. Dinheiro, B4, 25 jun. 2006.

PRIETO, Catherine. Les restrictions de concurrence des compagnies aériennes. *Recueil Dalloz Sirey*, Paris, n. 29, p. 2.134-2.138, 2004.

RAGAZZO, Carlos Emmanuel Joppert; MARQUES DA SILVA, Rutelly. "Viaje por R$ 50,00": promoção ou preço predatório? In: MATTOS, César (coord.). *A revolução do antitruste no Brasil*: a teoria econômica aplicada a casos concretos. São Paulo: Singular, 2008. v. 2, p. 525-556.

RAWLS, John. *Teoría de la justicia*. México: Fondo de Cultura Económica, 1997.

ROCHERON, Pierre. L'application du droit communautaire de la concurrence dans le transport aérien. *Revue des Affaires Européennes*, Belgique, n. 2, p. 137-157, 1996.

RODRIGUES, Rodrigo Augusto. *O mercado da aviação doméstica no Brasil*: o processo de desregulação comparado com a experiência norte-americana, sob o enfoque da teoria política positiva da regulação. 2003. Dissertação de Mestrado em Economia da Regulação. Brasília: Instituto de Ciências Humanas, Universidade de Brasília, 2003.

RUIZ, Ricardo Machado. *Voto do conselheiro-relator*. Ato de Concentração n. 08012.008378/2011-95.

SALGADO, Lucia Helena. *A economia política da ação antitruste*. São Paulo: Singular, 1997.

SALGADO, Lucia Helena; MOTTA, Ronaldo Seroa da. (ed.). *Marcos regulatórios no Brasil*: o que foi feito e o que falta fazer. Rio de Janeiro: IPEA, 2005.

SALOMÃO FILHO, Calixto. *Direito concorrencial*: as condutas. São Paulo: Malheiros, 2003.

_____. *Direito concorrencial*: as estruturas. São Paulo: Malheiros, 2002.

_____. *Regulação da atividade econômica*. São Paulo: Malheiros, 2001.

SALOMON, Paul. *Competition as a solution*. Washington, DC: AEI - Brookings Joint Center for Regulatory Studies, 2004.

SAMUELSON, Paul; NORDHAUS, William D. *Economia*. São Paulo: McGraw--Hill, 2001.

SANDRONI, Paulo. *Dicionário de economia do século XXI*. Rio de Janeiro: Record, 2005.

SANTACRUZ, Ruy. Antistruste, eficiência econômica, curvas, triângulos e retângulos. *Revista do IBRAC*, São Paulo, v. 9, n. 5, p. 169-185, 2002.

_____. Fundamentos econômicos da regulação pública dos mercados. *Arché Interdisciplinar*, Rio de Janeiro, v. 10, n. 29, p. 81-102, 2001.

SASAKI, Daniel Leb. *Pouso forçado*: a história por trás da destruição da Panair do Brasil pelo regime militar. Rio de Janeiro: Record, 2005.

SCALLOPE, Luiz Alberto Esteves. *Voto-vista do conselheiro*. Processo administrativo n. 08012.000677/1999-70, 2004.

SCHUMPETER, Joseph A. *Teoria do desenvolvimento econômico*. São Paulo: Abril Cultural, 1982. Col. Os Economistas.

SCLIAR, Moacyr. Apertem os cintos e rezem para não atrasar. *Folha de S. Paulo*, 5 fev. 2007, Cotidiano, C2.

SEN, Amartya Kumar. *Desenvolvimento como liberdade*. São Paulo: Companhia das Letras, 2000.

_____. *Desigualdade reexaminada*. Rio de Janeiro: Record, 2001.

_____. *Sobre ética e economia*. São Paulo: Companhia das Letras, 2004.

SHAVELL, Steven. *Economic analysis of welfare economics, morality and the law*. National Bureau of Economic Research, Working Paper n. 9700, May 2003. Disponível em: <http://www.nber.org/papers/w9700>. Acesso em: 23 jan. 2007.

SILVA, Christiane. Mascate do ar. *Veja*, Negócios, p. 94-96, 13 dez. 2006.

SILVA, Leandro Novais e. A não-ideia de justiça em Hans Kelsen. *Jus Navigandi*, Teresina, ano 9, n. 837, 18 out. 2005. Disponível em: <http://jus2.uol.com.br/doutrina/texto.asp?id=7438>. Acesso em: 11 set. 2006.

_____. *Direito bancário*: regulação e concorrência. Belo Horizonte: Mandamentos, 2005.

_____. O mercado de "slots" e a concessão de aeroportos à iniciativa privada: caminhos possíveis para o setor aéreo. *Revista de Literatura de Transportes*, v. 4, n. 1, p. 49-80, 2010.

SILVA, Leandro Novais e; FLORENZANO, Vincenzo Demetrio. Regulação econômica das rodovias públicas na perspectiva dos direitos fundamentais e da análise econômica do direito. *Revista de Direito Público da Economia*, Belo Horizonte, n. 17, p. 111-142, jan.-mar. 2007.

SILVEIRA, Joel Maria; OLIVEIRA, Alessandro Vinícius Marques de. An empirical game-theoretical to model a price war in the Brazilian airline industry. *Revista de Literatura de Transportes*, v. 2, p. 4-20, 2008.

SMITH, Adam. *A riqueza das nações*: investigação sobre sua natureza e suas causas. São Paulo: Abril Cultural, 1983. Col. Os Economistas.

SOARES, Lucila. Entrevista: Constantino Junior – o novo rei dos ares. *Veja*, 4 abr. 2007, p. 11-15.

SOUZA, Washington Peluso Albino de. *Primeiras linhas de direito econômico*. São Paulo: LTr, 2005.

STIGLER, George J. The theory of economic regulation. *The Bell Journal of Economics and Management Science*, v. 2, n. 1, Spring 1971.

SUNSTEIN, Cass R. *Behavioral law & economics*. New York: Cambridge University Press, 2008.

TAVARES, Márcia Prates. *O transporte aéreo doméstico e a lógica da desregulamentação*. Documento de Trabalho n. 4, Brasília, SEAE, nov. 1999. Disponível em: <www.fazenda.gov.br/seae/documentos/doctrabalho/dotrab04.html>. Acesso em: fev. 2004.

THE ECONOMIST. Brasilian airlines in the driving seat: consolidation means Brazilian aviation is now ruled by two low-cost carriers. Business, v. 383, n. 8.256, p. 76, Apr. 26th 2007.

_____. Fare game: budget airlines take on long-haul routes. Business, v. 382, n. 8.516, Feb. 2007.

_____. Fear of flying: a special report on air travel, v. 383, n. 8.533, Jun. 2007.

_____. The flying elephant. Business, March 8th 2007.

_____. The sky's the limit. Business, March 8th 2007.

_____. The triumph of unreason: why you are not always rational with your credit card. Neuroeconomics, v. 382, n. 8.511, p. 73, Jan. 11th 2007.

TOCQUEVILLE, Aléxis de. *A democracia na América*. São Paulo: Martins Fontes, 2005. (Livro 1: Leis e costumes).

_____. *A democracia na América*. São Paulo: Martins Fontes, 2004. (Livro 2: Sentimentos e opiniões).

TUROLLA, Frederico Araújo; LOVADINE, Débora; OLIVEIRA, Alessandro Vinícius Marques de. Competição, colusão e antitruste: estimação da conduta competitiva de companhias aéreas. *Revista Brasileira de Economia*, Rio de Janeiro, v. 60, n. 4, p. 425-459, out.-dez. 2006.

TUROLLA, Frederico Araújo; VASSALLO, Moisés Diniz; OLIVEIRA, Alessandro Vinícius Marques de. *Is there competition between coaches and airlines in Brazil?* Documento de Trabalho n. 9, Núcleo de Estudos de Competição e Regulação do Transporte Aéreo (NECTAR), São José dos Campos, 2005. Disponível em: <www.nectar.ita.br>. Acesso em: 5 ago. 2007.

UNGER, Brooke. Dreaming of glory: a special report on Brazil. *The Economist*, Apr. 14th 2007.

VAZ, Isabel. As três vertentes do direito econômico da concorrência. *Revista de Julgados do Tribunal de Alçada de Minas Gerais*, v. 65, p. 39-49, 1997.

_____. *Direito econômico da concorrência*. Rio de Janeiro: Forense, 1993.

_____. *Direito econômico das propriedades*. Rio de Janeiro: Forense, 1993.

VIETOR, Richard H. K. *Contrived competition*: regulation and deregulation in America. Cambridge: The Belknap Press of Harvard University Press, 1994.

VISCUSI, W. K.; VERNON, J. M.; HARRINGTON JR., J. E. *Economics of regulation and antitrust*. Cambridge, Mass.: The MIT Press, 2001.

WILLIAMSON, Oliver E. The new institutional economics: taking stock, looking ahead. *Journal of Economic Literature*, v. 38, n. 3, p. 595-613, Sept. 2000.

WILSON, Dominic. Dreaming with BRICs: the path to 2050. *Goldman Sachs, Global Economics Paper*, n. 99, Oct. 1st 2003.

ANEXOS

Tabela 5 – Movimento operacional acumulado da rede Infraero (janeiro a setembro de 2010)

INFRAERO AEROPORTOS

SUPERINTENDÊNCIA DE PLANEJAMENTO AEROPORTUÁRIO E DE OPERAÇÕES - DOPL

Movimento Operacional da REDE INFRAERO de Janeiro a Setembro de 2010

Dependência	Aeronaves (unid.)			Passageiros (unid.)			Carga Aérea (kg)			Mala Postal (kg)		
	Domést.	Intern.	Total	Domést.	Intern.	Total	Domést.	Intern.	Total	Domést.	Intern.	Total
Superintendência Regional do Centro-Leste - SRCE	**120.076**	**3.416**	**123.492**	**7.414.545**	**273.996**	**7.688.541**	**33.204.159**	**4.729.948**	**37.934.107**	**7.795.625**	**0**	**7.795.625**
SBAR - Aeroporto de Aracaju	13.538	40	13.578	683.623	0	683.623	2.080.432	1	2.080.433	0	0	0
SBIL - Aeroporto de Ilhéus	7.187	45	7.232	300.098	0	300.098	1.251.145	0	1.251.145	150	0	150
SBMO - Aeroporto Internacional de Maceió	16.151	194	16.345	1.035.262	16.900	1.052.162	2.428.569	24.085	2.452.654	25	0	25
SBSV - Aeroporto Internacional de Salvador	80.915	3.135	84.050	5.392.883	257.096	5.649.979	27.284.509	4.705.862	31.990.371	7.795.450	0	7.795.450
SBUF - Aeroporto Paulo Afonso	2.285	2	2.287	2.679	0	2.679	159.504	0	159.504	0	0	0
Superintendência Regional do Centro-Oeste - SRCO	**254.120**	**3.844**	**257.964**	**14.754.707**	**156.110**	**14.910.817**	**43.668.054**	**918.260**	**44.586.314**	**4.972.378**	**8.635**	**4.981.013**
SBBR - Aeroporto Internacional de Brasília	128.603	1.726	130.329	10.359.753	141.462	10.501.215	30.543.026	684.863	31.227.889	24.160	8.635	32.795
SBCG - Aeroporto Internacional de Campo Grande	22.233	998	23.231	830.045	11.492	841.537	2.653.566	233.397	2.886.963	907.710	0	907.710
SBCR - Aeroporto Internacional de Corumbá	1.626	81	1.707	20.808	271	21.079	49.000	0	49.000	0	0	0
SBCY - Aeroporto Internacional de Cuiabá	39.681	218	39.899	1.556.260	872	1.557.132	4.051.397	0	4.051.397	3.710.217	0	3.710.217
SBGO - Aeroporto de Goiânia	47.797	301	48.098	1.698.437	1.505	1.699.942	4.353.856	0	4.353.856	0	0	0
SBPJ - Aeroporto de Palmas	12.860	185	13.045	286.699	69	286.768	2.017.209	0	2.017.209	330.291	0	330.291
SBPP - Aeroporto Internacional de Ponta-Porã	1.320	335	1.655	2.705	439	3.144	0	0	0	0	0	0
Superintendência Regional do Nordeste - SRNE	**149.260**	**4.794**	**154.054**	**11.116.732**	**416.125**	**11.532.857**	**67.001.646**	**7.193.181**	**74.194.827**	**12.133.074**	**33.911**	**12.166.985**
SBFZ - Aeroporto Internacional de Fortaleza	44.798	1.463	46.261	3.547.063	172.829	3.719.892	32.178.672	2.346.022	34.524.694	3.655.211	0	3.655.211
SBJP - Aeroporto Internacional de João Pessoa	7.567	20	7.587	679.914	28	679.942	1.735.210	5.121	1.740.331	0	0	0
SBJU - Aeroporto de Juazeiro do Norte	4.405	25	4.430	182.482	4	182.486	601.926	0	601.926	0	0	0
SBKG - Aeroporto de Campina Grande	2.900	0	2.900	85.149	0	85.149	460.265	0	460.265	0	0	0
SBNT - Aeroporto Internacional de Natal	19.984	625	20.609	1.666.994	88.110	1.755.104	5.089.901	1.016.594	6.106.495	130	0	130
SBPB - Aeroporto Internacional de Parnaíba	1.199	15	1.214	2.046	2	2.048	36.979	0	36.979	0	0	0
SBPL - Aeroporto de Petrolina	4.598	94	4.692	180.545	57	180.602	412.203	885.380	1.297.583	0	0	0
SBRF - Aeroporto Internacional de Recife	53.624	2.513	56.137	4.215.862	155.095	4.370.957	23.902.661	2.940.064	26.842.725	5.502.431	33.668	5.536.099
SBTE - Aeroporto de Teresina	10.185	39	10.224	556.677	0	556.677	2.583.829	0	2.583.829	2.975.302	243	2.975.545
Superintendência Regional do Norte - SRNO	**105.954**	**1.722**	**107.676**	**3.991.065**	**32.207**	**4.023.272**	**28.277.233**	**34.896**	**28.312.129**	**6.956.617**	**267**	**6.956.884**
SBBE - Aeroporto Internacional de Belém	31.756	916	32.672	1.843.656	31.345	1.875.001	14.992.884	34.118	15.027.002	4.162.501	267	4.162.768
SBCJ - Aeroporto de Carajás	3.757	14	3.771	45.258	0	45.258	57.272	0	57.272	0	0	0
SBHT - Aeroporto de Altamira	4.966	10	4.976	58.768	0	58.768	278.231	110	278.341	364.305	0	364.305
SBIZ - Aeroporto de Imperatriz	6.862	15	6.877	172.036	0	172.036	1.113.928	0	1.113.928	0	0	0
SBJC - Aeroporto Júlio César	10.893	33	10.926	18.908	0	18.908	19.070	0	19.070	0	0	0
SBMA - Aeroporto de Marabá	8.337	77	8.414	191.345	0	191.345	1.399.081	0	1.399.081	0	0	0
SBMQ - Aeroporto Internacional de Macapá	9.565	541	10.106	389.993	226	390.219	2.427.235	180	2.427.415	353.186	0	353.186
SBSL - Aeroporto Internacional de São Luís	17.300	75	17.375	976.281	628	976.909	4.808.721	8	4.808.729	2.076.285	0	2.076.285
SBSN - Aeroporto de Santarém	12.518	41	12.559	294.820	8	294.828	3.180.811	480	3.181.291	340	0	340
Superintendência Regional do Noroeste - SRNR	**78.899**	**5.940**	**84.839**	**2.926.873**	**115.959**	**3.042.832**	**73.240.863**	**45.417.038**	**118.657.901**	**3.043.828**	**2**	**3.043.830**
SBBV - Aeroporto Internacional de Boa Vista	8.864	617	9.481	169.599	2.671	172.270	735.182	0	735.182	283.396	0	283.396
SBCZ - Aeroporto Internacional de Cruzeiro do Sul	4.874	32	4.906	92.107	42	92.149	230.081	0	230.081	248.141	0	248.141
SBEG - Aeroporto Internacional de Manaus	33.259	5.210	38.469	1.831.876	112.983	1.944.859	69.099.376	45.417.038	114.516.414	1.978.604	0	1.978.604
SBPV - Aeroporto Internacional de Porto Velho	12.889	24	12.913	519.246	66	519.312	2.115.903	0	2.115.903	265.467	2	265.469
SBRB - Aeroporto Internacional de Rio Branco	11.634	21	11.655	260.693	129	260.822	955.288	0	955.288	0	0	0
SBTF - Aeroporto de Tefé	5.499	0	5.499	20.408	0	20.408	49.963	0	49.963	201.348	0	201.348
SBTT - Aeroporto Internacional de Tabatinga	1.880	36	1.916	32.944	68	33.012	55.070	0	55.070	66.872	0	66.872
Superintendência Regional do Rio de Janeiro - SRRJ	**267.802**	**21.958**	**289.760**	**12.814.242**	**2.292.328**	**15.106.570**	**16.116.576**	**45.943.947**	**62.060.523**	**21.365.825**	**3.274.777**	**24.640.602**
SBCP - Aeroporto de Campos	3.936	24	3.960	7.518	7	7.525	89.177	0	89.177	0	0	0
SBGL - Aeroporto Internacional do Galeão	68.793	21.236	90.029	6.667.706	2.292.277	8.959.983	13.060.647	45.943.747	59.004.394	21.365.811	3.274.777	24.640.588
SBJR - Aeroporto de Jacarepaguá	52.825	0	52.825	100.316	44	100.360	0	0	0	0	0	0
SBME - Aeroporto de Macaé	48.254	8	48.262	302.353	0	302.353	206.868	200	207.068	0	0	0
SBRJ - Aeroporto Santos-Dumont	93.994	690	94.684	5.736.349	0	5.736.349	2.759.884	0	2.759.884	14	0	14
Superintendência Regional do Sudeste - SRSE	**200.763**	**5.024**	**205.787**	**8.232.037**	**227.768**	**8.459.805**	**10.392.819**	**5.906.825**	**16.299.644**	**5.719.842**	**44**	**5.719.886**
SBBH - Aeroporto da Pampulha	50.645	506	51.151	569.484	2.212	571.696	0	0	0	0	0	0
SBCF - Aeroporto Internacional de Confins	57.373	4.025	61.398	5.044.212	225.268	5.269.480	5.536.429	3.741.489	9.277.918	3.765.330	44	3.765.374
SBMK - Aeroporto de Montes Claros	6.342	70	6.412	82.494	0	82.494	0	0	0	71.278	0	71.278
SBPR - Aeroporto Carlos Prates	19.740	0	19.740	17.433	0	17.433	0	0	0	0	0	0
SBUL - Aeroporto de Uberlândia	20.408	48	20.456	556.006	159	556.165	822.903	0	822.903	0	0	0
SBUR - Aeroporto de Uberaba	6.430	52	6.482	55.084	129	55.213	187.533	340	187.873	0	0	0
SBVT - Aeroporto de Vitória	39.476	323	39.799	1.906.622	0	1.906.622	3.839.931	2.164.996	6.004.927	1.883.234	0	1.883.234
SDZY - Aeroporto da Zona da Mata	349	0	349	702	0	702	6.023	0	6.023	0	0	0

Dependência	Aeronaves (unid.)			Passageiros (unid.)			Carga Aérea (kg)			Mala Postal (kg)		
	Domést.	Intern.	Total	Domést.	Intern.	Total	Domést.	Intern.	Total	Domést.	Intern.	Total
Superintendência Regional de São Paulo - SRSP	**426.405**	**66.936**	**493.341**	**27.518.269**	**7.670.300**	**35.188.569**	**139.435.398**	**356.831.554**	**496.266.952**	**31.661.745**	**5.764.331**	**37.426.076**
SBGR - Aeroporto Internacional de Guarulhos	125.401	58.421	183.822	12.032.139	7.644.402	19.676.541	115.051.700	166.598.457	281.650.157	31.661.744	5.761.054	37.422.798
SBKP - Aeroporto Internacional de Campinas	47.931	6.185	54.116	3.827.835	25.034	3.852.869	4.648.305	190.233.097	194.881.402	0	3.277	3.277
SBMT - Aeroporto Campo de Marte	90.348	603	90.951	270.635	13	270.648	0	0	0	1	0	1
SBSJ - Aeroporto de São José dos Campos	10.885	301	11.186	42.958	851	43.809	38.575	0	38.575	0	0	0
SBSP - Aeroporto de Congonhas	151.840	1.426	153.266	11.344.702	0	11.344.702	19.696.818	0	19.696.818	0	0	0
Superintendência Regional do Sul - SRSU	**222.943**	**14.073**	**237.016**	**12.600.695**	**581.288**	**13.181.983**	**22.796.203**	**17.045.471**	**39.841.674**	**12.957.892**	**1.403**	**12.959.295**
SBBG - Aeroporto de Bagé	320	100	420	1.546	209	1.755	0	0	0	0	0	0
SBBI - Aeroporto de Bacacheri	18.226	109	18.335	35.270	0	35.270	208.270	0	208.270	0	0	0
SBCM - Aeroporto de Criciúma/Forquilhinha	2.710	4	2.714	17.008	10	17.018	0	0	0	0	0	0
SBCT - Aeroporto Internacional de Curitiba	62.351	2.394	64.745	4.098.233	77.274	4.175.507	5.872.837	13.670.492	19.543.329	3.839.662	1.403	3.841.065
SBFI - Aeroporto Internacional de Foz de Iguaçu	10.650	950	11.600	815.131	11.916	827.047	381.339	124.571	505.910	0	0	0
SBFL - Aeroporto Internacional de Florianópolis	29.107	2.704	31.811	1.786.549	155.689	1.942.238	2.365.278	7.304	2.372.582	2.853.655	0	2.853.655
SBJV - Aeroporto de Joinville	6.081	16	6.097	205.531	17	205.548	769.267	0	769.267	0	0	0
SBLO - Aeroporto de Londrina	19.170	246	19.416	534.588	0	534.588	1.054.375	0	1.054.375	0	0	0
SBNF - Aeroporto Internacional de Navegantes	11.523	91	11.614	596.860	76	596.936	942.586	691	943.277	154	0	154
SBPA - Aeroporto Internacional de Porto Alegre	59.474	7.378	66.852	4.501.976	335.957	4.837.933	11.150.091	3.242.413	14.392.504	6.264.421	0	6.264.421
SBPK - Aeroporto Internacional de Pelotas	2.394	61	2.455	5.785	126	5.911	10.330	0	10.330	0	0	0
SBUG - Aeroporto Internacional de Uruguaiana	937	20	957	2.218	14	2.232	41.830	0	41.830	0	0	0
INFRAERO	**1.826.222**	**127.707**	**1.953.929**	**101.369.165**	**11.766.081**	**113.135.246**	**434.132.951**	**484.021.120**	**918.154.071**	**106.606.826**	**9.083.370**	**115.690.196**

Obs.: - Aeronaves - pouso mais decolagem (sem militar).
- Passageiros - embarque mais desembarque (sem militar).
- Carga Aérea e Mala Postal - embarque mais desembarque (com trânsito).

PLANILHA ELABORADA EM 14.02.2011.

Fonte: Infraero.

Gráfico 16 – Quantidade de passageiros embarcados por empresas brasileiras nos mercados doméstico e internacional - 2002-2010

Fonte: ANAC.

Gráfico 17 – Movimento de passageiros nos aeroportos Infraero – 2011

Fonte: Infraero.

Gráfico 18 – Índice de concentração do mercado (Herfindahl-Hirschman Index)

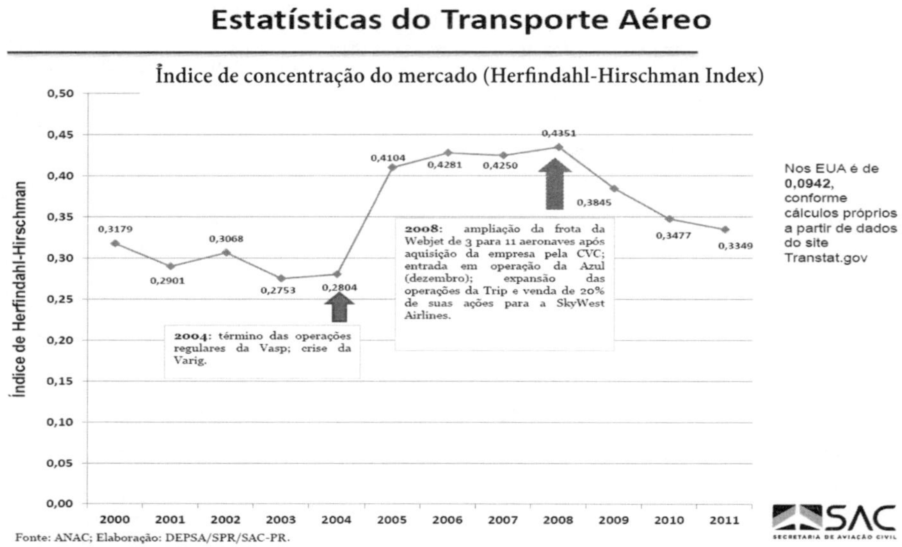

Fonte: ANAC.

Gráfico 19 – Aeroportos com voos regulares

Fonte: ANAC.

Gráfico 20 - Malha aérea doméstica regular

Fonte: ANAC.

Gráfico 21 – Quantidade de rotas e aeroportos atendidos pelo transporte aéreo regular de passageiros e carga – jan. 1999 a jun. 2011

Fonte: ANAC.

Figura 4 – Cartazes anunciando os horários (*time-tables*) da Panair em diferentes localidades e idiomas

Fonte: http://www.timetableimages.com/ttimages/pb.htm.

Figura 5 – Os *hubs* americanos: The Hartsfield Atlanta

Fonte: Montado por Leandro Novais (2007), com base na imagem do *software* Google Earth.

Figura 6 – Os *hubs* americanos: Chicago O'Hare International

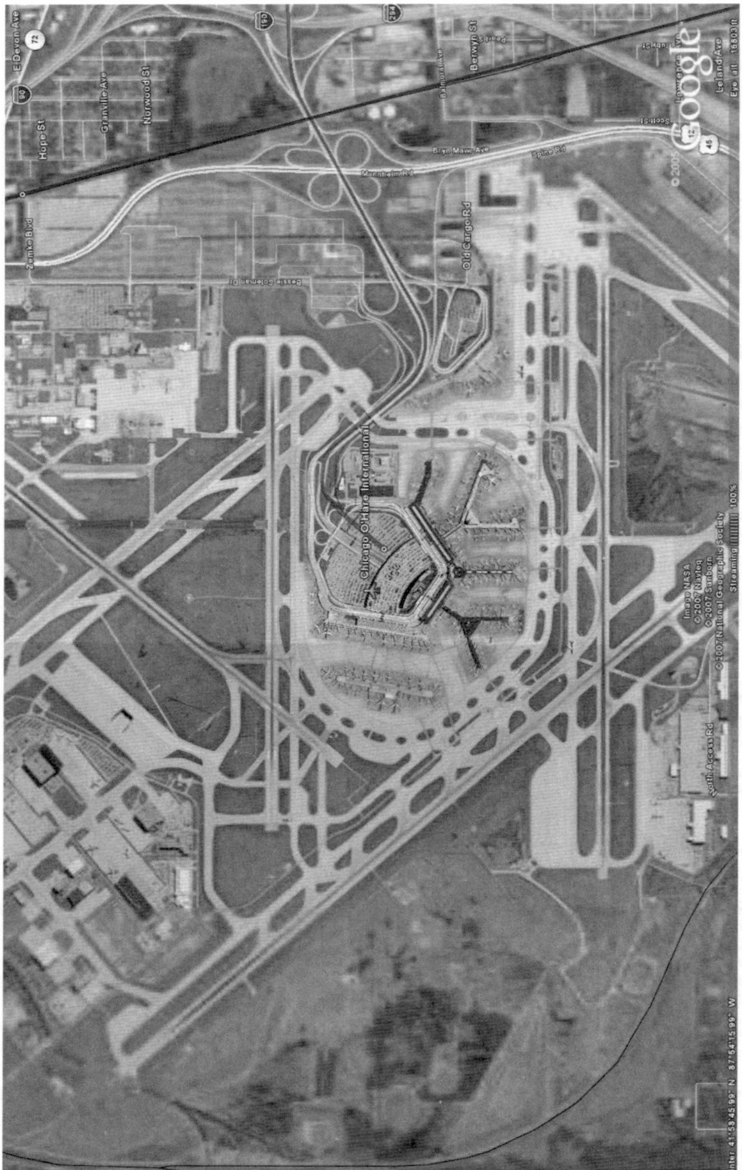

Fonte: Montado por Leandro Novais (2007), a partir de imagem do *software* Google Earth.

Figura 7 – Os *hubs* americanos: John F. Kennedy International

Fonte: Montado por Leandro Novais (2007), a partir de imagem do *software* Google Earth.

Figura 8 – Os *hubs* americanos: Dallas Fort Worth International

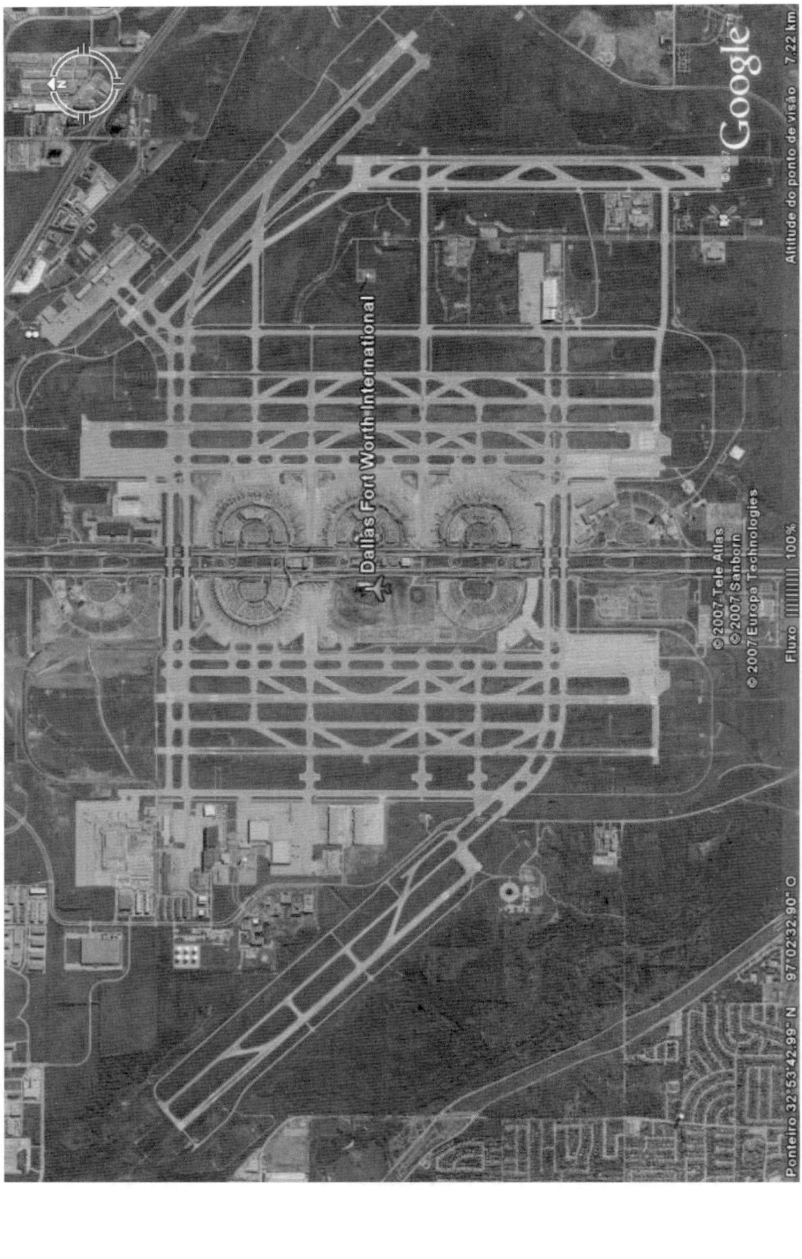

Fonte: Montado por Leandro Novais (2007), com base na imagem do *software* Google Earth.

Figura 9 – Os *hubs* brasileiros: Aeroporto Internacional de Congonhas

Fonte: Montado por Leandro Novais (2007), com base na imagem do satélite Digital Globe/*software* Google Earth.

Figura 10 – Os *hubs* brasileiros: Aeroporto Internacional de Brasília

Fonte: Montado por Leandro Novais (2007), com base na imagem do *software* Google Earth.

Figura 11 – Os *hubs* brasileiros: Aeroporto Internacional de Guarulhos

Fonte: Montado por Leandro Novais (2007), com base na imagem do *software* Google Earth.

Figura 12 – Os *hubs* brasileiros: Aeroporto Internacional do Galeão

Fonte: Montado por Leandro Novais (2007), com base na imagem do *software* Google Earth.

Este livro foi composto
na fonte Minion Pro, corpo 11
e impresso em off-set.